Handy Concordance

ハンディー・コンコルダンス

聖書 新改訳2017

いのちのことば社

装丁　ホンダマモル

はしがき

草はしおれ、花は散る。
しかし、私たちの神のことばは永遠に立つ。
イザヤ書40章8節

本書は1979年に初版、2009年に改訂版が日本聖書刊行会から刊行された『新改訳聖書ハンディー・コンコルダンス』を、見出し語と聖句を『聖書 新改訳2017』（新日本聖書刊行会、2017年）の語句に置き換えて作成したものです。

収録された見出し語の数は2,901、聖句の数はのべ19,989です。聖書の語句辞典としては簡易な部類に入りますが、お出かけ先などでの聖句の検索にお役立ていただければ幸いです。

何よりも、皆様がますますみことばの素晴らしさを知り、みことばに生かされますようにとお祈りしております。

2020年11月

いのちのことば社出版部

凡　　例

1 本文には、『聖書 新改訳2017』（新日本聖書刊行会）を使用した。

2 見出し語は、五十音順に配列し、ゴシック体で表示し、本文中の見出し語に相当する語句は、「～」で表した。

3 見出し語の単語は、必ずしも原語の一単語とは対応していない。

4 ゴシック体の「**主**」は、『聖書 新改訳2017』の本文では太字になっていることを表す。

5 聖書各巻の略語は次のとおりである。

旧約聖書

創…………創世記
出…………出エジプト記
レビ………レビ記
民…………民数記
申…………申命記
ヨシ………ヨシュア記
士…………士師記
ルツ………ルツ記
Ｉサム……サムエル記第一
IIサム……サムエル記第二
Ｉ列………列王記第一
II列………列王記第二
Ｉ歴………歴代誌第一
II歴………歴代誌第二
エズ………エズラ記
ネヘ………ネヘミヤ記
エス………エステル記
ヨブ………ヨブ記
詩…………詩篇
箴…………箴言
伝…………伝道者の書
雅…………雅歌
イザ………イザヤ書
エレ………エレミヤ書
哀…………哀歌
エゼ………エゼキエル書
ダニ………ダニエル書
ホセ………ホセア書
ヨエ………ヨエル書
アモ………アモス書
オバ………オバデヤ書
ヨナ………ヨナ書
ミカ………ミカ書
ナホ………ナホム書

ハバ………ハバクク書
ゼパ………ゼパニヤ書
ハガ………ハガイ書
ゼカ………ゼカリヤ書
マラ………マラキ書

新約聖書

マタ………マタイの福音書
マコ………マルコの福音書
ルカ………ルカの福音書
ヨハ………ヨハネの福音書
使…………使徒の働き
ロマ………ローマ人への手紙
Ⅰコリ……コリント人への手紙 第一
Ⅱコリ……コリント人への手紙 第二
ガラ……ガラテヤ人への手紙
エペ………エペソ人への手紙
ピリ………ピリピ人への手紙
コロ……コロサイ人への手紙
Ⅰテサ……テサロニケ人への手紙 第一
Ⅱテサ……テサロニケ人への手紙 第二
Ⅰテモ……テモテへの手紙 第一
Ⅱテモ……テモテへの手紙 第二
テト………テトスへの手紙
ピレ………ピレモンへの手紙
ヘブ………ヘブル人への手紙
ヤコ………ヤコブの手紙
Ⅰペテ………ペテロの手紙 第一
Ⅱペテ………ペテロの手紙 第二
Ⅰヨハ………ヨハネの手紙 第一
Ⅱヨハ………ヨハネの手紙 第二
Ⅲヨハ………ヨハネの手紙 第三
ユダ………ユダの手紙
黙…………ヨハネの黙示録

あ

アーメン
黙3:14 ～である方、確かで真実な証人
アーモンド
民17:8 花を咲かせて、～の実を結んで
伝12:5 ～の花は咲き、バッタは足取り
エレ1:11 ～の枝を見ています
あい（愛）
Ⅰｻﾑ20:17 ダビデに対する～のゆえに
箴10:12 ～はすべての背きをおおう
雅1:2 あなたの～は、ぶどう酒に
2:7 ～がそうしたいと思うときまでは
3:5 ～がそうしたいと思うときまでは
4:10 あなたの～は、ぶどう酒に
8:6 ～は死のように強く、ねたみは
8:7 大水もその～を消すことが
イザ5:1 ぶどう畑についての、わが～の歌
63:9 ～とあわれみによって、主は彼ら
ホセ8:9 エフライムは～を求めて
11:4 人間の綱、～の絆で彼らを
マタ24:12 多くの人の～が冷えます
ヨハ15:13 これよりも大きな～はだれも
ロマ5:5 神の～が私たちの心に注がれて
5:8 ご自分の～を明らかにしておられ
8:39 神の～から、私たちを引き離す
12:9 ～には偽りがあってはなりません
Ⅰｺﾘ8:1 ～は人を育てます
13:1 ～がなければ、騒がしいどらや
13:13 一番すぐれているのは～です
Ⅱｺﾘ5:14 キリストの～が私たちを捕らえ
6:6 寛容と親切、聖霊と偽りのない～
7:15 あなたがたへの～情をますます
8:8 ～が本物であることを確かめよう
8:24 あなたがたの～の証拠と
13:13 キリストの恵み、神の～
ガラ5:6 ～によって働く信仰なのです
5:13 ～をもって互いに仕え合いなさい
エペ1:15 すべての聖徒に対する～を聞いて
3:19 キリストの～を知ることが
4:15 むしろ、～をもって真理を語り
5:2 また、～のうちに歩みなさい
6:24 朽ちることのない～をもって
ピリ1:9 あなたがたの～が、知識と
コロ1:4 あなたがたが抱いている～
3:14 ～を着けなさい。～は結びの帯
Ⅰﾃｻ1:3 ～から生まれた労苦、私たちの主
Ⅰﾍﾟﾃ4:8 ～は多くの罪をおおうからです
Ⅰﾖﾊ3:1 すばらしい～を与えてくださった
3:16 私たちに～が分かったのです
黙2:4 初めの～から離れてしまった
あいか（哀歌）
Ⅱｻﾑ1:17 ヨナタンのために、次の～を
Ⅱ歴35:25 ヨシヤのために～を作った
エゼ27:2 ツロについて～を唱えよ
アモ5:1 私はあなたがたについて～を歌う
あいがん（哀願）
ダニ9:3 祈りと～をもって主を求めた
あいさつ
マタ5:47 自分の兄弟にだけ～したとしても
10:12 平安を祈る～をしなさい
23:7 広場で～されること、人々
マコ12:38 広場で～されること
ルカ1:29 何の～かと考え込んだ
1:41 マリアの～を聞いたとき
11:43 広場で～されることが好きだ
ロマ16:16 聖なる口づけをもって互いに～を
Ⅰｺﾘ16:21 私パウロが、自分の手で～を
あいさん（愛餐）
ユダ12 あなたがたの～のしみです
あいじん（愛人）
エゼ23:22 あなたの～たちを…駆り立てて
あいず（合図）
箴10:10 目で～する者は人に痛みを
マタ26:48 彼らと～を決め…私が口づけ
マコ14:44 彼らと～を決め…私が口づけ
ヨハ13:24 言われたのか尋ねるように～した
あいする（愛する）
創24:67 迎えて妻とし、彼女を～した
25:28 リベカはヤコブを～していた
37:3 だれよりもヨセフを～していた
44:20 父は彼を～しています…と申し
出20:6 わたしを～し、わたしの命令を
21:5 妻と子どもたちとを～しています
レビ19:18 隣人を自分自身のように～し
申4:37 主はあなたの父祖たちを～し
5:10 わたしを～し、わたしの命令を
6:5 あなたの神、主を～しなさい
7:13 あなたを～し、あなたを祝福し
10:12 主のすべての道に歩み、主を～し
10:19 あなたがたは寄留者を～しなさい
13:3 主を～しているかどうかを
15:16 あなたの家族を～し、あなたの
23:5 主はあなたを～しておられ
30:6 主を～し、そうしてあなたが
33:3 あなたはもろもろの民を～する方
33:12 主に～されている者。彼は
ヨシ23:11 あなたがたの神、主を～し
士5:31 主を～する者が、力強く昇る太陽

1:5 彼がハンナを～していたから
18:1 自分自身のようにダビデを～し
18:16 皆がダビデを～した
18:28 ミカルがダビデを～していること
列3:3 ソロモンは主を～し
10:9 イスラエルをとこしえに～し
11:1 ヒッタイト人の女を～した
歴2:11 ご自分の民を～しておられるので
19:2 主を憎む者を～するという
ネヘ1:5 主を～し、主の命令を守る者に
13:26 彼は神に～され、神は彼を
31:23 主を～せよ。すべて主に
44:3 あなたが彼らを～されたからです
45:7 あなたは義を～し悪を憎む
60:5 あなたの～する者たちが助け
70:4 あなたの救いを～する人たちが
78:68 主が～されたシオンの山を
91:14 彼がわたしを～しているから
97:10 主を～する者たちよ。悪を
116:1 私は主を～している。主は
119:97 あなたのみおしえを～している
127:2 主は～する者に眠りを与えて
149:4 主はご自分の民を～し貧しい
箴3:12 主は～する者を叱る
8:17 わたしを～する者を、わたしは
12:1 訓戒を～する人は知識を～する
15:17 野菜を食べて～し合うのは
17:17 友はどんなときにも～するもの
19:8 良識を得る者は自分自身を～する
20:13 眠りを～するな。貧しくならない
27:6 ～する者が傷つけるのは誠実に
伝3:8 ～するのに時があり、憎むのに時
5:10 金銭を～する者は金銭に満足
雅1:14 私の～する方は、私にとって
2:16 私の～する方は私のもの
4:1 あなたは美しい。わが～する
6:3 私は、私の～する方のもの
8:5 自分の～する方に寄りかかって
イザ48:14 主に～される者が、主の喜ばれ
61:8 わたしは主、公正を～し
エレ31:3 わたしはあなたを～した
ダニ10:11 特別に～されている人ダニエルよ
ホセ3:1 姦通している女を～しなさい
9:15 追い出し、もはや彼らを～さない
11:1 わたしは彼を～し、エジプトから
14:4 喜びをもって彼らを～する
アモ5:15 悪を憎み、善を～し門で正しい
ミカ3:2 あなたがたは善を憎んで悪を～し
6:8 ただ公正を行い、誠実を～し
マラ1:2 わたしはあなたがたを～している

マタ3:17 これはわたしの～する子。わたし
5:44 自分の敵を～し、自分を迫害する
10:37 わたしよりも父や母を～する者
17:5 これはわたしの～する子。わたし
19:19 自分自身のように～しなさい
22:37 あなたの神、主を～しなさい
22:39 隣人を自分自身のように～し
マコ1:11 あなたはわたしの～する子
9:7 これはわたしの～する子。彼の
12:6 もう一人、～する息子がいた
12:30 あなたの神、主を～しなさい
ルカ3:22 あなたはわたしの～する子
6:27 あなたがたの敵を～しなさい
6:32 ～してくれる者たちを～したと
7:5 私たちの国民を～し、私たち
7:47 彼女は多く～したのですから
10:27 あなたの神、主を～しなさい
16:13 一方を憎んで他方を～すること
20:13 そうだ、私の～する息子を送ろう
ヨハ3:16 お与えになったほどに世を～され
5:20 父が子を～し、ご自分がすること
8:42 あなたがたはわたしを～するはず
10:17 父はわたしを～してくださいます
11:3 あなたが～しておられる者が病気
11:36 どんなにラザロを～しておられた
12:25 自分のいのちを～する者はそれを
12:43 人からの栄誉を～したのである
13:1 イエスは、彼らを最後まで～され
13:34 互いに～し合いなさい。わたしが
14:15 もしわたしを～しているなら
14:21 それを守る人は、わたしを～して
15:9 父がわたしを～されたように
15:12 わたしがあなたがたを～した
16:27 あなたがたを～しておられる
17:23 ～されたように彼らも～され
17:26 わたしを～してくださった愛が
19:26 そばに立っている～する弟子を
21:15 が～する以上に、わたしを～して
ロマ9:13 わたしはヤコブを～し、エサウを
11:28 神に～されている者です
13:8 互いに～し合うことは別です
Ｉコリ2:9 神を～する者たちに備えて
8:3 だれかが神を～するなら、その
Ⅱコリ9:7 喜んで与える人を～してくださる
12:15 あなたがたを～すれば～するほど
ガラ2:20 私を～し、私のためにご自分を
エペ1:6 神がその～する方にあって
2:4 ～してくださったその大きな愛の
5:25 あなたがたも妻を～しなさい
コロ3:19 夫たちよ、妻を～しなさい

Ⅰテモ6:2 ～されている人なのですから
Ⅱテモ3:2 自分だけを～し、金銭を～し
4:10 デマスは今の世を～し、私を
テト2:4 夫を～し、子どもを～し
ヘブ1:9 あなたは義を～し、不法を憎む
ヤコ2:5 神を～する者に約束された御国
Ⅰペテ1:8 見たことはないけれども～して
2:17 兄弟たちを～し、神を恐れ、王を
Ⅱペテ1:17 これはわたしの～する子
Ⅰヨハ2:10 自分の兄弟を～している人は
2:15 世にあるものも、～しては
3:11 互いに～し合うべきであること
4:7 私たちは互いに～し合いましょう
4:19 私たちは～しています。神がまず
5:2 神を～し、その命令を守るときは
ユダ20 しかし、～する者たち。あなた
黙1:5 私たちを～し、その血によって
3:19 わたしは～する者をみな、叱った

あう（会う）
創45:28 私は死ぬ前に彼に～いに行こう
申4:29 あなたは主にお～いする
ヨブ23:3 どこで神に～えるかを知って
イザ1:12 わたしに～いに出て来るが
ホセ12:4 ベテルでは神に出～い
アモ4:12 あなたの神に～う備えをせよ
マタ6:13 私たちを試みに～わせないで
8:34 イエスに～いに出て来た
ヨハ1:41 （訳すと、キリスト）に～った
1:45 預言者たちも書いている方に～い
Ⅰテサ4:17 空中で主と～うのです。こうして

あおぐ（仰ぐ）
民21:9 青銅の蛇を～ぎ見ると生きた
詩17:15 義のうちに御顔を～ぎ見
25:1 たましいは～ぎ求めます
86:4 あなたを～ぎ求めています
イザ45:22 わたしを～ぎ見て救われよ

あおくさ（青草）
黙8:7 ～も焼かれてしまった

あおふく（青服）
出39:22 エポデの下に着る～を、織物の

あかい（赤い）
ヨシ2:18 ～いひもを結び付けておきなさい
イザ1:18 罪が緋のように～くても、雪の

あかし（証し）
出25:22 ～の箱の上の二つのケルビムの間
申31:19 わたしの～とするためである
31:21 この歌が彼らに対して～をする
詩19:7 主の～は確かで浅はかな
93:5 あなたの～はまことに確かです
イザ8:16 ～の書を束ねよ。このおしえを
19:20 しるしとなり、～となる
マタ8:4 人々への～のために、モーセが
24:14 すべての民族に～され
マコ1:44 人々への～のために、モーセが
13:9 そのようにして彼らに～する
ルカ5:14 人々への～のため、モーセが
21:13 ～をする機会となります
ヨハ1:7 この人は～のために来た。光に
1:34 神の子であると…～をして
3:11 話し、見たことを～している
3:26 先生が～されたあの方が
3:32 聞いたことを～されるが
5:37 わたしについて～をして
5:39 聖書は、わたしについて～し
7:7 行いが悪いことを～している
8:13 あなたの～は真実では
8:17 二人の人による～は真実で
15:26 その方がわたしについて～し
15:27 あなたがたも～します
21:24 これらのことについて～し
使2:22 あなたがたにこの方を～され
4:33 力をもって～し、大きな恵みが
8:25 使徒たちは～をし、主のことば
14:3 その恵みのことばを～された
14:17 ご自分を～しないでおられた
20:21 信仰を～してきたのです
23:11 わたしのことを～したように
26:22 小さい者にも大きい者にも～を
28:23 神の国のことを～し、モーセの
ロマ1:9 神が～してくださることですが
3:21 預言者たちの書によって～され
8:16 神の子どもであることを～して
Ⅰコリ1:6 キリストについての～が
Ⅱコリ1:12 私たちの良心が～していること
Ⅱテモ1:8 私たちの主を～することや
Ⅰペテ1:11 栄光を前もって～したときに
Ⅰヨハ4:14 見て、その～をしています
5:9 人の～を受け入れるのであれば
Ⅲヨハ3 真理に歩んでいることを～し
黙1:2 見たすべてのことを～した
12:17 イエスの～を堅く保っている者
19:10 イエスの～は預言の霊なのです
22:16 あなたがたに～した。わたしは
22:20 これらのことを～しする方が

あかす（明かす）
士14:19 謎を～かした者たちにその晴れ着

あかつき（暁）
詩139:9 私が～の翼を駆って海の果てに
イザ14:12 明けの明星、～の子よ
58:8 あなたの光が～のように輝き出て

:ない（贖い）
3:48 多い分の者たちの～の代金として
49:8 たましいの～の代価は高く
111:9 主は御民のために～を送り
130:7 恵みがあり豊かな～がある
ザ63:4 わたしの～の年が来たからだ
タ20:28 多くの人のための～の代価
コ10:45 多くの人のための～の代価
カ1:68 主はその御民を顧みて、～を
2:38 エルサレムの～を待ち望んで
21:28 あなたがたの～が近づいて
マ3:24 キリスト・イエスによる～を
コリ1:30 義と聖と～になられました
ペ1:7 血による～、背きの罪の赦し
4:30 ～の日のために、聖霊によって
テモ2:6 すべての人の～の代価として
ブ9:12 永遠の～を成し遂げられました

あがないぬし（贖い主）
詩19:14 主よ わが岩わが～よ
箴23:11 彼らの～は力強く…訴えを
イザ59:20 しかし、シオンには～として来る
63:16 とこしえから「私たちの～」

あがなう（贖う）
創48:16 私を～われた御使いが
出6:6 大いなるさばきによって～う
15:13 あなたが～われたこの民を
21:8 彼女が～い出されるように
34:20 長子はみな、～わなければ
民18:15 長子は、必ず～わなければ
申7:8 ファラオの手からあなたを～い
9:26 偉大な力をもって～い出し
Ⅱサム4:9 主は…苦難から～い出して
7:23 御民として～い、御名を置き
Ⅰ列1:29 主は…苦難から～い出して
Ⅰ歴17:21 ご自分の民として～い
ネヘ1:10 ～い出された、あなたのしもべ
ヨブ5:20 剣の力から～い出す
6:23 横暴な者たちの手から私を～い
19:25 私を～う方は生きておられ
33:28 私のたましいを～い出して
詩25:22 苦難から～い出してください
26:11 私を～い出してください
31:5 私を～い出してくださいます
34:22 しもべのたましいを～い出され
44:26 私たちを～い出してください
49:15 神は私のたましいを～い出し
69:18 近づきこれを～ってください
71:23 あなたが～い出された私の
77:15 御腕をもって～われました
78:35 自分たちを～う方であることを
103:4 いのちを穴から～われる
106:10 敵の手から彼らを～われた
107:2 主に～われた者はそう言え
119:154 私を～ってください
イザ1:27 シオンは公正によって～われ
35:9 ～われた者たちだけがそこを
41:14 あなたを～う者はイスラエルの
43:1 わたしがあなたを～ったからだ
44:6 これを～う方、万軍の主は
47:4 私たちを～う方、その名は
48:20 そのしもべヤコブを～われた
51:10 ～われた人々が通るようにした
54:8 あなたを～う方、主は
62:12 主に～われた者と呼ばれ
エレ15:21 横暴な者たちの手から～い出す
50:34 彼らを～う方は強い。その名は
ホセ7:13 わたしが～い出そうとしている
13:14 よみの力から彼らを～い出し
ミカ6:4 奴隷の家からあなたを～い出し
ゼカ10:8 わたしが彼らを～ったからだ
ガラ3:13 のろいから～い出してください
4:5 律法の下にある者を～い出す
エペ1:14 私たちが～われて神のものとされ
テト2:14 すべての不法から～い出し
Ⅰペテ1:18 むなしい生き方から～い出され
黙5:9 血によって人々を神のために～い

あがめる
詩18:46 ～むべきかな わが救いの神
46:10 地の上で～められる
50:15 あなたはわたしを～める
50:23 献げる者はわたしを～める
57:5 全世界で～められますように
99:5 われらの神 主を～めよ
108:5 全地で～められますように
148:13 主の御名だけが～められる
箴3:9 あなたの財産で主を～めよ
イザ24:15 東の国々で主を～めよ
43:23 わたしを～めようともしなかった
ダニ11:38 砦の神を～め、金、銀、宝石
ルカ1:46 私のたましいは主を～め
7:16 と言って、神を～めた
使19:17 主イエスの名を～めるように
黙15:4 御名を～めない者がいる

あかり（明かり）
マタ5:15 ～をともして升の下に置いたり
6:22 からだの～は目です
マコ4:21 ～を持って来るのは、升の下や
ルカ8:16 ～をつけてから、それを器で
11:33 ～をともして、それを穴蔵の
11:34 からだの～は目です。あなたの

12:35　～をともしていなさい
黙21:23　子羊が都の～だからである

あかるい（明るい）
詩19:8　清らかで人の目を～くする
イザ62:1　その義が～く光を放ち
使26:13　それは太陽よりも～く輝いて

あかるみ（明るみ）
ルカ12:3　言ったことが、みな～で聞かれ
ヨハ3:20　行いが～に出されることを恐れ
Ⅰｺﾘ4:5　闇に隠れたことも～に出し
エペ5:11　むしろ、それを～に出しなさい

あきない（商い）
詩107:23　大海で～する者

あきらか（明らか）
ダニ2:19　秘密がダニエルに～らかにされた
マタ16:17　このことをあなたに～にしたのは
ヨハ1:31　イスラエルに～にされるため
3:21　神にあってなされたことが～に
使7:13　ファラオに～になりました
ロマ1:19　神が彼らに～にされたのです
3:7　神の真理がますます～にされて
5:8　ご自分の愛を～にしておられ
Ⅰﾖﾊ3:2　まだ～にされていません

あく（悪）
士4:1　主の目に～であることを
9:56　その～の報いを彼に返された
10:6　主の目に～であることを
Ⅰｻﾑ24:13　『～は悪者から出る』と言い
25:28　～が見出されてはなりません
Ⅰ列11:6　主の目に～であることを
14:22　主の目に～であることを行い
16:25　オムリは主の目に～である
Ⅱ列17:17　まじないをし、主の目に～
Ⅰ歴21:17　私が～を行ったのです。この羊
Ⅱ歴6:37　不義をなし、～を行いました
33:6　口寄せをし、主の目に～で
ネヘ9:28　あなたの前に～事を行いました
9:33　私たちは～を行ったのです
ヨブ21:30　～人がわざわいの日を免れ
詩18:21　神に対して～を行いません
箴4:14　～人たちの道を行っては
6:18　めぐらす心、～へと急ぎ走る足
伝8:11　～を行う思いで満ちている
イザ5:20　～を善、善を～と言う者たち
9:18　～は火のように燃えさかり
58:6　～の束縛を解き、くびきの縄目
エレ2:13　民は二つの～を行った
6:7　自分の～を湧き出させた
9:3　～から～へ彼らは進み、わたし
エゼ16:57　あなたの～がさらけ出される
33:11　～の道から立ち返れ
ナホ1:11　主に対して～を謀り、よこしまな
ゼカ7:10　心の中で～を企むな
ルカ6:9　それとも～を行うことですか
使3:26　一人ひとりを～から立ち返らせて
ロマ1:29　あらゆる不義、～、貪欲、悪意
1:30　大言壮語し、～事を企み
2:9　～を行うすべての者の上には
3:8　善をもたらすために～を行おう
7:19　したくない～を行っています
ガラ1:4　キリストは、今の～の時代から
Ⅰﾃｻ5:15　～に対して～を返さないように
Ⅰﾃﾓ6:10　あらゆる～の根だからです
Ⅱﾃﾓ2:17　話は～性の腫れもののように
3:13　ますます～に落ちて行きます

あく（灰汁）
エレ2:22　たくさんの～を使っても

あく（開く；開ける）
雅5:2　愛する者よ…戸を～けておくれ
5:6　愛する方のために戸を～けると
イザ26:2　城門を～けて、忠誠を尽くす
マタ9:30　すると、彼らの目が～いた
ヨハ9:14　彼の目を～けたのは、安息日で

あく（飽く；飽きる）
箴27:20　人の目も～くことがない
30:15　～くことを知らないものが三つ

あくい（悪意）
詩35:11　～のある証人どもが立ち

あくま（悪魔）
マタ4:1　イエスは、～の試みを受ける
13:39　毒麦を蒔いた敵は～であり
ルカ4:2　四十日間、～の試みを受けられ
8:12　後で～が来て、その心から
ヨハ8:44　～である父から出た者であって
13:2　～はすでにシモンの子
使13:10　～の子、すべての正義の敵
エペ4:27　～に機会を与えないように
6:11　～の策略に対して堅く立つ
ヤコ4:7　神に従い、～に対抗しなさい
Ⅰﾍﾟﾃ5:8　敵である～が、吼えたける獅子
Ⅰﾖﾊ3:8　～は初めから罪を犯している
黙2:10　～は試すために、あなたがたの
12:12　～が自分の時が短いことを
20:10　～は火と硫黄の池に投げ込まれ

あくれい（悪霊）
マタ12:22　そのとき、～につかれて目が
15:22　娘が～につかれて、ひどく
マコ1:34　～を追い出し、～どもがものを
3:22　～どものかしらによって、～
ルカ7:33　『あれは～につかれている』と

ルカ11:14　イエスは～を追い出しておられ
ヨハ7:20　あなたは～につかれている
Ⅰコリ10:20　神にではなくて～に献げられて
Ⅰテモ4:1　惑わす霊と～の教えとに心を
ヤコ2:19　～どもも信じて、身震いして
黙9:20　～どもや、金、銀、銅、石、木で
18:2　～の住みか、あらゆる汚れた霊の

あけがた（明け方）
マタ28:1　週の初めの日の～、マグダラの

あけのみょうじょう（明けの明星）
Ⅱペテ1:19　～があなたがたの心に昇るまで
黙2:28　勝利を得る者には、わたしは～を
22:16　また子孫、輝く～である

あけぼの（曙）
ルカ1:78　～の光が、いと高き所から…訪れ

あげる（上げる）
詩59:1　私を引き～げてください
134:2　あなたがたの手を～げ主を
138:2　みことばを高く～げられたから
イザ40:26　目を高く～げて、だれがこれらを
ルカ21:28　身を起こし、頭を～げなさい
ヨハ3:14　モーセが荒野で蛇を～げたように
8:28　人の子を～げたとき、そのとき
12:32　わたしが地上から～げられるとき
使5:31　ご自分の右に～げられました
ピリ2:9　神は、この方を高く～げて

あごぼね（あご骨）
士15:15　真新しいろばの～を見つけ

あさ（朝）
詩5:3　主よ～明けに私の声を聞いて
30:5　～明けには喜びの叫びがある
46:5　神は～明けまでに これを助け
イザ21:12　～は来る。また夜も来る

あざけり（嘲り）
Ⅱ歴7:20　物笑いの種とし、～の的とする
ヨブ30:9　今や私は彼らの～の的となり
詩69:20　～が私の心を打ち砕き
イザ14:4　このような～の歌を歌って言う
エレ19:8　恐怖のもと、また～の的とする
20:8　～のもととなり、笑いぐさと
ミカ2:4　～の声があがり、嘆きの歌が
ロマ15:3　あなたを嘲る者たちの～が

あざける（嘲る）
Ⅰ列18:27　エリヤは彼らを～って言った
ヨブ21:3　あなたは～るがよい
詩1:1　～る者の座に着かない人
22:7　私を見る者はみな 私を～ります
35:16　～りののしる者たちは 私の周り
69:9　あなたを～る者たちの嘲りが
79:4　～られ笑いぐさとなりました
119:51　高ぶる者は ひどく私を～ります
箴1:22　～る者は、いつまで～ることを
13:1　～る者は叱責を聞かない
14:6　～る者は知恵を求めても得られ
14:9　愚か者は罪の償いを～る
15:12　～る者は叱られることを好まない
17:5　貧しい者を～る者は自分の造り主
20:1　ぶどう酒は～る者。強い酒は騒ぎ
イザ29:20　横暴な者はいなくなり、～る者は
エレ20:7　笑いものとなり、皆が私を～り
マコ10:34　異邦人は人の子を～り、唾を
15:31　代わる代わるイエスを～って
ルカ14:29　みなその人を～って
18:32　引き渡され、彼らに～られ、辱め
23:37　……と言ってイエスを～った
使13:41　見よ、～る者たち。驚け。そして

あさせ（浅瀬）
使27:17　シルティスの～に乗り上げるのを

あさはか（浅はか）
詩19:7　主の証しは確かで～な者を賢く
116:6　主は～な者をも守られる
119:130　～な者に悟りを与えます。
箴1:22　～な者よ、おまえたちは
8:5　～な者たちよ、賢さを身につけよ
9:4　～な者はみな、ここに来なさい

あざみ
創3:18　茨と～を生えさせ
Ⅱ歴25:18　レバノンの～が、レバノンの杉に
イザ34:13　要塞には、いらくさや～が生え

あざむき（欺き）
ヨブ15:35　その腹は～を準備している
詩10:7　彼の口は 呪いと～と虐げに満ち
17:1　～の唇から出たものでは
32:2　その霊に～がない人は
34:13　唇に～を語らせるな
50:19　舌は～を仕組む
52:4　～の舌よ おまえはあらゆる
109:2　彼らは 邪悪な口と～の口を私に
箴12:20　悪を企む者の心には～があり
イザ53:9　その口に～はなかったが
エレ5:27　彼らの家は～で満ちている
9:6　あなたは～のただ中に住み
アモ8:5　～の秤で欺こう
マコ7:22　悪行、～、好色、ねたみ
ロマ1:29　ねたみ、殺意、争い、～、悪巧み

あざむく（欺く）
創31:7　私を～き、私の報酬を何度も変え
レビ6:2　同胞を～いたり、あるいは同胞を
ヨシ9:22　私たちを～いたのか
ヨブ13:9　人を～くように神を～こうとする

27:4　私の舌は決して～ことを語らない
詩5:6　～く者を忌み嫌われます
イザ44:20 灰を食物とする者は、心が～かれ
エレ4:10　エルサレムを完全に～かれました
37:9　自らを～くな。彼らが去ることは
哀1:19　呼んだが、彼らは私を～いた
オバ3　高慢は、おまえ自身を～いている
使5:3　サタンに心を奪われて聖霊を～き
Ⅱコリ11:3　蛇が悪巧みによってエバを～いた
11:13　偽使徒、人を～く働き人であり
ガラ6:3　自分自身を～いているのです

あざわらう（あざ笑う）
ヨブ30:1　私より年下の者たちが私を～う
41:29　投げ槍のうなる音を～う
エゼ22:5　大いに混乱したおまえを～う
マタ9:24　人々はイエスを～った
マコ5:40　人々はイエスを～った。しかし
ルカ8:53　知っていたので、イエスを～った
16:14　聞いて、イエスを～っていた
使17:32　ある人たちは～ったが、ほかの人

あし（足；脚）
申11:24　あなたがたが～の裏で踏む場所は
ヨシ1:3　～の裏で踏む場所はことごとく
Ⅰサム2:29　わたしの住まいで～蹴にするのか
Ⅱサム4:4　ヨナタンに、～の不自由な息子が
5:8　ダビデの心が憎む…～の萎えた
9:3　ヨナタンの息子で～の不自由な方
詩8:6　万物を彼の～の下に置かれました
26:12　私の～は平らな所に立っています
99:5　その～台のもとにひれ伏せ
110:1　あなたの敵をあなたの～台とする
119:59　さとしの方へ～の向きを変え
119:105　みことばは私の～のともしび
121:3　主はあなたの～をよろけさせず
122:2　私たちの～はあなたの門の内に
132:7　主の～台のもとにひれ伏そう
箴1:16　彼らの～は悪に走り、人の血を
雅7:1　サンダルをはいたあなたの～は
イザ35:6　～の萎えた者は鹿のように飛び
52:7　良い知らせを伝える人の～は
66:1　わたしの王座、地はわたしの～台
エレ20:2　門にある～かせにつないだ
ダニ2:33　すねは鉄、～は一部が鉄、一部が
ナホ1:15　平和を告げ知らせる人の～が
ゼパ3:19　わたしは～を引きずる者を救い
ゼカ14:4　主の～はエルサレムの東に面する
マタ15:31 ～の不自由な人たちが歩き、目の
22:44　あなたの敵をあなたの～台とする
28:9　その～を抱き、イエスを拝した
マコ9:45　～があなたをつまずかせるなら
12:36　あなたの敵をあなたの～台とする
ルカ5:8　イエスの～もとにひれ伏して
7:38　イエスの～を涙でぬらし始め
8:29　鎖と～かせでつながれて監視され
20:43　敵をあなたの～台とするまで
24:39　手やわたしの～を見なさい
ヨハ12:3　イエスの～に塗り、自分の髪で
13:5　水を入れて、弟子たちの～を洗い
19:33　その～を折らなかった
使2:35　あなたの敵をあなたの～台とする
3:2　生まれつき～の不自由な人が
7:49　地はわたしの～台
14:8　リステラで、～の不自由な人が
16:24　～には木の～かせをはめた
ロマ3:15　彼らの～は血を流すのに速く
4:12　信仰の～跡にしたがって歩む
Ⅰコリ12:15　たとえ～が「私は手ではない
15:25　すべての敵をその～の下に置く
Ⅱコリ12:18　同じ～跡をたどった
ヘブ10:13　敵がご自分の～台とされるのを

あし（葦）
Ⅱ列18:21　あの傷んだ～の杖、エジプトに
イザ36:6　あの傷んだ～の杖、エジプトに
42:3　傷んだ～を折ることもなく
マタ11:7　風に揺れる～ですか
12:20　傷んだ～を折ることもなく
ルカ7:24　風に揺れる～ですか

あじ（味）
ヨブ6:6　卵の白身に～があるだろうか

アシェラぞう（アシェラ像）
申16:21　どのような木でできた～も

あしき（悪しき）
創38:10　彼のしたことは主の目に～こと
ヨブ9:24　地は～者の手に委ねられ
15:20　～者は一生もだえ苦しむ
27:13　～人間が神から受ける分
詩10:15　～者と邪悪な者の腕を折り
37:10　もうしばらくで ～者はいなくなる
37:35　私は～者の横暴を見た
94:3　いつまでですか ～者が勝ち誇る
112:10　～者はそれを見て苛立ち
119:53 ～者 あなたのみおしえを捨てる者
箴2:22　しかし、～者たちは地から断たれ
10:6　～者の口は不法を隠す
10:30　～者は地に住むことができない
16:4　～者さえ、わざわいの日のために
28:1　～者は、追う者もいないのに逃げ
イザ26:10　～者は、恵みを受けても義を
エゼ18:27　～者でも…公正と義を行うなら
33:15　その～者が質物を返し

ダニ12:10 ～者どもは悪を行い、～者どもの

しのうみ（葦の海）
出10:19 いなごを吹き上げ、～に
15:4 補佐官たちは～に沈んだ
15:22 イスラエルを～から旅立たせた
ヨシ4:23 主が～になさったこと
詩106:9 主が～を叱ると海は干上がり

あじわう（味わう）
詩34:8 ～わい見つめよ。主が
マタ16:28 決して死を～わない人たちが
マコ9:1 決して死を～わない人たちが
ルカ9:27 決して死を～わない人たちが
コロ2:21 つかむな、～わうな、さわるな
ヘブ2:9 すべての人のために～われた
6:4 天からの賜物を～わい、聖霊に
Ⅰペテ2:3 確かに～わいました

あす（明日）
箴27:1 ～のことを誇るな。一日のうちに
マタ6:30 ～は炉に投げ込まれる野の草さえ
Ⅰコリ15:32 どうせ、～は死ぬのだから
ヤコ4:14 ～のことは分かりません

あずかる
ロマ15:27 霊的なものに～ったのですから
Ⅰコリ9:13 ささげ物に～ることを知らない
10:16 キリストの血に～ることでは
コロ1:12 聖徒の相続分に～る資格を
Ⅰペテ4:13 苦難に～れば～るほど

あせ（汗）
創3:19 顔に～を流して糧を得
ルカ22:44 ～が血のしずくのように地に

あぜん（唖然）
イザ63:5 者がだれもいないことに～とした

あだ（仇）
イザ34:8 訴えのために～を返す年

あたえる（与える）
創13:15 あなたの子孫に永久に～えるから
民21:34 その地をあなたの手に～えた
申1:35 父祖たちに～えると誓った、あの
Ⅱ歴9:12 何でもその望みのままに～えた
ヨブ1:21 主は～え、主は取られる
箴21:26 正しい人は人に～えて惜しまない
イザ63:7 主が～えてくださったすべての
マタ6:11 糧を、今日もお～えください
13:12 持っている人は～えられてもっと
マコ4:25 持っている人はさらに～えられ
ルカ6:38 ～えなさい。そうすれば、あなた
8:18 持っている人はさらに～えられ
12:48 多く～えられた者はみな、多くを
ヨハ6:34 いつも私たちにお～えください
10:28 彼らに永遠のいのちを～えます
14:16 助け主をお～えくださり、その
使20:35 受けるよりも～えるほうが幸い
27:24 みなあなたに～えておられます
Ⅰコリ2:12 神が…～えてくださったものを
ガラ1:4 ご自分を～えてくださいました
2:20 私のためにご自分を～えて
Ⅰヨハ3:24 私たちに～えてくださった御霊

あたたかい（温かい）
Ⅱ列4:34 その子のからだが～かくなって

あたたまる（暖まる）
ヨハ18:18 彼らと一緒に立って～まっていた

あたま（頭）
民26:2 戦に出る…者すべての～数を調べ
Ⅱ列4:19 父親に、「～が、～が」と言った
雅7:5 ～はカルメル山のようにそびえ
ヨハ13:9 手も～も洗ってください

あたらしい（新しい）
Ⅱ歴24:4 主の宮を～しくすることを志し
詩40:3 ～しい歌を 私たちの神への賛美を
96:1 ～しい歌を主に歌え。全地よ
103:5 若さは 鷲のように～しくなる
144:9 神よ あなたに私は～しい歌を
149:1 ハレルヤ。～しい歌を主に歌え
伝1:9 日の下には～しいものは一つも
イザ41:1 諸国の民よ、～しく力を得よ
42:9 ～しいことを、わたしは告げる
43:19 見よ、わたしは～しいことを行う
48:6 今から、～しいことを、あなたの
62:2 そのとき、あなたは～しい名で
65:17 わたしは～しい天と～しい地を創
66:22 わたしが造る～しい天と～しい地
エレ31:31 ユダの家と、～しい契約を結ぶ
哀3:23 それは朝ごとに～しい
5:21 私たちの日々を～しくして
エゼ11:19 あなたがたのうちに～しい霊を
18:31 ～しい心と～しい霊を得よ
36:26 あなたがたに～しい心を与え
マタ9:16 真～しい布切れで古い衣に継ぎを
19:28 栄光の座に着くとき、その～世界
マコ2:21 真～しい布切れで古い衣に継ぎを
ルカ5:36 ～しい衣から布切れを引き裂いて
ヨハ13:34 あなたがたに～しい戒めを与え
使17:21 何か～ことを話したり聞いたり
ロマ6:4 ～しいいのちに歩むためです
7:6 ～しい御霊によって仕えている
Ⅰコリ11:25 わたしの血による～しい契約
Ⅱコリ3:6 ～しい契約に仕える者となる資格
5:17 その人は～しく造られた者です
5:17 見よ、すべてが～しくなりました
エペ4:24 造られた～しい人を着ること

コロ3:10 〜しくされ続け、真の知識に至り
黙5:9 彼らは〜しい歌を歌った
21:1 私は、〜しい天と〜しい地を見た
21:5 わたしはすべてを〜しくする

あたる（当たる）
Ⅱサム18:3 私たちの一万人に〜たります

あつい（熱い；暑い）
詩39:3 心は私のうちで〜くなり
ルカ12:55 南風が吹くと、『〜くなるぞ』と

あっこう（悪口）
Ⅱコリ12:20 憤り、党派心、〜、陰口
ヤコ4:11 〜を言い合ってはいけません

あつさ（暑さ）
創8:22 種蒔きと刈り入れ、寒さと〜

あっとう（圧倒）
詩65:3 数々の咎が私を〜しています
ロマ8:37 私たちは〜的な勝利者です

あっぱく（圧迫）
ヨブ32:18 内なる霊が私を〜しているから

あつまり（集まり）
エレ9:2 裏切り者の〜なのだ
ヘブ10:25 自分たちの〜をやめたりせず

あつまる（集まる）
創1:9 天の下の水は一つの所に〜れ
49:2 ヤコブの子どもたちよ、〜まって
ネヘ9:1 イスラエルの子らは〜まって断食
ヨブ30:23 すべての生き物が〜まる家に
詩2:2 君主たちは相ともに〜まるのか
イザ45:20 〜って来て、ともに近づけ
エレ4:5 〜まれ。城壁のある町に逃れよう
マタ18:20 わたしの名において〜まっている
Ⅰコリ5:4 主イエスの御力とともに〜まり

あつめる（集める）
創41:35 あらゆる食糧をすべて〜めさせ
47:14 地にあった銀をすべて〜めた
出16:16 一オメルずつ、それを〜めよ
レビ8:3 会見の天幕の入り口に〜めよ
民15:32 安息日に薪を〜めている男が
申30:3 再びあなたを〜められる
30:4 主はそこからあなたを〜め
詩106:47 国々から私たちを〜めてください
107:3 国々から彼らを〜められた
箴10:5 夏のうちに〜める者は賢い子
イザ49:5 イスラエルを…〜める
56:8 散らされた者たちを〜める方
66:18 すべての国々と種族を〜めに来る
エレ9:22 〜める者もない束のように落ちる
21:4 それを〜めてこの都のただ中に
23:3 追い散らしたすべての地から〜め
29:14 場所から、あなたがたを〜め
31:10 散らした方がこれを〜め
32:37 彼らを〜めてこの場所に帰らせ
エゼ22:19 エルサレムの中に〜める
ミカ7:1 私は夏の果物を〜める者のよう
ゼパ3:19 散らされた者を〜め、彼らの恥を
マタ12:30 わたしとともに〜めない者は
13:41 行う者たちを御国から取り〜めて
24:31 人の子が選んだ者たちを〜めます
マコ13:27 選ばれた者たちを四方から〜め
ルカ11:23 ともに〜めない者は散らして
13:34 おまえの子らを〜めようとした
ヨハ6:12 余ったパン切れを〜めなさい
11:52 神の子らを一つに〜めるために
エペ1:10 キリストにあって…〜められ

あてる（当てる）
ルカ22:64 〜ててみろ、おまえを打ったのは

あと（後）
マタ19:30 多くの者が〜になり、〜にいる
マコ10:31 多くの者が〜になり、〜にいる
ルカ13:30 〜にいる者が先になり

あととり（跡取り）
創15:3 しもべが私の〜になるでしょう
マタ21:38 あれは〜だ。さあ、あれを殺して
マコ12:7 あれは〜だ。さあ、殺してし
ルカ20:14 あれは〜だ。あれを殺して

あな（穴）
イザ2:19 岩の洞穴や土の〜に入る
42:22 彼らはみな〜の中に陥れられ
エレ38:6 マルキヤの〜に投げ込んだ
エゼ8:7 見ると、壁に一つの〜があった
ヨナ2:6 滅びの〜から引き上げて
ハガ1:6 〜の開いた袋に入れるだけ

あなどり（侮り；侮る）
創25:34 エサウは長子の権利を〜った
民14:11 この民はいつまでわたしを〜る
15:31 主のことばを〜り、その命令
16:30 これらの者たちが主を〜った
Ⅱサム12:14 大いに〜りの心を起こさせた
Ⅱ歴36:16 彼らは神の使者たちを〜り
ヨブ12:5 わざわいを〜
詩10:3 貪欲な者は主を呪い〜ります
74:10 敵は永久に御名を〜るのですか
イザ1:4 イスラエルの聖なる方を〜り
52:5 一日中、絶えず〜られている

あに（兄）
創20:16 銀千枚をあなたの〜に与える
25:23 国民より強く、〜が弟に仕える
37:11 〜たちは彼をねたんだが、父は
Ⅰサム17:22 陣地に走って来て、〜たちに
ホセ12:3 母の胎で〜のかかとをつかみ

マコ12:19 ～のために子孫を起こさなければ
ロマ9:12 「～が弟に仕える」と彼女に告げ

あね（姉）
出2:4 その子の～は、その子がどうなる

あばらぼね（あばら骨）
創2:21 主は彼の～の一つを取り、その

アブ
出8:21 あなたの家々に～の群れを送る

あぶら（油）
創31:13 石の柱に～注ぎをし、わたしに
出28:41 彼らに～注ぎをし、彼らを祭司職
30:30 アロンとその子らに～注ぎを行い
レビ8:12 彼に～注ぎを行い、彼を聖別した
ルツ3:3 あなたはからだを洗って～を塗り
Ⅰサム2:35 わたしに～注がれた者の前を
9:16 あなたはその人に～を注ぎ
10:1 あなたに～を注がれたのでは
16:3 わたしが言う人に～を注げ
16:6 この者が、主に～を注がれる者だ
16:12 さあ、彼に～を注げ。この者が
24:10 あの方は主に～注がれた方
26:9 主に～注がれた方に手を下し
26:16 主に～注がれた方を護衛して
Ⅱサム1:14 主に～注がれた方に手を下し
22:51 主に～注がれた者ダビデとその
Ⅰ列1:39 ソロモンに～を注いだ。彼らが
Ⅱ列4:2 ただ、～の壺一つしかありません
9:3 わたしはあなたに～を注いで
11:12 彼に～を注ぎ、手をたたいて
Ⅰ歴14:8 ダビデが～注がれて
16:22 わたしの～注がれた者たちに
29:22 主の前で～を注いで君主と
詩2:2 主と 主に～注がれた者に
18:50 主に～注がれた者ダビデとその
28:8 主に～注がれた者の救いの砦
84:9 あなたに～注がれた者の顔に
89:20 わたしの聖なる～で ～を注いだ
105:15 わたしの～注がれた者たちに
イザ1:6 ～で和らげてももらえない
45:1 主は、～注がれた者キュロス
61:1 主はわたしに～を注ぎ
エゼ28:14 わたしは、～注がれた守護者
ダニ9:25 ～注がれた者、君主が来るまで
ハバ3:13 ～注がれた者を救うために出て
ゼカ4:14 二人の～注がれた者だ
マタ25:4 入れ物に～を入れて持っていた
マコ6:13 ～を塗って多くの病人を癒やした
16:1 イエスに～を塗りに行こうと思い
ルカ4:18 主はわたしに～を注ぎ
使4:27 あなたが～を注がれた、あなたの
Ⅱコリ1:21 私たちに～を注がれた方は神

あふれる
詩23:5 私の杯は～れています
Ⅱコリ8:7 この恵みのわざにも～れるように
9:8 恵みを～れるばかりに与えること

あま（亜麻）
箴31:13 羊毛や～を手に入れ、喜んで

あまい（甘い）
士14:14 強いものから～物が出た
詩119:103 上あごになんと～ことでしょう

あまぬの（亜麻布）
マコ15:46 イエスを降ろして～で包み
黙19:8 きよい～を まとうことが許され

あまもり（雨漏り）
伝10:18 手をこまねいていると～がする

あみ（網）
詩10:9 苦しむ人を～にかけて捕らえて
31:4 私を狙って隠された～から私を
箴1:17 ～を張るのは無駄なこと。すべて
29:5 自分の足もとに～を張る
イザ19:8 水の上に～を打つ者も打ちしおれ
エゼ17:20 彼の上にわたしの～をかけ
マタ13:47 天の御国は…～のようなものです
マコ1:16 湖で～を打っているのをご覧に
1:19 彼らは舟の中で～を繕っていた
ルカ5:4 ～を下ろして魚を捕りなさい

あめ（雨）
創2:5 地の上に～を降らせていなかった
7:4 四十日四十夜、～を降らせ
レビ26:4 時にかなってあなたがたに～を
申11:14 地に～、初めの～と後の～を
28:12 時にかなって～をあなたの地に
Ⅰ列8:35 天が閉ざされ～が降らなくなった
17:1 露も降りず、～も降らない
18:41 激しい大～の音がするから
ヨブ5:10 地の上に～を降らせ、野の面に
詩68:9 神よ あなたは豊かな～を注ぎ
イザ44:14 月桂樹を植えると、大～がそれを
55:10 ～や雪は、天から降って、もとに
エレ5:24 主は大～を、初めの～と後の～を
エゼ34:26 ～を降らせる。それは祝福の～と
ホセ6:3 地を潤す、後の～のように
アモ4:7 あなたがたに～をとどめた
マタ5:45 正しくない者にも～を降らせて
7:25 ～が降って洪水が押し寄せ、風が
使14:17 天からの～と実りの季節を与え
黙11:6 ～が降らないように天を閉じる

あやおりもの（あや織物）
詩45:14 彼女は～をまとい 王の前に

あやまち（過ち）
Ⅰサム29:3　私は彼に何の～も見出して
Ⅱサム6:7　神はその～のために
Ⅱ列18:14　私は～を犯しました
ヨブ19:4　～に陥っていたとしても、私の～
詩19:12　だれが 自分の～を悟ることが
マタ6:14　もし人の～を赦すなら
マコ11:25　～を赦してくださいます
ガラ6:1　何かの～に陥っていることが
ヤコ3:2　ことばで～を侵さない

あやまり（誤り）
ヨハ16:8　世の～を明らかになさいます
ロマ1:27　その～に対する当然の報いをその
Ⅰコリ14:24　その人は皆に～を指摘され
Ⅰテサ2:3　勧めは、～から出ているものでも

あゆみ（歩み）
ヨブ31:4　私の～をすべて数えておられ
詩18:36　あなたは私の～を大きくし
37:23　主によって 人の～は確かに
44:18　私たちの～はあなたの道から
73:2　私の～は滑りかけ
119:133　みことばによって 私の～を
箴12:15　愚か者には自分の～がまっすぐに
20:24　人の～は主によって定められ
エレ10:23 歩むことも、その～を確かにする
哀4:18　私たちの～はつけ狙われて

あゆむ（歩む）
創5:22　神とともに～み、息子たち
6:9　ノアは神とともに～んだ
17:1　あなたはわたしの前に～み
24:40　私は主の前に～んできた
レビ20:23　異邦の民の掟に従って～んでは
26:3　わたしの掟に従って～み
26:12　わたしはあなたがたの間を～み
26:21　わたしに逆らって～み
26:27　わたしに逆らって～むなら
申5:33　あくまで～み続けなければ
10:12　主のすべての道に～み
13:4　主に従って～み、主を恐れ
23:14　あなたの陣営の中を～まれるから
30:16　主を愛し、主の道に～み
ヨシ22:5　主を愛し、そのすべての道に～み
Ⅰサム8:3　息子たちは父の道に～まず
12:2　先に立って～んでいる
Ⅱサム7:6　幕屋にいて、～んできたのだ
Ⅰ列3:6　あなたの御前に～んだからです
3:14　わたしの道に～むなら、あなたの
9:4　正直さをもってわたしの前に～み
16:26　ヤロブアムのすべての道に～み
Ⅱ列10:31　主の律法に～もうと心がける
16:3　イスラエルの王たちの道に～み
17:8　風習にしたがって～んだから
17:19　風習にしたがって～んだ
21:22　主の道に～もうとはしなかった
Ⅰ歴17:6　全イスラエルと～んだところ
Ⅱ歴6:14　心を尽くして御前に～む
7:17　あなたの父ダビデが～んだように
17:3　ダビデの最初の道に～んで
21:12　ユダの王アサの道にも～まず
ネヘ5:9　私たちの神を恐れつつ～むべき
10:29　与えられた神の律法に～み
詩1:1　はかりごとに～まず
26:1　私は誠実に～み よろめくこと
56:13　光のうちに神の御前に～むために
78:10　おしえに従って～むことを拒み
81:13　わたしの道を～んでいたなら
89:15　御顔の光の中を～みます
119:1　主のみおしえに～む人々
箴8:20　わたしは義の道を～み
10:9　誠実に～む者の歩みは安全だが
28:6　貧しくて、誠実に～む者は
28:18　誠実に～者は救われ
伝11:9　また自分の目の見るとおりに～め
イザ8:11　この民の道に～まないよう、私を
9:2　闇の中を～んでいた民は大きな
42:5　そこを～む者たちに霊を授けた神
42:24　主の道に～もうとせず、その
65:2　考えのまま、良くない道を～む者
エレ6:16　それに～んで、たましいに安らぎ
9:14　彼らの頑なな心のままに～み
10:23　～むことも、その歩みを
42:3　神、主が、私たちの～むべき道と
エゼ11:12　わたしの掟に従って～まず
11:20　彼らはわたしの掟に従って～み
20:19　わたしの掟に従って～み、わたし
37:24　彼らはわたしの定めに従って～み
ミカ4:5　自分たちの神の名によって～む
6:8　あなたの神とともに～むことでは
6:16　彼らのはかりごとに従って～んだ
ハバ3:19　私に高い所を～ませる
ゼカ3:7　もし、あなたがわたしの道に～み
マラ2:6　彼はわたしとともに～み、多くの
マコ7:5　言い伝えによって～まず、汚れた
ロマ4:12　信仰の足跡にしたがって～む者
6:4　新しいいのちに～むためです
8:4　御霊に従って～む私たち
Ⅰコリ3:3　ただの人として～んでいることに
7:17　召されたときのままの状態で～む
Ⅱコリ6:16　彼らの間に住み、また～む
10:2　肉に従って～んでいると見なす人

ガラ2:14 真理に向かってまっすぐに～んで
5:16 御霊によって～みなさい
エペ2:2 今も働いている霊に従って～んで
2:10 私たちが良い行いに～むように
4:1 その召しにふさわしく～みなさい
4:17 心で～んでいるように～んで
5:2 また、愛のうちに～みなさい
5:8 光の子どもとして～みなさい
コロ1:10 主にふさわしく～み、あらゆる
2:6 キリストにあって～みなさい
Ｉテサ2:12 神にふさわしく～むよう、勧め
4:12 人々に対して品位をもって～み
Ⅱペテ2:10 肉に従って～み、権威を侮る
Ｉヨハ2:6 が～まれたように～まなければ
Ⅱヨハ4 真理のうちを～んでいる人たちが
黙3:4 わたしとともに～む

あらう（洗う）
出29:4 水で彼らを～う
民5:23 苦みの水の中に～い落とす
申21:6 折られた雌の子牛の上で手を～い
Ⅱサム11:2 一人の女が、からだを～って
Ⅱ列5:10 七回あなたの身を～いなさい
ヨブ9:30 たとえ私が雪の水で身を～っても
詩26:6 手を～い自らの潔白を示します
51:2 私の咎を私からすっかり～い去り
73:13 自分の心を清め手を～って自分を
イザ1:16 ～え。身を清めよ。わたしの目の
4:4 シオンの娘たちの汚れを～い
エレ2:22 たとえ、あなたが重曹で身を～い
4:14 救われるために、悪から心を～い
エゼ16:9 水で～い、あなたの血を～い
マタ6:17 頭に油を塗り、顔を～いなさい
27:24 群衆の目の前で手を～って言った
マコ7:2 ～っていない手でパンを食べて
ヨハ9:7 シロアム…の池で～いなさい
13:5 弟子たちの足を～い、腰に
使22:16 自分の罪を～い流しなさい
Ｉコリ6:11 あなたがたは～われ、聖なる者

あらかじめ
ロマ8:29 神は、～知っている人たちを
8:30 神は、～定めた人たちをさらに

あらし（嵐）
ヨブ38:1 主は～の中からヨブに答えられた
詩55:8 ～と疾風を避けて 私の逃れ場に
107:29 主が～を鎮められると波は穏やか

あらす（荒らす）
ダニ9:27 翼の上に、～らす者
11:31 取り払い、～らす忌まわしいもの
マタ24:15 ～らす忌まわしいもの
マコ13:14 ～らす忌まわしいもの

使8:3 押し入って、教会を～らし

あらそい（争い）
創13:7 そのため、～が、アブラムの家畜
30:8 私は姉と死に物狂いの～をして
申17:8 もし町囲みの中で～事が起こり
詩55:9 都の中に暴虐と～を見ています
箴6:19 兄弟の間に～を引き起こす者
13:10 高ぶりがあると、ただ～が生じる
17:1 ごちそうと～に満ちた家にまさる
17:14 ～事が起こらないうちにやめよ
18:6 愚かな者の唇は～事に入って行き
20:3 愚か者はみな、～を引き起こす
21:9 ～好きな女と一緒に家にいるより
25:24 ～好きな女と一緒に家にいるより
26:17 関係のない～にいきり立つ者
27:15 雨漏りは、～好きな女に似ている
28:25 欲の深い人は～を引き起こす
29:22 怒る者は～を引き起こす。憤る者
30:33 怒りをかき回すと～が起こる
イザ58:4 ～とけんかのためであり、不当に
Ｉコリ1:11 実は、あなたがたの間に～が
Ⅱコリ12:20 ～、ねたみ、憤り、党派心
テト3:9 系図、～、律法についての論争

あらそう（争う）
申19:17 ～い合うこの二人の者は主の前に
士6:31 バアルのために～おうというのか
ヨブ10:2 何のために私と～われるのかを
23:6 強い力で私と～われるだろうか
40:2 非難する者が全能者と～おうと
詩35:1 私と～う者と～い 私と戦う者と
103:9 いつまでも～ってはおられない
箴25:9 あなたは隣人と～っても、ほかの
伝6:10 言い～うことはできない
イザ41:11 あなたと～う者たちは無いもの
49:25 ～う者と、このわたしが～い
エレ2:9 また、あなたがたの子孫と～
ホセ12:3 つかみ、その力で神と～った
マタ12:19 彼は言い～わず、叫ばず
ルカ11:17 家も内輪で～えば倒れます

あらためる（改める）
エレ7:3 あなたがたの生き方と行いを～め
26:13 あなたがたの生き方と行いを～め

あらぬの（粗布）
Ｉ列20:32 こうして彼らは腰に～をまとい
21:27 ～をまとって伏し、打ちひしがれ
Ⅱ列19:1 衣を引き裂き、～を身にまとって
エス4:1 衣を引き裂き、～をまとい、灰を
詩35:13 彼らが病のとき～をまといました
69:11 私が～を自分の衣とすると
イザ20:2 行って、あなたの腰の～を解き

37:1 ～を身にまとって主の宮に入った
ヨナ3:5 身分の高い者から低い者まで～を
ルカ10:13 彼らはとうの昔に～をまとい

あらの（荒野）
民26:65 「彼らは必ず～で死ぬ」と言われ
申8:15 あの大きな恐ろしい～、水のない
Iｻﾑ23:14 ダビデは、～にある要害に
詩95:8 ～のマサでの日のように
107:4 彼らは～や荒れ地をさまよい
雅3:6 煙の柱のように～から上って来る
8:5 ～から上って来る女の人はだれ
イザ35:1 ～と砂漠は喜び、荒れ地は喜び
35:6 ～に水が湧き出し、荒れ地に
40:3 ～で叫ぶ者の声がする
41:18 ～を水のある沢とし、砂漠の地を
43:19 わたしは～に道を、荒れ地に川を
51:3 その～をエデンのようにし、その
64:10 あなたの聖なる町々は～となって
エレ2:6 あの～、穴だらけの荒れた地を
哀5:9 ～には剣があり、私たちは
エゼ20:10 彼らを導き出し、～に導き入れ
ホセ2:14 彼女を誘い、～に連れて行って
マタ3:1 ユダヤの～で教えを宣べ伝えて
4:1 御霊に導かれて～に上って行かれ
ルカ4:1 そして御霊によって～に導かれ
7:24 あなたがたは、何を見に～に
使7:42 あなたがたは～にいた四十年の
Iｺﾘ10:5 みこころにかなわず、～で

あらわ
ヨブ12:22 闇から深みを～にし、暗黒を光に
マコ4:22 隠れているもので、～にされない
ルカ2:35 心のうちの思いが、～になるため

あらわす（現す）
申29:29 ～されたことは永遠に私たちと
マタ11:25 幼子たちに～してください
11:27 子が父を～そうと心に定めた者の
マコ16:9 マリアにご自分を～された
ルカ10:21 幼子たちに～してください
12:2 ～されないものはなく、隠され

あらわれ（現れ）
Iｺﾘ1:7 キリストの～を待ち望むように
12:7 御霊の～が与えられている
Iﾃﾓ6:14 キリストの～の時まで、あなた
IIﾃﾓ4:8 主の～を慕い求めている人には

あらわれる（現れる）
創18:1 アブラハムに～れた。彼は
26:2 主はイサクに～れて言われた
48:3 ルズで私に～れ、私を祝福して
出3:2 燃える炎の中で彼に～れた
16:10 主の栄光が雲の中に～れた
民16:19 主の栄光が全会衆に～れた
申31:15 天幕で雲の柱のうちに～れた
士6:12 主の使いが彼に～れて言った
Iｻﾑ3:21 主は再びシロで～れた
II歴1:7 ソロモンに～れて仰せられた
7:12 その夜、主はソロモンに～れ
イザ53:1 主の御腕はだれに～れたか
マタ24:5 名を名乗る者が大勢～れ
24:30 人の子のしるしが天に～れます
マコ13:6 名乗る者が大勢～れ
ルカ9:31 栄光のうちに～れ、イエスが
17:30 人の子が～れる日にも、同じこと
19:11 神の国がすぐに～れると思って
ヨハ9:3 この人に神のわざが～れるため
12:38 主の御腕はだれに～れたか
Iｺﾘ3:13 その日は火とともに～れ、この
IIｺﾘ5:10 さばきの座の前に～れなければ
コロ3:4 栄光のうちに～れます
IIﾃｻ1:7 天から～れるときに起こります
ヘブ9:24 御前に～れてくださいます
9:26 罪を取り除くために～れて
9:28 人々の救いのために～れて
Iﾍﾟﾃ1:13 イエス・キリストが～れるとき
4:13 キリストの栄光が～れるときにも
Iﾖﾊ1:2 このいのちが～れました

あり（蟻）
箴6:6 怠け者よ、～のところへ行け
30:25 ～は力のないものたちだが

ありあまる（あり余る）
出36:7 十分であり、～るほどであった
ルカ12:15 人が～ほど持っていても、その人

ありさま（有様）
Iｺﾘ7:31 この世の～は過ぎ去るからです

あるく（歩く）
創3:8 園を～き回られる音を聞いた
13:17 地を縦と横に～き回りなさい
ヨシ24:3 全土を～かせ、子孫を増し
ヨブ22:14 神は天空を～き回るだけだ
詩48:12 シオンを巡りその周りを～け
138:7 私が苦しみの中を～いても
箴1:15 一緒に道を～いてはならない
伝2:14 愚かな者は闇の中を～く
イザ40:31 力衰えず、～いても疲れない
ダニ3:25 縄を解かれて～いている四人
アモ3:3 二人の者が一緒に～くだろうか
ゼカ10:12 主の名によって～き続ける
マラ3:14 主の前で悲しんで～いても
マタ9:5 『起きて～け』と言うのと
マタ14:25 イエスは湖の上を～いて弟子
14:29 水の上を～いてイエスの方に

マコ6:48　湖の上を～いて彼らのところへ
8:24　木のようですが、～いている
ルカ24:15　彼らとともに～き始められた
ヨハ5:8　床を取り上げ、～きなさい
6:19　イエスが湖の上を～いて舟に
11:9　昼間～けば、つまずくことは
12:35　光があるうちに～きなさい
使3:6　立ち上がり、～きなさい
ヘブ11:37　羊ややぎの皮を着て～き回り

れち（荒れ地）
イザ35:6　荒野に水が湧き出し、～に川が
43:19　わたしは…～に川を設ける

れはてる（荒れ果てる）
イザ1:7　あなたがたの地は～て
24:1　見よ。主は地を～てさせ
エレ4:7　あなたの地を～てさせるために
4:27　主はこう言われる…全地は～てる
マタ23:38　おまえたちの家は、～てたまま

あわだつ（泡立つ）
詩46:3　その水が立ち騒ぎ ～っても

あわてふためく（慌てふためく）
イザ28:16　これに信頼する者は～くことが

あわれ（哀れ）
ネヘ4:2　この～なユダヤ人たちは
Ⅰコリ15:19　すべての人の中で一番～な者

あわれみ
創19:16　主の～によることである
申7:16　彼らに～をかけてはならない
Ⅰ歴21:13　主の～は深いからです。私が
Ⅱ歴30:9　捕虜にした人々の～を受け
エズ9:8　私たちの神、主はその～に
ネヘ1:11　この人の前で、～を受けさせて
ヨブ8:5　求め、全能者に～を乞うなら
20:10　貧しい人たちに～を乞い、彼は
詩78:38　神は～深く 彼らの咎を赦して
86:15　あなたは～深く 情け深い神
103:4　恵みと～の冠をかぶらせ
イザ54:7　大いなる～をもって、あなたを
エレ42:12　あなたがたに～を施すので
哀3:22　主の～が尽きないからだ
エゼ7:4　わたしはあなたに～をかけない
8:18　わたしは～をかけない
16:5　だれもあなたに～をかけず
ダニ2:18　天の神に～を乞うためであった
ハバ3:2　～を忘れないでください
ゼカ11:6　この地の住民に～をかけないから
マタ5:7　～深い者は幸いです
23:23　正義と～と誠実をおろそかに
ルカ1:50　主の～は、代々にわたって主を
1:72　私たちの父祖たちに～を施し
6:36　あなたがたも、～深くなり
10:37　その人に～深い行いをした人
ロマ9:23　備えられた～の器に対して
11:31　あなたがたの受けた～のゆえに
Ⅱコリ4:1　～を受けてこの務めについて
エペ2:4　～豊かな神は、私たちを愛して
ヘブ8:12　わたしが彼らの不義に～をかけ
Ⅰヨハ3:17　人に対して～の心を閉ざす

あわれむ
申13:17　あなたを～んで、あなたを増やす
Ⅱ列13:23　彼らを恵み、～み、顧みて
Ⅱ歴36:15　ご自分の住まいを～まれたから
ヨブ19:21　～んでくれ。私を～んでくれ
詩51:1　神よ私を～んでください
67:1　神が私たちを～み 祝福し
72:13　王は 弱い者や貧しい者を～み
103:13　ご自分を恐れる者を～まれる
箴14:21　貧しい者を～む人は幸いだ
イザ14:1　主はヤコブを～み、再び
33:2　主よ、～んでください
49:10　彼らを～む者が彼らを導き
エレ12:15　わたしは再び彼らを～み、彼ら
31:20　わたしは彼を～まずにはいられ
ホセ1:7　わたしはユダの家を～れみ
ヨエ2:18　愛し、ご自分の民を深く～まれ
ミカ7:19　もう一度、私たちを～み
マタ9:36　また、群衆を見て深く～まれた
14:14　そして彼らを深く～んで、彼ら
15:22　ダビデの子よ。私を～んで
20:30　ダビデの子よ。私たちを～ん
20:34　イエスは深く～んで
マコ1:41　イエスは深く～み、手を伸ばし
5:19　どんなに～んでくださったかを
6:34　イエスは彼らを深く～み
9:22　私たちを～んでお助けください
ルカ7:13　主はその母親を見て深く～み
16:24　～んでラザロをお送りください
18:38　イエス様、私を～んでください
ロマ9:15　わたしは～もうと思う者を～み
9:18　人をみこころのままに～み
ピリ2:27　神は彼を～んでくださいました
ユダ22　抱くなら、その人たちを～み

あんいつ（安逸）
アモ6:1　わざわいだ。シオンで～を貪る者

あんこく（暗黒）
イザ8:22　苦悩の闇、～、追放された者

あんしん（安心）
士6:23　～せよ。恐れるな。あなた
箴1:32　愚かな者の～は自分を滅ぼす
イザ32:17　とこしえの平穏と～をもたらす

ルカ7:50 〜して行きなさい
ピレ7 あなたによって聖徒たちが〜を
あんぜん（安全）
ヨブ24:23 神が彼に〜を与えるので、彼は
あんそく（安息）
出16:26 しかし七日目の〜には、それは
31:16 子らはこの〜を守り
レビ25:4 休みのための〜、主の〜となる
申3:20 あなたがたと同じように〜を与え
12:10 あなたがたを守って〜を与え
25:19 〜を与えられるようになったとき
ヨシ1:15 あなたがたと同様に〜を与え
23:1 イスラエルを守って〜を与えられ
Ⅱサム7:1 彼を守り、〜を与えておられた
Ⅰ列5:4 私を守って〜を与えてくださり
Ⅰ歴28:2 〜の家を建てる志を持ち、建築の
Ⅱ歴14:6 主が彼に〜を与えられたので
詩95:11 決してわたしの〜に入れない
132:14 とこしえにわたしの〜の場所
イザ66:1 わたしの〜の場は…どこに
ヘブ3:11 決して、わたしの〜に入れない
あんそくにち（安息日）
出20:8 〜を覚えて、これを聖なるもの
レビ16:31 全き休みのための〜であり
19:30 あなたがたはわたしの〜を守り
26:2 あなたがたはわたしの〜を守り
民15:32 〜に薪を集めている男が
申5:12 〜を守って、これを聖なるもの
ネヘ13:17 〜を汚しているではないか
イザ56:2 〜を守って、これを汚さず
58:13 あなたが〜に出歩くことをやめ
66:23 新月の祭りごとに、〜ごとに
エレ17:21 気をつけて、〜に荷物を運ぶな
エゼ20:12 彼らにわたしの〜を与えて
44:24 わたしの〜を聖なるものと
マタ12:1 イエスは〜に麦畑を通られた
12:8 人の子は〜の主です
24:20 冬や〜にならないように祈り
28:1 〜が終わって週の初めの日の
マコ2:23 ある〜に、イエスが麦畑を
3:2 イエスがこの人を〜に治すか
16:1 〜が終わったので、マグダラの
ルカ4:16 〜に会堂に入り、朗読しようと
6:1 〜に、イエスが麦畑を通って
6:5 人の子は〜の主です
14:1 ある〜のこと、イエスは食事を
ヨハ5:10 今日は〜だ。床を取り上げる
7:23 人は〜にも割礼を受けるのに
9:14 目を開けたのは、〜であった
使16:13 〜に、私たちは町の門の外に

あんない（案内）
マタ15:14 もし盲人が盲人を〜すれば
23:16 わざわいだ、目の見えない〜人
ルカ6:39 盲人が盲人を〜できるでしょうか
ロマ2:19 目の見えない人の〜人、闇の中
あんぴ（安否）
創43:27 ヨセフは彼らの〜を尋ねた

い

い（胃）
Ⅰテモ5:23 水ばかり飲まないで、〜のため
いいあらわす（言い表す）
ヤコ5:16 互いに罪を〜し、互いのために
黙3:5 父の御前と御使いたちの前で〜す
いいかえし（言い返す）
ヨブ11:2 ことば数が多ければ、〜されない
32:3 定めながら、〜せなかったからで
いいがかり（言いがかり）
ルカ11:54 〜をつけようと狙っていたので
いいつたえ（言い伝え）
マタ15:2 長老たちの〜を破るのですか
マコ7:5 昔の人たちの〜によって歩まず
7:8 人間の〜を堅く守っているのです
いいなずけ
ルカ1:27 ヨセフという人の〜で、名を
2:5 〜の妻マリアとともに登録する
いいひろめる（言い広める）
マタ10:27 聞いたことを、屋上で〜めなさい
マコ5:20 デカポリス地方で〜め始めた
ルカ8:39 ことをすべて、町中に〜めた
9:60 行って、神の国を〜めなさい
いいふらす（言いふらす）
民13:32 イスラエルの子らに悪く〜して
Ⅰサム2:24 民が〜しているうわさを聞く
いいぶん（言い分）
ヨブ13:18 今、私は自分の〜を並べる
23:4 私は神の御前に自分の〜を並べて
詩119:154 私の〜を取り上げ私を贖って
ホセ12:2 主には、ユダに対して〜がある
いえ（家）
レビ27:14 自分の〜を主に聖なるものと
申8:12 立派な〜を建てて住み
ヨシ24:15 私と私の〜は主に仕える
Ⅱサム7:11 あなたのために一つの〜を造る
Ⅰ歴17:5 今日まで、〜に住んだことは
17:10 あなたのために一つの〜を建て
28:2 安息の〜を建てる志を持ち
詩42:4 神の〜へとゆっくり歩んで

詩52:8 神の～に生い茂るオリーブの木
55:14 神の～に一緒に歩いて行った
69:9 あなたの～を思う熱心が 私を
84:10 神の～の門口に立ちたいのです
92:13 彼らは 主の～に植えられ
127:1 主が～を建てるのでなければ
箴9:1 知恵は自分の～を建て、石の
14:1 知恵のある女は～を建て
31:27 ～の者の様子をよく見守り
伝7:2 祝宴の～に行くよりは、喪中の
マタ6:6 ～の奥の自分の部屋に入りなさい
10:36 ～の者たちがその人の敵となる
21:13 わたしの～は祈りの～と呼ばれ
マコ6:10 その～にとどまりなさい
8:26 イエスは、彼を～に帰らせ
11:17 あらゆる民の祈りの～と呼ばれ
ルカ6:48 土台を据えて、～を建てた人に
8:39 あなたの～に帰って、神が
9:4 どの～に入っても、そこに
10:7 その～にとどまり、出される物
13:35 おまえたちの～は見捨てられる
19:46 わたしの～は祈りの～で
ヨハ2:16 父の～を商売の～にしては
19:27 この弟子は彼女を自分の～に
使7:48 手で造った～にはお住みに
28:30 二年間、自費で借りた～に住み
Ⅰコリ11:34 空腹な人は～で食べなさい
14:35 知りたければ、～で自分の夫に
16:19 彼らの～にある教会が、主に
Ⅰテモ3:15 遅くなった場合でも、神の～で

いえばと（家鳩）

レビ1:14 山鳩、または～のひなの中から

いおう（硫黄）

創19:24 主は～と火を、天から
ルカ17:29 火と～が天から降って来て
黙14:10 火と～によって苦しめられる
19:20 ～の燃える火の池に投げ込まれ

いがい（遺骸）

創50:25 私の～をここから携え上って
出13:19 モーセはヨセフの～を携えていた
ヨシ24:32 ヨセフの～は、シェケムの地

いかす（生かす；活かす）

出1:17 男の子を～かしておいた
ヨシ14:10 私を～かしてくださいました
Ⅰサム2:6 主は殺し、また～かします
詩85:6 ～かしてくださらないのですか
119:17 しもべに豊かに報い 私を～かし
119:25 みことばのとおりに私を～かして
119:88 恵みによって 私を～かして
119:144 私に悟らせ 私を～かして
119:149 定めにしたがって 私を～かして
イザ57:15 へりくだった人たちの霊を～かし
エレ49:11 わたしが彼らを～かし続ける
ロマ6:13 死者の中から～かされた者として
Ⅰコリ15:22 すべての人が～かされるのです
Ⅱコリ3:6 文字は殺し、御霊は～かすから
エペ2:5 キリストとともに～かして
5:16 機会を十分に～しなさい

いかずち（雷）

詩81:7 ～の隠れ場からあなたに答え

いかだ

Ⅱ歴2:16 これを～に組んで、海路

いがた（鋳型）

出32:4 のみで～を造り…鋳物の子牛に

いかり（怒り）

創27:45 兄さんの～が収まって、あなた
30:2 ヤコブはラケルに～を燃やして
出4:14 すると、主の～がモーセに
32:19 モーセの～は燃え上がった
民11:1 主はこれを聞いて～を燃やし
12:9 主の～が彼らに向かって燃え
22:22 神の～が燃え上がり、主の
25:4 主の燃える～はイスラエル
32:14 主の燃える～を増し加え
申32:21 わたしの～を燃えさせた
士2:12 主の～を引き起こした
8:3 彼らの～は和らいだ
10:7 主の～はイスラエルに
Ⅰサム20:30 サウルはヨナタンに～を燃やし
Ⅱサム24:1 再び主の～がイスラエルに
Ⅰ列15:30 主の～によるものであった
22:53 主の～を引き起こした
Ⅱ列17:17 主の～を引き起こした
Ⅰ歴13:10 主の～がウザに向かって
Ⅱ歴16:10 この予見者に対して～を発し
25:15 アマツヤに向かって～を燃やし
エズ10:14 燃える～は、私たちから去る
ヨブ20:23 神は燃える～を彼に送り、憤り
詩30:5 まことに 御～は束の間
69:24 燃える～を 彼らに追いつかせて
78:31 神の～が 彼らに向かって燃え
78:58 築いて神の～を引き起こし
箴12:16 愚か者は自分の～をすぐ表す
14:29 ～を遅くする者には豊かな英知
15:18 ～を遅くする者は争い事を鎮め
16:32 ～を遅くする者は勇士にまさり
19:12 王の激しい～は若い獅子か
イザ5:25 主の～はその民に向かって
8:21 歩き回り、飢えて～に身を委ね
9:21 それでも御～は収まらず、なお

10:5　アッシリア、わたしの～のむち
42:25　主は、憤ってこれに～を注ぎ
65:3　わたしの～を引き起こす
エレ4:8　主の燃える～が、私たち
7:19　わたしの～を彼らが引き起こし
23:20　主の～は、その心の御思い
25:38　虐げる者の～、主の燃える～に
哀2:22　そのため主の御～の日には
ダニ9:16　どうか御～と憤りを、あなたの
ホセ5:10　彼らの上に激しい～を水のよう
8:5　彼らに向かって～を燃やす
11:9　わたしは～を燃やして再び
ミカ5:15　わたしは～と憤りをもって
7:9　私は主の激しい～を身に受け
ナホ1:6　その燃える～に耐えられる
ハバ3:2　激しい～のうちにも、あわれみ
3:8　主よ、川に対して～を燃やされ
ゼパ2:2　主の燃える～が、まだあなた
マタ3:7　迫り来る～を逃れるようにと
ルカ6:11　～に満ち、イエスをどうするか
ヨハ3:36　神の～がその上にとどまる
ロマ2:5　御～りの日の～を、自分のため
3:5　御～を下す神は不義なので
4:15　律法は御～を招くものです
10:19　愚かな国民で…～を燃えさせる
エペ2:3　御～を受けるべき子らでした
コロ3:6　神の～が不従順の子らの上に
Ⅰテサ1:10　御～から私たちを救い出して
黙6:16　子羊の御～から私たちを隠して

いかり（錨）
使28:13　そこから～を上げて、レギオンに
ヘブ6:19　たましいの～のようなもので

いかる（怒る）
レビ10:16　エルアザルとイタマルに～って
申1:37　この私に対しても～って言われ
9:22　…でも主を～らせた
Ⅱサム19:42　このことでそんなに～るのか
エズ5:12　先祖が天の神を～らせたので
詩37:8　～ることをやめ 憤りを捨てよ
60:1　あなたは～られました
103:8　～るのに遅く 恵み豊かである
106:32　水のほとりで主を～らせた
箴14:16　～りやすく、自信が強い
19:3　心は主に向かって激しく～る
イザ34:2　国に向かって激しく～り
ヨナ4:2　～るのに遅く、恵み豊かで
4:4　当然であるかのように～るのか
ナホ1:3　主は～るのに遅く、力強い方
ゼカ1:2　先祖に激しく～った
マタ5:22　兄弟に対して～者は、だれでも
マコ3:5　イエスは～って彼らを見回し
エペ4:26　～っても、罪を犯しては
Ⅰテモ2:8　男たちは～ったり言い争ったり
黙11:18　諸国の民は～りました

いき（息）
創2:7　鼻にいのちの～を吹き込まれた
出23:12　寄留者が～をつくためである
ヨブ26:13　その～によって天は晴れ渡り
32:8　全能者の～が人に悟りを与える
詩144:4　人は～にすぎず その日々は影の
150:6　～のあるものはみな 主をほめ
伝3:19　死に、両方とも同じ～を持つ
イザ11:4　打ち、唇の～で悪しき者を殺す
エゼ37:5　おまえたちに～を吹き入れるので
37:9　～に預言せよ。人の子よ、預言し
マコ15:37　大声をあげて、～を引き取られた
使9:1　脅かして殺害しようと～巻き
黙13:15　その獣の像に～を吹き込んで

いきおい（勢い）
Ⅰ歴5:2　ユダは彼の兄弟たちの間で～を増

いきかえる（生き返る）
Ⅰ列17:22　子のうちに戻り、その子は～った
Ⅱ列8:1　子どもを～らせてやったあの女に
13:21　その人は～り、自分の足で立ち
ネヘ4:2　山の中から拾って、～らせようと
詩19:7　おしえは…たましいを～らせ
23:3　主は私のたましいを～らせ
箴25:13　その人は主人の心を～らせる
イザ26:19　あなたの死人は～り、私の屍は
エゼ37:3　骨は～ることができるだろうか
ホセ6:2　主は二日の後に私たちを～らせ
14:7　穀物のように～り、ぶどうの木の
マタ9:18　そうすれば娘は～ります
ルカ15:24　この息子は、死んでいたのに～り
黙20:4　彼らは～って、キリストとともに

いきかた（生き方）
エレ17:10　心の奥を試し、それぞれその～に
エゼ7:3　あなたの～にしたがって
Ⅱペテ3:11　敬虔な～をしなければならない

いきどおり（憤り；憤る）
申9:19　その怒りと～が、私には怖かった
Ⅱ列22:13　燃え上がった主の～が激しい
エス3:5　しないのを見て、～に満たされた
詩76:10　あふれ出た～を身に帯びられます
箴22:14　主の～に触れた者がそこに
イザ51:22　～の大杯をもう二度と飲むことは
エゼ21:17　打ち鳴らし、わたしの～を収め
ナホ1:6　激しい～の前に、だれが立てる
マコ10:14　イエスはそれを見て、～って弟子
ヨハ11:38　イエスは再び心のうちに～を覚え

エペ4:26 〜ったままで日が暮れるようで
ヘブ3:10 わたしはその世代に〜って言った
黙14:19 神の〜の大きな踏み場に投げ入れ

きのこる（生き残る）
哀2:22 〜る者も逃れる者もいません

いきもの（生き物；生きもの）
創1:20 水には〜が群がれ。鳥は地の上
レビ11:2 あなたがたが食べてもよい〜で
エゼ10:17 〜の霊が輪の中にあったから
黙4:6 目で満ちた四つの〜がいた

いきりたつ（いきり立つ）
イザ37:28 わたしに向かって〜つのも

いきる（生きる）
創2:7 それで人は〜ものとなった
出33:20 なお〜きていることはできない
レビ18:5 行うなら、それらによって〜きる
民16:48 死んだ者たちと〜きている者たち
21:9 青銅の蛇を仰ぎ見ると〜きた
申4:1 あなたがたが〜き、あなたがたの
4:4 あなたがたはみな、今日〜きて
5:24 人が〜きているのを見ました
5:33 あなたがたが〜き、幸せになり
8:1 あなたがたは〜きて数を増やし
8:3 人はパンだけで〜きるのではなく
16:20 あなたは〜き、あなたの神、主が
33:25 あなたの力が、〜きるかぎり続く
Ⅱサム15:21 〜きるためでも死ぬためでも
ヨブ19:25 私を贖う方は〜きておられ
詩138:7 私を〜かしてくださいます
146:2 私は〜きているかぎり 主を
箴4:4 私の命令を守って〜きよ
9:6 浅はかさを捨てて、〜きなさい
伝2:17 私は〜きていることを憎んだ
9:5 〜きている者は自分が死ぬことを
イザ4:3 エルサレムに〜者として書き記さ
8:19 〜きている者のために、死人に
38:19 〜きている者、ただ〜きている者
55:3 そうすれば、あなたがたは〜きる
エレ27:12 彼とその民に仕えて〜きよ
エゼ16:6 繰り返して「〜きよ」と言った
18:9 人であり、この人は必ず〜きる
18:22 正しいことのゆえに、彼は〜きる
33:19 そのことのゆえに彼は〜きる
ホセ6:2 私たちは御前に〜きる
アモ5:14 善そうすれば、あなたがたは〜き
ハバ2:4 正しい人はその信仰によって〜き
マタ4:4 人はパンだけで〜きるのではなく
22:32 死んだ者の神ではなく、〜きて
マコ12:27 死んだ者の神ではなく、〜きて
ルカ4:4 人はパンだけで〜きるのではない
20:38 すべての者が〜きているのです
24:5 〜きている方を死人の中に捜す
ヨハ6:58 このパンを食べる者は永遠に〜き
14:19 わたしが〜き、あなたがたも〜き
21:22 彼が〜きるように…望んだと
使17:28 私たちは神の中に〜き、動き
25:19 イエスが〜きているとパウロは
ロマ6:11 神に対して〜きている者だと
8:13 殺すなら、あなたがたは〜きます
10:5 掟を行う人は…掟によって〜き
14:7 自分のために〜きている人はなく
14:9 死んだ人にも〜きている人にも
Ⅰコリ15:45 最初の人アダムは〜きるものと
ガラ2:20 肉において〜きているいのちは
3:11 義人は信仰によって〜きる
5:25 御霊によって〜きているのなら
ピリ1:21 私にとって〜きることはキリスト
Ⅱテモ2:11 キリストとともに〜きるように
黙1:18 〜きている者である。わたしは

いく（行く）
マタ28:19 あなたがたは〜って、あらゆる
ルカ7:8 『〜け』と言えば〜きます
ヨハ6:68 だれのところに〜けるでしょうか

いくさびと
出15:3 主は〜。その御名は主

いけ（池）
ヨハ5:2 ベテスダと呼ばれる〜があり
9:7 （訳すと、遣わされた者）の〜で
黙19:20 硫黄の燃える火の〜に投げ込まれ
20:10 悪魔は火と硫黄の〜に投げ込まれ

いけにえ
出3:18 主に〜を献げさせてください
Ⅰサム15:22 聞き従うことは、〜にまさり
Ⅰ歴29:21 彼らは主に〜を献げ、主に
詩40:6 あなたは〜や穀物のささげ物を
51:16 あなたは〜を喜ばれず全焼の
51:17 神への〜は砕かれた霊。打たれ
箴15:8 悪者の〜は主に忌み嫌われ
21:3 主の前で、〜より望ましい
21:27 悪しき者の〜は忌み嫌われる
伝9:2 〜を献げる人にも、〜を献げない
イザ1:11 あなたがたの多くの〜は
エレ6:20 あなたがたの〜はわたしには
17:26 感謝の〜を携えて来る者
ダニ9:27 半週の間、〜とささげ物を
ホセ6:6 真実の愛。〜ではない
マタ9:13 真実の愛。〜ではない
12:7 真実の愛。〜ではない
ルカ2:24 言われていることにしたがって〜
エペ5:2 神へのささげ物、また〜とし

ヘブ9:26 ご自分を～として罪を取り除く
10:12 罪のために一つの～を献げた後
いける（生ける）
ヨシ3:10 ～神があなたがたの中にいて
Ⅰサム17:36 ～神の陣をそしったのですから
Ⅱ列19:4 ～神をそしるために彼を遣わした
詩27:13 ～者の地で主のいつくしみを
42:2 ～神を求めて 渇いています
エレ10:10 しかし、主はまことの神、～神
ダニ6:26 この方こそ～神、永遠におられる
ホセ1:10 彼らは「～神の子ら」と言われる
ヨハ4:10 あなたに～水を与えたこと
6:51 天から下って来た～パンです
6:57 ～父がわたしを遣わし、わたしが
Ⅰテサ1:9 立ち返って、～まことの神に仕え
Ⅰテモ4:10 救い主である～神に、望みを
ヘブ3:12 ～神から離れる者がないように
いげん（威厳）
創49:3 活力の初穂。～と力強さでまさる
ヨブ13:11 神の～があなたがたをおびえさせ
詩96:6 ～と威光は御前にあり
104:1 あなたは～と威光を身にまとって
イザ33:21 そこには～ある主が私たちと
いげん（異言）
使19:6 彼らは～を語ったり、預言したり
Ⅰコリ12:10 種々の～、ある人には～を解き
13:1 私が人の～や御使いの～で話して
14:2 ～で語る人は、人に向かって語る
14:22 それで～は、信じている者たちの
14:39 ～で語ることを禁じては
いこい（憩い）
詩23:2 ～のみぎわに伴われます
116:7 おまえの全き～に戻れ
哀1:3 彼女は…～を見出すことがない
ロマ15:32 ～を得ることができるように
いこう（威光）
出15:21 主はご～を極みまで現され
詩8:1 あなたのご～は天でたたえられて
93:1 主こそ王です。～をまとって
ダニ4:30 また、私の～を輝かすために
4:36 私の～と輝きが私に戻ってきた
ミカ5:4 主の御名の～によって群れを
使19:27 女神のご～さえも失われそうで
いこう（憩う）
ヨブ3:17 かしこでは、力の萎えた者は～い
いこく（異国）
申23:20 ～人からは利息を取ってもよいが
Ⅰ列8:41 イスラエルの者でない～人に
11:1 ファラオの娘のほかに多くの～人
エズ10:11 ～人の女たちから離れなさい
詩137:4 私たちが～の地で主の歌を
エゼ44:7 割礼を受けていない～の民を連れ
いさかい
箴19:13 妻の～好きは、滴り続ける雨漏り
いさめる
マタ16:22 わきにお連れして、～め始めた
マコ8:32 わきにお連れして、～め始めた
いさん（遺産）
箴13:22 善良な人は子孫に～を残す
いし（石）
出28:11 名をその二つの～に彫り
レビ24:14 全会衆が彼に～を投げて殺すよう
民14:10 全会衆は、二人を～で打ち殺そう
15:36 外に連れ出し、～で打ち殺した
申10:1 前のような～の板を二枚切って
21:21 町の人はみな彼を～で打ちなさい
ヨシ4:6 この～はどういうものなのですか
7:25 イスラエルは彼を～で打ち殺し
24:26 大きな～を取り、主の聖所にある
7:12 サムエルは一つの～を取り
17:40 川から五つの滑らかな～を選んで
30:6 ダビデを～で打ち殺そうと言い
詩118:22 捨てた～ それが要の～となった
箴27:3 ～は重く、砂にも重みがある
イザ28:16 一つの～を礎として据える
エレ2:27 ～に向かって「あなたは私を
エゼ11:19 からだから～の心を取り除き
20:32 木や～を拝んでいる異邦の民
ダニ2:34 一つの～が人手によらずに切り
2:35 その像を打った～は大きな山と
ハバ2:11 まことに、～は～垣から叫び
マタ3:9 神はこれらの～ころからでも
4:3 これらの～がパンになるように
7:9 求めているのに～を与える
21:42 捨てた～、それが要の～となった
21:44 この～の上に落ちる人は粉々に
23:37 遣わされた人たちを～で打つ者よ
24:2 どの～も崩されずに、ほかの～の
27:66 番兵たちとともに～に封印をし
マコ12:10 捨てた～、それが要の～となった
13:2 どの～も崩されずに、ほかの～の
16:4 その～が転がしてあるのが見えた
ルカ3:8 神はこれらの～ころからでも
4:3 この～に、パンになるように命じ
19:40 この人たちが黙れば、～が叫び
20:17 捨てた～、それが要の～となった
21:6 どの～も崩されずに、ほかの～の
24:2 ～が墓からわきに転がされていた
ヨハ8:5 こういう女を～打ちにするよう
8:59 イエスに投げつけようと～を

ヨハ10:31 ～打ちにしようとして、再び～を
11:39 「その～を取りのけなさい。」
使4:11 捨てられた～、それが要の～と
7:58 外に追い出して、～を投げつけた
Ⅱｺﾘ3:3 ～の板にではなく人の心の板に
11:25 ～で打たれたことが一度、難船し

いしずえ（礎）
エズ3:6 主の神殿の～はまだ据えられて
3:11 主の宮の～が据えられたので
イザ28:16 一つの石を～として据える

いしゃ（医者）
創50:2 自分のしもべである～たちに
ヨブ13:4 偽りを塗る者、みな無用の～だ
エレ8:22 ～はそこにいないのか
マタ9:12 ～を必要とするのは…病人です
マコ2:17 ～を必要とするのは…病人です
5:26 多くの～からひどい目にあわされ
ルカ4:23 『～よ、自分を治せ』という
5:31 ～を必要とするのは…病人です
コロ4:14 愛する～のルカ、それにデマスが

いじょう（以上）
マタ10:24 弟子は師～の者ではなく、しもべ

いしょく（衣食）
Ⅰﾃﾓ6:8 ～があれば、それで満足すべき

いずみ（泉）
ヨシ15:19 カレブは上の～と下の～を彼女に
詩36:9 いのちの～はあなたとともにあり
104:10 主は～の水を谷に送り 山々の間
箴14:27 主を恐れることはいのちの～
16:22 これを持つ者にはいのちの～
18:4 知恵の～は湧いて流れる川
25:26 汚された～、荒らされた井戸
伝12:6 水がめは～の傍らで砕かれて
雅4:12 閉じられた源、封じられた～
イザ12:3 水を汲む。救いの～から
エレ2:13 いのちの水の～であるわたしを
9:1 私の目が涙の～であったなら
17:13 いのちの水の～である主を捨て
ホセ13:15 水源は涸れ、～は干上がる
ヨエ3:18 水が流れ、～が主の宮から湧き
ゼカ13:1 きよめる一つの～が開かれる
ヤコ3:11 ～が、甘い水と苦い水を同じ穴
Ⅱﾍﾟﾃ2:17 この者たちは水がない～、突風で
黙21:6 渇く者に、いのちの水の～から

いそぐ（急ぐ）
創19:22 ～いであそこへ逃れなさい
詩38:22 ～いで私を助けてください
70:1 主よ～いで私を助けに来て
141:1 私のところに～いでください

いた（板）
出31:18 さとしの～を二枚、すなわち神の
34:1 同じような二枚の石の～を切り
申5:22 主はそれを二枚の石の～に書いて
9:10 神の指で書き記された石の～二枚
イザ8:1 一つの大きな～を取り、その上に

いだい（偉大）
申3:24 あなたの～さとあなたの力強い
詩145:3 その～さは 測り知ることも
147:5 われらの主は～であり 力強く
150:2 その比類なき～さにふさわしく
伝2:9 こうして私は～な者となった
イザ28:29 その英知は～である
エゼ31:2 ～さはだれに比べられるだろうか
ダニ4:22 あなたの～さは増し加わって
マタ5:19 天の御国で～な者と呼ばれます

いたい（遺体）
マコ6:29 ～を引き取り、墓に納めた

いたいめ（痛い目）
箴27:12 浅はかな者は…～にあう

いたずら
創39:14 私たちに対して～をさせるために

いたで（痛手）
ヨブ20:26 生き残っている者も～を被る

いたみ（痛み；痛む）
出3:7 彼らの～みを確かに知っている
Ⅰｻﾑ1:10 ハンナの心は～んでいた。彼女は
Ⅰ歴4:10 私が～を覚えることのないように
Ⅱ歴34:27 あなたは心を～めて神の前に
ヨブ14:22 彼の肉が彼のために～みを覚え
詩16:4 ほかの神に走った者の～みは増し
32:10 悪しき者は心の～みが多い
39:2 そのため私の～みは激しくなった
箴15:13 心の～の中には、打ちひしがれた
伝11:10 からだから～みを取り去れ
イザ13:8 苦しみと激しい～みが彼らを襲う
53:4 病を負い、私たちの～みを担った
エレ13:21 ～があなたをとらえないだろうか
30:15 あなたの～みは癒やされがたい
ホセ13:13 子を産む女の激しい～みが彼の
ロマ9:2 私の心には絶えず～みがあります

いたむ（悼む）
ヨエ1:8 ～み悲しめ。粗布をまとった

いたむ（傷む）
イザ42:3 ～んだ葦を折ることもなく

いためつける（痛めつける）
箴8:36 自分自身を～めつけ

いちじ（一時）
Ⅱｺﾘ4:18 見えるものは～的であり

いちじく
創3:7　彼らは、～の葉をつづり合わせて
雅2:13　～の木は実をならせ、ぶどうの木
イザ34:4　～の木から実がしぼんで落ちる
38:21　干し～を持って来させ、腫物の上
エレ8:13　～の木には、～がなく、葉は
24:1　神殿の前に、二かごの～が置かれ
ヨエ1:7　わたしの～の木を木っ端にした
ミカ4:4　～の木の下に座るようになり
ハバ3:17　～の木は花を咲かせず、ぶどうの
マタ21:19　すると、たちまち～の木は枯れた
マコ11:13　葉の茂った～の木が遠くに見えた
11:21　のろわれた、～の木が枯れて
13:28　～の木から教訓を学びなさい
ルカ13:6　ぶどう園に～の木を植えておいた
21:29　～の木や、すべての木を見なさい
ヨハ1:48　あなたが～の木の下にいるのを
ヤコ3:12　～の木がオリーブの実をならせた

いちじくぐわ（いちじく桑）
アモ7:14　牧者であり、～の木を栽培して
ルカ19:4　イエスを見ようとして、～の木に

いちば（市場）
Ⅰコリ10:25　～で売っている肉はどれでも

いっかく（一画）
マタ5:18　律法の一点～も決して消え去る
ルカ16:17　律法の～が落ちるよりも、天地が

いつくしみ
詩23:6　いのちの日の限り～と恵みが
25:8　主は～深く正しくあられます
31:19　あなたの～は
エレ16:5　～と、あわれみを取り去った
16:13　あなたがたに、～を施さない
ロマ2:4　神の～深さがあなたを悔い改めに
11:22　見なさい、神の～と厳しさを
テト3:4　救い主である神の～と人に
Ⅰペテ2:3　主が～深い方であることを

いつくしむ
マコ10:21　イエスは彼を見つめ、～んで
ルカ2:52　イエスは神と人とに～しまれ

いったい（一体）
創2:24　結ばれ、ふたりは～となるので

いっち（一致）
マコ14:56　証言が～しなかったのである
Ⅱコリ6:16　偶像に何の～があるでしょう
エペ4:3　御霊による～を熱心に保ちなさい

いっぱい
ヨハ2:7　水がめを水で～にしなさい

いっぽいっぽ（一歩一歩）
ヨブ14:16　あなたは私の～を数えておられ

いつわり（偽り；偽る）
民23:19　人ではないから、～りを言うこと
申5:20　隣人について、～りの証言を
Ⅰ歴16:26　どの民の神々もみな～りだ
ヨブ13:4　あなたがたは～りを塗る者
35:13　神は決して～りの叫びを聞き入れ
詩31:18　～りの唇を封じてください
36:2　彼は自分の判断で自分を～り
62:4　彼らは～りを好み 口では祝福し
69:4　私の敵 ～り者は強いのです
109:2　～りの舌をもって私に語るから
119:29　～りの道を取り除いてください
119:69　高ぶる者は 私を～りで塗り固め
119:104　私は～りの道をことごとく憎み
119:163　私は～りを憎み 忌み嫌います
箴6:17　高ぶる目、～りの舌、咎なき者の
12:22　～りの唇は主に忌み嫌われ
イザ2:8　その地は～りの神々で満ち
2:18　～りの神々は…消え失せる
19:3　彼らは～りの神々や死霊、霊媒や
41:29　見よ、彼らはみな～りで
59:3　あなたがたの唇は～りを語り
エレ14:14　わたしの名によって～りを預言し
27:10　あなたがたに～りを預言している
51:17　その鋳た像は～りで、その中には
ナホ3:1　～りで略奪に満ち、強奪は
ヨハ1:47　この人には～りがありません
8:44　悪魔は、～りを言うとき、自分の
8:55　あなたがたと同様に～り者となる
ロマ1:25　彼らは神の真理を～りと取り替え
3:4　すべての人が～り者であるとして
ガラ2:13　一緒に本心を～った行動をとり
エペ4:25　～りを捨て…真実を語りなさい
コロ3:9　互いに～りを言ってはいけません
Ⅱテサ2:11　～りを信じるようになります
Ⅰヨハ5:10　神を信じない者は、神を～り者
黙14:5　口には～りが見出されなかった
21:8　～りを言う者たちが受ける分

いと（糸）
伝4:12　三つ撚りの～は簡単には切れない

いど（井戸）
創21:19　彼女は～を見つけた。それで
21:25　～のことで、アビメレクに抗議し
24:11　～のそばにらくだを伏させた
26:22　～を掘った。その～については
民21:17　～よ、湧きいでよ。あなたがたは
Ⅱサム23:15　ベツレヘムの門にある～の水を
雅4:15　湧き水の～、レバノンからの
エレ6:7　～が水を湧き出させるように
ルカ14:5　息子や牛が～に落ちたのに

ヨハ4:6　そこにはヤコブの～があった
いとおしむ
詩102:14　シオンのちりを～しみます
いとたかきかた（いと高き方）
詩83:18　全地の上におられる～であること
いとなみ（営み）
伝8:6　すべての～には時とさばきがある
いなご
出10:4　明日、～をあなたの領土に送る
レビ11:22　～の類、毛のない～の類
士6:5　～の大群のように押しかけて来た
詩105:34　～が来た。若い～がしかも無数に
箴30:27　～には王はいないが、みな隊を
ヨエ1:4　～が残した物は、～が食い、～が
アモ7:1　始めたころ、主は～を備えられた
ナホ3:17　おまえの廷臣たちは、～のよう
マタ3:4　その食べ物は～と野蜜であった
マコ1:6　帯を締め、～と野蜜を食べていた
黙9:3　煙の中から～が地上に出て来た
いなごまめ（いなご豆）
ルカ15:16　豚が食べている～で腹を満たし
いなずま（稲妻）
詩18:14　すさまじい～を放ってかき乱され
マタ24:27　～が東から出て西にひらめくのと
ルカ17:24　～がひらめいて天の端から天の端
いなむ（否む）
ヨブ31:28　私が、上なる神を～んだのだから
箴30:9　私が満腹してあなたを～み
Ⅱテモ2:12　キリストを～むなら、キリスト
いぬ（犬）
Ⅱサム9:8　この死んだ～のような私を顧みて
Ⅰ列21:19　その～たちがあなたの血をなめる
Ⅱ列8:13　しもべは～にすぎないのに
詩59:6　～のようにほえ町をうろつき回り
箴26:17　通りすがりの～の耳をつかむ者の
伝9:4　生きている～は死んだ獅子に
イザ56:10　みな口のきけない～、ほえること
マタ7:6　聖なるものを～に与えては
ルカ16:21　～たちもやって来ては、彼の
ピリ3:2　～どもに気をつけなさい。悪い
Ⅱペテ2:22　～は自分が吐いた物に戻る
いぬく（射抜く）
詩11:2　心の直ぐな人を～ぬこうとして
いのち
創1:30　生きる～のある、地のすべての獣
2:9　園の中央に～の木を、また善悪の
レビ17:11　肉の～は血の中にある。わたしは
申30:15　あなたの前に、～と幸い、死と
30:20　この方こそあなたの～であり
Ⅰサム25:29　主によって、～の袋にしまわれ
Ⅰ列20:42　あなたの～は彼の～の代わりと
ヨブ2:6　ただ、彼の～には触れるな
7:7　私の～が息にすぎないことを
33:4　全能者の息が私に～を下さる
33:30　引き戻し、～の光で照らされる
詩16:11　～の道を知らせてくださいます
34:12　～を喜びとする人はだれか。幸せ
36:9　～の泉はあなたとともにあり
56:13　私の～を死から。私の足を
63:3　あなたの恵みは～にもまさるゆえ
66:9　私たちのたましいを～のうちに
69:28　～の書から消し去られますように
94:21　正しい者の～を求めてともに
133:3　とこしえの～の祝福を命じられた
箴3:22　それらは、たましいの～となり
4:13　保て。それはあなたの～だから
4:22　それらは、見出す者にとって～と
4:23　見守れ。～の泉はこれから湧く
8:35　わたしを見出す者は～を見出し
12:28　義の道には～があり、その道筋に
13:12　望みがかなうことは、～の木
14:27　主を恐れることは～の泉、死の罠
15:4　穏やかな舌は～の木。舌のねじれ
伝4:2　～があって、生きながらえている
エレ8:3　～よりも死を選ぶようになる
17:13　～の水の泉である主を捨てたから
21:8　あなたがたの前に、～の道と死の
30:21　～をかけてわたしに近づく者は
エゼ3:21　あなたも自分の～を救うことに
ヨナ4:3　今、私の～を取ってください
ゼカ14:8　エルサレムから～の水が流れ出る
マタ6:27　自分の～を延ばすことができる
7:14　～に至る門はなんと狭く、その道
10:39　わたしのために自分の～を失う者
22:37　心を尽くし、～を尽くし、知性を
25:46　正しい人たちは永遠の～に入る
マコ8:35　自分の～を救おうと思う者は
8:36　自分の～を失ったら、何の益が
10:30　来たるべき世で永遠の～を受け
12:30　心を尽くし、～を尽くし、知性を
ルカ9:24　自分の～を救おうと思う者は
10:25　永遠の～を受け継ぐことができる
10:28　実行しなさい。そうすれば、～を
12:22　何を食べようかと、～のことで
12:25　少しでも自分の～を延ばすことが
18:18　何をしたら、私は永遠の～を受け
21:19　忍耐することによって自分の～を
ヨハ1:4　～があった。この～は人の光で
3:16　永遠の～を持つためである
3:36　信じる者は永遠の～を持っている

4:14 永遠の～への水が湧き出ます
6:68 永遠の～のことばを持っておられ
10:15 羊たちのために自分の～を捨て
10:28 わたしは彼らに永遠の～を与え
11:25 よみがえりです。～です。わたし
14:6 道であり、真理であり、～なので
17:3 永遠の～とは、唯一のまことの
20:31 イエスの名によって～を得るため
使5:20 人々にこの～のことばをすべて
15:26 キリストの名のために、～を献げ
20:24 自分の～は少しも惜しいとは思い
ロマ6:23 イエスにある永遠の～です
8:10 御霊が義のゆえに～となって
8:38 死も、～も、御使いたちも
16:4 自分の～を危険にさらしてくれ
Ⅰコリ15:45 最後のアダムは～を与える御霊
Ⅱコリ2:16 ～から出て～に至らせる香り
4:10 イエスの～が私たちの身に現れる
4:12 ～はあなたがたのうちに働いて
ピリ2:16 ～のことばをしっかり握り、彼ら
コロ3:3 あなたがたの～は、キリストと
ヘブ7:16 朽ちることのない、～の力に
Ⅰペテ3:10 ～を愛し、幸せな日々を見よう
Ⅰヨハ3:14 自分が死から～に移ったことを
3:16 自分の～を捨ててくださいました
黙2:7 わたしは～の木から食べることを
3:5 その者の名を～の書から決して
11:11 三日半の後、～の息が神から出て
12:11 自分の～を惜しまなかった
13:8 屠られた子羊の～の書にその名が
18:13 馬車、奴隷、それに人の～である
21:6 ～の水の泉からただで飲ませる
21:27 子羊の～の書に記されている者
22:17 ～の水が欲しい者は、ただで受け

いのり（祈り）

Ⅱサム24:25 この国のための～に心を動かさ
Ⅱ歴6:19 しもべの～と願いに御顔を向けて
30:27 彼らの～は、主の聖なる御住まい
ヨブ16:17 暴虐がなく、私の～はきよいの
詩6:9 主は私の～を受け入れられる
35:13 ～は胸の中を行き来していました
42:8 私のいのちなる神への～が
55:1 私の～を耳に入れ私の切なる願い
65:2 ～を聞かれる方よみもとにすべて
102:17 窮した者の～を顧み彼らの～を
141:2 私の～が御前への香として手を
箴15:8 心の直ぐな人の～は主に受け入れ
15:29 正しい人の～を聞かれる
イザ37:4 残りの者のために～の声をあげて
56:7 あらゆる民の～の家と呼ばれる
哀3:8 主は私の～を聞き入れず
3:44 私たちの～をさえぎり
マタ21:13 わたしの家は～の家と呼ばれる
26:44 同じことばで三度目の～をされた
マコ9:29 ～によらなければ、何によっても
11:17 あらゆる民の～の家と呼ばれる
ルカ5:33 よく断食をし、～をしています
11:1 私たちにも～を教えてください
18:11 立って、心の中でこんな～をした
19:46 わたしの家は～の家でなければ
使3:1 午後三時の～の時間に宮に上って
6:4 ～と、みことばの奉仕に専念
10:4 あなたの～と施しは神の御前に
10:30 家で午後三時の～をしていますと
12:5 教会は…熱心な～を神にささげて
16:13 ～場があると思われた川岸に行き
Ⅰコリ7:5 ～に専心するために合意の上で
Ⅱコリ1:11 ～によって協力してくれれば、神
エペ6:18 あらゆる～と願いによって
ピリ4:6 感謝をもってささげる～と願いに
コロ4:12 あなたがたのために～に励んで
Ⅰテモ5:5 神に願いと～をささげていますが
Ⅱテモ1:3 私は夜昼、～の中であなたのこと
ヘブ5:7 涙をもって～と願いをささげ
ヤコ5:16 正しい人の～は、働くと大きな力
Ⅰペテ3:7 あなたがたの～は妨げられません
4:7 ～のために、心を整え身を慎み
黙5:8 香は聖徒たちの～であった

いのる（祈る）

創20:17 そこで、アブラハムは神に～った
出8:8 蛙を除くように、主に～れ
民11:2 モーセが主に～ると、その火は
申9:26 私は主に～って言った
Ⅰサム1:10 激しく泣いて、主に～った
1:27 この子のことを、私は～ったので
8:6 それでサムエルは主に～った
12:19 あなたの神、主に～ってください
12:23 あなたがたのために～るのをやめ
Ⅱサム7:27 あなたに～る勇気を得たのです
Ⅰ列8:33 この宮であなたに～り願うなら
Ⅱ列4:33 二人だけになって主に～った
6:17 エリシャは～って主に願った
19:15 ヒゼキヤは主の前で～った
20:2 顔を壁に向け、主に～った
Ⅰ歴17:25 御前で～る勇気を得たのです
Ⅱ歴32:20 このことについて～り
33:13 神に～ったので、神は彼の願い
ネヘ1:4 断食して天の神の前に～った
ネヘ4:9 私たちは、私たちの神に～り
ヨブ15:4 御前で～るのをおろそかにして

ヨブ33:26 彼は、神に～ると受け入れられる
42:8 ヨブがあなたがたのために～る
42:10 その友人たちのために～ったとき
詩72:15 いつも彼らが～り 絶えず王を
109:4 私は～るばかりです
122:6 エルサレムの平和のために～れ
イザ16:12 聖所に入って～っても、何にも
37:15 ヒゼキヤは主に～った
38:2 ヒゼキヤは…主に～った
45:14 ひれ伏して、あなたに～る
45:20 救えもしない神に～る者たちで
エレ7:16 この民のために～ってはならない
11:14 この民のために～ってはならない
29:12 わたしに～るなら…耳を傾ける
37:3 私たちの神、主に～ってください
ダニ6:10 神の前に～って感謝をささげて
ヨナ2:1 自分の神、主に～った
マタ5:44 迫害する者のために～りなさい
6:5 角に立って～るのが好きだから
6:9 あなたがたはこう～りなさい
9:38 送ってくださるように～りなさい
14:23 イエスは～るために一人で山に
19:13 手を置いて～っていただくために
21:22 信じて～り求めるものは何でも
24:20 冬や安息日にならないように～り
26:36 あそこに行って～っている間
26:41 目を覚まして～っていなさい
マコ1:35 行き、そこで～っておられた
6:46 ～るために山に向かわれた
11:24 ～り求めるものは何でも、すでに
12:40 見栄を張って長く～ります
13:18 冬に起こらないように～りなさい
14:32 わたしが～っている間、ここに
14:38 目を覚まして～っていなさい
ルカ1:10 外では大勢の民がみな～っていた
3:21 ～っておられると、天が開け
5:16 寂しいところに退いて～って
6:12 イエスは～るために山に行き
6:28 侮辱する者たちのために～り
9:18 イエスが一人で～っておられた
9:28 連れて、～るために山に登られた
10:2 送ってくださるように～りなさい
18:1 いつでも～るべきで、失望しては
20:47 見栄を張って長く～ります
22:32 なくならないように～りました
22:41 行き、ひざまずいて～られた
使1:14 いつも心を一つにして～っていた
4:31 ～り終えると、集まっていた場所
8:15 彼らが聖霊を受けるように～った
8:24 私のために主に～ってください
9:11 訪ねなさい。彼はそこで～って
9:40 外に出し、ひざまずいて～った
12:12 人々が集まって、～っていた
13:3 そこで彼らは断食して～り
14:23 長老たちを選び、断食して～った
16:25 パウロとシラスは～りつつ、神を
28:8 彼に手を置いて～り、癒やした
ロマ1:10 ～るときにはいつも
8:26 どう～ったらよいか分からない
12:12 苦難に耐え、ひたすら～りなさい
15:30 力を尽くして、神に～って
Ⅰコリ11:13 何もかぶらないで神に～るのは
14:15 私は霊で～り、知性でも～り
Ⅱコリ13:7 ことのないように、神に～って
ピリ1:4 すべてのために～るたびに
コロ1:9 あなたがたのために～り求めて
4:2 ～りなさい。感謝をもって～り
Ⅰテサ3:10 夜昼、熱心に～っています
5:17 絶えず～りなさい
Ⅱテサ1:11 あなたがたのために～って
Ⅰテモ2:1 願い、～り、とりなし、感謝を
2:8 きよい手を上げて～りなさい
ヘブ13:18 私たちのために～ってください
ヤコ5:13 人がいれば、その人は～りなさい
ユダ20 聖霊によって～りなさい

いばら（茨）
創3:18 対して～とあざみを生えさせ
民33:55 目のとげとなり、脇腹の～となり
伝7:6 鍋の下の～がはじける音のよう
エレ4:3 開拓せよ。～の中に種を蒔くな
12:13 小麦を蒔いても、～を刈り取り
マタ13:7 ～の間に落ちたが、～が伸びて
27:29 彼らは～で冠を編んでイエスの
マコ4:7 ～の中に落ちた。すると、～が
15:17 着せ、～の冠を編んでかぶらせ
ルカ6:44 ～からいちじくを採ることはなく
8:7 ～の真ん中に落ちた。すると、～
ヨハ19:5 ～の冠と紫色の衣を着けて
ヘブ6:8 ～やあざみを生えさせる土地は

いはん（違反）
出22:9 すべての～に関しては
ロマ2:27 割礼がありながらも律法に～する
5:14 アダムの～と同じようには罪を
Ⅱコリ5:19 ～の責任を人々に負わせず
ガラ2:18 自分が～者であると証明すること

いぶき（息吹）
詩18:15 あなたの鼻の荒い～によって
33:6 万象もすべて御口の～によって
イザ40:7 主の～がその上に吹くと、草は

いふく（衣服）
申8:4 四十年の間…～はすり切れず
22:5 男は女の～を着てはならない
Ⅱ歴28:15 分捕り物の中から～を取って着せ
ヨブ13:28 シミが食った～のように
詩22:18 彼らは私の～を分け合い

いほう（異邦）
エゼ7:24 わたしは～の民の最も悪い者ども
11:16 わたしは彼らを遠く～の民の中へ
ハバ1:5 ～の民を見、目を留めよ。驚き
マタ10:5 ～人の道に行ってはいけません
使4:25 なぜ、～人たちは騒ぎ立ち
11:18 いのちに至る悔い改めを～人にも
ロマ11:11 背きによって、救いが～人に及び
11:25 ～人の満ちる時が来るまでであり
ガラ3:8 神が～人を信仰によって義と

いましめ（戒め）
詩19:8 主の～は真っ直ぐで人の心を
19:11 しもべもそれらにより～を受け
50:17 おまえは～を憎みわたしのことば
111:7 そのすべての～は確かである
119:63 あなたの～を守る人たちの仲間
119:93 決してあなたの～を忘れません
ゼパ3:2 ～を受け入れようともせず
3:7 わたしを恐れ、～を受け入れよ
マタ19:17 思うなら～を守りなさい
ルカ15:29 あなたの～を破ったことは一度も
ヨハ13:34 あなたがたに新しい～を与えます
ロマ7:12 ～も聖なるものであり、正しく
Ⅰコリ10:11 彼らに起こったのは、～のため

いましめる（戒める）
創43:3 あの方は私たちを厳しく～めて
申32:46 あなたがたを～める、このすべて
Ⅰ歴16:21 彼らのために王たちを～められた
ネヘ13:15 売ったその日に、彼らを～めた
ヨブ36:10 開いて～め、不法から立ち返る
詩50:7 わたしはあなたを～めよう
94:10 国々を～める方が責めないだろう
94:12 あなたに～められあなたの
箴29:17 あなたの子を～めよ。そうすれば
エレ11:7 厳しく彼らを～め、また今日まで
ダニ10:12 神の前で自らを～めようとした
マコ1:43 イエスは彼を厳しく～めて
Ⅰコリ10:6 私たちを～める実例として

いまわしい（忌まわしい）
ホセ9:10 彼ら自身も～ものとなった
マラ2:11 エルサレムの中で～ことが行われ
黙17:4 ～ものと、自らの淫行の汚れで

いみ（意味）
創41:11 それぞれ～のある夢でした
ダニ2:4 その～をお示ししましょう
2:36 その～を王の前に申し上げ
4:18 おまえはその～を述べよ

いみきらう（忌み嫌う）
申12:31 あらゆる～うべきことを
17:1 主が～われるものだからである
ヨブ10:1 私のたましいはいのちを～う
30:10 私を～って遠く離れ、私の顔に
箴6:16 主ご自身が～うものが七つある
17:15 主はこの両者を～われる
28:9 その祈りさえ～われる
イザ1:13 香の煙、それはわたしの～うもの
エレ44:4 憎むこの～うべきことを行わない
エゼ8:9 している悪い～うべきことを見よ
11:18 ～うべきものをそこから取り除く
16:2 その～うべきわざを告げ知らせよ

いむべき（忌むべき）
レビ11:10 あなたがたには～ものである
Ⅱ歴15:8 町々から、～物を除いた。そして

いもうと（妹）
創12:13 私の～だと言ってほしい
20:2 「これは私の～です」と言った
26:7 「あれは私の～です」と答えた
箴7:4 「あなたは～だ」と言い
雅4:9 私の～、花嫁よ。あなたは私の心
8:8 私たちの～は若く、乳房もない
エゼ16:48 あなたの～ソドムとその娘たち

いものし（鋳物師）
イザ41:7 ～は金細工人を励まし、金槌で

いやし（癒やし）
箴3:8 それは、あなたのからだに～と
エレ8:15 幸いはなく、～の時を待ち望んで
33:6 わたしはこの都に回復と～を与え
46:11 おまえには～がない
マラ4:2 その翼に～がある。あなたがたは
Ⅰコリ12:9 同一の御霊によって～の賜物

いやしめる（卑しめる）
イザ23:9 尊ばれている者をみな～められた
使8:33 彼は～められ、さばきは
Ⅰコリ4:10 私たちは～められています

いやす（癒やす）
創20:17 奴隷たちを～やされたので
出15:26 主、あなたを～やす者だから
民12:13 どうか彼女を～やしてください
申32:39 わたしは傷つけ、また～やす
Ⅰサム6:3 あなたがたは～やされるでしょう
Ⅱ列2:21 わたしはこの水を～やした
Ⅱ歴7:14 罪を赦し、彼らの地を～やす
36:16 ～やされることがないまでに
詩30:2 私を～やしてくださいました

詩41:4 私のたましいを～やしてください
103:3 あなたのすべての病を～やし
107:20 主はみことばを送って…～やし
147:3 主は心の打ち砕かれた者を～やし
箴12:18 知恵のある人の舌は人を～やす
13:17 陥り、忠実な使者は人を～やす
イザ30:26 その打たれた傷を～やされる日に
53:5 打ち傷のゆえに…～やされ
57:19 平安あれ。わたしは彼を～やす
エレ3:22 あなたがたの背信を～やそう
6:14 民の傷をいいかげんに～やし
14:19 打ち、～やしてくださらない
17:14 そうすれば、私は～やされます
30:17 治し、あなたの打ち傷を～やす
33:6 癒やしを与え、彼らを～やす
51:9 私たちはバビロンを～やそうと
5:13 あなたがたを～やすことができず
ホセ6:1 引き裂いたが、また、～やし
7:1 わたしがイスラエルを～やすとき
11:3 わたしが彼らを～やしたことを
14:4 わたしは彼らの背信を～やし
マタ4:23 あらゆるわずらいを～やされた
8:16 病気の人々をみな～やされた
10:8 病人を～やし、死人を生き返らせ
12:15 来たので、彼らをみな～やされた
13:15 そして、わたしが～やすことも
14:14 中の病人たちを～やされた
ルカ4:40 ひとりに手を置いて～やされた
6:19 すべての人を～やしていたから
7:21 悪霊に悩む多くの人たちを～やし
8:47 ただちに～やされた次第を
14:3 安息日に～やすのは律法に
22:51 耳にさわって彼を～やされた
ヨハ4:47 息子を～やしてくださるように
5:13 ～やされた人は、それがだれで
使14:9 ～やされるにふさわしい信仰が
28:8 彼に手を置いて祈り、～やした
Ⅰペテ2:24 あなたがたは～やされた
黙22:2 その木の葉は諸国の民を～やした

いらだち（苛立ち；苛立つ）
ヨブ15:13 あなたが神に向かって～ち
詩112:10 悪しき者はそれを見て～ち
箴27:3 愚か者の～はどちらよりも重い
伝1:18 知識が増す者には～も増す
7:9 ～は愚かな者の胸に

いりえ（入江）
使27:39 砂浜のある～が目に留まったので

いりぐち（入り口）
箴8:3 町の～にある門のそば、正門の～

いりょく（威力）
ヨブ31:23 その～のゆえに、私は何も

いれずみ（入れ墨）
レビ19:28 自分の身に～をしてはならない

いれもの（入れ物）
マタ13:48 良いものは～に入れ、悪いものは
使10:11 大きな敷布のような～が、四隅を

いれる（入れる）
Ⅰ列8:27 お～れすることはできません

いわ（岩）
出17:6 その～を打て。～から水が出て
民20:8 ～は水を出す。彼らのために～
申32:4 主は～。主のみわざは完全
32:31 彼らの～は私たちの～に及ばない
Ⅰサム2:2 神のような～はありません
詩18:31 神を除いて だれが～でしょうか
27:5 ～の上に私を上げてくださるから
28:1 わが～よ どうか私に耳を
61:2 どうか 及びがたいほど高い～の上
62:6 神こそ わが～ わが救い
73:26 しかし 神は私の心の～
78:16 流れを ～からほとばしらせ水を
89:26 わが父 わが神 わが救いの～
92:15 わが～。主には偽りがありません
105:41 ～を開かれると 水がほとばしり
114:8 神は ～を水の潤う沢に変えられた
箴30:19 ～の上にある蛇の道、海の真ん中
イザ17:10 力の～を覚えていなかったからだ
26:4 ヤハ、主は、とこしえの～だから
51:1 あなたがたが切り出された～
マタ7:24 ～の上に自分の家を建てた賢い人
13:5 別の種は土の薄い～地に落ちた
16:18 わたしはこの～の上に、わたしの
ルカ6:48 深く掘り下げ、～の上に土台を
Ⅰコリ10:4 ～から飲んだのです。その～とは

いわい（祝い；祝う）
創33:11 ～いの品をお受け取りください
レビ23:41 第七の月に～わなければならない
ヨシ15:19 私にお～いを下さい。ネゲブの地

いわお（巌）
Ⅱサム22:2 わが～、わが砦、わが救い主
詩18:2 主はわが～ わが砦 わが救い主
40:2 私の足を～に立たせ 私の歩みを
71:3 あなたは私の～ 私の砦なので

いわだぬき（岩だぬき）
箴30:26 ～は強くないものたちだが、その

いん（印）
エス8:8 王の指輪でそれに～を押しなさい
ダニ6:17 王は王自身の印と貴族たちの～
ヨハ3:33 真実であると認める～を押し

黙7:3　しもべたちの額に～を押して
9:4　額に神の～を持たない人たちには

いんこう（淫行）
エレ3:1　多くの愛人と～を行って

いんせき（姻戚）
創34:9　互いに～関係を結びましょう
ヨシ23:12　交わり、彼らと～関係に入り
Ｉ列3:1　ソロモンは…ファラオと～の関係

いんぷ（淫婦）
黙17:5　～たちと地上の忌まわしいものの

いんぼう（陰謀）
使23:13　この～を企てた者たちは、四十人

う

ういご（初子）
出11:5　それに家畜の～に至るまで、みな
レビ27:26　～として生まれたのだから

うえ（飢え）
哀2:19　ところで、～のために衰えきって

うえ（上）
ヨハ8:23　わたしは～から来た者です

うえる（飢える）
Ｉｻﾑ2:5　～えていた者に、～えることが
詩34:10　若い獅子も乏しくなり ～える
50:12　たとえ～えても わたしはあなたに
107:9　～えたたましいを良いもので
146:7　～えている者にパンを与える方
箴6:30　盗人が～え、食欲を満たすために
25:21　あなたを憎む者が～えているなら
27:7　～えている者には苦い物もみな
イザ8:21　～えて国を歩き回り、～えて怒り
49:10　彼らは～えず、渇かず、炎熱も
エレ38:9　そこで～え死にするでしょう
マタ5:6　義に～え渇く者は幸いです
ルカ1:53　～えた者を良いもので満ち足らせ
6:21　今～えている人たちは幸いです
ヨハ6:35　決して～えることがなく、わたし
Ｉｺﾘ4:11　この時に至るまで、私たちは～え
Ⅱｺﾘ11:27　眠らずに過ごし、～え渇き
ピリ4:12　満ち足りることにも～えることに
黙7:16　もはや～えることも渇くことも

うえる（植える）
出15:17　あなたのゆずりの山に～えられる
詩44:2　そこに先祖たちを～えられました
80:15　あなたの右の手が～えた苗と
イザ41:19　ミルトス、オリーブの木を～え
エレ2:21　純種の良いぶどうとして～えた
アモ9:15　わたしは、彼らを彼らの地に～え
マタ15:13　わたしの天の父が～えなかった木
Ｉｺﾘ3:6　私が～えて、アポロが水を注ぎ

うかがい（伺い；伺う）
士20:18　ベテルに上り、神に～った
Ｉｻﾑ14:37　サウルは神に～った。「私は
23:2　ダビデは主に～って言った
Ⅱｻﾑ2:1　この後、ダビデは主に～った
5:19　ダビデは主に～った
Ｉ歴14:10　ダビデは神に～った
ホセ4:12　わたしの民は木に～いを立て

うかぶ（浮かぶ）
Ⅱ列6:6　投げ込み、斧の頭を～かばせた

うけいれる（受け入れる）
創4:7　しているのなら、～れられる
レビ22:20　代わりにそれが～れられることは
申33:11　その手のわざを～れてください
詩73:24　栄光のうちに～れてくださいます
箴2:1　もしあなたが私のことばを～れ
15:8　心の直ぐな人の祈りは…～れられ
エレ14:12　わたしはそれを～れない
エゼ43:27　わたしはあなたがたを～れる
ホセ14:2　良きものを～れてください
アモ5:22　わたしはこれらを～れない
マタ10:40　あなたがたを～れる人は
18:5　わたしの名のゆえに～れる人は
19:12　～れることができる人は、～れ
マコ4:16　聞くと、すぐに喜んで～れますが
6:11　あなたがたを～れず、あなたがた
9:37　わたしの名のゆえに～れる人は
10:15　子どものように神の国を～れる者
ルカ9:5　人々があなたがたを～れないなら
9:48　わたしの名のゆえに～れる人は
9:53　イエスを～れなかった
10:10　人々があなたがたを～れないなら
ヨハ1:12　この方を～れた人々、すなわち
5:43　あなたがたはその人を～れます
13:20　わたしを～れる者は、わたしを
使2:41　彼のことばを～れた人々は
22:18　証しを、人々は～れないから
ロマ15:7　あなたがたも互いに～れ合い
Ｉｺﾘ2:14　御霊に属することを～れません
コロ2:6　主キリスト・イエスを～れたので
Ｉﾃｻ1:6　喜びをもってみことばを～れ
Ⅱﾃｻ2:10　真理を愛をもって～れなかった
Ⅲﾖﾊ8　このような人々を～れるべきです

うけつぐ（受け継ぐ）
民36:8　父祖の相続地を～ぐ…ため
申21:16　息子たちに財産を～がせる日に
詩25:13　その子孫は地を～ぐ
37:9　主を待ち望む者 彼らが地を～ぐ

箴14:18 浅はかな者は愚かさを～ぎ
マコ10:17 永遠のいのちを～ぐためには
エペ1:11 私たちは御国を～ぐ者となり
1:18 聖徒たちが～ぐものがどれほど
コロ3:24 主から報いとして御国を～ことを
ヘブ1:4 御子が～いだ御名は
11:7 ノアは…信仰による義を～ぐ者と

うける（受ける）
Iサム1:5 ハンナには特別の～ける分を与え
II列5:26 男女の奴隷を～ける時だろうか
ヨブ2:10 わざわいも～けるべきではないか
20:29 これが悪しき人間が神から～分
22:22 神の口からみおしえを～け、その
27:13 全能者から～けるものは次の
35:7 あなたの手から何を～けられる
伝3:22 それが人の～ける分であるからだ
エレ10:16 ヤコブの～分はこのようなもので
マタ7:8 だれでも、求める者は～け
10:8 あなたがたはただで～けたので
21:22 祈り求めるものは何でも～ける
マコ10:30 畑を百倍～け、来たるべき世で
15:23 イエスはお～けにならなかった
ルカ18:30 必ずこの世で、その何倍も～け
ヨハ3:27 何も～けることができません
20:22 聖霊を～けなさい
使19:2 信じたとき、聖霊を～けましたか
Iコリ11:23 私は主から～けたことを
15:3 伝えたのは、私も～けたことで
ガラ4:5 子としての身分を～けるため
ピリ4:18 すべての物を～けて、満ちあふれ

うごく（動く）
ヨシ10:13 太陽は～かず、月はとどまった
イザ54:10 たとえ山が移り、丘が～いても
使17:28 神の中に生き、～き、存在して
Iコリ15:58 堅く立って、～かされること
IIペテ1:21 聖霊に～かされた人たちが

うじ
ヨブ25:6 まして、～虫でしかない人間

うし（牛）
出21:28 ～が男または女を突いて死なせた
民22:4 ～が野の青草をなめ尽くすように
申25:4 脱穀をしている～に口籠をはめて
箴7:22 ～が屠り場に引かれて行くように
イザ1:3 ～はその飼い主を、ろばは持ち主
65:25 獅子は～のように藁を食べ、蛇は
ルカ14:5 自分の息子や～が井戸に落ちた
Iコリ9:9 脱穀をしている～に口籠をはめて
Iテモ5:18 脱穀をしている～に口籠をはめ

うしなう（失う）
ヨブ5:24 牧場を見回っても、何も～って
伝5:14 その富は不運な出来事で～われ
エレ6:24 そのうわさを聞いて気力を～い
15:7 子を～わせ、わたしの民を滅ぼす
エゼ34:16 わたしは～われたものを捜し
マタ10:6 イスラエルの家の～われた羊
10:39 自分のいのちを～う者は
15:24 イスラエルの家の～われた羊たち
16:25 救おうと思う者はそれを～い
16:26 自分のいのちを～ったら
マコ8:35 いのちを～う者は、それを救う
ルカ9:24 いのちを～う者は、それを救う
17:33 それを～う者はいのちを保ちます
19:10 人の子は、～われた者を捜して
ヨハ6:39 わたしが一人も～うことなく
18:9 わたしは一人も～わなかった
使19:27 この女神のご威光さえも～われ
IIコリ1:8 生きる望みさえ～うほどでした
ピリ3:8 キリストのゆえにすべてを～い

うしろ
イザ38:17 あなたの～に投げやられました

うす（臼）
士9:53 アビメレクの頭にひき～の上石を
16:21 サムソンは牢の中で～をひいて
マタ18:6 大きな石～を首にかけられて
24:41 女が二人～をひいていると一人は
マコ9:42 大きな石～を首に結び付けられて
ルカ17:2 ひき～を首に結び付けられて、海
17:35 ～をひいている女が二人いると

うすい（薄い）
マタ8:26 信仰の～い者

うずめる
ルカ3:5 すべての谷は～められ

うずら
出16:13 その夕方、～が飛んで来て宿営を
民11:31 海から～を運んで来て、宿営の

うそ（嘘）
イザ5:18 ～を綱として咎を引き寄せる者
30:9 彼らは反逆の民、～つきの子ら

うた（歌）
出15:1 主に向かってこの～を歌った
申31:19 今、次の～を書き記し、それを
IIサム23:1 イスラエルの～の
I歴16:9 主に歌え。主にほめ～を歌え
詩28:7 私は～をもって主に感謝しよう
33:3 新しい～を主に歌え
77:6 夜には私の～を思い起こし 自分の
98:5 竪琴に合わせ ほめ～の調べにのせ
119:54 私の旅の家で 私の～となりました
137:3 そこで私たちに～を求め
箴25:20 心配している人の前で～を歌う

イザ5:1 ぶどう畑についての、わが愛の～
26:1 ユダの地でこの～が歌われる
30:29 祭りの祝いの夜のような～があり
哀3:63 彼らのからかいの～となって
マコ14:26 そして、賛美の～を歌ってから
黙5:9 彼らは新しい～を歌った
14:3 長老たちの前で、新しい～を歌っ
15:3 神のしもべモーセの～と子羊の～

うたう（歌う）
出15:1 主に向かってこの歌を～った
民21:17 これに向かって～え
士5:1 バラクは、こう～った
Ⅰ歴16:9 主に～え。主にほめ歌を～え
ネヘ12:42 こうして、～い手たちは歌い
詩59:16 この私はあなたの力を～います
89:1 主の恵みをとこしえに～います
96:2 主に～え。御名をほめたたえよ
108:1 私は～い ほめ～います
イザ42:10 新しい歌を主に～え。その栄誉
42:10 新しい歌を主に～え。その栄誉
エレ20:13 主に向かって～い、主をほめ
ゼパ3:17 高らかに～ってあなたのことを
マコ14:26 そして、賛美の歌を～ってから
黙14:3 長老たちの前で、新しい歌を～っ

うたがい（疑い；疑う）
マコ11:23 心の中で～わずに、自分の言った
ロマ4:20 神の約束を～うようなことはなく
14:23 ～いを抱く人が食べるなら

うちあける（打ち明ける）
エレ20:12 私の訴えをあなたに～けたのです

うちかつ（打ち勝つ）
ルカ11:22 強い人が襲って来て彼に～つ
ロマ12:21 善をもって悪に～ちなさい
Ⅰﾖﾊ5:4 これこそ、世に～った勝利です
黙12:11 証しのことばのゆえに竜に～った
15:2 その名を示す数字に～った人々が
17:14 子羊は彼らに～ちます

うちきず（打ち傷）
創4:23 子どもを、私が受ける～のために
エレ10:19 この～は癒やしがたい。しかし
15:18 私の～は治らず、癒えようもない
30:12 あなたの～は痛んでいる
ミカ1:9 まことに、その～は癒やしがたい
ナホ3:19 ～は癒やしがたい
ゼカ13:6 両腕の間にある、この～は何か

うちくだく（打ち砕く）
詩34:18 主は心の～かれた者の近くに
エレ19:7 エルサレムのはかりごとを～く
ダニ12:7 聖なる民の力を～くことが終わる

うちころす（打ち殺す）
出2:12 エジプト人を～し、砂の中に埋め
Ⅱ列6:21 ～しましょうか。わが父よ

うちこわす（打ちこわす）
申7:5 彼らの祭壇を～し、石の柱を打ち

うちたたく（打ちたたく）
使18:17 捕らえ、法廷の前で～いた

うちば（打ち場）
ルツ3:2 ちょうど今夜、あの方は～で大麦
エレ51:33 踏まれるときの～のようだ

うちひしがれた（打ちひしがれた）
箴17:22 ～霊は骨を枯らす

うちふす（打ち伏す）
詩119:25 私のたましいはちりに～して

うちやぶる（打ち破る）
エレ5:17 城壁のある町々を 剣で～る

うつ（打つ）
創3:15 彼はおまえの頭を～ち
出12:29 家畜の初子までもみな～たれた
民20:11 彼の杖で岩を二度～った。すると
申28:27 疥癬をもってあなたを～ち
士6:11 ぶどうの踏み場で小麦を～って
20:35 ベニヤミンを～たれたので
Ⅱｻﾑ12:15 ダビデに産んだ子を～たれた
詩102:4 私の心は 青菜のように～たれて
141:5 愛をもって私を～ち 頭に注ぐ油で
イザ1:5 どこを～たれようというのか
27:7 イスラエルを～った者を～った
53:4 罰せられ、～たれ、苦しめられた
53:8 彼が私の民の背きのゆえに～たれ
エレ5:3 あなたが彼らを～たれたのに
ホセ9:16 エフライムは～たれ、その根は
ハガ2:17 立ち枯れと黒穂病と雹で～った
マコ14:27 わたしは羊飼いを～つ。すると
ヨハ18:22 平手でイエスを～った

うつくしい（美しい）
Ⅱｻﾑ11:2 その女は非常に～かった
エス2:7 この娘は姿も～く、顔だちも
詩45:11 王はあなたの～しさを慕うだろう
伝3:11 すべて時にかなって～い
雅1:5 私は黒いけれども～い
1:8 女の中で最も～いひとよ。あなた
1:15 ああ、あなたは～い
6:4 あなたはティルツァのように～い
7:1 なんと～いことか。高貴な人の娘
エレ13:20 あなたの～い羊の群れはどこに
エゼ16:13 あなたは非常に～くなり

うつくしさ（美しさ）
箴31:30 麗しさは偽り。～は空しい
エゼ28:17 あなたの心は自分の～に高ぶり

うつし（写し）
ヨシ8:32 律法の〜を、石の上に書いた
エス4:8 法令の文書の〜を彼に渡した
ヘブ8:5 天にあるものの〜と影に仕えて
うつす（移す）
申19:14 隣人との地境を〜してはならない
Ⅱｻﾑ3:10 サウルの家から王位を〜し
エス2:9 後宮の最も良いところに〜した
箴22:28 昔からの地境を〜してはならない
コロ1:13 愛する御子のご支配の中に〜し
ヘブ11:5 見ることがないように〜され
うったえ（訴え）
民27:5 彼女たちの〜を主の前に差し出
詩140:12 主が苦しむ者の〜を支持し
箴23:11 〜を取り上げて、あなたと争う
イザ41:21 あなたがたの〜を出せ
ミカ6:2 山々よ、聞け。主の〜を
ハバ2:1 私の〜について、主が私に何を
うったえる（訴える）
Ⅱｻﾑ15:2 王のところに来て〜えようと
ヨブ5:8 自分のことを〜えるだろう
箴18:17 最初に〜える者は…正しく見える
ダニ6:4 ダニエルを〜える口実を見つけ
ホセ4:1 主はこの地に住む者を〜えられる
ゼカ3:1 サタンが彼を〜えようとして
マタ12:10 イエスを〜えるためであった
27:12 長老たちが〜えている間は
マコ15:3 多くのことでイエスを〜えた
ルカ12:58 あなたを〜える人と一緒に
23:4 この人には、〜える理由が何も
使23:28 彼を〜えている理由を知ろうと
25:27 〜える理由を示さないのは
26:2 ユダヤ人たちに〜えられている
ロマ8:33 神に選ばれた者たちを〜える
Ⅰｺﾘ6:1 それを聖徒たちに〜えずに
うつる（移る）
ガラ1:6 ほかの福音に〜って行くことに
Ⅰﾖﾊ3:14 自分が死からいのちに〜った
うつる（映る）
箴27:19 人の心は、その人に〜る
うつわ（器）
Ⅱ列4:3 〜を借りて来なさい。空の〜を
詩31:12 壊れた〜のようになりました
箴26:23 質の悪い銀を塗った土の〜
イザ52:11 主の〜を運ぶ者たちよ
エレ18:4 制作中の〜は、彼の手で壊され
19:11 陶器師の〜が砕かれると、二度
22:28 だれにも顧みられない〜なのか
ホセ8:8 だれにも喜ばれない〜のように
使9:15 運ぶ、わたしの選びの〜です
ロマ9:21 尊いことに用いる〜に、別の
Ⅱｺﾘ4:7 この宝を土の〜の中に入れて
Ⅱﾃﾓ2:20 金や銀の〜だけでなく、木や
Ⅰﾍﾟﾃ3:7 妻が自分より弱い〜であること
黙2:27 牧する。土の〜を砕くように
うで（腕）
申33:27 下には永遠の〜がある
Ⅱ歴32:8 彼とともにいる者は肉の〜だが
ヨブ40:9 神のような〜があるのか
詩44:3 自分の〜が彼らを救ったのでも
98:1 主の右の御手聖なる御〜が主に
イザ3:19 耳輪、〜輪、ベール
40:10 その御〜で統べ治める
エレ32:17 伸ばされた御〜をもって天と地
ゼカ13:6 あなたの両〜の間にある、この
マコ9:36 真ん中に立たせ、〜に抱いて
ヨハ12:38 主の御〜はだれに現れたか
うなじ
出33:3 あなたがたは〜を固くする民
申9:6 あなたは〜を固くする民なのだ
Ⅱ列17:14 先祖たちのように、〜を固くし
Ⅱ歴30:8 父たちのように〜を固くしては
36:13 彼は〜を固くし、心を閉ざして
エレ7:26 耳を傾けもせず、〜を固くする
19:15 彼らが〜を固くする者となって
使7:51 〜を固くする、心と耳に割礼を
うなだれる
詩42:5 なぜおまえは〜れているのか
42:11 なぜおまえは〜れているのか
43:5 なぜおまえは〜れているのか
うぬぼれ
Ⅰｻﾑ17:28 おまえの〜と心にある悪
うば（乳母）
出2:7 ヘブル人の中から〜を一人
うばう（奪う）
Ⅱｻﾑ19:41 なぜ、あなたを〜い去り、王と
詩35:17 獅子から〜い返してください
49:15 よみの手から私を〜い返して
雅4:9 あなたは私の心を〜った
イザ42:24 ヤコブを、〜い取る者に渡した
ルカ3:14 金を力ずくで〜ったり
ヨハ10:28 手から〜い去りはしません
Ⅱｺﾘ11:8 他の諸教会から〜い取って
ヘブ10:34 自分の財産が〜われても
うま（馬）
申17:16 〜を増やすために民をエジプト
ヨシ11:6 彼らの〜の足の筋を切り
Ⅰ列10:28 ソロモンが所有していた〜は
Ⅱ歴1:16 ソロモンが所有していた〜は
エス6:11 彼を〜に乗せて都の広場に

ヨブ39:18　～とその乗り手をあざ笑う
詩32:9　分別のない～やらばのようで
箴21:31　戦いの日のためには～が備え
26:3　～にはむち。ろばにはくつわ
アモ6:12　～が岩の上を走るだろうか
ゼカ1:8　一人の人が赤い～に乗っていた
6:2　第一の戦車には赤い～が
ヤコ3:3　～を御するためには、その口に

うまれつき（生まれつき）
ロマ2:14　異邦人が、～のままで律法の

うまれる（生まれる）
Ⅰ列13:2　男の子がダビデの家に～まれる
ヨブ14:1　女から～まれた人間は、その齢が
25:4　女から～まれた者が、どうして
伝3:2　～まれるのに時があり、死ぬのに
イザ9:6　みどりごが…～まれる
マタ1:16　このマリアからお～まれになった
2:1　ベツレヘムでお～れになった
ルカ1:35　～まれる子は聖なる者、神の子と
ヨハ1:13　ただ、神によって～まれたので
3:3　新しく～まれなければ、神の国を
9:34　全く罪の中に～まれていながら
16:21　一人の人が世に～まれた喜びの
Ⅰペテ1:23　あなたがたが新しく～まれた
Ⅰヨハ3:9　神から～まれたので、罪を犯す
5:1　信じる者はみな、神から～まれた
5:18　神から～まれた者はみな罪を

うみ（海）
創1:10　水の集まった所を～と名づけ
出14:21　強い東風で～を押し戻し、～を
ネヘ9:11　私たちの先祖の前で～を裂き
伝1:7　流れ込むが、～は満ちることが
イザ11:9　～をおおう水のように地に満ち
Ⅰコリ10:2　雲の中と～の中で、モーセに
黙15:2　ガラスの～のようなものを見た

うむ（生む；産む）
創5:3　彼のかたちに男の子を～んだ
Ⅰコリ4:15　あなたがたを～んだのです
Ⅰテモ2:15　子を～むことによって救われ

うめき
創3:16　あなたの苦しみと～を大いに
ヨブ23:2　自分の～のゆえに私の手は重い
詩79:11　捕らわれ人の～が御前に届き
イザ26:16　彼らは～の声をあげました
使7:34　また彼らの～を聞いた。だから

うめく
箴29:2　悪しき者が治めると、民は～く
エゼ24:17　死者のために～け
30:24　彼は刺された者が～くように
ヨエ1:18　なんと家畜が～いていることか

うめる（埋める）
出2:12　打ち殺し、砂の中に～めた
Ⅰコリ16:17　彼らが～めてくれたからです

うやまう（敬う）
創34:19　家のだれよりも～われていた
出20:12　あなたの父と母を～え。あなた
レビ19:32　老人を～い、またあなたの神を
申5:16　あなたの父と母を～え。あなた
Ⅱサム6:22　女奴隷たちに～われるのだ
ヨブ8:13　神を～わない者の望みは消え
13:16　神を～わない者は、御前に出る
20:5　神を～わない者の楽しみは
27:8　神を～わない者に、どのような
36:13　心で神を～わない者は怒りを
イザ9:17　皆が神を～わず、悪を行い
10:6　これを神を～わない国に送り
29:13　唇でわたしを～いながら
33:14　神を～わない者たちを震えが
マラ1:6　子は父を、しもべは…主人を～う
マタ13:57　預言者が～われないのは
15:4　『父と母を～え』
19:19　父と母を～え。あなたの隣人を
21:37　私の息子なら～ってくれる
マコ6:4　預言者が～われないのは
7:10　『あなたの父と母を～え』
12:6　私の息子なら～ってくれる
ルカ20:13　この子なら、きっと～ってくれ
ヨハ5:23　父を～うのと同じように、子を
8:49　わたしの父を～っているのに
9:31　神を～い、神のみこころを
ロマ13:7　～うべき人を～いなさい
エペ5:33　妻もまた、自分の夫を～い
6:2　「あなたの父と母を～え。」

うらぎり（裏切り）
Ⅱ列9:23　「～だ、アハズヤ」と叫んだ

うらぎりもの（裏切り者）
箴13:15　～の道は滅びに至る
イザ24:16　ああ、悲しい。～が裏切った

うらぎる（裏切る）
創21:23　私と私の子孫を～らないと
Ⅰ列21:25　アハブのように、自らを～って
ヨブ6:15　水無し川のように私を～った
詩73:15　あなたの子らの世代を～って
イザ21:2　～者は～り、荒らす者は荒らす
哀1:2　その友もみな～り、彼女の敵と
エゼ17:20　わたしの信頼を～ったことに
ダニ9:7　彼らがあなたの信頼を～ったため
ホセ5:7　彼らは主を～り、他国人の子を
マタ26:24　人の子を～るその人はわざわい
マコ3:19　このユダがイエスを～ったので

マコ14:18 わたしを～ります
ルカ6:16 このユダが～る者となった
21:16 親族、友人たちにも～られます
ヨハ13:11 ご自分を～る者を知っておられた
18:2 イエスを～ろうとしていたユダ
Ⅱテモ3:4 人を～り、向こう見ずで

うらない（占い）
創30:27 祝福してくださった…～で
民22:7 ～料を手にしてバラムのところ
エレ27:9 預言者、～師、夢見る者
エゼ12:24 むなしい幻も、へつらいの～も
ミカ3:11 預言者たちは金を取って～を
使16:16 私たちは～の霊につかれた

うらみ（恨み）
レビ19:18 あなたの民の人々に～を抱いては
エレ3:5 いつまでも～を抱かれるのですか

うらむ（恨む）
創27:41 祝福のことで、ヤコブを～んだ

うらやむ（羨む）
箴3:31 暴虐を行う者を～むな。彼の道を
23:17 罪人を～んではならない
24:1 悪い者たちを～んではならない

ウリム
出28:30 胸当てには～とトンミムを入れ
レビ8:8 胸当てに～とトンミムを入れ
Ⅰサム28:6 夢によっても、～によっても

うる（売る）
創25:31 長子の権利を～ってください
31:15 私たちを～り、しかもその代金
37:28 イシュマエル人に～った
41:56 ヨセフはす…エジプト人に～った
45:4 エジプトに～った弟のヨセフ
レビ25:23 放棄して～ってはならない
27:28 それを～ることはできない
申21:14 決して金で～ってはならない
士2:14 敵の手に彼らを～り渡された
エス7:4 奴隷として～られるだけなら
詩44:12 ご自分の民を安く～り渡し
105:17 ヨセフが奴隷に～られたのだ
アモ2:6 金と引き換えに正しい者を～り
マタ13:44 持っている物すべてを～り払い
27:4 無実の人の血を～って罪を犯し
ルカ12:33 財産を～って施しをしなさい
使4:34 それを～り、その代金を持って
7:9 エジプトに～りとばしました
ロマ7:14 ～り渡されて罪の下にある者

うるおい（潤い；潤う）
創13:10 地のように、どこもよく～って
イザ35:7 ～いのない地は水の湧くところと

うるおす（潤す）
創2:6 水が…大地の全面を～していた
詩36:8 あなたは楽しみの流れで～して
箴11:25 他人を～す人は自分も～される
エレ31:25 わたしが疲れたたましいを～し
エゼ32:6 血で、山々に至るまで～

うるわしい（麗しい）
創12:11 あなたが見目～女だと
詩45:2 人の子らにまさって～
箴1:9 あなたの頭に戴く～花の冠
4:9 それは頭に～花の冠を与え
イザ4:2 主の若枝は～ものとなり

うるわしさ（麗しさ）
詩27:4 主の～しさに目を注ぎその宮で
48:2 高嶺の～しさは全地の喜び
50:2 ～しさの極みシオンから神は光を
箴31:30 ～しさは偽り。美しさは空しい

うれい（憂い；憂える）
箴17:25 愚かな子はその父の～い
ダニ6:14 このことを聞いて王は非常に～い

うろたえる
詩31:22 私は～えて言いました

うわぎ（上着）
創39:13 彼が～を彼女の手に残して
申29:5 身に着けている～はすり切れず
マタ21:8 自分たちの～を道に敷いた
マコ11:8 自分たちの～を道に敷き
ルカ19:36 道に自分たちの～を敷いた
ヨハ13:4 ～を脱ぎ、手ぬぐいを取って
使9:39 ～の数々を見せるのであった
22:20 彼を殺した者たちの～の番をして

うわさ
民14:15 あなたの～を聞いた異邦の民は
ヨシ9:9 主の～、および主がエジプトで
イザ37:7 ある～を聞いて、自分の国に
エレ51:46 地に聞こえる～を恐れることに
マタ14:1 領主ヘロデはイエスの～を
ルカ5:15 イエスの～はますます広まり

うわべ
Ⅱコリ10:7 あなたがたは、～のことだけを

え

えいえん（永遠）
創9:16 ～の契約を思い起こそう
17:7 代々にわたる～の契約として
21:33 そこで～の神、主の御名を
詩119:142 あなたの義のわざは～の義
145:13 あなたの王国は～にわたる王国

伝3:11　また、人の心に～を与えられた
12:5　人はその～の家に向かって行き
イザ9:6　「…～の父、平和の君」と呼ばれ
40:28　主は～の神、地の果てまで
54:8　～の真実の愛をもって、あなた
57:15　あがめられ、～の住まいに住み
60:19　主があなたの～の光となり
エレ31:3　～の愛をもって、わたしは
ダニ12:2　ある者は～のいのちに、ある者
ミカ5:2　昔から、～の昔から定まって
マタ18:8　～の火に投げ込まれるよりよい
19:16　先生。～のいのちを得るために
19:29　また～のいのちを受け継ぎます
25:41　用意された～の火に入れ
マコ3:29　～に赦されず、～の罪に定められ
10:17　～のいのちを受け継ぐためには
ルカ10:25　何をしたら、～のいのちを受け
16:9　～の住まいに迎えてくれます
ヨハ3:16　～のいのちを持つためである
12:25　それを保って～のいのちに至り
12:50　父の命令が～のいのちである
17:2　子が～のいのちを与えるため
使13:46　～のいのちにふさわしくない者
13:48　～のいのちにあずかるように
ロマ2:7　求める者には、～のいのちを
5:21　～のいのちに導くためなのです
Ⅱコリ5:1　人の手によらない～の住まいが
テト1:2　～の昔から約束してくださった
Ⅰヨハ2:25　くださったもの、～のいのち
5:13　～のいのちを持っていることを
5:20　まことの神、～のいのちです

えいが（栄華）

詩45:13　王の娘は奥にいて～を極め
49:12　人は～のうちにとどまれない
マタ6:29　～を極めたソロモンでさえ

えいかん（栄冠）

Ⅱテモ4:8　義の～が私のために用意されて

えいこう（栄光）

出16:7　朝には主の～を見る。主に
24:16　主の～はシナイ山の上に
33:18　～を私に見せてください
40:34　主の～が幕屋に満ちた
民14:21　主の～が全地に満ちている以上
16:19　主の～が全会衆に現れた
Ⅰサム4:21　～がイスラエルから去った
15:29　イスラエルの～である方は
Ⅰ列8:11　主の～が主の宮に満ちた
Ⅰ歴16:24　主の～を国々の間で語り告げよ
Ⅱ歴5:14　主の～が神の宮に満ちたからで
エズ7:27　主の宮に～を与えるために
詩19:1　天は神の～を語り告げ 大空
21:5　彼の～は大いなるものとなり
26:8　あなたの～のとどまる所を
29:1　～と力を主に帰せよ
97:6　諸国の民はその～を見る
115:1　御名に ～を帰してください
イザ6:3　その～は全地に満ちる
35:2　主の～、私たちの神の威光を
40:5　このようにして主の～が現され
42:8　わたしの～をほかの者に
44:23　イスラエルのうちに～を現され
49:3　あなたのうちに、わたしの～を
59:19　日の昇る方では主の～が恐れ
66:19　わたしの～を諸国の民に告げ
エレ13:16　あなたがたの神、主に、～を
エゼ1:28　主の～の姿のようであった
3:12　主の～が御住まいでほめたたえ
9:3　～が、ケルビムから立ち上り
10:4　庭は主の～の輝きで満たされた
28:22　おまえのうちでわたしの～を
39:21　国々の間にわたしの～を現す
43:2　イスラエルの神の～が東の方
43:5　主の～が神殿に満ちていた
ホセ4:7　わたしは彼らの～を恥に変える
ハバ2:14　主の～を知ることで満たされる
ハガ2:9　この宮のこれから後の～は
ゼカ2:5　わたしがそのただ中で～と
マタ24:30　偉大な力と～とともに来る
25:31　来るとき、その～の座に着き
マコ13:26　偉大な力と～とともに来るのを
ルカ2:14　いと高き所で、～が神にある
ヨハ8:50　わたしは自分の～を求めません
11:4　神の～のためのものです
12:28　御名の～を現してください
13:31　今、人の子は～を受け、神も
14:13　子によって～をお受けになる
15:8　わたしの父は～をお受けになり
17:1　～を現すために、子の～を現し
17:5　わたしの～を現してください
17:24　あなたがわたしに下さった～を
使7:2　～の神が彼に現れ
ロマ1:23　朽ちない神の～を、朽ちる人間や
3:23　神の～を受けることができず
8:18　啓示される～に比べれば
11:36　この神に、～がとこしえに
Ⅰコリ6:20　からだをもって神の～を現し
15:43　～あるものによみがえらされ
Ⅱコリ3:7　顔にあった消え去る～のために
3:11　永続するものは、なおのこと～
コロ1:27　キリスト、～の望みのことです

Ⅱテサ1:9　御力の〜から退けられることに
2:14　キリストの〜にあずからせて
Ⅱペテ1:3　ご自身の〜と栄誉によって
ユダ24　〜の御前に立たせることができ
黙7:12　賛美と〜と知恵と感謝と誉れと
14:7　神を恐れよ。神に〜を帰せよ

えいち（英知）
申32:28　国民、彼らのうちに〜はない
詩49:3　知恵を語り私の心は〜を告げる
136:5　〜をもって天を造られた方に
箴2:2　知恵に傾け、心を〜に向ける
2:11　守り、〜はあなたを保つ
7:4　〜に向かって「身内」と呼べ
18:2　愚かな者は〜を喜ばず
イザ40:14　知識を授け、〜の道を知らせた
エレ10:12　世界を堅く据え、〜をもって

えいよ（栄誉）
エス6:3　このことで、〜とか昇進とか
6:6　王が〜を与えたいと思う者には
6:11　王が〜を与えたいと思われる人
詩49:17　その〜もその人を追って下る
箴15:33　謙遜は〜に先立つ
ダニ2:6　贈り物と報酬と大きな〜を
7:14　この方に、主権と〜と国が
ヨハ5:41　人からの〜は受けません
7:18　自分から語る人は自分の〜を求め
12:43　神からの〜よりも、人からの〜

えき（益）
ネヘ2:10　イスラエル人の〜を求める者が
詩30:9　私の血に何の〜があるでしょう
伝1:3　人に何の〜になるだろうか
2:11　何一つ〜になるものはない
5:16　労苦して何の〜になるだろうか
7:12　知識の〜は、知恵がその持ち主
イザ48:17　あなたに〜になることを教え
マタ16:26　自分のいのちを失ったら何の〜が
マコ8:36　自分のいのちを失ったら、何の〜
ロマ8:28　ともに働いて〜となることを
Ⅰコリ6:12　すべてが〜になるわけでは
7:35　あなたがた自身の〜のためです
10:23　すべてのことが〜になるわけでは
ガラ5:2　何の〜ももたらさないことに
ピリ1:21　キリスト、死ぬことは〜です

えきびょう（疫病）
出9:3　非常に重い〜が起こる
民11:33　非常に激しい〜で民を打たれた
14:37　主の前に〜で死んだ
申28:21　〜をあなたの身にまといつかせ
Ⅱサム24:13　あなたの国に〜があるのがよい
詩91:6　暗闇に忍び寄る〜も真昼に

エレ29:17　彼らの中に剣と飢饉と〜を送り
ゼカ14:12　どの民にも加えられる〜である

えぐりだす（えぐり出す）
マタ5:29　つまずかせるなら、〜して捨て
ガラ4:15　目を〜して私に与えようとさえ

えこひいき
申10:17　〜をせず、賄賂を取らず
Ⅱ歴19:7　不正をすることも、〜をする
箴18:5　悪しき者を〜することも
使10:34　神はえこひいきをする方ではなく
ロマ2:11　神には〜がないからです
ヤコ2:1　人を〜することがあってはなり

えさ（餌）
ヨブ38:41　烏に〜を備えるのはだれか

えだ（枝）
ヨハ12:13　なつめ椰子の〜を持って迎えに
15:2　わたしの〜で実を結ばないもの
ロマ11:18　あなたはその〜に対して誇って

エニシダ
Ⅰ列19:4　彼は、〜の木の陰に座り

エパます（エパ升）
ゼカ5:7　〜の中に一人の女が座っていた

エポデ
士8:27　ギデオンは、それで〜を一つ作り
ホセ3:4　〜もテラフィムもないところに

エメラルド
黙21:19　第二はサファイア…第四は〜

えもの（獲物）
創27:3　〜をしとめて来てくれないか
ヨブ29:17　その歯の間から〜を奪い返した

えらい（偉い）
マタ18:1　いったいだれが一番〜のですか
ルカ22:24　だれが一番〜のだろうか、と

えらび（選び）
使9:15　前に運ぶ、わたしの〜の器です
ロマ9:11　〜による神のご計画が
11:28　〜に関して言えば、父祖たちの

えらぶ（選ぶ）
創13:11　ヨルダンの低地全体を〜んだ
18:19　アブラハムを〜び出したのは
出18:25　力のある人たちを〜び、千人の
民16:7　主がお〜びになるその人が
17:5　わたしが〜ぶ人の杖は芽を出す
申4:37　後の子孫を〜んでいたので
7:7　あなたがたを〜ばれたのは
12:5　全部族のうちから〜ばれる
14:24　御名を置くために〜ばれる
17:15　主が〜ばれる者をあなたの上に
18:5　全部族の中から彼を〜ばれた
ヨシ24:15　今日〜ぶがよい。ただし、私と

Ⅰサム2:28 その家を～んでわたしの祭司と
10:24 主がお～びになったこの人を
17:8 一人を～んで、おれのところに
Ⅱサム24:12 そのうちの一つを～べ
Ⅰ列3:8 あなたが～んだあなたの民の
11:13 わたしが～んだエルサレムの
Ⅰ歴16:13 主に～ばれた者、ヤコブの子ら
21:10 そのうちの一つを～べ
28:10 建てるために、あなたを～ばれ
Ⅱ歴29:11 主はあなたがたを～んでご自分
詩25:12 その人に～ぶべき道をお教えに
33:12 ゆずりとして～ばれた民は
47:4 私たちのために～んでくださる
65:4 あなたが～び近寄せられた人
78:68 ユダの部族を～ばれた
89:3 わたしの～んだ者と契約を結び
105:43 ～ばれた民を喜びの叫びの
106:23 もし神に～ばれた人モーセが
119:30 私は真実の道を～び取り
119:173 私はあなたの戒めを～びました
135:4 ヤコブをご自分のために～び
箴1:29 主を恐れることを～ばず
イザ7:15 善を～ぶことを知るころまで
41:8 わたしが～んだヤコブよ
42:1 心が喜ぶ、わたしの～んだ者
43:10 わたしが～んだわたしのしもべ
45:4 わたしが～んだイスラエルの
49:7 あなたを～んだイスラエルの
65:9 わたしの～んだ者がこれを所有
65:22 わたしの～んだ者たちは、自分
66:3 実に彼らは自分の道を～び
エレ33:24 主は自分で～んだ二つの部族を
アモ3:2 あなたがただけを～び出した
ハガ2:23 わたしはあなたを～んで印章と
ゼカ1:17 慰め、再びエルサレムを～ぶ
マタ12:18 わたしが～んだわたしのしもべ
22:14 ～ばれる人は少ないのです
24:22 ～ばれた者たちのために、その
マコ13:20 ご自分が～んだ人たちのために
13:27 ～ばれた者たちを四方から
ルカ6:13 その中から十二人を～び、彼ら
9:35 これはわたしの～んだ子。彼の
10:42 マリアはその良いほうを～び
14:7 上座を～んでいる様子に気が
ヨハ13:18 自分が～んだ者たちを知って
15:16 わたしを～んだのではなく
使6:5 改宗者ニコラオを～び
15:25 そこで私たちは人を～び
ロマ1:1 神の福音のために～び出され
8:33 神に～ばれた者たちを訴える
11:7 ～ばれた者たちが手に入れ
Ⅰコリ1:27 この世の愚かな者を～び
ガラ1:15 胎にあるときから私を～び出し
エペ1:4 この方にあって私たちを～び
ピリ1:22 どちらを～んだらよいか
コロ3:12 神に～ばれた者、聖なる者
Ⅰテサ1:4 神に～ばれていることを知って
Ⅱテサ2:13 初穂として救いに～ばれたから
Ⅱテモ2:10 ～ばれた人たちのために耐え
ヘブ11:25 苦しむことを～び取りました
Ⅰペテ1:2 注ぎかけを受けるように～ばれ
2:9 あなたがたは～ばれた種族
Ⅱペテ1:10 召しと～びを確かなものとする

える（選る）
創49:26 兄弟たちの中から～り抜かれた者
レビ20:24 諸民族の中から～り分けた
申10:8 主はレビ部族を～り分け
33:16 兄弟たちの中から～り抜かれた者
Ⅰ列8:53 地上のあらゆる民から～り分けて
エズ8:24 彼らの同僚十人を～り分けた

える（得る）
創4:1 主によって一人の男子を～た
箴3:14 知恵で～ものは金で～ものに
8:22 最初に、わたしを～ておられた
イザ29:24 不平を言う者も教訓を～る
ピリ3:8 それは、私がキリストを～て

えん（縁）
エズ9:1 忌み嫌うべき習慣と～を絶つ

えんかい（宴会）
ダニ5:1 貴族たちのために大～を催し
5:10 聞いて、～の広間に入って来た
マタ23:6 ～では上座を、会堂では上席を
ルカ14:16 ある人が盛大な～を催し、大勢

えんじょ（援助）
ロマ15:26 貧しい人たちのために…～をする

お

お（尾）
黙9:10 サソリのような～と針を持って

おいだす（追い出す）
創21:10 女奴隷とその子を～して
ネヘ13:28 私は彼を私のところから～した
マコ3:15 悪霊を～す権威を持たせるためで
3:22 悪霊どもを～している
9:28 私たちが霊を～せなかったのは
ルカ9:49 悪霊を～している人を見たので
ルカ11:15 悪霊どもを～しているのだ」と
ヨハ9:34 そして、彼を外に～した

おいめ（負い目）
ロマ1:14　私は…～のある者です
おいもとめる（追い求める）
詩38:20　私が善を～めると私をなじります
箴21:21　義と恵みを～める者は、いのちと
伝3:15　これから…も…～められて
ホセ6:3　主を知ることを切に～めよう
ロマ14:19　役立つことを～めましょう
ヘブ12:14　すべての人との平和を～め
おいる（老いる）
ヨブ29:8　年～いた者も起きてまっすぐに
おう（負う）
創4:13　咎は大きすぎて、～いきれません
イザ9:4　彼が～うくびきと 肩の杖
53:11　義とし、彼らの咎を～う
おう（王）
出2:23　エジプトの～は死んだ
申17:14　私も自分の上に～を立てたい
士18:1　イスラエルには～がいなかった
21:25　そのころ、イスラエルには～が
Ｉサム2:10　主が、ご自分の～に力を与え
8:5　私たちをさばく～を立てて
10:24　叫んで、「～様万歳」と言った
11:15　主の前にサウルを～とした
12:12　あなたがたの～であるのに
15:1　主の民イスラエルの～とされた
23:17　あなたこそ、イスラエルの～と
Ⅱサム19:10　～を連れ戻すために、なぜ何も
Ｉ列2:11　イスラエルの～であった期間は
Ⅱ列11:12　彼を～と宣言し、彼に油を注ぎ
Ｉ歴16:31　言え。「主は～である」と
Ⅱ歴23:11　彼らは～の子を連れ出し、～冠
詩2:6　わたしが わたしの～を立てた
5:2　私の～ 私の神 私はあなたに
10:16　主は世々にわたって 永遠の～
24:7　栄光の～が入って来られる
44:4　神よ あなたこそ私の～です
72:1　神よ あなたのさばきを～に
93:1　主こそ～です。威光を
97:1　主は～である。地は小躍り
102:15　地のすべての～は あなたの
149:2　自らの～にあって楽しめ
箴8:15　わたしによって、～たちは治め
31:4　ぶどう酒を飲むのは～がする
伝4:14　若者は、牢獄から出て～になる
8:4　～のことばには権威がある
10:16　～が若輩で、高官たちが朝から
イザ24:23　シオンの山、エルサレムで～と
32:1　一人の～が義によって治め
43:15　創造者、あなたがたの～である
エレ10:7　国々の～である方、あなたを
51:57　その名を万軍の主という～の
ダニ2:37　～の～である～よ。天の神は
7:17　地から起こる四人の～である
ミカ4:7　とこしえまで、彼らの～となる
ゼカ9:9　あなたの～があなたのところに
マタ2:2　ユダヤ人の～としてお生まれに
22:2　～にたとえることができます
25:34　～は右にいる者たちに言います
ルカ19:14　私たちの～になるのを、私たち
19:38　御名によって来られる方、～に
23:3　あなたはユダヤ人の～なのか
ヨハ1:49　あなたはイスラエルの～です
6:15　自分を～にするために連れて
12:13　イスラエルの～に
18:37　わたしが～であることは
19:14　見よ、おまえたちの～だ
使7:18　知らない別の～がエジプトに
17:7　イエスという別の～がいる
Ｉコリ4:8　私たち抜きで～様になっています
Ｉテモ1:17　世々の～、すなわち、朽ちる
2:1　～たちと高い地位にあるすべて
黙9:11　底知れぬ所の使いを～として
16:12　日の昇る方から来る～たちの道
19:6　主、全能者が～となられた
19:16　「～の～、主の主」という名が
20:4　ともに千年の間、～として治め
おう（追う）
創31:25　ラバンはヤコブに～いついた
33:13　一日でも、ひどく～い立てると
レビ26:7　あなたがたは敵を～い、彼らは
申1:44　襲うようにあなたがたを～い
ヨブ19:22　神のように私を～いつめるのか
詩4:1　～いつめられたとき あなたは私を
35:5　主の使いが～い散らすようにして
44:2　異邦の民を～い払いそこに
83:15　あなたの疾風で彼らを～い
109:16　心ひしがれた者を～いつめ
イザ11:6　小さな子どもがこれを～って
エレ7:15　すべての子孫を～い払ったよう
哀3:66　御怒りをもって彼らを～い
エゼ22:15　国々に～い散らし、おまえの
アモ1:11　彼らが剣で自分の兄弟を～い
おう（負う）
民11:14　民全体を～うことはできません
18:1　関わる咎を～わなければ
イザ53:12　彼は多くの人の罪を～い
マタ11:30　わたしのくびきは～いやすく
ルカ14:27　自分の十字架を～ってわたしに
ヨハ19:17　イエスは自分で十字架を～って

Ⅱｺﾘ5:19 背きの責任を人々に～わせず
Ⅰﾍﾟﾃ2:24 私たちの罪をその身に～われた

おうい（王位）
Ⅰｻﾑ10:16 サムエルが語った～のことに
ルカ1:32 ダビデの～をお与えになります
19:12 ～を授かって戻って来るため

おうかん（王冠）
Ⅱ歴23:11 彼らは王の子を連れ出し、～を

おうけん（王権）
創49:10 ～はユダを離れず、王笏は
詩22:28 ～は主のもの。主は国々を
ルカ22:29 わたしに～を委ねてくださった

おうこく（王国）
出19:6 わたしにとって祭司の～
Ⅰｻﾑ13:14 今や、あなたの～は立たない
Ⅱｻﾑ7:12 彼の～を確立させる
Ⅰ歴17:11 彼の～を確立させる
29:11 主よ、～もあなたのものです
エス4:14 あなたがこの～に来たのは
詩45:6 あなたの～の杖は公平の杖
145:12 主の～の輝かしい栄光を知らせ
イザ9:7 王座に就いて、その～を治め
オバ21 こうして、～は主のものとなる
Ⅰｺﾘ15:24 ～を父である神に渡されます
黙1:6 私たちを～とし、祭司として
11:15 この世の～は、私たちの主と

おうごん（黄金）
ヨブ22:25 全能者はあなたの～となり
箴8:10 選り抜きの～よりも、知識を
8:19 わたしの果実は～よりも
16:16 知恵を得ることは、～を得る
ゼカ9:3 ～を道端の泥のように積み
マタ2:11 ～、乳香、没薬を贈り物と

おうざ（王座）
Ⅰ列1:13 「…彼が私の～に就く」と誓われ
1:37 ～を、わが君ダビデ王の～より
9:5 王国の～をイスラエルの上に
10:18 王は大きな象牙の～を作り
Ⅰ歴17:12 ～をとこしえまでも堅く立てる
詩9:4 義の審判者として～に着いて
11:4 主はその～が天にある
45:6 神よあなたの～は世々限りなく
103:19 主は天にご自分の～を堅く立て
箴25:5 そうすれば、～は義によって
イザ16:5 一つの～が恵みによって堅く
66:1 天はわたしの～、地はわたしの
エレ17:12 高く上げられた栄光の～だ
43:10 彼の～を、わたしが隠した
使7:49 天はわたしの～、地はわたしの
12:21 ヘロデは王服をまとって～に

おうしゃく（王笏）
創49:10 ～はその足の間を離れない
詩60:7 ユダはわたしの～

おうひ（王妃）
エス2:17 ワシュティの代わりに彼女を～と
詩45:9 王の娘らもいて ～はあなたの右

おうへい（横柄）
エゼ7:10 つぼみを出し、～さを花咲かせた

おうぼう（横暴）
詩54:3 ～な者たちが 私のいのちを求め
箴11:16 ～な者は富をつかむ

おおあめ（大雨）
エレ3:3 それで～はとどめられ、後の雨は

おおあれ（大荒れ）
マタ8:24 すると見よ。湖は～となり

おおい（多い）
Ⅰ歴27:23 天の星のように～くすると言われ

おおい（覆い）
出34:33 語り終えると、顔に～を掛けた
ルツ3:9 あなたの～を、あなたの
イザ25:7 万国の上にかぶさる～を取り
Ⅱｺﾘ3:14 同じ～が掛けられたままで
4:3 福音に～が掛かっていると

おおいなる（大いなる）
ヨシ3:7 わたしはあなたを～者と
4:14 ヨシュアを～者と
Ⅱｻﾑ5:10 ダビデはますます～者と
7:22 神、主よ、あなたは～方
7:26 御名がとこしえまでも～ものと
Ⅰ歴11:9 ダビデはますます～者と
17:19 この～ことのすべてを行い
17:24 あなたの御名が…～ものとなり
29:25 目の前に非常に～者と
詩40:16 「主は～方」といつも言います
70:4 「神は～方」といつも言います
イザ63:1 救いをもたらす～者
エゼ38:23 わたしは、わたしが～者で
ヨエ2:21 主が～ことを行われたから
マラ1:5 主は…～方だ
マタ12:6 宮よりも～ものがあります
ルカ1:15 その子は主の御前に～いなる者と

おおう
創7:20 増し加わり、山々は～われた
24:65 ベールを手に取って、身を～っ
出33:22 この手であなたを～っておく
民9:15 天幕である幕屋を～った
16:42 雲がそれを～い、主の栄光が
ヨブ29:14 義をまとい、義は私を～った
詩5:12 大盾のようにいつくしみで～って
91:4 ご自分の羽であなたを～い

箴10:12 愛はすべての背きを～う
17:9 追い求める者は背きの罪を～う
イザ6:2 顔を～い、二つで両足を～い
ホセ10:8 「私たちを～え」と言い
マタ10:26 ～われているもので現されない
ルカ12:2 ～われているもので現されない
23:30 丘に向かって『私たちを～え』
Ⅰペテ4:8 愛は多くの罪を～うからです

おおかみ（狼）
イザ11:6 ～は子羊とともに宿り、豹は
65:25 ～と子羊はともに草をはみ
マタ7:15 内側は貪欲な～です
使20:29 私が去った後、狂暴な～が

おおぐい（大食い）
エレ45:5 自分のために～きなことを求める
マタ11:19 見ろ、～いの大酒飲み

おおざけのみ（大酒飲み）
箴23:20 ～や、肉を貪り食う者と交わる
マタ11:19 見ろ、大食いの～、取税人や
ルカ7:34 大食いの～、取税人や罪人の

おおじ（大路）
詩84:5 心の中にシオンへの～のある人
イザ11:16 アッシリアから～が備えられる
19:23 エジプトからアッシリアへの～
35:8 そこに～があり、その道は
40:3 神のために、～をまっすぐに
49:11 道とし、わたしの～を高くする

おおしい（雄々しい）
ヨシ1:6 強くあれ。～しくあれ。あなたは
10:25 強くあれ。～しくあれ。あなたが
Ⅰ歴28:20 強く、～しく、事を成し遂げ
詩27:14 ～しくあれ。心を強くせよ
31:24 ～しくあれ。心を強くせよ

おおせ（仰せ）
詩119:151 あなたの～はことごとくまこと
147:15 主は地に～のことばを送り

おおぞら（大空）
創1:6 ～よ、水の真っただ中にあれ
詩19:1 ～は御手のわざを告げ知らせる

おおたて（大盾）
詩5:12 ～のように いつくしみで

おおどおり（大通り）
マタ22:9 ～に行って、出会った人をみな

おおみず（大水）
創7:10 大洪水の～が地の上に生じた
雅8:7 ～もその愛を消すことができ

おか（丘）
詩50:10 わたしのもの。千の～の家畜ら

おかしくなる
Ⅰサム21:13 ダビデは彼らの前で～ったかの
マコ3:21 「イエスは～くなった」と言って

おかす（冒す）
ダニ11:31 立ち上がり、砦である聖所を～し

おがむ（拝む）
出23:24 彼らの神々を～んではならない
34:14 ほかの神を～んではならない
申5:9 それらを～んではならない
17:3 私が命じなかったものを～む者
詩81:9 異国の神を～んではならない
イザ2:20 人は、自分が～むために造った
36:7 「この祭壇の前で～め」と言った
44:15 また、これで神を造って～み
ダニ3:28 仕えず、また～まないこの者
ゼパ1:5 屋上で天の万象を～む者どもを
マタ4:9 もしひれ伏して私を～むなら
マコ15:19 ひざまずいて～んだ
使10:25 足もとにひれ伏して～んだ
18:13 律法に反するやり方で神を～む
19:27 全世界が～むこの女神のご威光
Ⅰコリ14:25 ひれ伏して神を～むでしょう
黙13:4 竜を～んだ。竜が獣に権威を
13:8 みな、この獣を～むようになる

おきて（掟）
レビ18:5 わたしの～とわたしの定めを
18:30 忌み嫌うべき～を決して行わない
民35:29 あなたがたのさばきの～と
詩119:48 あなたの～に思いを潜めます
イザ10:1 不義の～を制定する者、不当な
エゼ5:6 わたしの～に従って歩まなか

おぎなう（補う）
Ⅱコリ8:14 あなたがたの不足を～うことに

おきる（起きる）
箴24:16 七度倒れても、また～き上がり
イザ60:1 ～きよ。輝け。まことに
マタ9:6 ～きて寝床を担ぎ、家に帰り
マコ2:11 ～きなさい。寝床を担いで
5:41 あなたに言う。～きなさい
ルカ5:24 ～きなさい。寝床を担いで
7:14 あなたに言う。～きなさい
8:54 子よ、～きなさい
ヨハ5:8 ～きて床を取り上げ、歩き
エペ5:14 死者の中から～き上がれ

おくぎ（奥義）
マタ13:11 御国の～を知ることが許されて
マコ4:11 神の国の～が与えられています
ルカ8:10 神の国の～を知ることが許され
ロマ11:25 この～を知らずにいてほしくは
16:26 知らされた～の啓示によって
Ⅰコリ2:1 知恵を用いて神の～を宣べ伝える
2:7 ～のうちにある、隠された神の

4:1　神の～の管理者と考えるべき
13:2　あらゆる～とあらゆる知識に
15:51　私はあなたがたに～を告げ
エペ1:9　みこころの～を私たちに知らせ
3:4　キリストの～をどう理解して
5:32　この～は偉大です。私は
6:19　福音の～を大胆に知らせること
コロ1:26　聖徒たちに明らかにされた～を
2:2　神の～であるキリストを知る
Ⅰテモ3:9　信仰の～を保っている人で
3:16　この敬虔の～は偉大です
黙10:7　神の～は、神がご自分のしもべ

おくじょう（屋上）
箴21:9　～の片隅に住むほうがよい
25:24　～の片隅に住むほうがよい
マタ10:27　耳もとで聞いたことを、～で
24:17　～にいる人は、家にある物を
マコ13:15　～にいる人は、家から何かを
ルカ12:3　耳にささやいたことが、～で
使1:13　泊まっている～の部屋に
10:9　ペテロは祈るために～に

おくりもの（贈り物）
創32:13　エサウへの～にするものを選び
Ⅱ列16:8　～としてアッシリアの王に送った
詩45:12　娘ツロは～を携え民のうちの
68:18　頑迷な者どもにさえ ～を与え
箴18:16　人の～はその人のために道を
21:14　ひそかな～は怒りを鎮め、懐の
イザ66:20　同胞をみな主への～として
Ⅰコリ16:3　エルサレムに…～を届けさせ
ピリ4:17　私は～を求めているのでは
ヤコ1:17　すべての良い～、またすべての

おくる（送る）
詩43:3　あなたの光とまことを～り
78:49　彼らの上に燃える怒りを～られた
マタ9:38　働き手を～ってくださるように

おくれる（遅れる）
伝5:4　それを果たすのを～らせては
イザ48:9　名のために怒りを～らせ
ハバ2:3　必ず来る。～れることはない

おこたる（怠る）
ロマ12:11　勤勉で～らず、霊に燃え、主に

おこない（行い）
ヨブ34:11　神は、人の～に応じて報いをし
箴16:2　人には自分の～がみな純粋に
20:11　何かするとき、その～が純粋か
エレ4:18　あなたの生き方と、あなたの～
16:17　すべての～を見ているからだ
25:14　その～に応じ、その手のわざに
ミカ3:4　彼らの～が悪いからだ
マタ16:27　それぞれその～に応じて報い
ヨハ3:19　自分の～が悪いために、人々が
ロマ8:13　御霊によってからだの～を殺す
11:6　～によるのではありません
ガラ5:19　すなわち、淫らな～、汚れ
エペ2:9　～によるのではありません
Ⅰテモ6:18　善を行い、立派な～に富み
ヤコ2:17　信仰も～が伴わないなら
Ⅰヨハ3:18　～と真実をもって愛しましょう
黙14:13　彼らの～が、彼らとともに
20:12　自分の～に応じてさばかれた

おこなう（行う）
Ⅱ列13:6　それを～い続け、アシェラ像も
ゼパ2:3　主のさばきを～う柔和な者たちよ
ルカ1:6　主の…命令と掟を…～って
使1:1　イエスが～い始め、また教え
ロマ3:20　律法を～うことによっては神の前
ヤコ1:22　みことばを～う人になりなさい

おごる
詩131:1　主よ 私の心は～らず

おこる（怒る）
ルカ15:28　兄は～って、家に入ろうとも
エペ6:4　子どもたちを～らせては

おこる（起こる）
創49:1　おまえたちに～こることを告げ

おさえる（押さえる）
マコ5:4　だれにも彼を～さえることは

おさない（幼い）
ホセ11:1　イスラエルが～ころ、わたしは
Ⅱテモ3:15　自分が～ころから聖書に

おさなご（幼子）
Ⅱ列5:14　～のからだのようになり
詩8:2　～たち 乳飲み子たちの口を
マタ2:8　行って～について詳しく調べ
11:25　～たちに現してくださいました
21:16　～たち、乳飲み子たちの口を
ルカ1:76　～よ、あなたこそいと高き方の
1:80　～は成長し、その霊は強くなり
2:40　～は成長し、知恵に満ちて
10:21　～たちに現してくださいました
18:15　人々は～たちまで連れて来た
Ⅰコリ13:11　私は、～であったときには、～と
Ⅰテサ2:7　あなたがたの間では～になり
ヘブ5:13　通じてはいません。～なのです
Ⅰヨハ2:18　～たち、今は終わりの時です

おさめる（治める）
創1:16　大きいほう…には昼を～めさせ
創37:8　私たちを～める王になるという
士8:23　主があなたがたを～められます
Ⅰサム11:12　サウルがわれわれを～めるのか

ヨブ34:30　神を敬わない人間が～めたり
詩59:13　ヤコブを～められることを
89:9　海の高まりを～めておられます
110:2　あなたの敵のただ中で～めよ
箴8:15　わたしによって、王たちは～め
16:32　自分の霊を～める者は町を攻め
イザ3:4　気まぐれ者に彼らを～めさせる
26:13　君主が私たちを～めました
32:1　一人の王が義によって～め
エレ23:5　彼は王となって～め、栄えて
ダニ11:3　大きな権力をもって～め
ミカ5:2　イスラエルを～める者が出る
マタ2:6　あなたから～める者が出て
ルカ1:33　とこしえにヤコブの家を～め
Ⅰコリ15:25　キリストは王として～めること
Ⅰテモ3:4　自分の家庭をよく～め、十分な

おしい（惜しい）

使20:24　少しも～とは思いません

おしえ（教え）

民5:29　ねたみについての～である
6:13　ナジル人についての～である
申32:2　私の～は雨のように下り
詩1:2　昼も夜も その～を口ずさむ人
19:7　主の～は完全で たましいを
箴1:8　母の～を捨ててはならない
13:14　知恵のある者の～はいのちの泉
イザ51:7　心にわたしの～を持つ民よ
マタ16:12　サドカイ人たちの～であること
マコ7:7　人間の命令を、～として教える
ルカ1:4　お受けになった～が確かである
6:18　彼らはイエスの～を聞くため
ヨハ7:16　わたしの～は、わたしのもので
18:19　弟子たちのことや～について
使2:42　彼らはいつも、使徒たちの～を
5:28　自分たちの～を広めてしまった
17:19　その新しい～がどんなものか
ロマ6:17　伝えられた～の規範に心から
エペ4:14　～の風にも、吹き回されたり
Ⅱテサ2:15　私たちから学んだ～をしっかり
Ⅰテモ1:3　ある人たちが違った～を説いた
4:13　聖書の朗読と勧めと～に専念
5:17　みことばと～のために労苦して
Ⅱテモ3:10　私の～、生き方、計画、信仰
3:16　～と戒めと矯正と義の訓練の
テト1:9　健全な～をもって励ましたり
2:10　救い主である神の～を飾るよう
Ⅱヨハ9　キリストの～にとどまらない者

おしえる（教える）

出4:12　あなたが語るべきことを～える
申4:1　私が～える掟と定めを聞き
4:5　掟と定めをあなたがたに～えた
4:10　子どもたちに～えることができる
5:31　彼らに～えるすべての命令
6:7　子どもたちによく～え込み
11:19　あなたがたの子どもたちに～え
31:19　それをイスラエルの子らに～え
33:10　みおしえをイスラエルに～え
士13:8　何をすればよいか～えて
Ⅱ歴17:9　彼らはユダで～えた。主の律法
エズ7:10　掟と定めを～えようと心を定め
ヨブ12:7　あなたに～えてくれるだろう
21:22　神に知識を～えようとするのか
詩25:4　進む道を私に～えてください
27:11　主よ あなたの道を私に～えて
86:11　主よ あなたの道を私に～えて
94:10　人に知識を～えるその方が
119:12　あなたのおきてを私に～えて
119:33　あなたのおきての道を～えて
143:10　みこころを行うことを～えて
箴4:11　私は知恵の道をあなたに～え
9:9　正しい人を～えよ。彼は洞察を
イザ28:9　彼は知識をだれに～えようと
54:13　みな、主によって～えられ
エレ32:33　しきりに～えても聞かず
ダニ1:4　文学とことばを～えるに
ミカ4:2　ご自分の道を私たちに～えて
マタ3:7　怒りを逃れるようにと～えた
4:23　会堂で～え、御国の福音を
7:29　権威ある者として～えられた
28:20　すべてのことを守るように～え
マコ1:22　権威ある者として～えられた
4:2　たとえによって～えられた
8:31　弟子たちに～え始められた
9:31　イエスが弟子たちに～えて
14:49　あなたがたと一緒にいて～えて
ルカ4:15　イエスは彼らの会堂で～え
4:31　安息日には人々を～えておられ
11:1　私たちにも祈りを～えて
12:12　聖霊が～えてくださるからです
ヨハ6:45　みな、神によって～えられる
14:26　すべてのことを～え、わたしが
使1:1　また～え始められたすべての
4:18　語ることも～えることも
5:25　宮の中に立って人々を～えて
15:35　主のことばを～え、福音を宣べ
17:23　拝んでいるもの、それを～え
18:25　正確に語ったり～えたりして
21:28　いたるところで皆に～えている
ロマ2:21　～えながら、自分自身を～えな
Ⅰコリ14:26　賛美したり、～えたり、啓示を

ガラ6:6 〜えてもらう人は、〜えてくれ
エペ4:21 キリストにあって〜えられて
コロ3:16 知恵を尽くして互いに〜え
Ⅰテモ2:12 女が〜えたり男を支配したり
6:3 違ったことを〜え、私たちの主
ヘブ8:11 『主を知れ』と言って〜えること
Ⅰヨハ2:27 あなたがたに〜えてくれます

おじし（雄獅子）
Ⅰ歴11:22 下りて行って〜を打ち殺した

おしせまる（押し迫る）
マコ5:24 ついて来て、イエスに〜った

おしつぶす（押しつぶす）
Ⅱコリ2:7 深い悲しみに〜されてしまう

おしながす（押し流す）
詩69:15 奔流が私を〜さず深い淵が私を

おしはかる（推し量る）
イザ40:13 だれが主の霊を〜り、主の

おしむ（惜しむ）
Ⅰサム15:9 最も良いものを〜しんで
Ⅱサム21:7 メフィボシェテを〜しんだ
Ⅱ歴21:20 〜しまれることなく世を去った
ヨナ4:11 大きな都ニネベを〜しまないで
ロマ8:32 御子さえも〜しむことなく死に
黙12:11 自分のいのちを〜しまなかった

おしよせる（押し寄せる）
マコ3:9 群衆が〜せて来ないように

おそい（遅い）
箴16:32 怒りを〜くする者は勇士に
19:11 賢明さがあれば、怒りを〜くする
マタ25:5 花婿が来るのが〜くなったので

おそるべき（恐るべき）
イザ2:19 人々は主の〜御顔を

おそれ（恐れ）
申2:25 あなたに対するおののきと〜を
Ⅱ歴20:29 すべての王国に神の〜が下った
エス8:17 ユダヤ人への〜が彼らに下った
詩19:9 主からの〜はきよくとこしえ
36:1 目の前には神に対する〜がない
56:3 心に〜を覚える日私はあなたに
エレ32:40 わたしへの〜を彼らの心に与え
ヨハ19:8 ますます〜を覚えた
ロマ3:18 前には、神に対する〜がない
Ⅱコリ7:5 外には戦いが、内には〜があり
Ⅰヨハ4:18 愛には〜がありません

おそれる（恐れる）
創3:10 裸であるのを〜れて、身を隠し
32:7 ヤコブは非常に〜れ、不安に
42:18 生き延びよ。私も神を〜れる者だ
出1:17 しかし、助産婦たちは神を〜れ
2:14 そこでモーセは〜れて、きっと
3:6 神を仰ぎ見るのを〜れたから
9:20 主のことばを〜れた者は
14:10 イスラエルの子らは大いに〜れ
14:13 〜れてはならない。しっかり
18:21 神を〜れる、力のある人たち
レビ19:30 わたしの聖所を〜れなければ
26:2 わたしの聖所を〜れなければ
民14:9 地の人々を〜れてはならない
申1:21 〜れてはならない。おののいて
5:29 わたしを〜れ、わたしのすべて
6:2 あなたの神、主を〜れて
13:11 イスラエルはみな聞いて〜れ
17:13 民はみな聞いて〜れ、もう不遜
31:8 〜れてはならない。おののいては
ヨシ8:1 〜れてはならない。おののいては
24:14 今、あなたがたは主を〜れ
Ⅰサム15:24 兵たちを〜れて、彼らの声に
18:12 サウルはダビデを〜れた
Ⅱサム1:14 殺すのを〜れなかったとは
Ⅱ列25:24 カルデア人の家来たちを〜れて
Ⅰ歴13:12 ダビデは神を〜れて言った
16:25 神々にまさって〜れられる方だ
Ⅱ歴20:3 ヨシャファテは〜れた。そして
20:15 この大軍のゆえに〜れては
ヨブ28:28 主を〜れること、これが知恵
詩2:5 怒って 彼らを〜れおののかせる
2:11 〜れつつ 主に仕えよ。おののき
3:6 私は幾万の民をも〜れない
25:14 主は ご自分を〜れる者と親しく
27:3 私の心は〜れない。たとえ 私に
34:9 主を〜れよ。主の聖徒たちよ
34:11 主を〜れることを教えよう
46:2 それゆえ われらは〜れない
66:16 聞け すべて神を〜れる者たちよ
99:1 国々の民は〜れおののけ
102:15 王は あなたの栄光を〜れます
111:10 知恵の初め それは主を〜れる
118:6 主は私の味方。私は〜れない
119:38 あなたを〜れるようにして
119:120 私はあなたのさばきを〜れて
箴1:7 主を〜れることは知識の初め
3:7 主を〜れ、悪から遠ざかれ
9:10 主を〜れることは知恵の初め
14:26 力ある拠り所は主を〜れることに
14:27 主を〜れることはいのちの泉
15:16 わずかな物を持って主を〜れる
19:23 主を〜れるなら、いのちに至る
箴24:21 わが子よ、主と王を〜れよ
29:25 人を〜れると罠にかかる。しかし
31:30 主を〜れる女はほめたたえられる

伝3:14　人が神の御前で～れるように
5:7　ただ、神を～れよ
8:12　神を～れる者が神の御前で～れ
12:13　神を～れよ。神の命令を守れ
イザ10:24　民よ、アッシリアを～れるな
12:2　私は信頼して～れない
35:4　強くあれ。～れるな。見よ
41:10　～れるな。わたしはあなたと
43:5　～れるな。わたしがあなたと
50:10　あなたがたのうちで主を～れ
エレ5:24　私たちの神、主を～れよう
33:9　祝福と平安のゆえに～れ
36:24　だれ一人～れおののくことは
46:27　しもべヤコブよ、～れるな
ゼカ8:13　祝福となる。～れるな。勇気を
マラ3:16　主を～れる者たちが互いに語り
マタ1:20　～れずにマリアをあなたの妻と
10:31　ですから～れてはいけません
14:5　思ったが、民衆を～れた
27:54　出来事を見て、非常に～れて
28:5　～れることはありません
マコ5:33　～れおののきながら進み出て
6:20　彼を～れて保護し、その教えを
11:18　彼らはイエスを～れていたので
ルカ12:5　権威を持っておられる方を～れ
ヨハ9:22　ユダヤ人たちを～れたからで
12:15　～れるな、娘シオン。見よ
20:19　ユダヤ人を～れて戸に鍵が
使9:26　信じず、彼を～れていた
10:2　家族全員とともに神を～れ
27:24　～れることはありません、パウロ
Ⅰコリ2:3　弱く、～れおののいていました
Ⅱコリ5:11　主を～れることを知っている
ヘブ11:23　王の命令を～れなかったから
黙15:4　主よ、あなたを～れず、御名を

おそろしい（恐ろしい）
雅6:10　旗を掲げた軍勢のように～ろしい
ルカ9:34　弟子たちは～ろしくなった
ロマ13:3　支配者を～と……権威を～と

おそろしさ（恐ろしさ）
マタ14:26　おびえ、～のあまり叫んだ

おだやか（穏やか）
士3:11　国は四十年の間、～やかであった
5:31　国は四十年の間、～やかであった
箴14:30　～やかな心は、からだのいのち

おちつく（落ち着く）
ルツ3:18　決めてしまわなければ～かない
ルカ10:40　もてなしのために心が～かず

おちど（落度）
ルカ1:6　命令と掟を～なく行っていた

おちぶれる（落ちぶれる）
レビ25:25　もしあなたの兄弟が～れて

おちる（落ちる）
ガラ5:4　恵みから～ちてしまったのです

おつげ（お告げ）
士3:20　あなたに神の～があります

おっと（夫）
創3:6　～にも与えたので、～も食べた
申25:5　～の兄弟としての義務を果たさ
エス1:17　自分の～を軽く見るようになる
箴31:23　～は町囲みの中で人々によく
イザ54:5　あなたの～はあなたを造った者
エレ3:14　あなたがたの～であるからだ
ヨハ4:16　あなたの～をここに呼んで
ロマ7:2　律法によって～に結ばれて
Ⅰコリ7:2　女もそれぞれ自分の～を持ち
7:14　信者でない妻も信者である～に
7:34　どうすれば～に喜ばれるかと
エペ5:25　～たちよ…妻を愛しなさい
5:33　妻もまた、自分の～を敬いなさい
コロ3:19　～たちよ、妻を愛しなさい
Ⅰペテ3:7　～たちよ、妻が自分より弱い器

おと（音）
創3:8　主が園を歩き回られる～を聞いた

おとうと（弟）
創4:8　カインは～アベルを誘い出した
37:27　われわれの～、われわれの肉親
45:4　エジプトに売った～のヨセフです
Ⅰ列2:15　私の～のものとなりました
マタ13:55　～たちはヤコブ、ヨセフ、シモン
ロマ9:12　「兄が～に仕える」と彼女に

おとこ（男）
創1:27　～と女に彼らを創造された
申22:5　また～は女の衣服を着ては
Ⅱサム12:7　その～です。イスラエルの神
Ⅰコリ11:8　女が～から出たからです

おとこのこ（男の子）
創18:10　妻サラには～が生まれています
イザ7:14　そして～を産み、その名を
9:6　ひとりの～が私たちに与えられ
ゼカ8:5　～と女の子でいっぱいになる
マタ2:16　二歳以下の～をみな殺させた
ルカ1:31　あなたは身ごもって、～を産み
1:57　エリサベツは～を産んだ

おどし（脅し）
箴13:8　貧しい者は～を聞くこともない
イザ30:17　一人の～によって千人が逃げ

おとす（落とす）
Ⅰサム3:19　彼のことばを…地に～とすこと

おどす（脅す）
エズ4:4 〜して建てさせないようにした
使4:17 彼らを〜しておこう
おとずれ（訪れ）
イザ10:3 〜の日、遠くから嵐が来るとき
おとずれる（訪れる）
詩65:9 あなたは地を〜れ 水を注ぎ
ルカ1:78 いと高き所から私たちに〜れ
おとめ
詩45:14 〜たちが彼女の後に付き従い
68:25 タンバリンを鳴らす〜たちの
箴30:19 船の道、〜への男の道
エレ14:17 〜である娘、私の民の打たれた
哀2:13 娘エルサレムよ。〜、娘シオンよ
ヨエ1:8 悼み悲しめ。粗布をまとった〜が
アモ5:2 〜イスラエルは倒れて、二度と
おどり（踊り）
出32:19 子牛と〜を見るなり、モーセの
詩30:11 嘆きを〜に変えてください
哀5:15 喜びが消え、〜は喪に変わり
マタ14:6 〜を踊ってヘロデを喜ばせた
マコ6:22 〜を踊り、ヘロデや列席の人々
おどりあがる（躍り上がる）
使3:8 〜って立ち、歩き出した
おどる（踊る；躍る）
士21:21 娘たちが輪になって〜りに出て
マタ11:17 君たちは〜らなかった。弔いの
ルカ1:41 聞いたとき、子が胎内で〜り
7:32 君たちは〜らなかった。弔いの
おとる（劣る）
ヨブ12:3 私はあなたがたに〜っていない
おどろ
イザ5:6 刈られず、茨や〜が生い茂る
おとろえる（衰える）
詩6:2 私は〜えています。主よ私を
38:8 私は〜え果て 砕き尽くされ
イザ42:4 〜えず、くじけることなく
おどろく（驚く；驚き）
創43:33 一同は互いに〜き合った
Ⅱ歴7:21 通り過ぎる者はみな〜き恐れて
ヨブ17:8 直ぐな人はこのことに〜き恐れ
ダニ3:24 ネブカドネツァル王は〜いて急に
4:19 しばらくの間〜きすくみ
マタ7:28 群衆はその教えに〜いた
8:10 イエスはこれを聞いて〜き
8:27 人々は〜いて言った…風や湖まで
9:33 群衆は〜いて…こんなことは
マコ5:20 広め始めた。人々はみな〜いた
5:42 人々は口もきけないほどに〜いた
6:2 それを聞いた多くの人々は〜いて
6:6 イエスは彼らの不信仰に〜かれた
15:5 それにはピラトも〜いた
ルカ2:18 羊飼いたちが話したことに〜いた
4:32 人々はその教えに〜いた。その
5:26 人々はみな非常に〜き、神を
7:9 これを聞いて〜き、振り向いて
使2:12 人々はみな〜き当惑して
3:12 どうしてこのことに〜いている
4:13 普通の人であるのを知って〜いた
8:13 奇跡が行われるのを見ては〜いて
黙17:7 なぜ〜くのですか。私は、この女
おなじ（同じ）
ピリ2:2 〜思いとなり、同じ愛の心を持ち
4:2 主にあって〜思いになって
おの（斧）
Ⅱ列6:5 〜の頭が水の中に落ちてしまった
6:6 投げ込み、〜の頭を浮かばせた
Ⅰ歴20:3 つるはし、〜を使う労働に就かせ
詩74:5 木の茂みの中で〜を高く振り
イザ10:15 〜は、それを使って切る人に
マタ3:10 〜はすでに木の根元に置かれて
ルカ3:9 〜もすでに木の根元に置かれて
おののく
申28:66 あなたは夜も昼も〜き、自分が
ヨブ7:14 いくつもの夢で私を〜かせ
詩33:8 住む者よ主の御前に〜け
119:161 あなたのみことばに〜いています
イザ66:5 主のことばに〜く者たちよ
ダニ6:26 ダニエルの神の前に震え〜け
おび（帯）
イザ11:5 腰の〜となり、真実がその胴の〜
エレ13:1 行って亜麻布の〜を買い、それを
使21:11 〜を取り、自分の両手と両足
エペ6:14 腰には真理の〜を締め、胸には
おびえる
ヨブ15:24 苦難と苦悩は彼を〜えさせ
21:6 私はそのことを思い出すと〜え
23:16 全能者が私を〜えさせられた
イザ8:12 〜えてはならない
ダニ4:5 頭に浮かんだ幻が、私を〜えさせ
マタ14:26 「あれは幽霊だ」と言って〜え
おひつじ（雄羊）
創15:9 三歳の〜と、山鳩と、鳩のひなを
22:13 一匹の〜が角を藪に引っかけて
おびやかす（脅かす）
ゼパ3:13 彼らを〜かす者はいない
おびる（帯びる）
Ⅱサム22:40 戦いのために私に力を〜びさせ
詩45:3 勇士よあなたの剣を腰に〜びよ
Ⅱコリ4:10 いつもイエスの死を身に〜びて

おぼえる（覚える）
創8:1 神は、ノア…を～えておられた。
19:29 神はアブラハムを～えておられた
出13:3 出て来た、この日を～えて
28:12 息子たちが～えられるための石と
39:7 息子たちが～えられるための石と
民10:10 自分たちの神の前に～えられる
16:40 イスラエルの子らに～えられる
申7:18 なされたことをよく～えて
9:7 怒らせたかを忘れずに～えて
15:15 贖い出されたことを～えて
24:18 エジプトで…を～えていなければ
ネヘ4:14 大いなる恐るべき主を～え、自分
5:19 ためにしたすべてのことを～えて
6:14 預言者たちのしわざを～えていて
13:14 このことのゆえに私を～えていて
詩6:5 あなたを～えることはありません
98:3 恵みと真実を～えておられる
112:6 正しい人はとこしえに～えられる
伝12:1 あなたの創造者を～えよ
エレ2:2 わたしへの従順を～えている
ホセ7:2 彼らのすべての悪を～えている
マラ4:4 しもべモーセの律法を～えよ
ルカ22:19 わたしを～えて、これを行い
ヨハ15:20 あなたがたに言ったことばを～え
使10:4 神の御前に上って、～えられて
Ⅰコリ11:24 わたしを～えて、これを行い
黙18:5 神は彼女の不正を～えておられる

おぼれる
マコ5:13 湖へなだれ込み、その湖で～れて
ルカ8:33 湖へなだれ込み、～れて死んだ
Ⅰコリ5:11 人をそしる者、酒に～れる者

おめい（汚名）
創30:23 私の～を取り去ってくださった
Ⅰサム22:15 父の家の者全員に～を着せない

おもい（思い）
創2:16 どの木からでも～のまま食べて
エス1:8 自分の～のままにさせるようにと
詩10:4 これが彼の～のすべてです
19:14 私の心の～とが御前に受け入れ
92:5 あなたの御～は あまりにも深い
119:15 私はあなたの戒めに～を潜め
119:78 私はあなたの戒めに～を潜め
139:17 あなたの御～を知るのはなんと
143:5 すべてのみわざに～を巡らし
イザ55:8 わたしの～は、あなたがたの
59:7 その～は不義の～
66:18 彼らのわざと～を知っている
マタ9:4 彼らの～を知って言われた
ルカ2:19 心に納めて、～を巡らしていた
ロマ8:7 肉の～は神に敵対するからです
15:5 同じ～を抱かせてくださいます
ヘブ4:12 心の～やはかりごとを見分ける

おもい（重い）
創18:20 大きく、彼らの罪はきわめて～い
出4:10 私は口が～く、舌が～いのです
ロマ11:13 自分の務めを～く受けとめ

おもいあがる（思い上がる）
ロマ12:3 超えて～ってはいけません
12:16 一つ心になり、～ることなく
Ⅰコリ4:6 他方に反対して～がることの
4:18 ～っている人たちがいます
5:2 あなたがたは～がっています

おもいえがく（思い描く）
詩73:7 ふくらみ 心の～くものがあふれ出

おもいおこす（思い起こす）
創9:15 わたしの契約を～こす。大水は
出2:24 ヤコブとの契約を～こされた
6:5 聞き、わたしの契約を～こした
32:13 イスラエルを～こしてください
レビ26:42 ヤコブとのわたしの契約を～こす
Ⅰ列17:18 あなたは私の咎を～こさせ
Ⅰ歴16:12 行われた奇しいみわざを～こせ
Ⅱ歴6:42 行いの数々を～こしてください
ネヘ1:8 お命じになったことばを～こして
詩42:6 ミツアルの山からあなたを～こし
63:6 床の上であなたを～こすとき
74:2 どうか～こしてください。昔
77:6 夜には私の歌を～こし自分の心と
77:11 私は主のみわざを～こします
イザ62:6 ～こしていただこうと主に求める
エレ18:20 語ったことを、～こしてください
エゼ20:43 すべての行いを～こし
ミカ6:5 わたしの民よ、～こせ。モアブの
ヘブ8:12 彼らの罪を～こさないからだ
ユダ17 前もって語ったことばを～こし
黙3:3 聞いたのか～こし

おもいがけない（思いがけない）
マタ24:50 ～時に帰って来て

おもいだす（思い出す）
民11:5 ただで魚を食べていたことを～す
申32:7 昔の日々を～し、代々の年を
Ⅱ列20:3 主よ、どうか～してください
詩137:7 主よ～してください
イザ38:3 主よ、どうか～してください
43:25 もうあなたの罪を～さない
46:8 このことを～し、勇み立て
65:17 先のことは～されず、心に上る
哀1:7 エルサレムは～す。苦しみと
エゼ16:22 若いころのことを～さなかった

36:31 良くなかった行いを～し、自分
ヨナ2:7 衰え果てたとき、私は主を～し
ゼカ10:9 彼らは遠く離れてわたしを～し
マタ5:23 恨んでいることを～したなら
26:75 イエスのことばを～した
ルカ16:25 子よ、～しなさい。おまえは
17:32 ロトの妻のことを～しなさい
23:42 入られるときには、私を～して
24:8 イエスのことばを～した
ヘブ10:3 罪が年ごとに～されるのです

おもいちがい（思い違い）
マコ12:24 そのために～をしているのでは
Ｉコリ6:9 ～をしてはいけません。淫らな

おもいとどまる（思いとどまる）
Ｉサム3:13 ～まらせなかった咎のため

おもいなおす（思い直す）
出32:12 民へのわざわいを～して
Ⅱサム24:16 主はわざわいを下すことを～し
Ｉ歴21:15 わざわいを下すことを～し
エレ18:8 思っていたわざわいを～す
26:13 語ったわざわいを～されます
26:19 わざわいを～されたではないか
アモ7:3 主はこれを～された。そして
ヨナ3:9 もしかすると、神が～して
ゼカ8:14 わたしは～さなかった
ヘブ7:21 主は誓われた。～されることは

おもいはかる（思い計る；思い計り）
創8:21 人の心が～ることは、幼いとき
詩56:5 彼らの～ることはみな私に対する
94:11 主は人の～ることがいかに空しい
Ｉコリ3:20 知恵のある者の～ことがいかに空しい

おもいめぐらす（思い巡らす）
詩63:6 夜もすがらあなたのことを～らす
77:12 私は すべてのことを～らし
箴15:28 人の心は、どう答えるかを～らす
16:9 人は心に自分の道を～らす
イザ33:18 心は、恐ろしかったことを～らす

おもいやる（思いやる）
ヘブ13:3 自分も牢にいる気持ちで～り

おもいわずらい（思い煩い；思い煩う）
マコ4:19 この世の～や、富の惑わし
ルカ8:14 生活における～や、富や
10:41 いろいろなことを～って、心を
21:34 放蕩や深酒や生活の～で
ピリ4:6 何も～わないで、あらゆる場合
Ｉペテ5:7 あなたがたの～いを、いっさい神

おもう（思う）
詩48:9 あなたの恵みを～いました
マタ22:42 キリストについてどう～いますか
エペ3:20 ～うところのすべてをはるかに
コロ3:2 上にあるものを～いなさい

おもに（重荷）
民11:11 なぜ、この民全体の～を私に
詩38:4 ～となって担いきれません
55:22 あなたの～を主にゆだねよ
66:11 私たちの腰に～を負わされ
68:19 私たちの～を担われる方
イザ10:27 彼の～はあなたの肩から、彼の
マタ11:28 疲れた人、～を負っている人は
使15:28 どんな～も負わせないことを
Ⅱコリ11:9 あなたがたの～にならないよう
ガラ6:2 互いの～を負い合いなさい
6:5 自分自身の～を負うことになる
黙2:24 ほかの～を負わせない

おもり（重り）
申25:13 袋に大小異なる～石があっては
Ⅱ列21:13 アハブの家に使った～を
箴20:10 異なる二種類の～、異なる

おもんじる（重んじる）
Ｉ歴4:9 兄弟たちの中で最も～じられた
エス3:1 ハメダタの子ハマンを～じ
ヨブ34:19 上流の人を貧しい民より～じる
ルカ7:2 ある百人隊長に～じられていた

おや（親）
Ⅱコリ12:14 ～が子のために蓄えるべきです

およぶ（及ぶ）
ヨブ4:5 これがあなたに～ぶと、あなたは

オリーブ
創8:11 ～の若葉がそのくちばしにある
申24:20 あなたが～の実を打ち落とす
詩52:8 私は神の家に生い茂る～の木
128:3 囲むときまるで～の若木のよう
ホセ14:6 その輝きは～の木のように
ゼカ4:3 そのそばには二本の～の木が
14:4 面する～山の上に立つ。～山は
ヨハ8:1 イエスは～山に行かれた
ロマ11:17 野生の～であるあなたがその枝
黙11:4 主の御前に立っている二本の～

おりる（降りる）
出34:5 雲の中にあって～りて来られ

おる（折る）
民9:12 その骨は～ってはならない
詩34:20 一つさえ ～られることはない
イザ42:3 傷んだ葦を～ることもなく
ヨハ19:33 その脚を～らなかった

おろか（愚か；愚かさ）
Ｉサム26:21 本当に私は～かなことをして
Ⅱサム13:12 こんな～かなことをしないで
詩49:10 ～かな者 浅はかな者も等しく

詩73:22　私は～かで考えもなくあなたの前
箴9:13　～かな女は騒がしく、わきまえが
13:16　～かな者は自分の～かさを
14:7　～かな者の前を離れ去れ。知識の
24:9　～かなはかりごとは罪。嘲る者は
26:5　～かな者には、その～に合わせて
26:11　～かな者は自分の～かさを
伝2:15　～かな者と同じ結末に行き着くの
4:5　～かな者は腕組みをし、自分の身
7:17　～かであってはいけない時が
イザ44:25　退けて、その知識を～かにする
エレ4:22　～かな子らで悟ることがない
マタ7:26　自分の家を建てた～かな人に
ルカ11:40　～かな者たち。外側を造られた方
24:25　～かな者たち。心が鈍くて
ロマ1:22　知者であると主張しながら～かに
Ⅰコリ1:21　宣教のことばの～かさを通して
1:23　異邦人にとっては～かなことで
2:14　その人には～かなことであり
4:10　キリストのために～かな者ですが
エペ5:4　～かなおしゃべり、下品な冗談も
Ⅱテモ3:6　～かな女たちをたぶらかしている

おろかもの（愚か者）
Ⅰサム25:25　ナバルで、そのとおりの～です
Ⅱサム3:33　～が死ぬように、アブネルは
ヨブ5:2　苛立ちは～を殺し、ねたみは
詩14:1　～は心の中で「神はいない」と
53:1　～は心の中で「神はいない」と
107:17　～は 自分の背きの道のため
箴16:22　愚かさは、～への懲らしめ
24:7　～には知恵は珊瑚のよう
伝10:14　～はよくしゃべる。人はこれ
イザ35:8　そこを～がさまようことはない
ルカ12:20　～、おまえのたましいは、今夜

おろそか
マタ23:23　あわれみと誠実を～にしている
ルカ11:42　十分の一も～にしてはいけないが

おわり（終わり；終わる）
創6:13　すべての肉なるものの～わりが
詩39:4　私の～わり私の齢がどれだけ
90:9　齢を一息のように～わらせます
箴14:12　その～わりが死となる道がある
伝4:8　彼の一切の労苦には～わりがなく
7:8　事の～わりは、その始まりに
イザ2:2　～わりの日に、主の家の山は
44:6　初めであり、わたしは～わりで
哀4:18　私たちの～わりは近づいた
エゼ7:2　～わりだ。～わりが来た
30:3　暗雲の日、諸国の～わりの時だ
ダニ11:45　ついに彼は～わりを迎える
12:13　あなたは～わりまで歩み、休みに
アモ8:2　わたしの民イスラエルに～わりが
ハバ2:3　証言し、～わりについて告げ
マタ24:3　世が～わる時のしるしは
24:14　証しされ、それから～わりが
28:20　わたしは世の～わりまで、いつも
Ⅱテモ3:1　～わりの日には困難な時代が来る
ヘブ1:2　～わりの時には、御子にあって
Ⅰペテ4:7　万物の～わりが近づきました
黙2:8　初めであり～わりである方

おん（恩）
ルカ6:35　いと高き方は、～知らずな者に

おんどり
箴30:31　誇らしげに歩く～と雄やぎ

おんな（女）
創2:23　これを～と名づけよう。男から
21:10　この～奴隷とその子を追い出して
士4:4　妻で～預言者のデボラが
伝7:26　～が死よりも苦々しいことに気が
イザ4:1　その日、七人の～が、一人の男
8:3　それから私は～預言者に
ゼカ8:5　男の子と～の子でいっぱいに
マコ15:40　～たちも遠くから見ていたが
ヨハ8:3　姦淫の場で捕らえられた～を
16:21　～は子を産むとき、苦しみます
ロマ1:27　男たちも、～との自然な関係を
Ⅰコリ7:1　男が～に触れないのは良いこと
11:9　～が男のために造られたから
14:34　～の人は教会では黙っていなさい
ガラ4:4　～から生まれた者、律法の下に
Ⅰテモ2:9　～たちも、つつましい身なりで
黙12:1　一人の～が太陽をまとい、月を
12:6　～は荒野に逃れた。そこには
17:3　一人の～が緋色の獣に乗って

か

がい（害）
Ⅰサム20:7　私に～を加える決心をして
イザ11:9　～を加えず、滅ぼさない

がいあく（害悪）
詩7:14　～をはらみ 偽りを産んでいます

かいぎ（会議）
詩82:1　神は神の～の中に立ち

かいけん（会見）
出25:22　わたしはそこであなたと～し
29:44　わたしは～の天幕と祭壇を聖別
33:7　これを～の天幕と呼んでいた
レビ1:1　主はモーセを呼び、～の天幕

ヨシ18:1　シロに集まり、そこに～の天幕
がいけん（外見）
ロマ2:28　～上のからだの割礼が割礼では
かいごう（会合）
民28:26　聖なる～を開かなければ
詩89:7　聖なる者の～で…恐れられる神
がいこく（外国）
Ⅰコリ14:11 それを話す人も私には～人となる
かいしゃく（解釈）
Ⅱペテ1:20　預言も勝手に～するものでは
かいしゅう（会衆）
レビ4:13　イスラエルの～すべてが迷い出
民1:2　イスラエルの全～を、氏族ごと
35:24　～は、打ち殺した者と、血の
Ⅰ歴29:20　ダビデは全～に…と言った
Ⅱ歴23:3　全～は神の宮で王と契約を結んだ
詩22:22　～の中であなたを賛美します。
ヘブ2:12　～の中であなたを賛美しよう
かいしゅうしゃ（改宗者）
マタ23:15　一人の～を得るのに海と陸を
がいせん（凱旋）
Ⅱコリ2:14　キリストによる～の行列に加え
コロ2:15　キリストの～の行列に捕虜とし
かいたく（開拓）
エレ4:3　耕地を～せよ。茨の中に種を
かいどう（会堂）
マタ9:18　一人の～司が来てひれ伏し
マコ5:38　彼らは～司の家に着いた
6:2　安息日になって、イエスは～で
ルカ7:5　自ら～を建ててくれました
8:41　この人は～司であった。彼は
13:14　すると、～司はイエスが安息日
使18:4　パウロは安息日ごとに～で論じ
18:17　皆は～司ソステネを捕らえ
19:8　パウロは～に入って、三か月
かいどう（街道）
ルカ14:23　～や垣根のところに出て行き
がいとう（外套）
Ⅱ列2:13　エリヤの身から落ちた～を拾い
詩102:26　～のように あなたが取り替え
イザ61:10　正義の～をまとわせ、花婿の
Ⅱテモ4:13　～を持って来てください
かいとる（買い取る）
出15:16　～られた民が通り過ぎるまで
ルツ4:9　すべてを～ったことの証人です
ネヘ5:8　ユダヤ人を、できる限り～った
詩74:2　昔あなたが～られ ゆずりの民と
イザ11:11　ご自分の民の残りの者を～られ
ホセ3:2　大麦一レテクで彼女を～り
使20:28　血をもって～られた神の教会を
Ⅰコリ6:20　代価を払って～られたのです
Ⅱペテ2:1　自分たちを～ってくださった主
かいぬし（飼い主）
イザ1:3　牛はその～を、ろばは持ち主の
かいばおけ（飼葉桶）
箴14:4　牛がいなければ～はきれいだが
ルカ2:7　布にくるんで～に寝かせた
かいふく（回復）
士15:19　サムソンは水を飲んで元気を～し
イザ58:8　あなたの～は速やかに起こる
エレ33:7　ユダとイスラエルを～させ
33:26　わたしは彼らを～させ、彼らを
アモ9:14　わたしの民イスラエルを～させる
かいほう（介抱）
エゼ34:16　傷ついたものを～し
ルカ10:34　宿屋に連れて行って～した
かいほう（解放）
レビ25:10　すべての住民に～を宣言する
詩146:7　主は捕らわれ人を～される
イザ61:1　捕らわれ人には～を、囚人には
エレ34:8　彼らに奴隷の～を宣言した後
エゼ46:17　それは～の年まではその奴隷の
ルカ24:21　イスラエルを～する方だ
ロマ6:7　死んだ者は、罪から～されて
6:18　罪から～されて、義の奴隷と
ヘブ2:15　つながれていた人々を～する
かいめん（海綿）
マタ27:48　～を取ってそれに酸いぶどう酒
かいもどし（買い戻し；買い戻す）
レビ25:24　土地を～す権利を認めなければ
25:33　レビ人が～すものに関しては
25:52　年数に応じて～し金となる分を
27:13　その人がそれを～したいので
ルツ2:20　～しの権利のある親類の一人です
3:9　あなたは～しの権利のある親類で
4:4　あなたがそれを～すつもりなら
4:6　あなたが～してください。私は
4:14　今日あなたに、～しの権利のある
イザ52:3　だから、金を払わずに～される
エレ32:7　あなたには～す権利があるのだ
マタ16:26 そのいのちを～すのに、人は何を
マコ8:37　自分のいのちを～すのに、人は
かいらく（快楽）
箴21:17　～を愛する者は貧しい人となり
ルカ8:14　富や、～でふさがれて、実が
かいろ（海路）
Ⅱ歴2:16　～ヤッファまであなたのもとに
かう（飼う）
創46:32　家畜を～っていたのです。この
イザ61:5　あなたがたの羊の群れを～い

ミカ5:4 御名の威光によって群れを～う
ゼカ11:7 屠られる羊の群れを～った。私は
ヨハ21:17 わたしの羊を～いなさい

かう（買う）
創25:10 ヒッタイト人たちから～った
出21:2 ヘブル人の男奴隷を～う場合
申28:68 ～ってくれる者はいない
ルツ4:10 モアブの女ルツも～って、私の
Ⅱサム24:24 あなたから～いたい。費用も
Ⅰ歴21:24 どうしても十分な金額で～い
エゼ7:12 ～う者も喜ぶな。売る者も嘆くな
Ⅰコリ7:23 代価を払って～い取られた

かえす（返す）
創20:7 あの人の妻をあの人に～しなさい
申22:2 それから彼に～しなさい
マタ22:21 神のものは神に～しなさい
マコ12:17 神のものは神に～しなさい
ルカ20:25 神のものは神に～しなさい

かえり（帰り）
ルカ12:45 『主人の～は遅くなる』と思い

かえりみる（顧みる）
創21:1 約束したとおりに、サラを～み
出13:19 神は必ずあなたがたを～みて
レビ26:9 わたしはあなたがたを～み
ルツ1:6 主がご自分の民を～みて
詩8:4 あなたが～みてくださるとは
40:17 私を～みてくださいますように
エレ29:10 わたしはあなたがたを～み
ゼパ2:7 彼らの神、主が彼らを～みて
使7:23 イスラエルの子らを～みる思いが
15:14 どのように異邦人を～みて
ピリ2:4 ほかの人のことも～みなさい
ヘブ2:6 これを～みてくださるとは

かえる（蛙）
出8:2 全領土を～によって打つ
詩105:30 彼らの地には～が群がった

かえる（帰る）
創16:9 女主人のもとに～りなさい
31:3 父たちの国に～りなさい
民10:36 主よ、お～りください
14:4 一人立ててエジプトに～ろう
ヨシ22:9 ギルアデの地へ～って行った
ヨブ10:21 再び～って来なくなる前に
詩6:4 主よ ～って来て私のたましいを
51:13 罪人たちは あなたのもとに～る
85:4 ～って来てください。私たちの
90:3 「人の子らよ ～れ」と言われます
伝12:7 霊はこれを与えた神に～る
雅6:13 ～りなさい、～りなさい
イザ35:10 贖われた者たちは～って来る
44:22 わたしに～れ。わたしがあなたを
51:11 贖われた者たちは～って来る
55:11 空しく～って来ることはない
エレ3:1 わたしのところに～るというのか
3:12 背信の女イスラエルよ、～れ
4:1 イスラエルよ、もし～るのなら
15:19 もし、あなたが～って来るなら
30:10 ヤコブは～って来て、平穏に
哀5:21 あなたのみもとに～らせて
アモ4:8 わたしのもとに～って来なかった
ゼカ1:3 わたしに～れ。―万軍の主の
マラ3:7 わたしに～れ。そうすれば
マコ5:19 家族のところに～りなさい
ルカ11:24 出て来た自分の家に～ろう

かえる（替える）
ロマ1:26 自然に反するものに～え

かえる（変える）
創31:41 何度も私の報酬を～えました
申23:5 呪いを祝福に～えられた
詩15:4 誓ったことは～えない
エレ13:23 その斑点を、～えることが
31:13 彼らの悲しみを喜びに～え
ロマ12:2 新たにすることで、自分を～え
Ⅰコリ15:51 ありませんが、みな～えられ
Ⅱコリ3:18 同じかたちに姿を～えられて
ピリ3:21 同じ姿に～えてくださいます

かお（顔）
創4:5 激しく怒り、～を伏せた
出33:11 ～と～を合わせてモーセと語られ
33:23 わたしの～は決して見られない
34:29 自分の～の肌が輝きを放っている
民6:25 主が御～をあなたに照らし
申5:4 ～と～を合わせて語られた
34:10 主が～と～を合わせて選び
Ⅰ列8:28 祈りと願いに御～を向けて
ヨブ29:24 私の～の光を陰らせることは
詩4:6 主よどうかあなたの御～の光を
17:15 私は義のうちに御～を仰ぎ見
24:6 あなたの御～を慕い求める人々
31:16 御～をしもべの上に照り輝かせ
34:16 主の御～は悪をなす者どもに敵対
42:5 神をほめたたえる。御～の救いを
67:1 御～を私たちの上に照り輝かせて
119:135 御～をあなたのしもべの上に
箴15:13 喜んでいる心は、～色を良くする
雅2:14 私に～を見せておくれ。あなたの
ヨナ1:10 彼が主の御～を避けて逃れようと
ゼカ7:2 主の御～を求めるために…遣わし
マタ6:16 暗い～をしてはいけません
マコ12:14 人の～色を見ず、真理に基づいて

かおり（香り）
創27:27 イサクはヤコブの衣の～を嗅ぎ
雅1:3 あなたの香油は～芳しく
4:11 レバノンの～のようだ
7:13 恋なすびは～を放ち、私たちの
Ⅱｺﾘ2:14 キリストを知る知識の～を
かかと
創3:15 おまえは彼の～を打つ
25:26 手はエサウの～をつかんでいた
詩41:9 私に向かって～を上げます
かがみ（鏡）
出38:8 女たちの～で、それを作った
ヨブ37:18 鋳た～のように硬いものを
Ⅰｺﾘ13:12 ～にぼんやり映るものを見て
Ⅱｺﾘ3:18 ～のように主の栄光を映しつつ
ヤコ1:23 生まれつきの顔を～で眺める人
かがむ
Ⅰ列19:18 バアルに膝を～めず、バアルに
かがやく（輝く；輝き）
出34:29 顔の肌が～を放っているのを
Ⅰ歴29:11 偉大さ、力、～、栄光、威厳は
ヨブ11:17 あなたの一生は真昼よりも～き
伝8:1 知恵は、その人の顔を～かせ
イザ9:2 住んでいた者…の上に 光が～く
53:2 彼には見るべき姿も～きもなく
55:5 主があなたを～かせたからだ
58:10 あなたの光は闇の中に～き上り
60:7 輝かしい家をさらに～かす
哀1:6 そのすべての～きが去った
ダニ12:3 大空の～きのように～き
マタ5:16 光を人々の前で～かせなさい
13:43 御国で太陽のように～きます
17:2 顔は太陽のように～き、衣は
Ⅱｺﾘ4:4 ～かせないようにしているので
ピリ2:16 彼らの間で世の光として～くため
ヘブ1:3 御子は神の栄光の～き、また神の
黙22:16 わたしは…～く明けの明星である
かかわり（関わり）
Ⅱｺﾘ6:14 正義と不法に何の～わりが
かかわる（関わる）
黙18:4 女の罪に～わらないように
かき（垣）
ヨブ1:10 ～を巡らされたのでは
かぎ（鍵）
イザ22:22 彼の肩にダビデの家の～を置く
マタ16:19 あなたに天の御国の～を与え
ルカ11:52 知識の～を取り上げて、自分は
黙1:18 死とよみの～を持っている
3:7 ダビデの～を持っている方

かきいた（書き板）
ルカ1:63 すると彼は～を持って来させて
かきみだす（かき乱す）
出23:27 行く先のすべての民を～し
申2:15 御手が彼らに下り、彼らを～し
かく（書く）
出17:14 記録として文書に～き記し
24:4 主のすべてのことばを～き記し
31:18 神の指で～き記された石の板を
34:1 あのことばを～き記す
申6:9 戸口の柱と門に～き記しなさい
11:20 戸口の柱と門に～き記しなさい
17:18 このみおしえを巻物に～き写し
27:3 すべてのことばを～き記し
31:9 このみおしえを～き記し、主の
士8:14 長老たちの名を～いた
ヨブ31:35 私を訴える者が～いた告訴状が
詩40:7 私のことが～いてあります
箴22:20 三十句を～いたではないか
25:1 ある人々が～き写したもので
伝12:10 ことばをまっすぐに～き記した
エレ30:2 ことばをみな、書物に～き記せ
36:2 ことばをみな、それに～き記せ
ダニ5:24 この文字が～かれたのです
ハバ2:2 板の上に～き記して、確認せよ
ルカ10:20 天に～き記されていることを
ヨハ8:6 指で地面に何か～いておられた
19:22 ～いたものは、～いたままに
20:30 この書には～かれていない
ロマ15:4 かつて～かれたものはすべて
ヘブ8:10 彼らの心にこれを～き記す
10:16 彼らの思いにこれを～き記す
Ⅱﾍﾟﾃ3:15 あなたがたに～き送ったとおり
Ⅰﾖﾊ5:13 これらのことを～いたのは
黙1:19 起ころうとしていることを～き
3:12 わたしの新しい名とを～き記す
がくしゃ（学者）
エズ7:12 神の律法の～である祭司エズラ
マタ13:52 天の御国の弟子となった～は
Ⅰｺﾘ1:20 ～はどこにいるのですか
かくしょう（確証）
ダニ9:24 義をもたらし、幻と預言を～し
かくしん（確信）
ロマ4:21 実行する力がある、と～して
8:38 私はこう～しています。死も
14:5 自分の心の中で～を持ちなさい
Ⅱｺﾘ7:4 あなたがたに対する大きな～が
ガラ5:10 私は主にあって～しています
ピリ1:6 私は～しています
Ⅱﾃｻ3:4 主にあって～しています

ヘブ6:9　救いにつながることを～して
6:11　希望について十分な～を持ち
Ⅰヨハ4:17　さばきの日に～を持つことが
5:14　私たちが抱いている～です

かくす（隠す）
創3:8　避けて、園の木の間に身を～し
18:17　アブラハムに～しておくべき
出2:2　三か月間その子を～しておいた
3:6　モーセは顔を～した。神を仰ぎ
申29:29　～されていることは、私たちの
Ⅰサム3:17　私に～さないでくれ。もし
Ⅱ歴22:11　ヨアシュをアタルヤから～した
ヨブ24:1　全能者に時が～されていない
31:33　自分の背きをおおい～し
詩10:1　苦しみのときに 身を～されるの
13:1　御顔を私からお～しになるので
27:5　苦しみの日に私を隠れ場に～し
27:9　御顔を私に～さないでください
30:7　あなたが御顔を～されると 私は
40:10　義を心の中におおい～さず
89:46　あなたがどこまでも身を～され
104:29　あなたが御顔を～されると 彼ら
143:9　私はあなたのうちに身を～します
箴12:23　賢い人は知識を～し、愚かな者
25:2　事を～すのは神の誉れ。事を探る
26:26　憎しみはうまくごまかし～せて
28:13　自分の背きを～す者は成功しない
イザ2:10　土の中に身を～せ
45:15　あなたはご自分を～す神
49:2　主の矢筒の中に私を～された
65:16　わたしの目から～されるからだ
エレ13:5　ユーフラテス川のほとりに～し
36:26　しかし、主は二人を～された
エゼ39:29　わたしの顔を彼らから～すことは
ダニ2:22　～されていることを明らかにし
アモ9:3　カルメルの頂に身を～したと
マタ25:18　穴を掘り、主人の金を～した
ルカ10:21　知恵ある者や賢い者には～して
ロマ2:16　人々の～された事柄をさばかれ

かくだい（拡大）
Ⅱコリ10:15　私たちの働きが…～し

かくとう（格闘）
創32:24　ある人が夜明けまで彼と～した
ホセ12:4　御使いと～して勝ったが
エペ6:12　私たちの～は血肉に対するもの

かくとく（獲得）
Ⅰコリ9:19　より多くの人を～するために

かくにん（確認）
申1:5　次のように、みおしえの～を行う
Ⅱコリ2:8　あなたがたの愛を～することを

かくまう
ヨシ2:4　彼女はその二人を～って言った
詩17:8　御翼の陰に～ってください
ゼカ12:8　主はエルサレムの住民を～う

がくもん（学問）
ヨハ7:15　どうして～があるのか
使7:22　あらゆる～を教え込まれ

かくりつ（確立）
Ⅱサム7:12　後に起こし、彼の王国を～させ
Ⅰ列2:12　王座に就き、その王位は～した

かくれが（隠れ家）
詩18:11　主は闇を～とし 水の暗闇 濃い雲

かくれたところ（隠れた所）
イザ45:19　わたしは～、闇の地の場所で
48:16　わたしは初めから、～では
エレ13:17　私は～であなたがたの高ぶりの
マタ6:4　～で見ておられるあなたの父が

かくれば（隠れ場）
詩27:5　主が 苦しみの日に私を～に隠し
91:1　いと高き方の～に住む者
119:114　あなたは私の～ 私の盾
エレ23:24　人が～に身を隠したら、わたしは

かくれる（隠れる）
Ⅰサム10:22　彼は荷物の間に～れている
詩19:12　～れた罪から私を解き放って
伝12:14　あらゆる～れたことについて
イザ40:27　私の道は主に～れ、私の訴え
マタ5:14　山の上にある町は～れることが
6:4　あなたの施しが、～れたところ
マコ4:22　～れているもので、あらわに
ルカ8:17　～れているもので、あらわに

かけ（欠け）
ヘブ8:8　神は人々の～を責めて、こう

かげ（陰）
詩44:19　死の～で私たちをおおわれた
伝7:12　知恵の～にいるのは、金銭の～
イザ4:6　昼に暑さを避ける～となり
マコ4:32　その～に空の鳥が巣を作れる

かげ（影）
Ⅱ列20:10　～が十度後に戻るようにして
Ⅰ歴29:15　私たちの日々は～のようなもの
ヨブ14:2　～のように逃げ去り、とどまる
伝6:12　～のように過ごす、空しい人生
使5:15　せめてその～だけでも、病人の
コロ2:17　来たるべきものの～であって
ヘブ10:1　来たるべき良きものの～は

がけ（崖）
マタ8:32　群れ全体が～を下って湖に

かげぐち（陰口）
箴16:28　～をたたく者は親しい友を

18:8 〜をたたく者のことばは
25:23 〜をたたく舌は怒り顔を生む
26:20 〜をたたく者がいなければ争い
ロマ1:29 また彼らは〜を言い

かける
エス6:4 柱に彼を〜けることを王に上奏し
7:9 彼をそれに〜けよ

かける（掛ける）
ヨブ26:7 何もないところに〜けられる
詩137:2 木々に私たちは竪琴を〜けた

かける（欠ける）
申2:7 何一つ〜けたものがなかった
マコ10:21 あなたに〜けていることが一つ
ルカ18:22 あなたに〜けていることがあり

かご
出2:3 その子のためにパピルスの〜を
マタ14:20 十二の〜がいっぱいになった
15:37 七つの〜がいっぱいになった
マコ8:19 〜がいっぱいになりましたか
使9:25 〜に乗せて町の城壁伝いに
Ⅱコリ11:33 窓から〜で城壁伝いにつり

かこい（囲い；囲む）
ヨブ3:23 神が〜いに閉じ込めた人になぜ
詩78:70 ダビデを選び 羊の〜から召し
ヨハ10:1 羊たちの〜いに、門から入らず

かざり（飾り；飾る）
出3:22 銀の〜り、金の〜り、そして衣服
ヨブ40:10 さあ、誉れと気高さで身を〜り
エゼ16:14 わたしの〜り物が完全であった
Ⅰテモ2:9 控えめに慎み深く身を〜り
テト2:10 神の教えを〜るようになるため

かし（樫）
イザ1:30 葉のしおれた〜の木のように
6:13 切り倒されたテレビンや〜の木
61:3 彼らは、義の〜の木、栄光を

かじ（舵）
ヤコ3:4 小さい〜によって、〜を取る人

かしこい（賢い；賢さ）
詩119:98 仰せは 私を敵よりも〜くします
箴16:23 知恵のある者の心は…口を〜くし
エレ4:22 悪事を働くことには〜く、善を
アモ5:13 このようなときには、〜い者は
マタ7:24 自分の家を建てた〜い人にたとえ
10:16 蛇のように〜く、鳩のように
11:25 知恵ある者や〜い者には隠して
ルカ16:8 光の子らよりも〜いのである
Ⅱコリ11:19 あなたがたは〜いので、喜んで

かしつ（過失）
民15:25 〜であり、彼らが自分たちの〜
伝10:5 権力者から出る〜のようなもの

かしぬし（貸し主）
申15:2 〜はみな、その隣人に貸した

かじや（鍛冶屋）
Ⅰサム13:19 どこにも〜を見つけることが

かじゅ（果樹）
創1:11 実を結ぶ〜を、種類ごとに

かしら（頭）
詩24:7 門よ おまえたちの〜を上げよ
Ⅰコリ11:3 すべての男の〜はキリストで
エペ1:22 すべてのものの上に立つ〜として
4:15 〜であるキリストに向かって
5:23 キリストが教会の〜であり
コロ1:18 そのからだである教会の〜です
Ⅰテモ1:15 私はその罪人の〜です
Ⅲヨハ9 彼らの中で〜になりたがっている

かす
Ⅰコリ4:13 あらゆるものの、〜になり

かす（貸す）
出22:25 民の貧しい人に金を〜すなら
申24:10 隣人に何かを〜すとき、担保を
28:12 あなたは多くの国々に〜すが
詩37:26 その人はいつも情け深く 人に〜す
112:5 情け深く 人に〜し 自分に関わる
箴19:17 施しをするのは、主に〜すこと
22:7 借りる者は〜す者のしもべとなる
エレ15:10 私は〜したことも、借りたこと
ルカ6:34 罪人たちに〜しています
11:5 パンを三つ〜してくれないか

かすか
Ⅰ列19:12 火の後に、〜かな細い声があった

かすむ
申34:7 彼の目は〜まず、気力も衰え

かすめる
Ⅱ列7:16 アラムの陣営を〜め奪ったので
箴22:22 貧しい者から〜め取るな
28:24 父母の物を〜めていながら
イザ17:14 私たちを〜め奪う者たちが

かせ
ヨブ13:27 あなたは私の足に〜をはめ
詩105:18 その首は 鉄の〜に入れられた
107:14 彼らの〜を打ち砕かれた
エレ27:2 あなたは縄と〜を作り、それを

かぜ（風）
Ⅰ列19:11 激しい大〜が山々を裂き、岩々を
伝8:8 〜をとどめておくことのできる人
11:5 〜の道がどのようなものかを
エレ22:22 牧者たちはみな〜に追い立て
エゼ1:4 見よ、激しい〜が北からやって
ホセ8:7 〜を蒔いて、つむじ〜を刈り
12:1 エフライムは〜を飼い、一日中

ハバ1:11 〜のようにやって来て過ぎ去る
ルカ8:24 〜と荒波を叱りつけられた
ヨハ3:8 〜は思いのままに吹きます
使2:2 激しい〜が吹いて来たような

かせぐ（稼ぐ）
ハガ1:6 金を〜ぐ者が〜いでも、穴の

かぞえる（数える）
創15:5 星を〜えられるなら〜えなさい
民23:10 だれがヤコブのちりを〜え
Ⅰ歴21:2 イスラエルを〜え、私に報告し
ヨブ14:16 一歩一歩を〜えておられます
詩22:17 自分の骨をみな〜えることができ
90:12 自分の日を〜えることを
139:18 〜えようとしてもそれは砂より
イザ53:12 背いた者たちとともに〜えられ
ルカ22:37 不法な者たちとともに〜えられ

かぞく（家族）
マコ5:19 あなたの〜のところに帰り
使16:31 あなたの〜も救われます
ガラ6:10 信仰の〜に善を行いましょう
エペ2:19 国の民であり、神の〜なのです

かた（型）
出25:9 あなたに示す〜と全く同じよう
25:40 あなたに示された〜どおりに

かたい（堅い；堅く；硬い）
Ⅰサム6:6 ファラオが心を〜くしたように
Ⅱサム5:12 イスラエルの王として〜く立て
ヨブ11:15 〜く立って恐れることはない
Ⅰコリ3:2 〜い食物を与えませんでした
15:58 〜く立って、動かされることなく

かたくな（頑な）
出4:21 わたしが彼の心を〜にする
7:3 わたしはファラオの心を〜にし
申2:30 主が彼の心を〜にし、彼を
29:19 自分の〜な心のままに歩んでも
ヨシ11:20 彼らの心を〜にし、イスラエル
士2:19 〜な生き方から離れなかった
詩81:12 彼らを〜な心のままに任せ
95:8 心を〜にしてはならない
イザ30:1 わざわいだ、〜な子ら
63:17 私たちの心を〜にして
エゼ3:7 額が硬く、心が〜だからだ
マタ19:8 あなたがたの心が〜なので
マコ3:5 心の〜さを嘆き悲しみながら
10:5 あなたがたの心が〜なので
16:14 不信仰と〜な心をお責めに
ヨハ12:40 また、彼らの心を〜にされた
ロマ11:7 ほかの者たちは〜にされた
11:25 イスラエル人の一部が〜に
エペ4:18 無知と、〜な心のゆえに
ヘブ3:8 心を〜にしてはならない
4:7 心を〜にしてはならない

かたすみ（片隅）
使26:26 〜で起こった出来事では

かたち（形）
創1:26 人をわれわれの〜として
ロマ8:3 罪深い肉と同じような〜で
Ⅰコリ11:7 男は神の〜であり、神の栄光の
コロ1:15 見えない神の〜であり、すべて
3:10 造られた方の〜にしたがって

かたちづくる（形造る）
創2:7 大地のちりで人を〜り、その鼻に
2:19 野の獣とあらゆる空の鳥を〜って
ヨブ33:6 私もまた粘土で〜られた
イザ44:2 母の胎内にいるときから〜り
45:9 自分を〜った方に抗議する者
エレ1:5 胎内に〜る前からあなたを知り
ガラ4:19 うちにキリストが〜られるまで

かたづく
マタ12:44 掃除されてきちんと〜いています

かたむく（傾く）
詩119:36 不正な利得に〜かないように

かたむける（傾ける）
Ⅰ列8:58 私たちの心を主に〜けさせ

かためる（固める）
ヨブ10:10 チーズのように固め

かたよりみる（偏り見る）
箴24:23 人を〜るのは良くない
28:21 人を〜るのは良くない

かたよる（偏る）
申1:17 人を〜って見てはならない
16:19 人を〜って見てはならない

かたりぐさ（語りぐさ）
Ⅰサム10:12 ということが、〜になった

かたる（語る）
出33:9 こうして主はモーセと〜られた
Ⅰ歴16:24 主の栄光を国々の間で〜り告げ
ヨブ4:2 だれが〜らないでいられるだろう
33:14 ある方法で〜り、また、ほかの
詩19:3 話しもせず 〜りもせず
87:3 誉れあることが〜られている
96:3 栄光を国々の間で〜り告げよ
118:17 主のみわざを〜り告げよう
イザ40:2 エルサレムに優しく〜りかけよ
エレ1:6 どう〜ってよいか分かりません
ダニ10:9 私は…彼の〜る声を聞きながら
使8:33 彼の時代のことを、だれが〜れる
ヘブ11:4 信仰によって今もなお〜って

かち（価値）
ヨブ28:13 人にはその〜が分からない

ルカ12:7　多くの雀よりも～があるのです
ロマ1:28　神を知ることに～を認めなかった

かちく（家畜）
創1:25　獣を種類ごとに、～を種類ごと

かちほこる（勝ち誇る）
詩94:3　悪しき者が～るのは
106:47　感謝し あなたの誉れを～るため

かつ（勝つ）
創32:28　人と戦って、～ったからだ
エレ32:5　戦っても、～つことはできない
ホセ12:4　御使いと格闘して～ったが
ヨハ16:33　わたしはすでに世に～ちました
Ⅰヨハ4:4　彼らに～ちました

がっき（楽器）
Ⅰ歴15:16　歌い手として任命し…～を手に
アモ6:5　ダビデに倣って…～を考え出す者

かつぐ
アモ5:26　造った神々の星を～いで来た

かつて
イザ48:3　～起こったことは…告げていた

かつれい（割礼）
創17:10　男子はみな、～を受けなさい
34:24　男たちはみな～を受けた
出4:26　～のゆえに「血の花婿」と
12:48　無～の者は、だれもそれを
申10:16　心の包皮に～を施しなさい
30:6　子孫の心に～を施し
ヨシ5:2　イスラエルの子らに～を施せ
士14:3　無～のペリシテ人
ヨハ7:22　安息日にも人に～を施しています
使7:51　心と耳に～を受けていない人
11:2　～を受けている者たちが、彼を
15:1　したがって～を受けなければ
ロマ2:26　もし～を受けていない人が律法
3:30　～のない者も信仰によって義と
4:11　～というしるしを受けたのです
Ⅰコリ7:18　召されたとき～を受けていた
7:19　～は取るに足りないこと、無～も
ガラ2:3　～を強いられませんでした
5:6　～を受ける受けないではなく
エペ2:11　「～」を持つ人々からは、無～
コロ2:11　人の手によらない～を受け

かて（糧）
マタ6:11　日ごとの～を、今日もお与え
ルカ11:3　日ごとの～を、毎日お与え

かてい（家庭）
Ⅰテモ3:4　自分の～をよく治め、十分な

かどぐち（門口）
詩84:10　私の神の家の～に立ちたいのです

かなう
マタ12:12 良いことをするのは律法に～って

かなかす（金かす）
詩119:119　～のように取り除かれます
箴25:4　銀から～を除け。そうすれば
イザ1:22　おまえの銀は～になった
1:25　おまえの～を灰汁のように溶かし

かなしい（悲しい）
ヨブ10:15　ああ、なんと～いことでしょう
イザ24:16　私はだめだ、だめだ。ああ、～

かなしみ（悲しみ）
ネヘ2:2　心に～しみがあるに違いない
詩13:2　心には一日中～しみがあります
31:10　～しみのうちに私のいのちは尽き
119:28　たましいは～しみのために
箴14:13　終わりには、喜びが～しみとなる
伝7:3　～しみは笑いにまさる
イザ51:11　～しみと嘆きは逃げ去る
53:3　～しみの人で、病を知っていた
エレ20:18 なぜ、私は労苦と～にあうために
45:3　私の痛みに～を加えられた
エゼ23:33 あなたは酔いと～しみに満たされ
マコ14:34 わたしは～しみのあまり死ぬほど
ヨハ16:6　心は～しみでいっぱいになって
16:20　あなたがたの～しみは喜びに
Ⅱコリ2:7　深い～しみに押しつぶされて
7:10　神のみこころに添った～しみは
黙21:4　死はなく、～しみも、叫び声も

かなしむ（悲しむ）
Ⅰサム16:1　サウルのことで～しんでいる
Ⅱサム1:12　家のために悼み～しんで泣き
詩78:40　荒れ地で神を～しませたことか
イザ63:10　主の聖なる御霊を～ませたので
エゼ13:22　わたしが～しませなかったのに
マタ5:4　～しむ者は幸いです。その人たち
17:23　すると彼らはたいへん～しんだ
マコ10:22　顔を曇らせ、～しみながら
Ⅱコリ2:2　私が～しませているその人以外に
6:10　～しんでいるようでも、いつも
エペ4:30　聖霊を～しませてはいけません

かなづち（金槌）
エレ23:29　岩を砕く～のようではないか

かなめ（要）
詩118:22　捨てた石 それが～の石となった
イザ28:16　堅く据えられた礎の、尊い～石
ルカ20:17 捨てた石、それが～の石となった
エペ2:20　イエスご自身がその～の石
Ⅰペテ2:6　選ばれた石、尊い～石を据える
2:7　捨てた石、それが～の石となった

かね（金）
申14:25　それを～に換え、その～を包んで
Ⅱ列12:11　勘定された～は、主の宮で工事
エレ32:25 ～を払ってあの畑を買い、証人を
アモ2:6　～と引き換えに正しい者を売り
マタ28:12　兵士たちに多額の～を与えて
ルカ7:41　～貸しから、二人の人が～を
ヨハ12:6　盗人で、～入れを預かりながら
使8:18　使徒たちのところに～を持って
かねもち（金持ち）
マタ19:23 ～ちが天の御国に入るのは難しい
27:57　アリマタヤ出身で～ちの、ヨセフ
ルカ12:16　ある～ちの畑が豊作であった
16:1　ある～ちに一人の管理人がいた
16:19　ある～ちがいた。紫の衣や
18:23　大変な～ちだったからである
Ⅰテモ6:9　～ちになりたがる人たちは
ヤコ5:1　～ちたちよ、よく聞きなさい
かば（河馬）
ヨブ40:15　さあ、～を見よ。これはあなた
かばう
申32:36　主は御民を～い、主のしもべらを
イザ51:16　この手の陰にあなたを～い
かぶと
イザ59:17　救いの～を頭にかぶり、復讐の
エペ6:17　救いの～をかぶり、御霊の剣
Ⅰテサ5:8　救いの望みという～をかぶり
かべ（壁）
出14:22　彼らのために右も左も～に
使23:3　白く塗った～よ、神があなたを
エペ2:14　隔ての～である敵意を打ち壊し
かま（釜）
Ⅱ列4:40　～の中に毒が入っています
エレ1:13　煮え立った～を見ています
かま（鎌）
申23:25　麦畑で～を使ってはならない
ヨエ3:10　あなたがたの～を槍に打ち直せ
3:13　～を入れよ。刈り入れの機は
黙14:15 ～を送って、刈り取ってください
かまど
創15:17　煙の立つ～と、燃えている
イザ31:9 エルサレムに～を持つ主のことば
ホセ7:7　彼らはみな、～のように熱く
マラ4:1　～のように燃えながら
がまん（我慢）
エス8:6　滅びるのを見て～していられる
Ⅱコリ11:20　顔をたたかれても、～して
かみ（紙）
Ⅱヨハ12　～と墨ではしたくありません

かみ（神；神々）
創1:1　～が天と地を創造された
8:1　～は、ノアと、彼とともに箱舟の
31:30　なぜ私の～々を盗んだのか
50:25　～は必ずあなたがたを顧みて
出2:24　～は彼らの嘆きを聞き
13:17　～は彼らを、近道であっても
申33:27　いにしえよりの～は、住まう家
士10:13　わたしを捨てて、ほかの～々に
Ⅱ歴10:15　～がそう仕向けられたからで
36:15　彼らの父祖の～、主は、彼らの
36:16　彼らは～の使者たちを侮り
詩22:1　わが～ わが～ どうして私を
53:1　心の中で「～はいない」と言う
82:6　おまえたちは～々だ。みな
イザ37:19　それらが～ではなく、人の手の
エレ16:20 自分のために～々を造れるだろう
マタ19:26　～にはどんなことでもできます
マコ15:34　わが～、わが～、どうして
ヨハ20:28　「私の主、私の～よ。」
使28:6　「この人は～様だ」と言い出した
ロマ9:5　とこしえにほむべき～です
Ⅰコリ8:5　～々と呼ばれるものが天にも
Ⅱコリ4:4　この世の～が、信じない者たちの
エペ2:8　それは…～の賜物です
5:1　～に倣う者となりなさい
テト2:11　救いをもたらす～の恵みが現れ
2:13　大いなる～であり私たちの救い主
黙21:22　全能の～である主と子羊が都の
かみ（髪）
詩40:12　それは私の～の毛よりも多く
イザ3:24　結い上げた～ははげた頭
ルカ7:38 ～の毛でぬぐい、その足に口づけ
Ⅰコリ11:15　女が長い～をしていたら
かみざ（上座）
ルカ14:7　招かれた人たちが～を選んで
かみそり
民6:5　頭に～を当ててはならない
イザ7:20　主は大河の向こうで雇った～
かみつく
詩22:16　私の手足に～いたからです
かみなり（雷）
Ⅰサム12:17　主が～と雨を下されるようにと
マコ3:17　ボアネルゲ、すなわち、～の子と
かみのくに（神の国）
マタ6:33　まず～と神の義を求めなさい
21:43　～はあなたがたから取り去られ
マコ1:15　時が満ち、～が近づいた
4:26　～はこのようなものです。人が
9:1　～が力をもって到来している

10:25 金持ちが～に入るよりは
12:34 あなたは～から遠くない
14:25 ～で新しく飲むその日まで
ルカ4:43 ～の福音を宣べ伝えなければ
8:10 ～の奥義を知ることが許されて
9:11 喜んで迎え、～のことを話し
9:62 ～にふさわしくありません
10:9 ～があなたがたの近くに来ている
16:16 ～の福音が宣べ伝えられ
17:21 ～はあなたがたのただ中にある
18:16 ～はこのような者たちのもの
18:29 ～のために、家、妻、兄弟、両親
21:31 ～が近いことを知りなさい
ヨハ3:5 ～に入ることはできません
使14:22 ～に入るために、多くの苦しみを
19:8 大胆に語り、～について論じて
28:23 パウロは、～のことを証しし
ロマ14:17 ～は食べたり飲んだりすること
Ⅰコリ4:20 ～は、ことばではなく力にある
6:10 ～を相続することができません
15:50 からだは～を相続できません
Ⅱテサ1:5 受けているのは、この～のため

かみのこ（神の子）
創6:2 ～らは、人の娘たちが美しい
ヨブ1:6 ある日、～らがやって来て
マタ4:3 あなたが～なら、これらの石が
8:29 ～よ、私たちと何の関係がある
14:33 まことに、あなたは～です
26:63 おまえは～キリストなのか
27:40 おまえが～なら自分を救って
27:54 この方は本当に～であった
マコ15:39 この方は本当に～であった
ルカ1:35 聖なる者、～と呼ばれます
ヨハ1:34 この方が～であると証しをして
10:36 『わたしは～である』とわたしが
19:7 自分を～としたのですから
使9:20 「この方こそ～です」とイエスの
ヘブ4:14 ～イエスという偉大な大祭司が
6:6 自分で～をもう一度十字架に
黙2:18 足は光り輝く真鍮のような～が

かみのひと（神の人）
士13:6 ～が私のところに来られました
Ⅰサム2:27 ～がエリのところに来て、彼に
9:6 この町には～がいます。この人は
Ⅰ列13:1 一人の～が、主の命令によって
13:26 それは、主のことばに背いた～だ
17:24 今、私はあなたが～であり
20:28 ときに、一人の～が近づいて来て
Ⅱ列1:10 私が～であるなら、天から火が
7:17 ～が告げたことばのとおりで
Ⅱ歴25:7 ～が彼のもとに来て言った

かもい（鴨居）
出12:7 二本の門柱と～に塗らなければ

から（殻）
マタ3:12 ～を消えない火で焼き尽くされ
ルカ3:17 ～を消えない火で焼き尽くされ

からかう
創21:9 イサクを～っているのを見た
27:12 私に～われたと思うでしょう
Ⅱ列2:23 子どもたちが出て来て彼を～い
マタ27:29 …と言って、～った

からしだね（からし種）
マタ13:31 天の御国は～に似ています
17:20 もし、～ほどの信仰があるなら
マコ4:31 それは～のようなものです
ルカ13:19 それは～に似ています。ある人が
17:6 ～ほどの信仰があれば

ガラス
黙15:2 ～の海のほとりに立っていた

からす（烏）
創8:7 ～を放った。すると～は、水が
Ⅰ列17:4 ～に、そこであなたを養うように
ヨブ38:41 ～の子が神に向かって鳴き叫び
ルカ12:24 ～のことをよく考えなさい

からす（涸らす）
ヨシ2:10 葦の海の水を～らされたこと

からだ
マタ10:28 ～を殺しても、たましいを
26:26 食べなさい。これはわたしの～です
27:58 イエスの～の下げ渡しを願い出た
マコ14:22 取りなさい。これはわたしの～
15:43 イエスの～の下げ渡しを願い出た
ルカ22:19 わたしの～です。わたしを覚えて
23:52 イエスの～の下げ渡しを願い出た
ヨハ2:21 イエスはご自分の～という神殿に
ロマ12:4 一つの～には多くの器官があり
Ⅰコリ5:3 ～は離れていても霊においては
6:13 ～は淫らな行いのためではなく
6:15 あなたがたの～はキリストの～
9:27 私は自分の～を打ちたたいて
12:12 ～が一つでも、多くの部分が
12:27 あなたがたはキリストの～で
15:35 どのような～で来るのか
エペ1:23 教会はキリストの～であり
4:4 ～は一つ、御霊は一つです
4:16 ～全体は、あらゆる節々を支えと
5:30 私たちはキリストの～の部分
ピリ3:21 私たちの卑しい～を、ご自分の
コロ1:18 御子はその～である教会の
2:19 ～全体は節々と筋によって支え

Ⅰテサ4:4　自分の～を聖なる尊いものと
ヘブ10:5　わたしに、～を備えて
ユダ9　モーセの～について悪魔と論じて

かり（借り）
ロマ13:8　何の～もあってはいけません

かりいお（仮庵）
レビ23:34　七日間にわたる主の～の祭りが
23:42　七日間、～に住まなければ
申16:13　～の祭りをしなければならない
ネヘ8:14　～の中に住まなければならない
アモ9:11　倒れているダビデの～を起こす
ヨハ7:2　～の祭りというユダヤ人の祭り

かりいれ（刈り入れ）
創8:22　地が続くかぎり、種蒔きと～
箴25:13　～時の冷たい雪のよう
伝11:4　雨雲を見ている人は～をしない
雅2:12　花が咲き乱れ、～の季節が
イザ9:3　彼らは、～時に喜ぶように
エレ8:20　～時は過ぎ、夏も終わった
ヨエ3:13　鎌を入れよ。～の機は熟した
マタ6:26　種蒔きもせず、～もせず、倉に
ヨハ4:35　四か月あって、それから～だ
ヤコ5:4　畑の～をした労働者への未払い

かりこみ（刈り込み）
ヨハ15:2　もっと実を結ぶように、～みを

かりごや（仮小屋）
ヨナ4:5　そしてそこに自分で～を作り

かりて（借り手）
イザ24:2　貸し手は～と…と等しくなる

かりとり（刈り取り）
ガラ6:7　種を蒔けば、～もすることに

かりゅうど（狩人）
創10:9　主の前に力ある～であった

かりる（借りる）
詩37:21　悪しき者は～りるが返さない
箴22:7　～りる者は貸す者のしもべとなる
エレ15:10　貸したことも、～りたこともない
マタ5:42　～りようとする者に背を向けては
ルカ7:41　二人の人が金を～りていた

かる（刈る）
レビ19:9　隅々まで～り尽くしてはならない
23:22　土地の収穫を～り入れるときは
ヨブ4:8　蒔く者が、自らそれらを～り取る
詩126:5　喜び叫びながら～り取る
箴22:8　蒔く者はわざわいを～り取る
ホセ8:7　風を蒔いて、つむじ風を～り取る
ミカ6:15　種を蒔いても、～ることがなく
マタ13:30　～る者たちに、まず毒麦を集め
ヨハ4:36　～る者は報酬を受け、永遠の
Ⅰコリ9:11　物質的なものを～り取ることは
黙14:15　鎌を送って、～り取ってください

かるい（軽い）
マタ11:30　わたしの荷は～いからです

かれくさ（枯れ草）
イザ5:24　～が炎の中に溶けゆくように
33:11　あなたがたは～をはらみ、藁を

かれる（枯れる）
詩37:2　しおれ 青草のように～れるのだ
エゼ47:12　その葉も～れず、実も絶えること
ヨエ1:12　野のすべての木々は～れた
マタ21:19　たちまちいちじくの木は～れた
マコ4:6　根づかずに～れてしまった
11:21　のろわれた、いちじくの木が～れ
ユダ12　～れに～れて根こそぎにされた

かろんじる（軽んじる）
マタ6:24　一方を重んじて他方を～んじる
ルカ16:13　一方を重んじて他方を～んじる
Ⅰコリ6:4　教会の中で～じられている人たち
11:22　神の教会を～んじて、貧しい人
16:11　だれも彼を～んじてはいけません

かわ（川）
創2:10　一つの～がエデンから湧き出て
詩46:4　～がある。その豊かな流れは 神の
107:33　主は豊かな～を荒野に 水の湧き
137:1　バビロンの～のほとり そこに
イザ33:21　多くの～があり、幅の広い～が
35:6　荒れ地に～が流れるからだ
41:18　わたしは裸の丘に～を開く
48:18　あなたの平安は～のように
66:12　わたしは～のように繁栄を彼女に
哀3:48　私の目から涙が～のように流れる
黙22:1　水の～を私に見せた。～は神と

かわ（皮）
創3:21　～の衣を作って彼らに着せられた
ヨブ19:20　～と肉にくっつき、かろうじて

かわいそう
出2:6　彼女はその子を～に思い
マタ15:32　～に、この群衆はすでに三日間
18:27　家来の主君は～に思って彼を赦し
マコ8:2　～に、この群衆はすでに三日間
ルカ10:33　人のところに来ると、見て～に
15:20　父親は彼を見つけて、～に思い

かわき（渇き）
イザ41:17　その舌は～きで干からびる
アモ8:13　若い男も、～きのために衰え果て

かわぎし（川岸）
使16:13　祈り場があると思われた～に行き

かわく（乾く）
創8:13　見よ、地の面は～いていた
ヨシ3:17　ヨルダン川の真ん中の～いた

詩143:6 たましいは ～ききった地の

かわく（渇く）
詩42:2 生ける神を求めて ～いています
63:1 私のたましいは あなたに～き
69:21 ～いたときには酢を飲ませました
イザ29:8 ～いている者が夢の中で飲み
32:6 ～いている者に飲み物を与えない
48:21 彼らは～くことがなかった
55:1 ～いている者はみな、水を求めて
65:13 しかし、おまえたちは～く。見よ
マタ25:35 ～いていたときに飲ませ
ヨハ7:37 だれでも～いているなら
19:28 「わたしは～く」と言われた
ロマ12:20 ～いているなら飲ませよ
黙7:16 飢えることも～くこともなく
22:17 ～く者は来なさい。いのちの水が

かわぶくろ（皮袋）
創21:14 水の～を取ってハガルに与え
詩56:8 私の涙を あなたの～に蓄えて
マタ9:17 流れ出て、～もだめになります
マコ2:22 ～を裂き、ぶどう酒も～もだめに
ルカ5:37 新しいぶどう酒を古い～に入れ

かわり（代わり）
ヨブ14:14 私の～がやって来るまで

かわる（変わる）
詩102:27 しかし あなたは～わることが
伝1:4 地はいつまでも～わらない
マラ3:6 主であるわたしは～わることが
マタ17:2 目の前でその御姿が～わった
マコ9:2 目の前でその御姿が～わった
ヘブ7:24 ～わることがない祭司職を持って

かんいん（姦淫）
出20:14 ～してはならない
レビ20:10 人が他人の妻と～したなら
申5:18 ～してはならない
箴6:32 女と～する者は良識がない
エレ13:27 あなたの～、あなたの興奮の
ホセ1:2 ～の女と～の子らを引き取れ
2:5 彼らの母は～を行い、彼らを
マラ3:5 呪術を行う者、～をする者
マタ5:27 『～してはならない』と言われて
5:28 心の中ですでに～を犯したのです
19:9 別の女を妻とする者は、～を犯す
マコ10:11 妻に対して～を犯すのです
ルカ16:18 結婚する者も、～を犯すことに
ヨハ8:3 ～の場で捕らえられた女を連れて
ロマ7:3 他の男のものとなれば、～の女と
Ⅱペテ2:14 その目は～に満ち

かんがえ（考え）
詩73:22 私は愚かで～もなく
箴12:5 正しい人の～は公正
マタ15:19 悪い～、殺人、姦淫、淫らな
ルカ6:8 イエスは彼らの～を知って

かんがえる（考える）
士19:30 このことをよく～え、相談し
ヨブ37:14 みわざを、立ち止まって～えよ
イザ44:19 彼らは～え直すこともなく
ハガ1:5 あなたがたの歩みをよく～えよ
2:15 今日から後のことをよく～えよ
マタ6:28 どうして育つのか…～えなさい
ルカ12:24 烏のことをよく～えなさい
ロマ14:5 どの日も大事だと～える人も
ヘブ3:1 イエスのことを～えなさい

かんがん（宦官）
ダニ1:3 王は～の長アシュペナズに命じて
1:9 ダニエルが～の長の前に恵みと
使8:27 管理していた～のエチオピア人が

かんきん（監禁）
創42:16 それまで、おまえたちを～する

かんげい（歓迎）
ルカ4:24 自分の郷里では～されません
ロマ16:2 主にあって彼女を～し

かんこく（勧告）
ダニ4:27 王よ、私の～を快く受け入れて

かんごく（監獄）
創39:20 王の囚人が監禁されている～に

かんし（監視）
ガラ3:23 私たちは律法の下で～され

かんしゃ（感謝）
レビ22:29 主に～のいけにえを献げるときは
詩26:7 ～の声を響き渡らせて 語り告げ
30:12 とこしえまでも あなたに～します
33:2 竪琴に合わせて 主に感謝せよ
50:14 ～のいけにえを神に献げよ
50:23 ～のいけにえを献げる者は
69:30 ～をもって 私は神をあがめます
75:1 私たちはあなたに～します
92:1 主に～することは 良いことです
100:4 ～しつつ 主の門に 賛美しつつ
107:1 主に感謝せよ。主はまことに
107:21 主に～せよ。その恵みのゆえに
116:17 私はあなたに～のいけにえを献げ
119:62 私は起きてあなたに～します
138:1 心を尽くして 私はあなたに～を
イザ12:1 主よ、～します。あなたは私に
51:3 そこには…～と歌声がある
エレ30:19 彼らから、～の歌と、喜び笑う声
ダニ2:23 あなたに～し、あなたを賛美し
アモ4:5 ～のささげ物として、種入りの
マタ15:36 ～の祈りをささげてからそれを

ルカ17:9　そのしもべに～するでしょうか

17:16　足もとにひれ伏して～した

ヨハ11:41　聞いてくださったことを～します

使27:35　一同の前で神に～の祈りをささげ

28:15　神に～し、勇気づけられた

ロマ1:8　キリストを通して私の神に～し

1:21　神を神としてあがめず、～もせず

6:17　神に～します。あなたがたは

7:25　キリストを通して、神に～します

14:6　神に～しているのです

Ⅰコリ14:17　あなたが～するのはけっこうで

15:57　しかし、神に～します。神は

Ⅱコリ2:14　しかし、神に～します。神は

4:15　～が満ちあふれ、神の栄光が現れ

エペ1:16　あなたがたのことを…絶えず～し

5:20　父である神に～しなさい

ピリ1:3　思うたびに、私の神に～して

コロ3:17　主イエスによって父なる神に～し

Ⅰテサ2:13　絶えず神に～しています

3:9　どれほどの～を神におささげ

5:18　すべてのことにおいて～しなさい

Ⅱテサ1:3　いつも神に～しなければ

Ⅰテモ4:4　～して受けるとき、捨てるべき

黙7:12　賛美と栄光と知恵と ～と誉れと

かんじょう（勘定）

箴23:7　彼は、心のうちでは～ずくだから

かんしょう（干渉）

Ⅰペテ4:15　他人のことに～する者として

かんせい（完成）

創2:1　こうして天と地とその万象が～し

Ⅰ列6:14　神殿を建て、これを～させた

Ⅰ歴28:20　すべての仕事を～させてくださる

エズ6:15　アダルの月の三日に～した

ネヘ6:15　エルルの月の二十五日に～した

かんせい（歓声）

詩32:7　救いの～で 私を囲んでください

かんぜん（完全）

Ⅱサム22:31　神、その道は～

ヨブ36:4　知識の～な方が、あなたのそばに

詩18:30　神 その道は～。主のことばは純粋

38:3　私の肉には ～なところがなく

エゼ28:15　見出されるまでは、～だった

マタ5:48　父が～であるように、～であり

19:21　～になりたいのなら、帰って

ヨハ17:23　彼らが～に一つになるためです

使3:16　このとおり～なからだにしたので

Ⅰコリ13:10　～なものが現れたら、部分的な

ピリ3:12　～にされているのでもありません

ヘブ2:10　多くの苦しみを通して～な者と

5:9　～な者とされ、ご自分に従う

7:25　～に救うことがおできになります

7:28　永遠に～な者とされた御子を立て

9:9　良心を～にすることができません

ヤコ1:4　その忍耐を～に働かせなさい

1:17　すべての～な賜物は、上からの

かんつう（姦通）

エレ3:8　背信の女イスラエルが～をした

5:7　彼らは～し、遊女の家で身を

エゼ16:28　アッシリア人と～した。彼らと～

16:38　～した女と殺人を犯した女に下す

23:5　わたしのものであったのに、～し

ホセ3:1　夫に愛されていながら～している

7:4　彼らはみな～する者

かんとく（監督）

出5:6　ファラオはこの民の～たちと

マタ20:8　ぶどう園の主人は～に言った

使20:28　群れの～にお立てになったのです

ピリ1:1　聖徒たち、ならびに～たちと執事

Ⅰテモ3:1　だれかが～の職に就きたいと思う

テト1:7　～は神の家を管理する者として

かんなん（患難）

黙2:22　大きな～の中に投げ込む

7:14　大きな～を経てきた者たちで

かんぬき

詩107:16　鉄の～をへし折られた

雅5:5　～の取っ手に流れ落ちました

かんぼく（灌木）

創2:5　地にはまだ、野の～もなく

かんむり（冠）

詩8:5　栄光と誉れの～を かぶらせて

21:3　頭に純金の～を置かれます

65:11　その年に 御恵みの～をかぶらせ

箴4:9　花の～を与え、輝かしい～を

12:4　しっかりした妻は夫の～

14:18　賢い人は知識の～をかぶる

14:24　知恵のある者の～はその者の富

16:31　白髪は栄えの～。それは正義の

17:6　孫たちは老人の～。父祖たちは

イザ28:1　酔いどれが誇りとする～

28:5　輝かしい～、栄えの飾り輪とな

62:3　主の手にある輝かしい～とな

哀5:16　～も頭から落ちました。私たち

エゼ16:12　頭には輝かしい～をかぶらせた

ゼカ6:11　銀と金を取って～を作って

Ⅰコリ9:25　彼らは朽ちる～を受けるため

ヘブ2:9　栄光と誉れの～を受けられました

黙3:11　～をだれにも奪われないように

14:14　頭には金の～、手には鋭い鎌

かんよう（寛容）

ロマ9:22　豊かな～をもって耐え忍ばれ

Ⅰコリ13:4 愛は～であり、愛は親切です
Ⅱコリ6:6 純潔と知識、～と親切
コロ3:12 謙遜、柔和、～を着なさい
かんり（管理）
創39:4 その家を～させ、自分の全財産
ルカ12:42 忠実で賢い～人とは
16:1 一人の～人がいた。この～人が
ヨハ20:15 彼が園の～人だと思って言った
Ⅰコリ4:1 神の奥義の～者と考えるべきです
かんりょう（完了）
ルカ13:32 癒やしを行い、三日目に…～する
ヨハ19:30 イエスは…「～した」と言われた

き

き（木）
出15:25 主は彼に一本の～を示された
申20:19 ～を切り倒してはならない
21:23 ～にかけられた者は神に
エレ17:8 水のほとりに植えられた～
エゼ31:8 神の園にあるどの～も
47:7 両岸に非常に多くの～があった
ダニ4:10 見よ、地の中央に～があった
マタ7:17 良い～はみな良い実を結び
12:33 ～の良し悪しはその実によって
ルカ6:43 悪い～が良い実を結ぶことも
使10:39 イエスを～にかけて殺しました
13:29 イエスを～から降ろして
Ⅰコリ3:12 宝石、～、草、藁で家を建てる
ガラ3:13 ～にかけられた者はみな
黙2:7 いのちの～から食べることを
22:2 十二の実をならせるいのちの～
22:14 いのちの～の実を食べる特権が
ぎ（義）
創15:6 それが彼の～と認められた
申6:25 私たちの～となるのである
24:13 主の前であなたの～となる
士5:11 そこで彼らは主の～と
Ⅱサム22:25 主は私の～にしたがって顧みて
23:3 ～をもって人を治める者
Ⅰ列8:32 ～をもって報いてください
ヨブ27:6 私は自分の～を堅く保って
29:14 ～をまとい、～は私をおおった
35:2 「私の～は神からだ」とでも言う
36:3 私の造り主に～を返そう
詩18:24 主は私の～にしたがって顧みて
24:5 自分の救いの神から～を受ける
36:6 あなたの～は 高くそびえる山
45:7 あなたは～を愛し 悪を憎む
50:6 天は神の～を告げ知らせる
58:1 おまえたちは本当に～を語り
69:27 あなたの～のうちに入れないで
71:15 あなたの～と救いとを
71:19 あなたの～は天にまで届きます
89:14 ～と公正は あなたの王座の基
89:16 ～によって 高く上げられます
96:13 主は ～をもって世界を その真実
98:2 ご自分の～を国々の前に現された
103:6 主は ～とさばきを…行われる
103:17 主の～は その子らの子たちに
106:31 永遠に 彼の～と認められた
112:3 彼の～は永遠に堅く立つ
119:142 あなたの～のわざは 永遠の～
箴1:3 ～とさばきと公正において
2:9 あなたは～とさばきと公正を
10:2 ～のわざは人を死から救い出す
11:19 ～を追い求める者はいのちに至り
12:28 ～の道にはいのちがあり
イザ32:16 公正は荒野に宿り、～は果樹園に
33:5 シオンを公正と～で満たされる
33:15 ～を行う者、公正を語る者
41:10 ～の右の手で、あなたを守る
42:21 ご自分の～のために望まれた
45:25 主によって～とされ、主を誇りと
46:13 わたしは、わたしの～を近づけ
50:8 私を～とする方が近くにいて
51:5 わたしの～は近く、わたしの救い
53:11 知識によって多くの人を～とし
54:14 あなたは～によって堅く立てられ
57:12 わたしは、あなたの～のわざと
58:2 ～を行い、神の定めを捨てた
59:17 主は～をよろいのように着て
61:3 彼らは、～の樫の木、栄光を
64:6 その～はみな、不潔な衣のよう
エレ23:6 主は私たちの～
33:15 ダビデのために～の若枝を
エゼ14:14 ～によって自分たちのいのちを
ダニ9:7 主よ。～はあなたにありますが
アモ5:24 ～を、絶えず流れる谷川のように
ミカ7:9 私は、その～を見る
マラ4:2 ～の太陽が昇る。その翼に
マタ5:20 あなたがたの～が、律法学者や
12:37 自分のことばによって～とされ
21:32 あなたがたのところに来て～の
ルカ18:14 ～と認められて家に帰ったのは
ヨハ16:8 ～について、さばきについて
使13:38 モーセの律法を通しては～と認め
17:31 ～をもってこの世界をさばこうと
ロマ1:17 福音には神の～が啓示されて

ロマ3:5 私たちの不義が神の～を明らかに
3:20 神の前に～と認められないから
3:21 神の～が示されました
3:24 価なしに～と認められるからです
3:26 すなわち、ご自分が～であり
4:2 行いによって～と認められた
4:3 それが彼の～と認められた
4:6 神が～とお認めになる人の幸いを
4:9 その信仰が～と認められた
4:22 彼には、それが～と認められた
4:25 私たちが～と認められるために
5:18 一人の～の行為によってすべての
6:19 その手足を～の奴隷として献げて
9:30 ～を追い求めなかった異邦人が
10:3 神の～を知らずに、自らの～を
Ⅰコリ1:30 ～と聖と贖いになられました
4:4 それで～と認められているわけで
Ⅱコリ3:9 ～とする務めは、なおいっそう
5:21 この方にあって神の～となるため
ガラ2:16 信じることによって～と認められ
2:21 もし～が律法によって得られる
3:6 それが彼の～と認められた
3:21 ～は確かに律法によるものだった
3:24 信仰によって～と認められる
エペ4:24 真理に基づく～と聖をもって
ピリ3:9 神から与えられる～を持つのです
Ⅰテモ6:11 ～と敬虔と信仰、愛と忍耐と
テト3:7 恵みによって～と認められ
ヘブ11:7 信仰による～を受け継ぐ者と
ヤコ1:20 人の怒りは神の～を実現しない
2:21 行いによって～と認められた
3:18 ～の実を結ばせる種は、平和を
Ⅰヨハ2:29 ～を行う者もみな神から生まれ

ぎいん（議員）
ルカ23:50 ～の一人で、善良で正しい人で

きえうせる（消え失せる）
詩90:7 あなたの御怒りによって～せ
エゼ12:22 日は延ばされ、すべての幻は～せ
26:17 おまえはどうして海から～せた
37:11 骨は干からび、望みは～せ

きえさる（消え去る）
マタ24:35 天地は～り…決して～ることが
ルカ21:33 天地は～り…決して～ることが

きおく（記憶）
申32:26 彼らの～を消してしまおうと
ヨブ18:17 彼の～は地から消え失せ
詩109:15 ～を地から消されますように
伝1:11 後の時代の人々には ～されない
マラ3:16 主の前で～の書が記された

きかい（機会）
伝9:11 すべての人が時と～に出会う
Ⅱコリ11:12 同じだと認められる～を求めて
エペ4:27 悪魔に～を与えないように
5:16 ～を十分に活かしなさい
ピリ4:10 それを示す～がなかったのです
コロ4:5 ～を十分に活かし、知恵をもって

きがふれる（気がふれる）
申28:34 目に見る光景で、あなたは～

きかん（器官）
ロマ12:4 すべての～が同じ働きをしては

きがん（祈願）
ダニ6:7 あなた以外に～をする者は
6:13 自分勝手な～をしております

きき（危機）
Ⅰコリ7:26 差し迫っている～のゆえに

ききいれる（聞き入れる）
創25:21 主は彼の祈りを～れ

ききしたがう（聞き従う）
創22:18 わたしの声に～ったからである
26:5 アブラハムがわたしの声に～い
出19:5 わたしの声に～い、わたしの契約
23:21 心を留め、その声に～いなさい
申4:30 神、主に立ち返り、御声に～う
13:4 主の命令を守り、御声に～い
17:12 祭司やさばき人に～わず
28:13 主の命令に～い、守り行うなら
28:45 あなたの神、主の御声に～わず
30:2 いのちを尽くし、御声に～うなら
30:8 あなたは再び主の御声に～い
34:9 イスラエルの子らは彼に～い
ヨシ1:17 ～ったように、あなたに～います
5:6 主の御声に～わなかったので
士6:10 わたしの声に～わなかった
Ⅰサム12:15 あなたがたが主の御声に～わず
15:19 なぜ、あなたは主の御声に～わず
15:22 ～うことは、いけにえにまさり
Ⅱ列18:12 主の御声に～わず、その契約を
21:9 彼らはこれに～わなかった
Ⅱ歴11:4 そこで、彼らは主のことばに～い
ネヘ9:17 彼らは～うことを拒み、彼らの間
箴1:8 わが子よ、父の訓戒に～え
エレ3:13 わたしの声に～わなかった
7:23 わたしの声に～え。そうすれば
17:24 本当にわたしに～い
18:10 もし、それがわたしの声に～わず
26:5 預言者たちのことばに～わない
26:13 神、主の御声に～いなさい
32:23 あなたの声に～わず、あなたの
42:6 私たちの神、主の御声に～いま

43:4 主の御声に～わなかった
ハガ1:12 ハガイのことばに～った
ゼカ6:15 主の声に確かに～うなら
ヨハ10:16 羊たちはわたしの声に～います

ききん（飢饉）

創12:10 その地に～が起こったので
41:30 その後、七年間の～が起こり
47:20 エジプト人に～が厳しかったので
ルツ1:1 治めていたころ、この地に～が
Ⅱサム21:1 三年間引き続いて～が起こった
Ⅰ列18:2 サマリアでは～がひどかった
Ⅱ列6:25 サマリアには大～が起こっていて
Ⅰ歴21:12 三年間の～か。三か月間
ヨブ5:20 ～のときには、あなたを死から
詩105:16 こうして主は～を地の上に招き
エレ14:15 剣と～によって…滅び失せる
24:10 彼らのうちに、剣と～と疫病を
哀5:10 私たちの皮膚は、～の激しい熱で
エゼ34:29 再びその地で～にあうこともなく
アモ8:11 わたしはこの地に～を送る
使11:28 世界中に大～が起こると御霊に

きく（聞く）

創21:17 神は少年の声を～かれ、神の使い
23:16 エフロンの申し出を～き入れた
27:13 ただ私の言うことをよく～いて
27:43 私の言うことをよく～きなさい
出2:24 神は彼らの嘆きを～き
申4:10 わたしのことばを～かせる
5:1 ～け、イスラエルよ。今日
6:4 ～け、イスラエルよ。主は
7:12 これらの定めを～き、これを守り
31:12 彼らがこれを～いて学び
士13:9 神はマノアの声を～き入れられた
Ⅰサム8:19 言うことを～こうとしなかった
Ⅱサム5:24 行進の音が～こえたら
Ⅰ列8:39 天で～いて、赦し、また、かなえ
Ⅱ列19:16 御耳を傾けて～いてください
Ⅱ歴6:27 あなたご自身が天でこれを～き
7:12 わたしはあなたの祈りを～き
ネヘ8:9 民が律法のことばを～いたときに
ヨブ12:11 ことばを～き分けないだろうか
26:14 神についてささやきしか～いて
36:11 彼らが～き入れて神に仕えるなら
42:4 さあ、～け。わたしが語る
詩6:9 主は私の切なる願いを～き
34:17 苦しむ者が叫ぶと 主は～かれ
49:1 すべて国々の民よ これを～け
66:18 主は～き入れてくださらない
95:7 今日 もし御声を～くなら
箴4:20 注意して私のことばを～け
23:22 生んだ父の言うことを～け
伝5:1 近くに行って～ことは、愚かな
イザ1:2 天よ、～け。地も耳を傾けよ
6:9 ～き続けよ。だが悟るな
28:14 嘲る者たちよ、主のことばを～け
33:13 わたしのしたことを～け
40:28 ～いたことがないのか
51:1 尋ね求める者よ、わたしに～け
エレ7:28 主の声を～かず、懲らしめを受け
11:3 契約のことばを～かない者は
12:17 彼らが～かなければ、わたしは
18:2 わたしのことばを～かせる
26:3 それを～いて、それぞれ悪の道
エゼ3:27 ～者には～かせ、～かない者には
33:31 前に座り、あなたのことばを～く
ゼカ7:11 拒んでこれを～こうともせず
マラ3:16 主は耳を傾けて、これを～かれた
マタ11:4 見たり～いたりしていることを
マコ9:7 愛する子。彼の言うことを～け
ルカ7:22 自分たちが見たり～いたりした
9:35 選んだ子。彼の言うことを～け
ヨハ5:24 わたしのことばを～いて
10:3 羊たちはその声を～き分けます
12:47 ～いてそれを守らない者がいても
使4:20 ～いたことを話さないわけには
28:26 あなたがたは～くには～くが
ロマ10:16 私たちが～いたことを、だれが
15:21 ～いたことのなかった人々が
ヘブ5:11 ～ことに対して鈍くなっている
ヤコ1:19 ～くのに早く、語るのに遅く
Ⅰヨハ1:1 私たちが～いたもの、自分の目で
黙1:3 それを～いて、そこに書かれて

きげん（機嫌）

使24:27 フェリクスはユダヤ人たちの～を

きけん（危険）

Ⅰコリ15:30 絶えず～にさらされているので

きざむ（刻む）

イザ49:16 手のひらにあなたを～んだ

ぎしき（儀式）

出12:26 この～には、どういう意味が

きじゅん（基準）

ガラ6:16 この～にしたがって進む人々の

ぎしょう（偽証）

マタ26:59 イエスに不利な～を得ようと

ぎじん（義人）

イザ57:1 ～は滅びるが、心に留める者は
マタ23:35 ～アベルの血から
ロマ1:17 「～は信仰によって生きる」と
3:10 ～はいない。一人もいない
ロマ5:19 多くの人が～とされるのです

ガラ3:11　～は信仰によって生きる
ヘブ10:38　わたしの～は信仰によって生きる

きず（傷）
民19:2　～のない完全な、赤い雌牛を
28:3　～のない一歳の雄の子羊を
申14:1　自分の身を～つけたり
32:39　わたしは～つけ、また癒やす
Ｉ列18:28　自分たちの身を～つけた
22:34　～を負ってしまったから
Ⅱ歴18:33　～を負ってしまったから
詩38:5　私の～は 悪臭を放って腐り果て
147:3　主は…彼らの～を包まれる
箴23:29　～ついている者はだれか
イザ1:6　～、打ち～、生～
61:1　心の～ついた者を癒やすため
エレ8:21　民の～のために、私は～ついた
哀2:13　あなたの～は海のように大きい
ルカ10:34　～にオリーブ油とぶどう酒を
20:12　このしもべにも～を負わせて
黙13:3　その致命的な～は治った

きずく（築く）
創33:20　彼はそこに祭壇を～き、それを
Ｉ列18:30　壊れていた主の祭壇を～き直した
ネヘ4:6　こうして私たちは城壁を～き直し
詩51:18　エルサレムの城壁を～き直して
ユダ20　自分自身を～き上げなさい

きずつける（傷つける）
Ｉコリ8:12　彼らの弱い良心を～つけるとき

きする（帰する）
詩96:7　栄光と力を主に～せよ

きせき（奇跡）
Ｉ歴16:12　その～と御口のさばきを
詩71:7　多くの人にとって～と思われ
Ｉコリ12:10　ある人には～を行う力、ある人

きせつ（季節）
創1:14　～のため、日と年のためのしるし
エレ8:7　こうのとりも、自分の～を知って

ぎぜん（偽善）
マタ6:2　～者たちが人にほめてもらおうと
6:5　～者たちのようであっては
6:16　～者たちのように暗い顔をしては
7:5　～者よ、まず自分の目から梁を
15:7　～者たちよ、イザヤは
23:13　わざわいだ、～の律法学者
23:23　わざわいだ、～の律法学者
マコ7:6　あなたがた～者について見事に
ルカ12:1　すなわち～には気をつけなさい
13:15　～者たち。あなたがたは…安息日

きた（北）
ヨブ26:7　神は～を、茫漠としたところに
イザ41:25　わたしが～から人を起こすと
43:6　～に向かっては『引き渡せ』と
ヨエ2:20　わたしは、～から来るものを

きたい（期待）
箴13:12　～が長引くと、心は病む
ハガ1:9　あなたがたは多くを～したが

きたえる（鍛える）
詩144:1　戦のために私の指を～えられる方

きづく（気づく）
レビ4:2　人が…～づかずに罪に陥り
5:18　～づかずに犯した過失のゆえに

きつね（狐）
ネヘ4:3　～が一匹上っただけで、その石垣
雅2:15　あなたがたは～を捕らえて
エゼ13:4　廃墟にいる～のようになった
マタ8:20　～には穴があり、空の鳥には巣が
ルカ9:58　～には穴があり、空の鳥には巣が
13:32　行って、あの～にこう言いなさい

きつもん（詰問）
ネヘ13:11　私は代表者たちを～し

きてい（規定）
使16:4　長老たちが決めた～を、守るべき

きにいる（気に入る）
Ｉサム16:21　サウルは彼がたいへん～り

きねん（記念）
出13:9　あなたの額の上の～として
30:16　イスラエルの子らにとって…～と
ヨシ4:7　永久に～となるのだ
エス9:28　諸州、町々において～され
マタ26:13　この人の～として語られます

きのう（昨日）
ヨブ8:9　私たちは～からの者で

きのみじかい（気の短い）
箴14:29　～者は愚かさを増す

きびしい（厳しい）
Ｉ列14:6　あなたに～ことを
マタ25:24　かき集める、～た

きびしさ（厳しさ）
ロマ11:22　神のいつくしみと～を

きぼう（希望）
エレ29:11　将来と～を与えるためのものだ
Ｉコリ13:13　残るのは信仰と～と愛
ヘブ6:18　前に置かれている～を捕らえよう

きまえよく（気前よく）
箴11:24　～施して、なお富む人があり

きまぐれ（気まぐれ）
イザ3:4　～者に彼らを治めさせる

ぎまん（欺瞞）
箴12:5　悪しき者の助言は～

きみ（君）
イザ9:6 力ある神、永遠の父、平和の～
ダニ8:25 ～の～に向かって立ち上がる
ぎむ（義務）
申25:5 ～を果たさなければならない
ロマ8:12 肉に対する～ではありません
13:7 すべての人に…～を果たしなさい
Ⅰコリ7:3 夫は自分の妻に対して～を果たし
ガラ5:3 律法全体を行う～があります
きめる（決める）
Ⅰ歴21:12 何と答えたらよいかを～めなさい
ルカ23:24 ピラトは…することに～めた。
使15:22 …に送ることに～めた
ぎゃく（逆）
エス9:1 望んでいたまさにその日に、～に
きゃく（客）
士14:20 彼に付き添った～の一人のもの
マタ22:10 披露宴は～でいっぱいになった
ぎゃくさつ（虐殺）
エレ19:6 ただ～の谷と呼ばれる
ぎゃくたい（虐待）
詩55:11 ～と詐欺はその広場を離れません
きゃくま（客間）
ルカ22:11 過越の食事をする～はどこか
きやすめ（気休め）
Ⅱ列4:28 この私にそんな～を言わないで
ぎゃっきょう（逆境）
伝7:14 ～の日にはよく考えよ
きゅうえん（救援）
使11:29 兄弟たちに～の物を送ることに
きゅうじする（給仕）
ルカ22:26 上に立つ人は、～する者のように
きゅうしゃ（厩舎）
Ⅱ歴9:25 ソロモンは馬と戦車のための～を
きゅうじょしゃ（救助者）
士3:9 ～を起こして、彼らを救われた
きゅうする（窮する）
Ⅱコリ4:8 苦しめられますが、～することは
きゅうそく（休息）
民10:33 彼らが～する場所を探した
きゅうでん（宮殿）
詩45:8 象牙の～に流れる弦の調べは
45:15 導かれ 王の～に入って行く
ぎゅうにゅう（牛乳）
創18:8 アブラハムは、凝乳と～と
きゅうぼう（窮乏）
詩119:143 苦難と～が私に襲いかかって
きゅうり
民11:5 ～も、すいか、にら、玉ねぎ
イザ1:8 ～畑の番小屋のように

きゅうりょう（給料）
ルカ3:14 自分の～で満足しなさい
Ⅱコリ11:8 仕えるための～を得たのです
きよい（清い；聖さ）
創7:2 すべての～い動物の中から雄と雌
申14:11 ～い鳥はすべて食べてもよい
Ⅱサム22:27 ～い者には～く、曲がった者に
Ⅱ列5:14 からだのようになり、～くなった
ヨブ4:17 造り主の前に～くあり得ようか
14:4 ～い物を汚れた物から
15:14 どういう人が～くあり得るのか
25:4 どうして～くあり得るだろうか
33:9 私は～く、背きがない。私は純潔
詩18:20 手の～さにしたがって 顧みて
18:26 ～い者には～く 曲がった者には
24:4 手が～く 心の澄んだ人
119:9 自分の道を ～く保つことが
箴15:26 親切なことばは、～い
30:12 自分を～いと見るが、汚物を洗い
ハバ1:13 悪を見るにはあまりに～くて
マタ5:8 心の～い者は幸いです
8:2 お心一つで私を～くすることが
ルカ5:12 私を～くすることがおできになり
11:41 すべてが～いものとなります
ヨハ15:3 ことばによって、すでに～い
使10:15 ～くないと言ってはならない
ロマ14:20 すべての食べ物は～いのです
Ⅱコリ7:1 神を恐れつつ～さを全うしよう
Ⅰテサ4:7 ～さにあずからせるためです
テト1:15 ～い人たちには、すべてのものが
ヘブ12:14 ～さを追い求めなさい
Ⅰヨハ3:3 ～い方であるように、自分を～く
きょう（今日）
詩95:7 ～もし御声を聞くなら
ルカ23:43 あなたは～、わたしとともに
ヘブ3:15 ～、もし御声を聞くなら、あなた
きょういく（教育）
箴22:6 若者をその行く道にふさわしく～
使22:3 律法について厳しく～を受け
きょうかい（境界）
箴8:29 海にその～を置き、その水が主の
きょうかい（教会）
マタ16:18 この岩の上に、わたしの～を建て
18:17 ～に伝えなさい。～の言うこと
使8:3 ～を荒らし、男も女も引きずり
9:31 こうして、～はユダヤ、ガリラヤ
11:22 エルサレムにある～の耳に入った
12:1 ヘロデ王は、～の中のある人たち
12:5 ～は彼のために、熱心な祈りを
16:5 こうして諸～は信仰を強められ

使20:28 血をもって買い取られた神の〜を
ロマ16:5 彼らの家の〜によろしく伝えて
Ⅰコリ10:32 ギリシア人にも、神の〜にも
12:28 神は〜の中に、第一に使徒たち
14:4 預言する人は〜を成長させます
15:9 神の〜を迫害したのですから
エペ1:22 かしらとして〜に与えられました
3:21 〜において、またキリスト
5:24 〜がキリストに従うように、妻も
Ⅰテモ3:5 どうして神の〜を世話すること
5:16 〜に負担をかけないようにし
ピレ2 ならびに、あなたの家にある〜へ
ヘブ12:23 天に登録されている長子たちの〜
Ⅲヨハ10 〜から追い出しています
黙1:4 アジアにある七つの〜へ
2:23 こうしてすべての〜は、わたしが

きょうがく（驚愕）
ヨブ26:11 神の叱責に〜する

きょうき（狂気）
伝2:12 知恵と〜と愚かさを見た

きょうぎ（協議）
Ⅰ歴13:1 ダビデは…すべての隊長と〜し
マタ27:1 イエスを死刑にするために〜した
マコ15:1 最高法院全体で〜を行ってから

きょうぎじょう（競技場）
Ⅰコリ9:24 〜で走る人たちはみな走っても

きょうくん（教訓）
箴4:2 私が良い〜をあなたがたに授ける
マコ13:28 いちじくの木から〜を学びなさい

きょうこ（強固）
イザ54:2 綱を長くし、杭を〜にせよ

きょうこう（恐慌）
イザ22:5 なぜなら、〜と蹂躙と混乱の日が

きょうし（教師）
Ⅱ歴15:3 〜となる祭司もなく、律法も
ヨブ36:22 神のような〜が、だれかいる
マタ23:8 あなたがたの〜はただ一人で
ルカ5:17 パリサイ人たちと律法の〜たちが
エペ4:11 ある人たちを牧師また〜として
Ⅰテモ1:7 律法の〜でありたいと望みながら

きょうそう（競走）
伝9:11 〜は足の速い人のものではなく
エレ12:5 徒歩の者と〜して疲れるのに
12:5 徒歩の者と〜して疲れるのに
ヘブ12:1 自分の前に置かれている〜を

きょうだい（兄弟）
創49:8 ユダよ、〜たちはおまえをたたえ
申23:7 これはあなたの〜だからである
25:5 夫の〜がその女のところに入り
士9:5 自分の〜であるエルバアルの
Ⅱサム19:12 あなたがたは、私の〜、私の骨肉
Ⅰ列12:24 あなたがたの〜であるイスラエル
13:30 「ああ、わが〜」と言って悼み
20:32 まだ生きているのか。彼は私の〜
Ⅰ歴5:2 ユダは彼の〜たちの間で勢いを
Ⅱ歴11:4 あなたがたの〜たちと戦っては
ヨブ6:15 〜たちは水無し川のように私を
19:13 神は私の〜たちを私から遠ざけ
22:6 理由もなく〜から質物を取り
詩22:22 あなたの御名を〜たちに語り告げ
69:8 私は自分の〜から のけ者にされ
133:1 〜たちが一つになって ともに
箴17:17 〜は苦難を分け合うために
18:24 しかし、〜以上に親密な友人も
27:10 隣人は、遠くにいる〜にまさる
エレ9:4 どの〜も信用してはならない
アモ1:9 〜の契りを覚えていなかった
マタ5:22 〜に対して怒る者は
10:21 〜は〜を、父は子を死に渡し
12:46 イエスの母と〜たちがイエスに
12:50 その人こそわたしの〜、姉妹
18:15 あなたの〜があなたに対して罪を
18:21 〜が私に対して罪を犯した場合
20:24 この二人の〜に腹を立てた
23:8 あなたがたはみな〜だからです
25:40 〜たち、それも最も小さい者たち
28:10 〜たちに、ガリラヤに行くように
マコ3:35 その人がわたしの〜、姉妹
13:12 また、〜は〜を、父は子を死に
ルカ6:41 〜の目にあるちりは見えるのに
8:20 母上と〜方が、お会いしたいと
17:3 〜が罪を犯したなら、戒めなさい
ヨハ7:5 〜たちもイエスを信じて
21:23 という話が〜たちの間に広まった
使7:13 ヨセフは〜たちに自分のことを
7:26 あなたがたは〜だ。どうして
9:17 〜サウロ。あなたが来る途中で
9:30 それを知った〜たちは、彼を
11:29 〜たちに救援の物を送ることに
15:3 すべての〜たちに大きな喜びを
ロマ14:10 自分の〜をさばくのですか
Ⅰコリ5:11 〜と呼ばれる者で、淫らな者
6:6 〜が〜を告訴し、しかも、それを
ガラ1:19 主の〜ヤコブは別として
Ⅰテサ4:6 〜を踏みつけたり欺いたりしない
4:9 〜愛については、あなたがたに
Ⅱテサ3:15 〜として諭しなさい
ピレ16 奴隷以上の者、愛する〜として
ヘブ2:11 イエスは彼らを〜と呼ぶことを
13:1 〜愛をいつも持っていなさい

Ⅰヨハ2:11 ～を憎んでいる人は闇の中にいて
3:14 ～を愛しているからです
3:17 自分の～が困っているのを見ても
4:20 神を愛すると言いながら～を

きょうたん（驚嘆）
マタ22:22 これを聞いて～し、イエスを
マコ11:18 群衆がみなその教えに～していた
12:17 彼らはイエスのことばに～した

ぎょうにゅう（凝乳）
創18:8 ～と牛乳と、料理した子牛を
イザ7:15 この子は…～と蜂蜜を食べる

きょうふ（恐怖）
レビ26:16 あなたがたの上に～を臨ませ
詩91:5 夜襲の～も 昼に飛び来る矢も
イザ7:16 あなたが～を抱いている二人の王
17:14 夕暮れには、見よ、突然の～
エレ8:15 見よ、～しかない
20:4 愛するすべての者にとって～と
48:44 その～から逃げる者は穴に落ち

きょうゆう（共有）
使2:44 一つになって、一切の物を～し
4:32 自分のものと言わず、すべてを～

きょうり（郷里）
マコ6:1 そこを去って～に行かれた

きょうりょく（協力）
Ⅰ歴24:3 ダビデは…アヒメレクと～して
ピリ4:3 そうです。真の～者よ

ぎょうれつ（行列）
詩68:24 人々はあなたの～を見ました

きょじゅう（巨獣）
創1:21 海の～と…種類ごとに
詩148:7 海の～よ すべての淵よ
エゼ32:2 あなたは大海の～のようだ

きょひ（拒否）
ヘブ10:28 モーセの律法を～する者は

ぎょふ（漁夫）
エレ16:16 わたしは多くの～を遣わして

きょむ（虚無）
ロマ8:20 被造物が～に服したのは

きよめ（清め）
レビ14:11 ～を宣言する祭司は
ルカ11:38 まず～の洗いをなさらないのを
ヨハ3:25 あるユダヤ人と～について論争を
ヘブ1:3 御子は罪の～を成し遂げ
6:2 ～の洗いについての教え

きよめる（清める）
レビ14:2 ツァラアトに冒された者が～め
民8:6 中から取って、彼らを～めよ
Ⅱ歴29:16 宮の内側に入って、これを～めた
34:5 ユダとエルサレムを～めた
ネヘ12:30 レビ人は自分たちの身を～め
ヨブ9:30 洗っても、灰汁で手を～めても
詩51:2 私の罪から 私を～めてください
73:13 ただ空しく 私は自分の心を～め
箴20:9 心を～めた。私は罪から離れ
イザ1:16 洗え。身を～めよ。わたしの目の
52:11 その中から出て行き、身を～めよ
エレ13:27 いつまで、～められないまま
33:8 すべての咎から彼らを～め、彼ら
エゼ22:24 おまえは憤りの日に～められず
36:25 汚れからあなたがたを～め
37:23 彼らを救い、彼らを～める
ダニ11:35 彼らが錬られ、～められ、白く
12:10 多くの者は身を～めて白くし
マラ3:3 レビの子らを～めて、金や銀に
マタ10:8 ツァラアトに冒された者を～め
23:25 杯や皿の外側は～めるが
ルカ3:17 脱穀場を隅々まで掃き～め
4:27 その中のだれも～められることは
17:14 彼らは行く途中で～められた
使10:15 神が～めた物を、あなたがきよく
11:9 神が～めた物を、あなたがきよく
21:26 彼らとともに身を～めて宮に
Ⅱコリ7:1 一切の汚れから自分を～め
エペ5:26 教会を～めて聖なるものとする
ヘブ9:14 どれだけ私たちの良心を～めて
9:22 血によって～められます
ヤコ4:8 罪人たち、手を～めなさい
Ⅰペテ1:22 たましいを～め、偽りのない

きよらか（清らか）
詩19:8 主の仰せは～らかで人の目を
73:1 イスラエルに 心の～らかな

きらう（嫌う）
詩139:21 立ち向かう者を～わない
エレ4:30 恋人たちはあなたを～い
エゼ5:6 エルサレムはわたしの定めを～い
6:9 彼ら自らが～うようになるとき

きりすてる（切り捨てる）
マコ9:43 それを～てなさい

キリスト
ルカ3:15 人々は～を待ち望んでいたので
Ⅰコリ10:4 その岩とは～です
11:3 すべての男のかしらは～で
Ⅱコリ2:15 神に献げられた芳しい～の香り

キリストしゃ（キリスト者）
使11:26 アンティオキアで初めて、～と
26:28 説き伏せて、～にしようとして
Ⅰペテ4:16 ～として苦しみを受けるのなら

きりはなす（切り離す）
ネヘ13:3 みなイスラエルから～した

きりゅう（寄留）
創23:4　私は…在住している～者ですが
28:4　おまえが今～しているこの地を
出23:9　あなたは～者を虐げてはならない
レビ19:10　貧しい人と～者のために
19:34　あなたがたとともにいる～者は
23:22　～者のために、それらを残して
24:22　～者であれ、この国に生まれた者
民15:16　～している者にも、同一のおしえ
申10:18　～者を愛して、これに食物と衣服
24:17　～者や孤児の権利を侵しては
Ⅰ歴29:15　あなたの前では～者であり
ヨブ31:32　～者は外で夜を過ごさず、私は
詩39:12　すべての先祖のように ～の者
105:23　ヤコブはハムの地に～することに
146:9　主は～者を守り みなしごとやもめ
エレ14:8　この地にいる～者や…旅人のよう
42:15　そこに行って～するなら
ヘブ11:13　地上では旅人であり、～者である
きりわける（切り分ける）
Ⅰ列3:25　生きている子を二つに～け
きる（切る）
Ⅰサム15:33　アガグをずたずたに～った
Ⅱ歴2:2　山で石を～り出す者八万人
伝10:9　石を～り出す者は石で傷つき
12:6　こうしてついに銀のひもは～れ
ホセ6:5　預言者たちによって 彼らを～り
きる（着る）
創3:21　皮の衣を作って彼らに～せられた
35:2　身をきよめ、衣を～替えなさい
ヨブ31:19　～物がなくて死にかかっている人
マタ6:25　からだは～物以上のものでは
マコ15:17　そして、イエスに紫の衣を～せ
ロマ13:14　主イエス・キリストを～なさい
Ⅰコリ4:11　私たちは飢え、渇き、～る物も
Ⅱコリ5:2　住まいを～たいと切望しています
エペ4:24　新しい人を～ることでした
Ⅰペテ3:3　服を～飾ったりする外面的なもの
きろく（記録）
出17:14　このことを～として文書に書き
ぎろん（議論）
ルカ22:24　一番偉いのだろうか、という～も
使15:39　激しい～になり、その結果
Ⅱコリ10:5　私たちは様々な～と、神の知識
きわめる（極める）
ロマ11:33　神の道はなんと～めがたいことで
きをつける（気をつける）
申4:9　よく～け、十分に用心し
伝12:12　さらに次のことにも～けよ
マコ12:38　律法学者たちに～けなさい
13:33　～けて、目を覚ましていなさい
きん（金）
創2:11　流れていた。そこには～があった
民31:52　主に献げた奉納物の～は、全部で
ヨブ31:24　もし、私が～を自分の頼みとし
詩19:10　～よりも 多くの純金よりも
箴25:11　彫り物にはめられた～のりんご
イザ60:6　～と乳香を携えて
哀4:1　～は黒ずみ、美しい黄金は色あせ
ぎん（銀）
詩12:6　七度試され 純化された～
箴8:19　選り抜きの～にまさる
イザ1:22　おまえの～は金かすになった
ハガ2:8　～はわたしのもの。金もわたしの
ゼカ11:12　賃金として～三十シェケルを
使19:24　デメテリオという…～細工人が
ぎんか（銀貨）
マタ26:15　彼らは～三十枚を彼に支払った
27:3　～三十枚を祭司長たちと長老たち
マコ12:15　デナリ～を持って来て見せなさい
ルカ15:8　ドラクマ～を十枚持っている
きんぎん（金銀）
使3:6　～は私にはない。しかし、私に
ぎんこう（銀行）
ルカ19:23　どうして私の金を～に預けて
きんじる（禁じる）
使16:6　聖霊によって～じられたので
Ⅰコリ14:39　異言で語ることを～じては
きんしん（近親）
詩38:11　～の者でさえ 遠く離れて立って
きんせん（金銭）
伝5:10　～を愛する者は～に満足しない
7:12　～の陰にいるようだ
10:19　～はすべての必要に応じる
ルカ16:14　～を好むパリサイ人たちは
Ⅰテモ6:10　～を愛することが、あらゆる悪の
ヘブ13:5　～を愛する生活をせずに
きんべん（勤勉）
箴12:24　～な者の手は支配するが
12:27　～さは人間の貴重な財産である
13:4　～な者の心は豊かに満たされる
21:5　～な人の計画は利益をもたらし
ぎんみ（吟味）
Ⅰコリ11:28　だれでも、自分自身を～して
14:29　ほかの者たちはそれを～しなさい
Ⅱコリ13:5　自分自身を試し、～しなさい
ガラ6:4　それぞれ自分の行いを～しなさい
Ⅰヨハ4:1　神からのものかどうか、～し
きんれい（禁令）
ダニ6:8　王よ、今、その～を制定し

く

くい（杭）
士4:21　ヤエルは天幕の～を取ると
イザ22:23　彼を～として、確かな場所に
くいあらす（食い荒らす）
ルカ12:33　虫が～らすこともありません
くいあらため（悔い改め；悔い改める）
マタ3:2　～めなさい。天の御国が近づいた
3:8　～めにふさわしい実を結びなさい
4:17　～めなさい。天の御国が近づいた
11:20　彼らが～めなかったからである
12:41　ヨナの説教で～めたからです
マコ1:4　～めのバプテスマを宣べ伝えた
6:12　人々が～めるように宣べ伝え
ルカ3:3　～めのバプテスマを宣べ伝えた
3:8　～めにふさわしい実を結びなさい
5:32　罪人を招いて～めさせるためです
10:13　灰をかぶって座り、～めていた
11:32　ニネベの人々はヨナの説教で～め
13:3　～めないなら、みな同じように
15:7　～める必要のない九十九人の
16:30　彼らは～めるでしょう
24:47　罪の赦しを得させる～めが
使2:38　～めて、イエス・キリストの名に
3:19　～めて神に立ち返りなさい
5:31　神は、イスラエルを～めさせ
11:18　いのちに至る～めを異邦人にも
17:30　すべての人に～めを命じて
20:21　神に対する～めと、私たちの主
26:20　～めて神に立ち返り、～めに
ロマ2:4　～めに導くことも知らないで
Ⅱｺﾘ7:10　救いに至る～めを生じさせます
Ⅱﾃﾓ2:25　神は、彼らに～めの心を与えて
ヘブ6:6　もう一度～めに立ち返らせること
Ⅱﾍﾟﾃ3:9　すべての人が～めに進むことを
黙2:5　思い起こし、～めて初めの行いを
2:16　～めなさい。そうしないなら
2:21　わたしは～める機会を与えたが
9:20　～めて自分たちの手で造った物
16:9　彼らが～めて神に栄光を帰する
16:11　行いを～めようとしなかった
くいつくす（食い尽くす）
Ⅱｻﾑ2:26　剣が人を～くしてよいものか
イザ1:20　剣に～くされる
ホセ7:7　自分をさばく者たちを～くす
くいる（悔いる）
民23:19　～いることがない
ヨブ42:6　私は自分を蔑み、～いています
エレ4:28　わたしは～いず、やめることも
8:6　悪を～いる者は、一人もいない
くう（空）
伝1:2　～の～。伝道者は言う。～の～
12:8　～の～。伝道者は言う。すべては
Ⅰｺﾘ9:26　～を打つような拳闘もしません
くう（食う）
エレ30:16　あなたを～う者はみな、かえって
くうき（空気）
Ⅰｺﾘ14:9　～に向かって話していることに
くうきょ（空虚）
イザ34:11　～の重りを下げる
ぐうぞう（偶像）
出20:4　自分のために～を造っては
レビ17:7　慕って淫行をしていた雄やぎの～
26:1　自分のために～を造っては
申5:8　自分のために～を造っては
詩31:6　空しい～につく者を 私は憎み
106:38　カナンの～のいけにえとした
イザ44:9　～を造る者はみな、空しい
48:5　『私の～がこれをした』とか
エレ50:38　～に狂っているからだ
エゼ14:4　心の中に～を秘めて、不義に
20:18　彼らの～で身を汚すな
ホセ4:17　エフライムは～にくみしている
ミカ1:7　その～をすべて荒れすたらせる
使15:20　～に供えて汚れたものと
17:16　町が～でいっぱいなのを見て
21:25　～に供えたものと、血と
Ⅰｺﾘ6:9　～を拝む者、姦淫をする者
8:1　～に献げた肉についてですが
8:4　～に献げた肉を食べることに
10:19　～に献げた肉に何か意味がある
Ⅰﾃｻ1:9　どのように～から神に立ち返って
Ⅰﾖﾊ5:21　～から自分を守りなさい
くうふく（空腹）
マタ21:18　イエスは～を覚えられた
マコ2:25　食べ物がなくて～になったとき
11:12　イエスは～を覚えられた
使10:10　彼は～を覚え、何か食べたいと
くえき（苦役）
出2:11　出て行き、その～を見た
申20:11　あなたのために～に服させ
ヨブ7:1　人間には～があるではないか
箴12:24　無精者は～に服する
イザ40:2　その～は終わり、その咎は償われ
くぎ（釘）
伝12:11　よく打ち付けられた～のような
ヨハ20:25　その手に～の跡を見て、～の跡

くさ（草）
創1:11 地は植物を、種のできる～や
詩37:2 ～のようにたちまちしおれ
103:15 人 その一生は～のよう
イザ40:6 人はみな～のよう。その栄えは
エレ50:19 カルメルとバシャンで～を食べ
ダニ4:33 牛のように～を食べ
ルカ12:28 明日は炉に投げ込まれる～さえ
Ⅰﾍﾟﾃ1:24 人はみな～のよう
くさい（臭い）
出7:18 ナイル川は～くなります
ヨハ11:39 主よ、もう～くなっています
くさばな（草花）
ルカ12:27 ～がどのようにして育つのか
詩72:16 地の～のように咲き誇りますよう
くさり（鎖）
マコ5:3 ～を使ってでも、彼を縛って
使20:23 ～と苦しみが私を待っている
26:29 この～は別として… 私のように
28:20 私がこの～につながれている
Ⅱﾃﾓ1:16 私が～につながれていることを
くされ（腐れ）
ホセ5:12 ユダの家には～のようになる
くじ
レビ16:8 アロンが～を引く。一つの～は
詩22:18 私の衣を～引きにします
箴1:14 われわれは～で分け合い
16:33 ～は膝に投げられるが
オバ11 エルサレムを～引きにして取った
ヨナ1:7 ～を引くと、その～はヨナに
マタ27:35 ～を引いてその衣を分けた
ルカ1:9 祭司職の慣習によって～を引いた
ヨハ19:24 だれの物になるか、～を引こう
使1:26 二人のために～を引くと、～は
くじく
オバ9 おまえの勇士たちは気を～かれる
使21:13 泣いたり私の心を～いたりして
くしゃみ
Ⅱ列4:35 子どもは七回～をして目を開けた
ヨブ41:18 その～は光を放ち、その目は暁の
くずおれる
ヨブ4:4 ～る膝をしっかりさせてきた
詩88:15 私の心は～そうです
くすしい（奇しい）
出15:11 ～しいわざを行う方が
ヨブ5:9 数えきれない～しいみわざを
9:10 その～しいみわざは数えきれない
詩26:7 あなたの～しいみわざのすべてを
40:5 あなたがなさった～しいみわざと
72:18 ただひとり ～しいみわざを
78:12 神は～しいみわざを…先祖の前で
88:10 死人のために ～しいみわざを
119:18 みおしえのうちにある～しいこと
119:129 あなたのさとしは～しく
139:14 ～しいことをなさって 恐ろしい
くすり（薬）
エレ46:11 多くの～を用いても無駄だ
エゼ47:12 食物となり、その葉は～となる
くずれる（崩れる）
ヨブ7:5 皮膚は固まっては、また～れる
Ⅱﾍﾟﾃ3:10 天の万象は焼けて～れ去り
3:11 すべてのものが～れ去るのだと
くだく（砕く）
ヨブ17:11 私の企て、私の心の願いも～かれ
イザ41:15 山々を踏みつけて粉々に～き
エレ19:11 わたしはこの民と、この都を～く
くだもの（果物）
民13:26 報告をし、その地の～を見せた
黙18:14 おまえの心が欲しがる～は
くだる（下る；降る）
ルカ3:22 聖霊が…イエスの上に～って
Ⅰﾃｻ4:16 主ご自身が天から～って来られ
くち（口）
申8:3 主の御～から出るすべてのことば
Ⅱ列4:34 自分の～をその子の～の上に
ヨブ16:10 私に向かって大きく～を開け
40:4 ただ手を～に当てるばかりです
詩17:3 私は ～の過ちを犯さないように
34:1 私の～には いつも主への賛美が
38:13 ～を開きません。話せない人の
71:8 私の～にはあなたへの賛美が
135:16 ～があっても語れず 目があって
箴13:3 自分の～を見張る者はたましいを
イザ6:7 彼は、私の～にそれを触れさせて
45:23 義のうちにわたしの～から出て
エゼ3:2 私が～を開けると、その方は
ゼパ1:7 ～をつぐめ。神である主の前で
マラ2:6 彼の～には真理のみおしえがあり
マタ9:32 悪霊につかれて～のきけない人
15:30 ～のきけない人たち
マコ7:37 ～のきけない人たちを
ルカ1:22 ザカリヤは…～がきけないままで
11:14 ～がきけなかった人がものを言い
使23:14 殺すまでは何も～にしない
ロマ3:14 彼らの～は、呪いと苦みに満ちて
3:19 それは、すべての～がふさがれて
10:8 あなたの～にあり、あなたの心に
10:10 ～で告白して救われるのです
くちごもる（口ごもる）
イザ33:19 ～って、わけの分からないことば

くちさき（口先）
マタ15:8　この民は～でわたしを敬うが
マコ7:6　この民は～でわたしを敬うが

くちずさむ（口ずさむ）
ヨシ1:8　昼も夜もそれを～ずさめ
詩1:2　そのおしえを～ずさむ人

くちづけ（口づけ）
創29:11　そしてヤコブはラケルに～し
33:4　首に抱きついて～し
45:15　彼はまた、兄弟みなに～し
48:10　父は彼らに～して抱き寄せた
ルツ1:14　姑に別れの～をしたが
Ⅰサム20:41　二人は～し、抱き合って
Ⅱサム14:33　王はアブサロムに～した
詩2:11　子に～せよ
85:10　義と平和は～します
箴7:13　この女は彼を捕まえて～し
27:6　憎む者は多くの～でもてなす
雅1:2　～してくださったらよいのに
ホセ13:2　献げる者たちは、子牛に～せよ
マタ26:48　私が～をするのが、その人だ
マコ14:44　私が～をするのが、その人だ
ルカ7:45　足に～してやめません
15:20　駆け寄って…～した
22:47　ユダはイエスに～しようと
使20:37　パウロの首を抱いて…～した
ロマ16:16　聖なる～をもって
Ⅰコリ16:20　聖なる～をもって
Ⅰペテ5:14　愛の～をもって互いに

くちびる（唇）
ヨブ11:2　人は～で義とされるのだろうか
詩34:13　～に欺きを語らせるな
箴12:19　真実の～はとこしえまでも堅く
20:15　知識の～こそ宝の器
雅4:3　～は紅の糸のようで、口は
イザ29:13　～でわたしを敬いながら
ゼパ3:9　諸国の民の～を変えて清くする
ロマ3:13　彼らの～の下にはまむしの毒が

くちよせ（口寄せ）
イザ19:3　霊媒や～に伺いを立てる

くちる（朽ちる）
イザ34:4　天の万象は～ち果て、天は
エゼ4:17　咎のゆえに～ち果てる
ロマ1:23　～ちない神の栄光を、～人間や
Ⅰコリ9:25　～ちる冠を受けるためにそう
15:42　～ちるもので蒔かれ、～ちない
15:53　～ちないものを必ず着ることに
Ⅰペテ1:18　金のような～ちる物にはよらず

くちわ（口輪）
詩39:1　口に～をはめておこう

くつう（苦痛）
哀1:12　このような～がほかにあるか

くつがえす
ハガ2:22　もろもろの王国の王座を～し

くつこ（口籠）
申25:4　脱穀をしている牛に～をはめては
ホセ11:4　あごの～を外す者のようになり
Ⅰコリ9:9　脱穀をしている牛に～をはめては
Ⅰテモ5:18　脱穀をしている牛に～をはめ

くつじょく（屈辱）
Ⅱ列19:3　今日は、苦難と懲らしめと～の日
イザ37:3　今日は、苦難と懲らしめと～の日

くっつく
ヨブ19:20　私は、骨が皮と肉に～き

くつわ
イザ37:29　鼻に鉤輪を、口に～をはめ

くとう（苦闘）
コロ2:1　どんなに～しているか、知って

くどく（口説く）
士14:15　おまえの夫を～いて、あの謎を
16:5　サムソンを～いて、彼の強い力が

くなん（苦難）
ネヘ9:9　私たちの先祖の～を見て
詩34:6　すべての～から救ってくださった
37:39　～のときの 彼らの砦から
50:15　～の日に わたしを呼び求めよ
箴1:27　～と苦悩がおまえたちを襲うとき
17:17　兄弟は～を分け合うために
24:10　あなたが～の日に気落ちしたら
イザ8:22　～と暗闇、苦悩の闇、暗黒
26:16　～の時に彼らはあなたを求め
エレ16:19　私の砦、～の日の私の逃れ場よ
30:7　それはヤコブには～の時
哀3:5　苦味と～で私を取り巻き
ダニ12:1　かつてなかったほどの～の時が
ナホ1:7　主はいつくしみ深く、～の日の砦
ゼパ1:15　～と苦悩の日、荒廃と滅亡の日
マタ24:21　大きな～があるからです
24:29　そうした～の日々の後、ただちに
マコ13:19　今後も決してないような～が
13:24　～に続いて、太陽は暗くなり
ルカ21:23　この地に大きな～があり
ヨハ16:33　世にあっては～があります
ロマ2:9　～と苦悩が下り
5:3　それは、～が忍耐を生み出し
8:17　栄光をともに受けるために～を
8:18　今の時の～は、やがて私たちに
8:35　～ですか、苦悩ですか、迫害
12:12　～に耐え、ひたすら祈りなさい
Ⅰコリ7:28　結婚する人たちは、身に～を

Ⅱｺﾘ6:4　～にも苦悩にも困難にも
7:4　どんな～にあっても喜びに
エペ3:13　私が受けている～は
ピリ3:10　キリストの～にもあずかって
Ⅰﾃｻ3:4　私たちは前もって、～にあう
Ⅱﾃﾓ3:11　私に降りかかった迫害や～に
黙1:9　イエスにある～と御国と忍耐に
2:9　あなたの～と貧しさを知っている

くに（国）
創22:18　地のすべての～々は祝福を受ける
26:4　地のすべての～々は祝福を受ける
Ⅰ歴16:35　～々から私たちを集め
箴14:34　正義は～を高め、罪は国民を
イザ2:4　～は～に向かって剣を上げず
ダニ4:3　その～は永遠にわたる～
8:22　その～から四つの～が起こる
ヨエ3:2　わたしはすべての～々を集め
マタ24:7　～は～に敵対して立ち上がり
マコ11:10　父ダビデの、来たるべき～に
13:8　～は～に敵対して立ち上がり
ルカ11:17　どんな～でも内輪もめしたら
19:14　その～の人々は彼を憎んでいた
21:10　～は～に敵対して立ち上がり
24:47　あらゆる～の人々に宣べ伝えられ
ヨハ18:36　わたしの～はこの世のものでは
使1:6　イスラエルのために～を再興して
10:35　どこの～の人であっても、神を
エペ2:19　聖徒たちと同じ～の民であり
Ⅱﾃﾓ4:17　すべての～の人々がみことばを

くにたみ（国民）
創12:2　わたしはあなたを大いなる～と
17:4　あなたは多くの～の父となる
18:18　～となり、地のすべての～は
46:3　あなたを大いなる～とする
申4:7　このような神を持つ偉大な～が
4:34　一つの～をほかの～の中から
イザ9:3　あなたはその～を増やし

くのう（苦悩）
ヨブ21:25　ある者は～のうちに死ぬ
詩107:6　主は彼らを～から救い出された
Ⅱｺﾘ6:4　苦難にも～にも困難にも

くび（首）
ヨシ10:24　この王たちの～を踏みつけなさい
Ⅰｻﾑ17:51　とどめを刺して～をはねた
Ⅱｻﾑ17:23　家を整理して～をくくって死
雅4:4　～は、兵器倉として建てられた
エレ30:8　あなたの～のくびきを砕き
マタ14:8　ヨハネの～を盆に載せて私に
18:28　彼はその人を捕まえて～を絞め
27:5　そして出て行って～をつった
マコ6:16　私が～をはねた、あのヨハネが
6:28　その～を盆に載せて持って来て

くびき
レビ26:13　あなたがたの～の横木を砕き
民25:3　バアル・ペオルと～をともにした
Ⅰ列12:4　私たちの～を重くしました
Ⅱ歴10:4　私たちの～を重くしました
イザ9:4　彼が負う～と 肩の杖
10:27　彼の～はあなたの首から除かれる
14:25　アッシリアの～は彼らの上から
58:6　～の縄目をほどき
エレ28:2　バビロンの王の～を砕く
哀1:14　私の背きの～は重く
エゼ30:18　わたしがエジプトの～を砕き
ナホ1:13　彼の～を砕いてあなたから外し
マタ11:29　あなたがたもわたしの～を負って
使15:10　私たちも負いきれなかった～を
Ⅱｺﾘ6:14　不信者と、つり合わない～を

くべつ（区別）
出8:23　あなたの民と～して贖いをする
11:7　エジプトとイスラエルを～される
エゼ44:23　汚れたものときよいものとの～を
ロマ10:12　ユダヤ人とギリシア人の～は

くま（熊）
Ⅰｻﾑ17:34　～が来て、群れの羊を取って
箴17:12　子を奪われた雌～に出会うほうが
イザ11:7　雌牛と～は草をはみ
ダニ7:5　～に似た別の第二の獣が現れた

くみ（組）
Ⅰ歴24:1　アロンの子らの～分け
マコ6:39　皆を～に分けて青草の上に座らせ

クミン
イザ28:25　ういきょうを蒔き、～の種を蒔き

くむ（組む）
イザ7:2　アラムがエフライムと～んだ
Ⅰｺﾘ12:24　からだを～み合わせられました

くむ（汲む）
創24:11　水を～む女たちが出て来るころ
24:19　水を～みましょう

くも（雲）
創9:13　～の中に、わたしの虹を立てる
出13:21　彼らを導くため～の柱の中に
40:34　～が会見の天幕をおおい
民9:15　～が、あかしの天幕である幕屋を
12:5　主は～の柱の中にあって降りて
申31:15　～の柱は天幕の入り口に
イザ4:5　昼には～を、夜には煙と燃え立つ
マタ17:5　光り輝く～が彼らをおおった
マコ9:7　～がわき起こって彼らをおおい
13:26　人の子が～のうちに、偉大な力と

使1:9　～がイエスを包み、彼らの目に
Ⅰコリ10:2　～の中と海の中で、モーセに

くやむ（悔やむ）

創6:6　地上に人を造ったことを～やみ
士21:6　同胞ベニヤミンのことで～やんで
21:15　民はベニヤミンのことで～やんで
Ⅰサム15:11　サウルを王に任じたことを～や
15:35　王としたことを～やまれた

くら（倉）

詩33:7　湧き出る水を～に納められる
箴3:10　あなたの～は豊かさで満たされ
エレ10:13　ご自分の～から風を出される
マタ6:26　～に納めることもしません
12:35　良い～から良い物を取り出し
13:52　自分の～から新しい物と古い物を
ルカ6:45　心の良い～から良い物を出し
12:18　私の～を壊して、もっと大きい

くらい（暗い）

ヨブ24:16　～くなってから家々に侵入する
伝12:2　太陽と光、月と星が～くなる前に
マタ6:23　目が悪ければ全身が～くなります
マコ13:24　太陽は～くなり、月は光を
ルカ23:44　全地が～くなり、午後三時まで
Ⅱコリ4:4　信じない者たちの思いを～くし

くらい（位）

Ⅱ列25:28　王たちの～よりも、彼の～を
詩132:11　あなたの…子をあなたの～に
伝10:6　愚か者が非常に高い～につけられ

くらう（食らう）

イザ9:20　それぞれ自分の腕の肉を～らう

くらべる（比べる）

士8:2　あなたがたに～べて、私が今
イザ40:25　だれと～べようとするのか

くらやみ（暗闇）

創15:12　大いなる～の恐怖が彼を襲った
マタ22:13　手足を縛って、外の～に放り出せ
25:30　役に立たないしもべは外の～に

くりかえす（繰り返す）

マタ6:7　同じことばをただ～しては

くる（来る）

詩96:13　主は必ず～られる
マタ8:9　『～い』と言えば～ます
11:28　わたしのもとに～なさい
19:14　わたしのところに～のを邪魔して
23:39　主の御名によって～られる方に
24:3　あなたが～られ、世が終わる時
24:42　主が～られるのがいつの日なのか
26:64　人の子が…天の雲とともに～る
マコ8:38　聖なる御使いたちとともに～る
10:45　いのちを与えるために～たのです
13:26　雲のうちに…～るのを見ます
14:62　天の雲とともに～るのを見る
ルカ12:40　思いがけない時に～るのです
13:35　主の御名によって～られる方に
21:27　人の子が雲のうちに…～るのを
ヨハ1:39　～なさい。そうすれば分かります
4:29　～て、見てください。私がした
6:35　わたしのもとに～る者は決して
6:37　わたしのもとに～る者を
7:28　わたしは自分で～たのでは
7:37　わたしのもとに～て飲みなさい
12:13　主の御名によって～られる方に
Ⅰコリ11:26　主が～られるまで主の死を
Ⅰテサ2:19　主イエスが再び～られるとき
3:13　聖徒たちとともに～られるときに
Ⅱテモ4:9　早く私のところに～てください
ヘブ10:37　～たるべき方が～られる
ヤコ5:7　主が～られる時まで耐え忍び
黙1:7　その方は雲とともに～られる
3:11　わたしはすぐに～る
22:12　見よ、わたしはすぐに～る
22:17　～てください
22:20　しかり、わたしはすぐに～る

くるう（狂う）

使26:24　博学がおまえを～わせている

くるしい（苦しい）

マタ27:19　たいへん～しい目にあいました

くるしみ（苦しみ）

創16:11　あなたの～を聞き入れられた
31:42　神は私の～…を顧みられ
42:21　こんな～にあっているのだ
出3:7　わたしの民の～を確かに見
申4:30　あなたが～のうちにあるとき
16:3　～のパンを食べなさい
32:18　産みの～をした神を忘れて
士10:14　あなたがたの～の時には
11:7　～にあったからといって
Ⅱ列14:26　イスラエルの～が非常に激しい
Ⅱ歴15:4　しかし、～の中で…主に立ち返り
33:12　彼は～の中で彼の神、主に嘆願し
ヨブ5:19　六つの～から、神はあなたを
10:1　たましいの～のうちに私は
30:16　～の日々が私をとらえたからだ
詩9:13　私の～をご覧ください
22:24　主は貧しい人の～を蔑まず
27:5　～の日に私を隠れ場に隠し
34:19　正しい人には～が多い
66:14　それは 私の～のときに 唇を
116:3　私は～と悲しみの中にあった
119:67　～にあう前には 私は

詩120:1 ～のうちに…主を呼び求める
イザ25:4 貧しい者の、～のときの砦
30:20 ～のパンと虐げの水を与えても
48:10 わたしは～の炉であなたを試した
53:11 激しい～のあとを見て
66:7 彼女は産みの～が来る前に
哀3:1 怒りのむちを受けて ～にあった
ヨナ2:2 ～の中から、私は主に叫び
マタ17:12 ～を受けることになります
マコ8:31 人の子は多くの～を受け
ルカ9:22 人の子は多くの～を受け
17:25 まず人の子は多くの～を受け
24:26 必ずそのような～を受け
使14:22 多くの～を経なければ
26:23 キリストが～を受けること
ロマ8:22 うめき、ともに産みの～をして
Ⅱコリ1:4 どのような～のときにも
1:6 私たちが～にあうとすれば
ガラ4:19 産みの～をしています
コロ1:24 キリストの～の欠けたところ
Ⅰテサ2:2 先にピリピで～にあい
Ⅱテモ2:3 私と～をともにしてください
ヘブ10:34 つながれている人々と～をともに
Ⅰペテ2:21 あなたがたのために～を受け
3:18 キリストも一度、罪のために～を受
4:1 肉において～を受けられた
4:15 ～にあうことがないように
黙20:10 世々限りなく～を受ける

くるしむ（苦しむ）

創3:17 ～しんでそこから食を得ることに
15:13 奴隷となって～しめられる
21:11 アブラハムは非常に～しんだ
49:23 彼を攻め、彼を射て～しめた
出22:22 みなしごは…～しめてはならない
民33:55 その土地であなたがたを～しめる
申8:2 あなたを～しめて、あなたを試し
Ⅱサム22:28 ～しむ民を、あなたは救われ
Ⅱ歴28:22 アッシリアの王が彼を～しめた
ヨブ15:20 悪しき者は一生もだえ～しむ
29:12 ～しむ人を…助け出したからだ
34:28 神は～しむ者たちの叫びを聞き
36:6 ～しむ者には権利を与えられる
詩9:18 ～しむ者の望みは…失せることが
10:2 悪しき者は高ぶって ～しむ人に
18:27 あなたは ～しむ民を救い
25:16 私はひとり ～しんでいます
34:6 ～しむ者が呼ぶと 主は聞かれ
40:17 私は苦しむ者 貧しい者です
46:1 ～しむとき そこにある強き助け
55:19 神は聞き 彼らを～しめられる
72:4 王が 民の～しむ者たちを弁護し
86:1 私は～しみ 貧しいのです
88:7 あなたは私を～しめておられます
94:5 あなたのゆずりの民を～しめて
119:75 真実をもって 私を～しめられた
イザ53:7 彼は痛めつけられ、～しんだ
58:10 ～しむ者の願いを満たすなら
63:9 ～しむときには…主も～しみ
エレ22:3 やもめを～しめたり、いじめたり
ミカ4:6 わたしが～しめた者を呼び集める
ナホ1:12 ～しめたが、もう～しめない
マタ8:29 私たちを～しめに来たのですか
17:15 てんかんで、たいへん～しんで
マコ5:7 私を～しめないでください
ルカ8:28 私を～しめないでください
16:23 よみで～しみながら目を上げると
22:44 ～しみもだえて、いよいよ切に
ヨハ16:21 女は子を産むとき、し～みます
Ⅰコリ12:26 すべての部分がともに～しみ
Ⅱコリ4:8 四方八方から～しめられますが
ピリ1:29 キリストのために～ことでもある
ヘブ2:18 自ら試みを受けて～しまれたから
11:25 神の民とともに～しむことを選び
Ⅰペテ2:23 ～しめられても、脅すことを

くるま（車）

詩104:3 密雲をご自分の～とし 風の翼に

くるむ

ルカ2:7 その子を布に～んで飼葉桶に

くれない（紅）

イザ1:18 たとえ、～のように赤くても

くろい（黒い）

雅1:5 ソロモンの幕のように、私は～い

くろう（苦労）

詩73:5 人が～するときに 彼らは
箴23:4 富を得ようと～してはならない
イザ43:24 あなたの罪でわたしに～をさせ
マタ6:34 ～はその日その日に十分あります
Ⅱコリ8:13 ～をさせようとしているのでは

ぐろう（愚弄）

Ⅰサム17:10 イスラエルの陣を～してやる

くわえる（加える）

マタ6:33 それに～えて与えられます

くわだて（企て；企てる）

ヨブ17:11 私の～て、私の心の願いも
イザ7:5 あなたに対して悪事を～てて

くわわる（加わる）

申23:1 主の集会に～わってはならない
Ⅱ歴34:32 すべての者をこの契約に～わらせ
エペ5:11 実を結ばない暗闇のわざに～らす

ぐん（軍）
創21:22　アビメレクとその～の長ピコルが
申20:9　～の長たちが民の指揮を執り
ヨシ5:14　わたしは主の～の将として

くんかい（訓戒）
ヨブ5:17　全能者の～を拒んではならない
箴23:12　あなたは～に心を用い、知識の
使20:31　一人ひとりを～し続けてきた

くんしゅ（君主）
Ⅱサム7:8　わが民イスラエルの～とした
イザ1:23　おまえの～たちは強情者
エゼ28:2　人の子よ、ツロの～に言え

ぐんしゅう（群衆）
詩42:4　私が祭りを祝う～とともに
ヨエ3:14　判決の谷には、～また～
マコ8:2　この～はすでに三日間わたしと
12:37　大勢の～が、イエスの言われる
黙7:9　数えきれないほどの大勢の～が

ぐんぜい（軍勢）
Ⅱ列25:5　カルデアの～は王の後を追い
詩44:9　～とともに出陣なさいません

ぐんだん（軍団）
民33:1　その～ごとにエジプトの地から
マタ26:53　十二～よりも多くの御使いを

ぐんば（軍馬）
詩33:17　～も勝利の頼みにはならず

くんれん（訓練）
申4:36　主はあなたを～するため、天から
8:5　人がその子を～するように
ルカ6:40　だれでも十分に～を受ければ
ヘブ12:5　主の～を軽んじてはならない
12:9　肉の父がいて、私たちを～し
12:11　～は…喜ばしいものではなく

け

け（毛）
マタ10:30　髪の～さえも、すべて数えられて
ルカ12:7　髪の～さえも、すべて数えられて

けいあい（敬愛）
エス10:3　多くの同胞たちに～された

けいい（経緯）
創2:4　天と地が創造されたときの～

けいかい（警戒）
Ⅱ列6:10　警告すると、王はそこを～した
伝11:4　風を～している人は種を蒔かない

けいかく（計画）
Ⅱ歴25:16　神があなたを滅ぼそうと～して
エズ4:5　この～をつぶそうとした
ヨブ21:27　あなたがたの～を知っている
箴15:22　よく相談しなければ、～は倒れる
15:26　悪人の～は主に忌み嫌われる
19:21　主の～こそが実現する
19:21　主の～こそが実現する
20:5　人の心にある～は深い水
20:18　協議によって～は確かなものと
イザ5:19　イスラエルの聖なる方のご～が
14:26　全地に対して立てられた～
19:17　主がエジプトに対して図る～
44:26　使者たちの～を成し遂げさせる
エレ29:11　わたし自身…～をよく知っている
32:19　ご～は大きく、みわざには力が
51:29　主はご～をバビロンに成し遂げ
哀2:17　主は～したことを行い
アモ3:7　神である主は、ご自分の～を
使2:23　神が定めた～と神の予知によって
4:28　あなたの御手とご～によって
5:38　その～や行動が人間から出た
20:27　私は神のご～のすべてを
エペ1:11　みこころによる～のままに行う方
3:11　成し遂げられた、永遠のご～に
Ⅱテモ1:9　ご自分の～と恵みによるもの
3:10　私の教え、生き方、～、信仰
ヘブ6:17　ご自分の～が変わらないことを

けいけん（敬虔）
詩12:1　～な人は後を絶ち 誠実な人は
16:10　あなたにある～な者に 滅びを
30:4　～な者たちよ 主をほめ歌え
32:6　それゆえ～な人はみな祈ります
37:28　主にある～な人をお見捨てにならない
50:5　～な者を わたしのところに集めよ
79:2　～な人たちの肉を 地の獣に与え
ルカ1:75　主の御前で、～に、正しく
2:25　この人は正しい、～な人で
使2:5　～なユダヤ人たちが、天下の
3:12　自分の力や～さによって
10:2　彼は～な人で、家族全員とともに
13:35　～な者に 滅びをお見せになり
22:12　すると、律法に従う～な人で
Ⅰテモ6:3　健全なことばと、～にかなう教え
6:5　～を利得の手段と考える者たち
Ⅱテモ3:12　～に生きようと願う者はみな
ヘブ7:26　このような方、～で、悪も汚れも
Ⅱペテ1:7　～には兄弟愛を、兄弟愛には

けいけん（経験）
ガラ3:4　あれほどの～をしたのは

けいこく（警告）
申8:19　私はあなたがたにこう～する
Ⅱ列6:10　神の人が～すると、王はそこを

Ⅱ列17:13　次のように～された
エゼ3:17　わたしに代わって彼らに～を
33:5　角笛の音を聞きながら～を
マタ2:12　戻らないようにと～されたので
使27:9　そこでパウロは人々に～して
ヘブ11:7　神から～を受けたときに

けいさん（計算）
レビ25:50　ヨベルの年までを～する

けいじ（啓示）
ロマ1:17　福音には神の義が～されていて
16:26　知らされた奥義の～によって
Ⅰｺﾘ2:10　私たちに御霊によって～して
Ⅱｺﾘ12:7　その～のすばらしさのため
ガラ1:12　イエス・キリストの～によって
1:16　御子を私のうちに～することを
2:2　私は～によって上ったのです
エペ1:17　神を知るための知恵と～の御霊を
3:3　奥義が～によって私に知らされ
Ⅰﾍﾟﾃ1:12　奉仕しているのだという～を受

けいず（系図）
ネヘ7:5　最初に上って来た人々の～を発見
Ⅰﾃﾓ1:4　果てしない作り話と～に

けいそつ（軽率）
箴29:20　～に話をする人を見たか

けいばつ（刑罰）
エゼ14:21　四つのひどい～をエルサレムに
ホセ9:7　～の日が来た。報復の日が来た
Ⅱﾃｻ1:9　永遠の滅びという～を受け

けいべつ（軽蔑）
ネヘ4:4　私たちは～されています
ガラ4:14　～したり嫌悪したりせず

けいやく（契約）
創6:18　わたしはあなたと～を結ぶ
9:9　わたしの～をあなたがたとの間に
17:2　わたしは、わたしの～を
17:21　～を立てるのは…イサクとの間に
21:27　こうして二人は～を結んだ
31:44　私とあなたは～を結び、それを
出2:24　ヤコブとの～を思い起こされた
6:4　彼らに与えるという～を彼らと
23:32　神々と～を結んではならない
24:7　～の書を取り、民に読んで聞かせ
24:8　主があなたがたと結ばれる～の血
34:28　石の板に～のことば、十のことば
レビ26:9　わたしの～を確かなものにする
26:25　～による復讐を果たす
26:42　アブラハムとのわたしの～をも
民25:12　彼にわたしの平和の～を与える
申4:31　父祖たちに誓った～を忘れない
5:3　主はこの～を私たちの先祖と
7:2　彼らと何の～も結んではならない
7:9　恵みの～を千代までも守られる
7:12　恵みの～をあなたのために守り
17:2　悪であることを行い、主の～を
29:1　イスラエルの子らと結ばせた～
29:12　あなたの神、主の～と
29:25　導き出したときに結ばれた～を
33:9　あなたの～から目を離しません
ヨシ3:3　主の～の箱を見、さらにレビ人の
24:25　その日、民と～を結び
士2:1　わたしの～を決して破らない
2:2　この地の住民と～を結んでは
Ⅰｻﾑ11:2　次の条件で…～を結ぼう
18:3　ヨナタンは…ダビデと～を結んだ
20:8　しもべと～を結んでくださった
Ⅱｻﾑ3:21　彼らがあなたと～を結び
5:3　主の御前に彼らと～を結び
23:5　神が永遠の～を私と立てられた
Ⅰ列8:23　～と恵みを守られる方です
19:10　～を捨て、あなたの祭壇を壊し
Ⅱ列11:4　彼らと～を結んで主の宮で彼らに
11:17　主の民となるという～を結ばせ
Ⅰ歴16:15　心に留めよ。主の～をとこしえに
Ⅱ歴6:14　～と恵みを守られる方です
21:7　ダビデと結ばれた～のゆえに
23:1　自分と～を結ばせた
エズ10:3　神と～を結び、主の勧告と
詩25:10　主の～とさとしを守る者には
25:14　その～を彼らにお知らせになる
44:17　あなたの～を無にしませんでした
50:5　わたしと～を結んだ者たちを
74:20　どうか～に目を留めてくださ
78:37　神の～に忠実でなかった
89:3　わたしの選んだ者と～を結び
103:18　主の～を守る者 主の戒めに
105:10　イスラエルへの 永遠の～として
106:45　ご自分の～を思い起こし 豊かな
箴2:17　自分の神との～を忘れている
イザ28:18　死との～は解消され
33:8　～は破られて、町々は捨てられ
42:6　民の～として、国々の光とする
59:21　彼らと結ぶわたしの～である
61:8　永遠の～を彼らと結ぶ
エレ11:10　父祖たちと結んだわたしの～を
14:21　私たちとのあなたの～を覚えて
22:9　主の～を捨ててほかの神々を拝み
31:31　ユダの家と、新しい～を結ぶ
32:40　彼らと永遠の～を結ぶ
33:21　ダビデと結んだわたしの～も
50:5　主に連なろう…永遠の～によって

エゼ16:60　あなたと結んだ〜を覚えて
17:14　その〜を守らせて存続させるため
20:37　あなたがたを〜のくびきの下に
37:26　わたしは彼らと平和の〜を結ぶ
ダニ9:27　多くの者と堅い〜を結び
11:28　彼の心は聖なる〜に敵対して
ホセ6:7　彼らはアダムのように〜を破り
8:1　彼らがわたしの〜を破り
10:4　むなしい誓いを立てて〜を結ぶ
マラ2:4　わたしがレビとの〜を保つために
2:10　私たちの先祖の〜を汚すのか
2:14　あなたの〜の妻であるのに
マタ26:28　これは…わたしの〜の血です
マコ14:24　これは…わたしの〜の血です
ルカ1:72　聖なる〜を覚えておられた
22:20　わたしの血による、新しい〜です
使3:25　〜の子です。この〜は、神が
7:8　アブラハムに割礼の〜を与えられ
ロマ11:27　彼らと結ぶわたしの〜…である
Ⅰコリ11:25　わたしの血による新しい〜です
Ⅱコリ3:6　新しい〜に仕える者となる資格を
3:14　古い〜が朗読されるときには
ガラ3:17　先に神によって結ばれた〜を
エペ2:12　約束の〜については他国人で
ヘブ7:22　もっとすぐれた〜の保証と
8:8　ユダの家との新しい〜を実現させ
9:15　キリストは新しい〜の仲介者です
9:19　〜の書自体にも民全体にも
10:16　わたしが 彼らと結ぶ〜はこうで
黙11:19　神の〜の箱が神殿の中に見えた

けいれい（敬礼）

マコ15:18　…と叫んで〜し始めた

けがす（汚す）

出31:14　これを〜す者は必ず殺され
レビ15:31　ただ中にあるわたしの幕屋を〜し
18:21　神の名を〜してはならない
18:24　何によっても身を〜しては
19:29　娘に淫行をさせて〜しては
24:11　御名を〜し、ののしったので
民19:13　…者はみな、主の幕屋を〜す
19:13　身の〜を除かない者はみな
19:20　主の聖所を〜したからである
35:34　ただ中に宿る土地を〜しては
ネヘ13:29　祭司職とレビ人たちの契約を〜し
詩74:7　その地まで〜しました
79:1　侵入し あなたの聖なる宮を〜し
イザ24:5　その住民の下で〜されている
エレ2:7　入って来て、わたしの地を〜し
16:18　地を忌まわしいものの屍で〜し
エゼ5:11　わたしの聖所を〜したので
20:31　あらゆる偶像で身を〜してきた
22:8　わたしの安息日を〜した
22:26　わたしは彼らの間で〜されている
23:38　聖所を〜し…安息日を〜し
28:18　不義を重ね、あなたの聖所を〜し
37:23　背きによって身を〜すことはない
39:7　わたしの聖なる名を〜させない
43:8　わたしの聖なる名を〜した
ダニ1:8　身を〜さないようにさせてくれ
マタ15:18　それが人を〜すのです
マコ7:15　中から出て来るものが、人を〜す
7:20　それが人を〜すのです
使19:37　彼らは神殿を〜した者でも
26:11　御名を〜すことばを…言わせ
ロマ2:24　御名は異邦人の間で〜されている
Ⅰコリ8:7　弱い良心が〜されてしまいます
黙3:4　その衣を〜さなかった者たちが

けがれ（汚れ；汚れる）

レビ5:3　〜れると言われる人間の〜れに
13:3　調べ、彼を〜れていると宣言する
13:45　『〜れている、〜れている』と
民19:11　死人に触れる者は…七日間〜れる
31:20　すべて〜を除かなければならない
エズ9:11　隅々まで〜れで満ちてしまった地
雅6:9　〜れのないひと、私の鳩は
イザ6:5　唇の〜れた者で、唇の〜れた民の
52:1　無割礼の〜れた者は、もう二度と
59:3　手は血で、指は咎で〜れている
64:6　みな、〜れた者のようになり
ホセ5:3　イスラエルは〜れてしまった
ハガ2:14　彼らが献げる物も〜れている
ゼカ13:1　罪と〜れをきよめる一つの泉が
マタ12:43　〜れた霊は人から出て行くと
マコ1:23　〜れた霊につかれた人が…いて
5:2　〜れた霊につかれた人が
7:25　〜れた霊につかれていた
ルカ4:33　〜れた悪霊につかれた人がいた
9:42　イエスは〜れた霊を叱り
11:24　〜れた霊は人から出て行くと
使10:14　きよくない物や〜れた物を
10:28　〜れた者であるとか言っては
ロマ1:24　欲望のままに〜れに引き渡され
Ⅰコリ7:14　子どもは〜れていることになり
Ⅱコリ12:21　犯した〜れと淫らな行いと好色を
Ⅱテモ3:2　人々は…〜れた者になります
Ⅱペテ2:20　世の〜れから逃れたのに、再び

げきど（激怒）

Ⅱ列5:11　しかしナアマンは〜して去り
ヨブ16:9　神は〜して私を攻めたて

けす（消す）
出32:32　私の名を～し去ってください
申9:14　彼らの名を天の下から～し去る
25:19　天の下から～し去らなければ
29:20　名を天の下から～し去られる
Ⅱ列14:27　名を天の下から～し去ろうとは
詩109:14　母の罪が～し去られませんように
雅8:7　大水もその愛を ～すことが
イザ42:3　くすぶる灯芯を～すこともなく
44:22　罪をかすみのように～し去った
マタ12:20　くすぶる灯芯を～すこともない
Ⅰﾃｻ5:19　御霊を～してはいけません

けっかん（欠陥）
レビ21:17　身に～のある者はだれも
ダニ1:4　それは、その身に何の～もなく

けっこん（結婚）
マタ5:32　離縁された女と～すれば、姦淫を
ルカ14:20　～したので、行くことが
16:18　妻を離縁して別の女と～する者は
Ⅰｺﾘ7:8　～していない人とやもめに
7:10　すでに～した人たちに命じます
7:33　～した男は、どうすれば妻に
Ⅰﾃﾓ4:3　彼らは～することを禁じたり
ヘブ13:4　～がすべての人の間で尊ばれ

けっしん（決心）
エス7:7　わざわいを下す～をしたことが

けってい（決定）
箴16:33　そのすべての～は主から来る
ダニ4:24　いと高き方の～です

けってん（欠点）
ダニ6:4　口実も～も見つけられなかった

けつにく（血肉）
Ⅰｺﾘ15:44　～のからだがあるのですから
15:50　～のからだは神の国を

けっぱく（潔白）
Ⅱｻﾑ3:28　主の前にとこしえまで～である
ヨブ4:7　～なのに滅びた者があるか
9:28　あなたが私を～な者となさらない
17:8　～な人は神を敬わない者に
27:17　金は、～な者が分ける
Ⅱｺﾘ7:11　すべての点で～であることを

けつまつ（結末）
伝3:19　人の子の～と獣の～は同じ～だ
9:2　同じ～が、正しい人にも
Ⅰﾍﾟﾃ4:17　神の福音に従わない者たちの～

ゲヘナ
マタ5:22　火の燃える～に投げ込まれます
5:29　全身が～に投げ込まれないほうが
ルカ12:5　殺した後で、～に投げ込む権威を

けむり（煙；煙る）
創19:28　～のように、その地から～が
箴10:26　歯に酢、目に～のようなもの
イザ7:4　二つの～る木切れの燃えさし
ホセ13:3　穴から出る～のようになる
黙15:8　御力から立ち上る～で満たされ

けもの（獣）
創1:24　地の～を種類ごとに生じよ
申7:22　野の～が増えて、あなたを襲う
ヨブ5:23　野の～があなたと和らぐからだ
12:7　しかし ～に尋ねてみよ
18:3　私たちは～のように見なされ
詩49:12　人は滅び失せる～に等しい
伝3:19　人の子の結末と～の結末は同じ
ダニ4:25　あなたは…野の～とともに住み
7:3　四頭の大きな～が海から上がって
Ⅰｺﾘ15:32　エペソで～と戦ったのなら
黙13:11　別の～が地から上って来るのを
17:8　あなたが見た～は、昔はいたが

けらい（家来）
Ⅱ列25:24　カルデア人の～たちを恐れては

ケルビム
創3:24　～と、輪を描いて回る炎の剣を
出25:18　二つの金の～を作る。槌で打って
26:1　～を織り出さなければならない
Ⅱｻﾑ22:11　主は、～に乗って飛び
Ⅰ列6:23　オリーブ材で二つの～を作った
イザ37:16　～の上に座しておられる
エゼ9:3　～の上にあったイスラエルの神の
10:3　～は神殿の南側に立っていて
28:14　油注がれた守護者～として
ヘブ9:5　栄光の～が「宥めの蓋」を

けんい（権威）
イザ22:21　彼の手にあなたの～を委ねる
マタ7:29　～ある者として教えられたから
8:9　私も～の下にある者だからです
9:6　地上で罪を赦す～を持っている
21:23　だれがあなたにその～を授けた
28:18　すべての～が与えられています
マコ1:22　～ある者として教えられたから
2:10　人の子が…罪を赦す～を持って
3:15　悪霊を追い出す～を持たせるため
6:7　汚れた霊を制する～をお授けに
11:28　何の～によって、これらのことを
ルカ4:36　～と力をもって命じられると
5:24　人の子が地上で罪を赦す～を
7:8　私も～の下に置かれている者
9:1　病気を癒やす力と～を、彼らに
10:19　あらゆる力に打ち勝つ～を授け
20:2　何の～によって、これらのことを

ヨハ5:27 さばきを行う～を子に与えて
10:18 わたしには、それを捨てる～が
19:10 十字架につける～もあることを
ロマ13:1 存在している～はすべて、神に
Ⅱコリ10:8 私たちに与えてくださった～に
13:10 この～が私に与えられたのは
テト3:1 支配者たちと～者たちに服し
黙2:26 諸国の民を支配する～を与える
12:10 神のキリストの～が現れた
13:2 自分の王座と大きな～を与えた

げんき（元気）
創18:5 それで～をつけて、それから旅を
45:27 車を見ると、父ヤコブは～づいた
ヨブ21:23 ある者は～盛りの時に死ぬ
雅2:5 りんごで～づけてください
使27:22 勧めます。～を出しなさい
27:25 皆さん、～を出しなさい

けんきょ（謙虚）
Ⅰペテ3:8 心の優しい人となり、～であり

けんきん（献金）
マコ12:41 お金を～箱へ投げ入れる様子を
ルカ21:1 金持ちたちが～箱に～を投げ入れ
ヨハ8:20 ～箱の近くでこのことを話された
Ⅰコリ16:1 聖徒たちのための～については

けんげん（権限）
使9:14 名を呼ぶ者たちをみな捕縛する～

けんご（堅固）
Ⅱテモ2:19 神の～な土台は据えられていて

けんこう（健康）
箴17:22 喜んでいる心は～を良くし
Ⅲヨハ2 また～であるように祈ります

けんしゃくかんちょう（献酌官長）
創40:9 ～はヨセフに自分の夢を話した

けんじょうひん（献上品）
詩68:29 あなたに～を携えて来ます

けんぜん（健全）
詩38:3 骨には ～なところがありません
イザ1:6 足の裏から頭まで ～なところは
Ⅱテモ1:13 ～なことばを手本にしなさい
テト2:2 信仰と愛と忍耐において～である
2:8 ～なことばを用いなさい

けんそん（謙遜）
Ⅱサム22:36 あなたの～は私を大きくします
詩18:35 あなたの～は私を大きくします
箴15:33 ～は栄誉に先立つ
18:12 ～は栄誉に先立つ

けんちく（建築）
Ⅰ列6:1 主の家の～に取りかかった

けんとう（拳闘）
Ⅰコリ9:26 空を打つような～もしません

けんめい（賢明）
ヨブ17:4 心を～さから引き離されました。
箴19:11 人に～さがあれば、怒りを遅く
ダニ12:3 ～な者たちは大空の輝きのように

けんり（権利）
創25:31 長子の～を売ってください
27:36 私の長子の～を奪い取り
ルツ2:20 買い戻しの～のある親類の一人
3:9 買い戻しの～のある親類です
ヨブ36:6 神は…～を与えられる
エレ5:28 貧しい人々の～を擁護しない
Ⅰコリ8:9 この～が、弱い人たちのつまずき
9:18 自分の～を用いない、ということ

けんりょく（権力）
創42:6 ヨセフはこの地の～者であり
ダニ11:5 彼の～よりも大きな～をもって
ゼカ4:6 ～によらず、能力によらず
マコ10:42 偉い人たちは人々の上に～を
ルカ4:6 国々の～と栄光をすべてあなたに
Ⅰコリ15:24 あらゆる権威、～を滅ぼし

こ

こ（子）
創15:2 私は～がないままで死のうと
民14:18 必ず罰し、父の咎を～に報い
Ⅱサム7:14 彼はわたしの～となる
18:33 アブサロム。わが～よ、わが～よ
Ⅱ列4:14 彼女には～がなく、それに
Ⅰ歴17:13 彼はわたしの～となる
ヨブ8:4 あなたの～らが神の前に罪ある者
詩2:7 あなたはわたしの～。わたしが
2:12 ～に口づけせよ
箴17:25 愚かな～はその父の憂い
イザ21:3 ～を産む時のような苦しみが私を
エレ31:20 わたしの大切な～、喜びの～
エゼ18:20 ～は父の咎について負い目がなく
ホセ11:1 エジプトからわたしの～を呼び
ミカ6:7 ～を献げるべきだろうか
7:6 ～は父を侮り、娘はその母に
マラ4:6 彼は、父の心を～に向けさせ
マタ3:9 アブラハムの～らを起こすことが
17:26 ～たちにはその義務がないのです
22:42 言った。「ダビデの～です。」
マコ9:7 これはわたしの愛する～
13:12 父は～を死に渡し、子どもたちは
14:61 ほむべき方の～キリストなのか
ルカ1:66 いったいこの～は何になるので
3:8 アブラハムの～らを起こすことが

ルカ8:54 〜よ、起きなさい
19:9 この人もアブラハムの〜なのです
20:44 キリストがダビデの〜なので
使13:33 あなたはわたしの〜。わたしが
ロマ1:4 神の〜として公に示された方
8:15 〜とする御霊を受けたのです
8:23 〜にしていただくこと、すなわち
9:4 〜とされることも、栄光も
Ⅱコリ12:14 〜が親のために蓄える必要は
ガラ3:7 アブラハムの〜…と知りなさい
4:7 〜であれば、神による相続人です
ヘブ5:5 あなたはわたしの〜。わたしが
黙12:4 その〜を食べてしまおうとして

こい（恋）
エゼ33:32 美しく歌う〜の歌のようだ

こいしたう（恋い慕う）
創3:16 また、あなたは夫を〜うが、彼は
雅3:1 私のたましいの〜う方を捜して
7:10 あの方は私を〜う

こいぬ（小犬）
マタ15:26 〜に投げてやるのは良くない
マコ7:28 食卓の下の〜でも、子どもたちの

こいびと（恋人）
エレ4:30 〜たちはあなたを嫌い
30:14 あなたの〜たちはみな、あなたを

こう（乞う）
詩37:25 その子孫が食べ物を〜うことを

こう（香）
出30:1 〜をたくための祭壇を作れ
30:35 調香の技法を凝らして…〜を作れ
37:25 アカシヤ材で〜の祭壇を作った
民16:17 火皿を取り、その上に〜を盛り
Ⅱ歴26:16 〜の壇の上で〜をたこうとして
詩141:2 私の祈りが 御前への〜として
雅4:10 すべての〜料にまさっている
エゼ8:11 〜の濃い雲が立ち上っていた
マラ1:11 献げられ、〜がたかれる
ルカ1:9 主の神殿に入って〜をたくことに
ヨハ19:40 〜料と一緒に亜麻布で巻いた

こうい（好意）
創32:5 ご〜を得ようと使いをお送りし
33:8 あなた様のご〜を得るためのもの
出3:21 エジプトがこの民に〜を持つよう
11:3 エジプトがこの民に〜を持つよう
12:36 エジプトがこの民に〜を持つよう
Ⅱサム14:22 このしもべがご〜を受けている
エス2:15 すべての者から〜を受けていた
詩45:12 富む者も あなたの〜を求めて
箴3:4 神と人の前に〜を得、聡明であれ

こううん（幸運）
創30:11 レアは「〜が来た」と言って

こうか（高価）
イザ43:4 目には、あなたは〜で尊い
マタ13:46 〜な真珠を一つ見つけた商人は
Ⅰペテ1:7 朽ちていく金よりも〜であり

こうかい（後悔）
マタ27:3 死刑に定められたのを知って〜し

こうかい（紅海）
使7:36 〜で、また四十年の間荒野で
ヘブ11:29 陸地を行くのと同じように〜を

こうかい（航海）
使27:10 この〜は積荷や船体だけでなく

こうかん（高官）
使7:10 王の全家を治める〜に任じました

こうかん（交換）
エゼ27:17 乳香をおまえの商品と〜した

こうぎ（抗議）
創21:25 井戸のことで…〜した
ガラ2:11 私は面と向かって〜しました

こうき（高貴）
箴8:6 聞け。わたしは〜なことを語り

こうげん（巧言）
ダニ11:32 〜をもって堕落させるが

こうざ（口座）
ピリ4:17 霊的な〜に加えられていく実

こうさい（交際）
Ⅰコリ15:33 悪い〜は良い習慣を損なう

こうじ（工事）
エズ2:69 〜資金として金六万一千ダリク
ネヘ3:5 〜に協力しなかった

こうし（子牛）
創18:7 おいしそうな〜を取り、若い者に
出32:4 鋳型を造り、それを鋳物の〜に
32:24 この〜が出て来たのです
士14:18 私の雌の〜で耕さなかったなら
Ⅰ列12:28 王は相談して金の〜を二つ造り
詩106:19 ホレブで〜を造り 鋳物の像を
ルカ15:23 肥えた〜を引いて来て屠りなさい
使7:41 彼らが〜を造ったのはそのころで

こうじゅつ（口述）
エレ36:18 これらのことばをすべて私に〜し

ごうじょう（強情）
申21:20 この息子は〜で逆らいます
イザ1:23 おまえの君主たちは〜者

こうずい（洪水）
創6:17 大水を、大〜をもたらそうと
9:11 大〜が再び…地を滅ぼすような
詩29:10 主は 大〜の前から 御座に着いて
マタ7:27 雨が降って〜が押し寄せ、風が

ルカ17:27 ～が来て、すべての人を滅ぼして

こうせい（公正）

詩98:9 ～をもって諸国の民をさばかれる
99:4 あなたは ～を堅く立て
112:5 自分に関わることを～に扱う人は
箴21:3 義と～を行うことは
イザ59:11 ～を待ち望むが、それはなく
エゼ18:25 『主の道は～でない』と言って
アモ5:24 ～を水のように、義を、絶えず
ミカ6:8 ただ～を行い、誠実を愛し
マラ2:6 平和と～さのうちに、彼は…歩み

こうぞう（構造）

エゼ43:11 彼らに神殿の～とその模型

こうどう（坑道）

ヨブ28:10 彼は岩に～を切り開き

ごうとう（強盗）

エレ7:11 あなたがたの目に～の巣と見えた
マコ14:48 まるで～にでも向かうように
15:27 イエスと一緒に二人の～を
ルカ10:30 ～に襲われた。～たちはその人の
ヨハ18:40 バラバは～であった

こうにゅうしょうしょ（購入証書）

エレ32:12 ～に署名した証人たちと

こうのとり

レビ11:19 ～、鷺の類、やつがしら
ヨブ39:13 その羽は～の羽毛のようだろうか
エレ8:7 ～も、自分の季節を知っている

こうはい（荒廃）

ゼパ1:15 苦難と苦悩の日、～と滅亡の日

こうばしい（芳しい）

創8:21 主は、その～しい香りをかがれた

こうふく（降伏）

申20:10 町に近づいたときには、まず～を
Ⅱ列25:11 バビロンの王に～した投降者たち

こうへい（公平）

Ⅰペテ1:17 わざに従って～にさばかれる方

こうまん（高慢）

箴16:18 ～は破滅に先立ち、高ぶった霊は
ダニ5:20 霊が頑なになり、～にふるまった
ホセ5:5 イスラエルの～はその顔に表れて
オバ3 おまえの～は、おまえ自身を
ゼパ2:10 これは彼らの～のためだ
マコ7:22 ねたみ、ののしり、～、愚かさで
Ⅱコリ12:7 すばらしさのため～にならない
Ⅰテモ6:4 その人は～になっていて

ごうまん（傲慢）

詩19:13 ～から守ってください

ごうもん（拷問）

ヘブ11:35 釈放されることを拒んで～を受け

こうゆ（香油）

詩23:5 頭に～を注いでくださいます
伝10:1 調香師の～を臭くし、腐らせる
マタ26:7 非常に高価な～の入った小さな壺
ルカ7:38 その足に口づけして～を塗った
23:56 戻って香料と～を用意した
ヨハ11:2 このマリアは、主に～を塗り

こえ（声）

創27:22 ～はヤコブの～だが、手はエサウ
申4:33 語られる神の～を聞いて
8:20 主の御～に聞き従わないから
28:45 神、主の御～に聞き従わず
Ⅰサム1:13 ～は聞こえなかった
15:14 羊の～、私に聞こえる牛の～は
Ⅱサム22:7 主はその宮で私の～を聞かれ
Ⅰ列19:12 火の後に、かすかな細い～が
詩29:3 主の～は水の上にあり 栄光の神
68:33 御～を発せられる。力強い御～を
イザ30:30 主は威厳ある御～を聞かせ
40:3 荒野で叫ぶ者の～がする
40:6 「叫べ」と言う者の～がする
66:6 敵に報復する主の御～が
ヨエ2:11 先頭に立って ～をあげられる
マタ3:3 荒野で叫ぶ者の～がする
3:17 天から～があり、こう告げた
17:5 雲の中から「…」という～がした
マコ1:11 すると天から～がした
9:7 雲の中から～がした
ルカ3:4 荒野で叫ぶ者の～がする
9:35 雲の中から言う～がした
ヨハ1:23 荒野で叫ぶ者の～…です
5:25 神の子の～を聞く時が来ます
5:37 一度もその御～を聞いたことも
使4:24 神に向かって～をあげた
7:31 近寄ったところ、主の御～が
12:22 神の～だ。人間の～ではない
26:14 ヘブル語で自分に語りかける～を
Ⅱペテ1:18 天からかかったこの御～を
黙14:2 また、私は天からの～を聞いた

ごえいちょう（護衛長）

Ⅰ歴11:25 ダビデは彼を自分の～にした

こえふとる（肥え太る）

申32:15 エシュルンは～ったとき、足で

こおり（氷）

詩147:17 主は～をパン屑のように投げつけ

こがたな（小刀）

エレ36:23 王は書記の～でそれを裂いては

こきょう（故郷）

ヘブ11:14 自分の～を求めていることを

こぐ（漕ぐ）
ルカ5:4 深みに～ぎ出し、網を下ろして
ヨハ6:19 三十スタディオンほど～ぎ出した
こくいん（刻印）
黙13:16 右の手あるいは額に～を受けさせ
14:9 自分の額か手に～を受けるなら
19:20 獣の～を受けた者たち
こくせき（国籍）
ピリ3:20 私たちの～は天にあります
こくはく（告白）
レビ5:5 自分が陥っていた罪を～し
26:40 先祖たちの咎を…～するが
民5:7 自分が行った罪を～しなければ
ヨシ7:19 主に栄光を帰し、主に～しなさい
エズ10:1 涙ながらに祈り～しているとき
10:11 主に～して、そのみむねに
詩32:5 私の背きを主に～しよう
ダニ9:4 私の神、主に祈り、～した
マタ3:6 自分の罪を～し、ヨルダン川で
マコ1:5 自分の罪を～し、ヨルダン川で
ヨハ1:20 ヨハネはためらうことなく～し
9:22 イエスをキリストであると～する
使19:18 自分たちのしていた行為を～し
ロマ10:9 あなたの口でイエスを主と～し
10:10 口で～して救われるのです
14:11 すべての舌は、神に～する
Ⅰﾃﾓ6:12 証人たちの前ですばらしい～を
ヘブ4:14 信仰の～を堅く保とうでは
11:13 寄留者であることを～して
Ⅰﾖﾊ1:9 私たちが自分の罪を～するなら
4:15 神の御子であると～するなら
こくはつ（告発）
ヨハ18:29 この人に対して何を～するのか
こくみん（国民）
Ⅰｻﾑ8:5 ほかのすべての～のように
Ⅱｻﾑ7:23 地上のどの～があなたの民
こくもつ（穀物）
創41:56 ヨセフはすべての～倉を開けて
レビ2:1 人が主に～のささげ物を献げる
6:14 ～のささげ物についてのおしえ
詩20:3 あなたの～のささげ物をすべて
使7:12 ヤコブはエジプトに～があると
Ⅰｺﾘ15:37 そのほかの～であれ、ただの種
黙14:15 地の～は実っています
こころ（心）
創6:6 悔やみ、～を痛められた
6:8 ノアは主の～にかなっていた
8:21 人の～が思い図ることは
30:22 神はラケルに～を留められた
37:11 父はこのことを～にとどめていた
45:5 ～を痛めたり自分を責めたり
出8:32 ファラオはまたも～を硬くし
13:17 ～変わりし、エジプトに引き返す
33:12 特にわたしの～にかなっている
35:21 ～を動かされた者、霊に促しを
申6:5 ～を尽くし、いのちを尽くし
10:12 ～を尽くし、いのちを尽くし
17:20 王の～が自分の同胞の上に高ぶる
30:6 あなたの～と…子孫の～に割礼を
30:14 みことばは…あなたの～にあって
ヨシ24:23 主に～を傾けなさい
士8:34 主を、～に留めなかった
16:28 どうか私を～に留めてください
Ⅰｻﾑ1:11 私を～に留め、このはしためを
7:3 ～を主に向け、主にのみ仕え
10:9 サウルに新しい～を与えられた
10:26 神に～を動かされた勇者たちは
13:14 主はご自分の～にかなう人を求め
16:7 人はうわべを見るが、主は～を
18:1 ヨナタンの～はダビデの～に
24:5 切り取ったことについて～を痛め
Ⅱｻﾑ7:3 あなたの～にあることをみな
14:11 あなたの神、主に～を留め
15:6 イスラエルの人々の～を盗んだ
16:12 主は私の～をご覧になるだろう
Ⅰ列1:6 彼のことで～を痛めたことは
3:9 聞き分ける～をしもべに与えて
8:48 ～のすべて、たましいのすべて
11:9 彼の～が…主から離れたから
15:14 アサの～は生涯、主とともにあり
Ⅱ列5:26 私の～はおまえと一緒に歩んで
6:11 アラムの王の～は激しく動揺した
22:19 ～を痛めて主の前にへりくだり
Ⅰ歴17:2 あなたの～にあることをみな
29:17 あなたは～を試される方で
Ⅱ歴6:38 捕囚の地で、～のすべて
16:9 その～がご自分と全く一つに
17:6 彼の～は主の道を大いに誇りとし
24:22 誠意を～に留めず、かえって
26:16 ～は高ぶり、ついに身に滅びを
エズ6:22 アッシリアの王の～を彼らに
7:10 教えようと～を定めていた
ネヘ2:12 私の～に示しておられることを
ヨブ1:8 しもべヨブに～を留めたか
11:13 もし、あなたが～を定め
17:11 私の～の願いも砕かれた
23:16 神は私の～を弱くされた
31:9 もし、私の～が女に惑わされ
36:13 ～で神を敬わない者は怒りを蓄え
詩14:1 愚か者は～の中で「神はいない」

19:8 戒めは真っ直ぐで 人の～を
24:4 手がきよく ～の澄んだ人
41:1 弱っている者に～を配る人は
44:21 神こそ ～の秘密を知っておられ
45:1 すばらしいことばで…～は
51:10 神よ 私にきよい～を造り
53:1 愚か者は～の中で「神はいない」
78:18 彼らは～のうちで神を試み
89:47 ～に留めてください。私の生涯が
119:11 あなたのみことばを～に蓄えます
136:23 主は～に留められた
143:4 ～は私の中で 荒れすさんで
箴3:3 ～の板に書き記せ
4:23 何を見張るよりも、あなたの～を
4:26 あなたの足の道筋に～を向けよ
18:12 人の～の高慢は破滅に先立ち
23:7 ～のうちでは勘定ずくだから
23:26 あなたの～をわたしにゆだねよ
26:23 燃える唇も、～が悪いなら
27:19 人の～は、その人に映る
伝10:2 知恵のある者の～は右を向き
イザ7:4 ～を弱らせてはならない
29:13 その～がわたしから遠く離れて
38:3 真実と全き～をもって、あなたの
43:18 先のことに～に留めるな。昔の
58:10 飢えた者に～を配り、苦しむ者の
59:15 公正がないことに～を痛められた
エレ3:10 ～のすべてをもってわたしに
17:9 人の～は何よりもねじ曲がって
31:33 彼らの～にこれを書き記す
32:39 彼らに一つの～と一つの道を
エゼ11:19 わたしは彼らに一つの～を与え
36:26 石の～を取り除き…肉の～を
44:7 ～に割礼を受けず、肉体にも
ダニ4:16 その～を、人間の～から変えて
ホセ10:2 彼らの～は偽りだ
ミカ7:2 ～の直ぐな者は一人もいない
マラ4:6 父の～を子に向けさせ、子の～を
マタ5:3 ～の貧しい者は幸いです
5:8 ～のきよい者は幸いです
5:28 ～の中ですでに姦淫を犯した
6:21 そこにあなたの～もあるのです
8:3 わたしの～だ。きよくなれ
13:15 この民の～は鈍くなり、耳は遠く
15:8 ～はわたしから遠く離れている
15:19 ののしりは、～から出て来るから
18:19 地上で～を一つにして祈るなら
22:37 ～を尽くし、いのちを尽くし
マコ1:40 お～一つで…きよくすることが
2:8 あなたがたは～の中でそんなこと
7:6 その～はわたしから遠く離れて
7:21 人の～の中から、悪い考えが出て
8:17 ～を頑なにしているのですか
10:5 あなたがたの～が頑ななので
12:30 あなたは～を尽くし、いのちを
16:14 不信仰と頑なな～をお責めに
ルカ1:17 父たちの～を子どもたちに向け
2:19 ～に納めて、思いを巡らしていた
2:51 これらのことをみな、～に留めて
6:45 その～の良い倉から良い物を出し
11:17 イエスは彼らの～を見抜いて
24:32 私たちの～は内で燃えていた
24:38 どうして～に疑いを抱くのです
ヨハ7:38 その人の～の奥底から、生ける水
12:40 彼らの～を頑なにされた
14:1 ～を騒がせてはなりません
14:27 ～を騒がせてはなりません
16:6 あなたがたの～は悲しみで
使1:24 すべての人の～をご存じである
2:26 私の～は喜び、私の舌は喜びに
2:46 毎日～を一つにして宮に集まり
4:32 信じた大勢の人々は～と思いを
5:9 なぜあなたがたは、～を合わせて
8:21 おまえの～が神の前に正しくない
15:8 人の～をご存じである神は
16:14 主は彼女の～を開いて、パウロの
21:13 泣いたり私の～をくじいたりして
28:27 この民の～は鈍くなり、耳は
ロマ2:15 律法の命じる行いが自分の～に
8:27 人間の～を探る方は
9:2 私の～には絶えず痛みがあります
10:9 あなたの～で…と信じるなら
11:34 だれが主の～を知っている
Ⅰコリ2:9 人の～に思い浮かんだことがない
7:32 主のことに～を配ります
Ⅱコリ3:3 人の～の板に書き記されたもの
3:15 彼らの～には覆いが掛かって
6:11 私たちの～は広く開かれて
9:7 ～で決めたとおりにしなさい
ガラ2:10 貧しい人たちのことを～に留める
Ⅱテサ3:5 主があなたがたの～を導いて
Ⅰテモ1:5 きよい～と健全な良心と
Ⅱテモ2:8 キリストのことを～に留めて
ヘブ2:1 ますますしっかりと～に留め
3:8 ～を頑なにしてはならない
4:12 ～の思いやはかりごとを見分ける
8:10 彼らの～にこれを書き記す
Ⅰヨハ3:20 たとえ自分の～が責めたとして
黙2:23 思いと～を探る者であることを
18:14 おまえの～が欲しがる果物は

こころざし（志）
Ⅰ歴28:2　安息の家を建てる～を持ち
イザ26:3　～の堅固な者を、あなたは
ピリ2:13　うちに働いて～を立てさせ
こころづかい（心づかい）
Ⅱコリ11:28　すべての教会への～があります
こころづよい（心強い）
Ⅱコリ5:6　私たちはいつも～のです
こころみ（試み）
イザ28:16　これは～を経た石、堅く据え
マタ6:13　私たちを～にあわせないで
マコ1:13　サタンの～を受けられた
ルカ4:2　四十日間、悪魔の～を受けられ
11:4　私たちを～にあわせないで
ヘブ4:15　私たちと同じように～にあわれ
こころみる（試みる）
出15:25　そこで彼を～み
17:7　…と言って、主を～みたから
民14:22　十度もこのようにわたしを～み
申6:16　主を～みてはならない
13:3　あなたがたを～みておられるから
士2:22　国民によってイスラエルを～みる
6:39　もう一度だけ～みさせてください
詩26:2　主よ 私を調べ ～みてください
78:18　彼らは心のうちで神を～み
78:41　彼らは繰り返し神を～み
78:56　彼らはいと高き神を～み
95:9　わたしを～み わたしを試した
106:14　欲望にかられ 荒れ地で神を～み
イザ7:12　私は求めません。主を～みません
マラ3:15　神を～みても罰を免れる…と
マタ4:3　～みる者が近づいて来て言った
4:7　神である主を～みてはならない
19:3　イエスを～みるために言った
マコ8:11　イエスを～みようとしたのである
ルカ4:12　神である主を～みてはならない
11:16　イエスを～みようとして
ヨハ8:6　イエスを～みてこう言った
使5:9　主の御霊を～みたのか
15:10　首に掛けて、神を～みるのですか
Ⅰコリ10:9　キリストを～みることのない
ヘブ2:18　～みられている者たちを助ける
こざかな（小魚）
マコ8:7　また、～が少しあったので
こじ（孤児）
申14:29　～や、やもめが来て食べ
エレ5:28　～のために正しいさばきをして
ヨハ14:18　わたしは、あなたがたを捨てて～
ヤコ1:27　～ややもめたちが困っている

こしおび（腰帯）
ヨブ12:21　力ある者たちの～を解き
ごじゅんせつ（五旬節）
使2:1　～の日になって、皆が同じ場所に
Ⅰコリ16:8　～まではエペソに滞在します
ごぞんじ（ご存じ）
使15:8　人の心を～である神は
こたえ（答え；答える；応える）
創35:3　そこに、苦難の日に私に～え
Ⅰサム28:6　お～えにならなかった
Ⅰ列18:24　火をもって～える神、その方が
Ⅱ列18:36　「彼に～えるな」というのが
ヨブ9:14　この私が神に～えられるだろうか
31:35　全能者が私に～えてくださる
33:13　神がいちいち～えてくださらない
42:1　ヨブは主に～えた
詩4:1　私が呼ぶとき ～えてください
27:7　私をあわれみ…～えてください
箴15:1　柔らかな～えは憤りを鎮め
26:4　その愚かさに合わせて～えるな
雅5:6　あの方は～えられませんでした
イザ30:19　あなたに～えてくださる
65:24　呼ばないうちに、わたしは～え
エレ7:13　呼んだのに、～えもしなかった
33:3　そうすれば…あなたに～え
ホセ2:21　わたしは天に～え、天は地に～え
ルカ23:9　何もお～えにならなかった
ごちそう
ネヘ8:10　～を食べ、甘いぶどう酒を
箴23:3　その～を欲しがってはならない
哀4:5　～を食べていた者たちは 街頭で
こつにく（骨肉）
Ⅰ歴11:1　私たちはあなたの～です
こと（琴）
イザ38:20　主の宮で～を奏でよう
こどう（鼓動）
詩38:10　私の胸は激しく～し 私の力は
こどく（孤独）
詩68:6　神は～な者を家に住まわせ
ことなる（異なる）
出33:16　地上のすべての民と～なり
レビ10:1　命じたものではない～なる火を
民3:4　主の前に～なる火を献げたときに
26:61　主の前に～なる火を献げたときに
ことば
創11:1　一つの話し～、一つの共通の～で
15:1　主の～が幻のうちにアブラムに
出9:20　家臣のうちで主の～を恐れた者は
民11:23　わたしの～が実現するかどうかは
24:13　主の～に背くことは、良いこと

申4:10　彼らにわたしの～を聞かせる
5:5　主の～をあなたがたに告げた
11:18　わたしのこの～を心とたましいに
17:9　あなたに判決の～を告げる
18:18　彼の口にわたしの～を授ける
30:14　み～は、あなたのすぐ近くにあり
Ⅰサム3:1　主の～はまれにしかなく
9:27　神の～をお聞かせしますから
Ⅱサム7:4　主の～がナタンにあった
Ⅰ列12:22　シェマヤに次のような神の～が
14:18　アヒヤによって語られた～の
Ⅱ列6:12　寝室の中で語られる～までも
9:36　エリヤによって語られた～の
20:19　告げてくれた主の～はありがたい
Ⅰ歴17:3　次のような神の～がナタンに
Ⅱ歴10:15　～を主が実現されるためであった
ネヘ13:24　ユダヤの～が分からなかった
ヨブ6:10　聖なる方の～を、拒んだことは
6:26　～で私を責めるつもりか
15:3　益にならない～で…論じる
23:12　定めよりも神の口の～を蓄えた
29:22　私の～は彼らの上に降り注いだ
詩19:14　私の口の～と 私の心の思いとが
33:4　まことに 主の～は真っ直ぐで
33:6　主の～によって 天は造られた
56:10　私はみ～をほめたたえます
68:11　主はみ～を与えてくださる
81:5　まだ知らなかった～を聞いた
105:19　主の～は彼を錬った
107:20　主はみ～を送って彼らを癒やし
119:9　あなたのみ～のとおりに…守る
119:11　あなたのみ～を心に蓄えます
119:89　あなたのみ～は とこしえから
119:103　み～は 私の上あごになんと甘い
147:15　そのみ～は速やかに走る
箴15:23　時宜にかなった～は、なんと
25:11　時宜にかなって語られる～は
30:5　神の～は、すべて精錬されている
伝10:12　知恵のある者が口にする～は
イザ2:3　エルサレムから主の～が出る
38:4　次のような主の～があった
39:8　告げてくれた主の～はありがたい
40:8　私たちの神の～は永遠に立つ
55:11　わたしの口から出るわたしの～も
66:5　主の～におののく者たちよ
エレ1:2　このエレミヤに主の～があった
5:13　彼らのうちにみ～はない
6:10　主の～は…そしりの的となって
8:9　見よ。主の～を退けたからには
13:10　わたしの～に聞くことを拒み
15:16　あなたのみ～は…楽しみとなり
18:18　彼の…～に耳を傾けることがない
20:8　主の～が…私への嘲りの
23:28　～を受けた者は、わたしの～を
36:6　主の～を…民の耳に読み聞かせよ
44:28　彼らの～の、どちらが成就するか
エゼ37:4　干からびた骨よ、主の～を聞け
アモ8:11　主の～を聞くことの飢饉である
マタ4:4　神の口から出る一つ一つの～で
8:8　ただ、お～を下さい
12:36　口にするあらゆる無益な～に
15:6　神の～を無にしてしまいました
24:35　わたしの～は…消え去ることが
マコ2:2　イエスは…み～を話しておられた
4:14　種蒔く人は、み～を蒔くのです
7:13　神の～を無にしています
12:13　イエスの～じりをとらえようと
13:31　わたしの～は…消え去ることが
16:17　悪霊を追い出し、新しい～で語り
16:20　み～を…確かなものとされた
ルカ1:1　み～に仕える者となった人たちが
2:29　お～どおり…安らかに去らせて
3:2　神の～が…ヨハネに臨んだ
5:1　群衆が神の～を聞こうとして
5:5　お～ですので、網を下ろして
7:7　ただ、お～を下さい
8:11　種は神の～です
8:21　神の～を聞いて行う人たちのこと
11:28　神の～を聞いてそれを守る人たち
21:33　わたしの～は…消え去ることが
ヨハ1:1　～は神とともにあった。～は神で
5:24　わたしの～を聞いて、わたしを
5:38　そのみ～を…とどめてもいません
6:68　永遠のいのちの～を持っておられ
8:31　わたしの～にとどまるなら
8:37　わたしの～が、あなたがたのうち
14:10　わたしがあなたがたに言う～は
15:3　あなたがたに話した～によって
17:6　彼らはあなたのみ～を守りました
17:17　あなたのみ～は真理です
使2:6　それぞれ自分の国の～で…話す
5:20　いのちの～をすべて語りなさい
6:2　神の～を後回しにして、食卓の
6:7　神の～はますます広まっていき
7:22　～にも行いにも力がありました
8:14　サマリアの人々が神の～を受け
10:44　み～を聞いていたすべての人々に
11:1　異邦人たちも神の～を受け入れた
12:24　神の～はますます盛んになり
13:46　神の～は、まずあなたがたに

使15:7　異邦人が私の口から福音の～を
16:32　彼の家にいる者全員に、主の～を
17:11　非常に熱心にみ～を受け入れ
19:10　ギリシア人も主の～を聞いた
19:20　主の～は力強く広まり
20:32　神とその恵みのみ～にゆだねます
ロマ3:2　彼らは神の～を委ねられました
9:6　神の～は無効になったわけでは
10:8　み～は、あなたの近くにあり
10:17　キリストについての～を通して
15:18　キリストは、～と行いにより
Ⅰコリ1:5　あらゆる～とあらゆる知識に
1:18　十字架の～は、滅びる者たちには
14:19　私の知性で五つの～を語りたい
Ⅱコリ2:17　神の～に混ぜ物をして売ったり
ガラ6:6　み～を教えてもらう人は、教えて
エペ5:26　み～により、水の洗いをもって
6:17　御霊の剣、すなわち神の～を
ピリ1:14　ますます大胆にみ～を語るように
2:16　いのちの～をしっかり握り
コロ3:16　キリストの～が、あなたがたの
4:6　あなたがたの～が、いつも親切で
Ⅰテサ1:6　喜びをもってみ～を受け入れ
2:13　事実そのとおり神の～として
Ⅱテサ3:1　主の～が…速やかに広まり
Ⅰテモ4:5　神の～と祈りによって、聖なる
5:17　み～と教えのために労苦している
Ⅱテモ2:9　神の～はつながれていません
2:15　真理のみ～を…説き明かす
4:2　み～を宣べ伝えなさい
テト2:5　神の～が悪く言われることのない
ヘブ4:12　神の～は生きていて、力があり
5:12　神が告げた～の初歩を、もう一度
6:5　神のすばらしいみ～と
7:28　律法の後から来た誓いのみ～は
ヤコ1:21　心に植えつけられたみ～を素直に
Ⅰペテ1:23　いつまでも残る、神の～による
Ⅱペテ1:19　確かな預言のみ～を持って
3:5　地は神の～によって、水から出て
Ⅰヨハ1:1　すなわち、いのちの～について
1:10　私たちのうちに神の～は
2:5　だれでも神の～を守っているなら
2:14　あなたがたのうちに神の～が
黙1:2　神の～とイエス・キリストの証し
3:8　わたしの～を守り、わたしの名を
6:9　神の～と、自分たちが立てた証し
19:13　その名は「神の～」と呼ばれて
20:4　神の～のゆえに首をはねられた

こども（子ども）

申4:10　その～たちに教えることができる
6:7　あなたの～たちによく教え込み
Ⅰ列3:7　私は小さな～で、出入りする術を
Ⅱ列14:6　殺害者の～たちは殺さなかった
Ⅱ歴25:4　彼らの～たちは殺さなかった
詩127:3　～たちは主の賜物 胎の実は報酬
イザ11:6　小さな～がこれを追って行く
エレ31:29　ぶどうを食べると、～の歯が浮く
エゼ5:10　自分の～を食べ、～は自分の父を
18:2　ぶどうを食べると、～の歯が浮く
23:39　偶像のために自分の～を殺し
マタ5:9　その人たちは神の～と呼ばれる
7:11　自分の～たちには良いものを与え
18:2　イエスは一人の～を呼び寄せ
19:13　祈っていただくために～たちが
21:15　宮の中で～たちが…ダビデの子に
マコ7:27　まず～たちを満腹にさせなければ
9:36　イエスは一人の～の手を取って
10:14　～たちを、わたしのところに
ルカ1:17　父たちの心を～たちに向けさせ
6:35　いと高き方の～になります
9:47　イエスは…一人の～の手を取って
11:11　～が魚を求めているのに
ヨハ1:12　神の～となる特権をお与えに
8:39　あなたがたがアブラハムの～なら
12:36　光の～となれるように、光を信じ
ロマ8:14　御霊に導かれる人は…神の～です
8:16　私たちが神の～であることを
9:8　約束の～が子孫と認められる
Ⅰコリ7:14　あなたがたの～は汚れている
14:20　考え方において～になっては
ガラ3:26　信仰により…神の～です
エペ4:14　私たちはもはや～ではなく
6:1　～たちよ。主にあって…両親に
ピリ2:15　傷のない神の～となり
コロ3:20　～たちよ…両親に従いなさい
Ⅰペテ1:14　従順な～となり、以前、無知で
Ⅰヨハ3:1　事実、私たちは神の～です
Ⅱヨハ4　あなたの～たちの中にいるのを

ことわざ

エゼ12:22　あの～は何なのか
16:44　あなたについてこういう～を
ルカ4:23　『医者よ、自分を治せ』という～

ことわる（断る）

ルカ14:18　みな同じように～り始めた

こな（粉）

Ⅰ列17:14　そのかめの～は尽きず
伝12:3　～をひく女たちは少なくなって
ロマ11:16　聖なるものであれば、こねた～も

このましい（好ましい）

創2:9　見るからに～ましく、食べるのに

このみ（好み；好む）
詩16:6　地は定まりました。私の～む所に
こばむ（拒む）
創39:8　彼は～んで、主人の妻に言った
レビ26:15　また、わたしの掟を～み
Ⅰｻﾑ8:7　わたしが…治めることを～んだ
エス1:12　伝えられた王の命令を～み
ヨブ5:17　全能者の訓戒を～んではならない
箴3:11　主の懲らしめを～むな
ホセ11:5　わたしに立ち返ることを～んだ
ルカ10:16　わたしを遣わされた方を～む
ヨハ12:48　わたしを～み、わたしのことばを
Ⅰｺﾘ7:5　互いに相手を～んではいけません
ヘブ11:24　息子と呼ばれることを～み
12:25　語っておられる方を～まないよう
こはん（湖畔）
ヨハ21:1　イエスはティベリア～で、再び
こひつじ（子羊）
Ⅱｻﾑ12:3　一匹の小さな雌の～のほかは
エレ11:19　おとなしい～のようでした
ルカ10:3　狼の中に～を送り出すようなもの
ヨハ1:29　見よ、世の罪を取り除く神の～
21:15　わたしの～を飼いなさい
Ⅰﾍﾟﾃ1:19　傷もなく汚れもない～のような
黙5:6　屠られた姿で～が立っている
5:12　屠られた～は、力と富と知恵と
6:16　～の御怒りから私たちを隠して
7:10　救いは…私たちの神と、～にある
14:1　～がシオンの山の上に立っていた
17:14　彼らは～に戦いを挑みますが
19:7　～の婚礼の時が来て、花嫁は
21:9　～の妻である花嫁を見せましょう
21:14　～の十二使徒の、十二の名が
21:23　～が都の明かりだからである
こぶね（小舟）
マコ3:9　ご自分のために～を用意して
コブラ
イザ11:8　乳飲み子は～の穴の上で戯れ
ごまかす
Ⅱ列18:29　ヒゼキヤに～されるな
こまる（困る）
マタ26:10　なぜこの人を～らせるのですか
マコ14:6　なぜ～らせるのですか
使16:18　～り果てたパウロは、振り向いて
こむぎ（小麦）
士6:11　ぶどうの踏み場で～を打っていた
こや（小屋）
創33:17　家畜のためには～を作った
こやぎ（子やぎ）
申14:21　～をその母の乳で煮てはならない

こらえる
イザ64:12　それでも、あなたはじっと～え
こらしめ（懲らしめ）
箴3:11　わが子よ、主の～を拒むな
イザ53:5　彼への～が私たちに平安を
エレ2:30　その～を受け入れなかった
5:3　～を受けることを拒み
31:18　子牛のように ～を受け
こらしめる（懲らしめる）
レビ26:18　罪に対して七倍重く～らしめる
26:28　七倍重くあなたがたを～らしめる
申22:18　この男を捕らえて～らしめ
Ⅰ列12:11　サソリでおまえたちを～らしめる
詩6:1　憤りで…～らしめないでください
38:1　私を～らしめないでください
39:11　不義を責めて人を～らしめ
箴19:18　望みのあるうちに…～らしめよ
23:13　子どもを～らしめることを
イザ26:16　あなたが～らしめられたとき
エレ10:24　主よ、私を～らしめてください
30:11　さばきによってあなたを～らしめ
46:28　さばきによってあなたを～らしめ
ホセ7:12　わたしは彼らを～らしめる
10:10　彼らを～らしめることが
ハバ1:12　～らしめるために、彼を据えられ
ルカ23:16　むちで～らしめたうえで釈放する
Ⅰｺﾘ11:32　主によって～らしめられる
Ⅱｺﾘ6:9　～られているようでも
黙3:19　みな、叱ったり～らしめたりする
ごらん（ご覧）
出2:25　イスラエルの子らを～になった
詩119:153　私の苦しみを～になり 私を
ハバ3:6　神が立って～ると、地は揺るぎ
コルバン
マコ7:11　～（すなわち、ささげ物）です
ころう（古老）
ヨブ15:10　白髪の者も～もいて
ころがす
マコ16:3　石を～がしてくれるでしょうか
ころす（殺す）
創4:8　アベルに襲いかかって～した
20:4　正しい国民…も～されるのですか
出1:16　もし男の子なら、～さなければ
2:14　私も～そうというのか
20:13　～してはならない
民11:15　どうか私を～してください
31:17　男子をみな～せ
申5:17　～してはならない
19:4　意図せずに打ち～してしまった
Ⅱｻﾑ12:9　ヒッタイト人ウリヤを剣で～し

ヨブ13:15 見よ。神が私を～しても
詩44:22 私たちは休みなく～され
ホセ6:9 シェケムへの道で人を～す
マタ5:21 ～してはならない。人を～す者は
10:28 たましいを～せない者たちを
19:18 ～してはならない。姦淫しては
21:38 跡取りだ。さあ、あれを～して
23:37 預言者たちを～し…遣わされた人
マコ8:31 捨てられ、～され、三日後に
10:34 唾をかけ、むちで打ち、～します
12:9 やって来て、農夫たちを～し
ルカ12:4 からだを～しても、その後は
19:47 イエスを～そうと狙っていたが
20:15 外に放り出して、～してしまった
22:2 イエスを～すための良い方法を
ヨハ5:18 イエスを～そうとするように
使2:23 十字架につけて～したのです
ロマ8:13 御霊によってからだの行いを～す
Ⅱコリ3:6 文字は～し、御霊は生かす
コロ3:5 貪欲を～してしまいなさい
Ⅱテサ2:8 彼を御口の息をもって～し
黙6:9 証しのゆえに～された者たちの

ころも（衣）
創3:21 皮の～を作って彼らに着せられた
エズ9:3 ～と上着を引き裂き、髪の毛と
詩45:13 その～には黄金が織り合わされて
雅5:3 私は～を脱いでしまいました
イザ64:6 その義はみな、不潔な～のよう
エゼ16:8 ～の裾をあなたの上に広げ
マタ9:16 そんな継ぎ切れは～を引き裂き
17:2 ～は光のように白くなった
27:35 くじを引いてその～を分けた
マコ2:21 真新しい布切れで古い～に継ぎを
5:27 うしろからイエスの～に触れた
15:24 イエスの～を分けた
ルカ5:36 新しい～から布切れを引き裂いて
8:44 その～の房に触れた
15:22 急いで一番良い～を持って来て
23:34 ～を分けるために、くじを引いた
ヨハ19:5 茨の冠と紫色の～を着けて
19:24 私の～をくじ引きにします
黙6:11 一人ひとりに白い～が与えられた
16:15 目を覚まして～を着ている者は

こわい（怖い）
創43:18 連れて行かれたので、～くなって
ルカ19:21 厳しい方ですから、～かった

こわす
エレ1:10 引き倒し、滅ぼし、～し
マタ26:61 わたしは神の神殿を～して
マコ14:58 人の手で造られたこの神殿を～し
ヨハ2:19 この神殿を～してみなさい
Ⅰコリ3:17 もし、だれかが神の宮を～す

こんえん（婚宴）
黙19:9 子羊の～に招かれている者たちは

こんがん（懇願）
使16:9 一人のマケドニア人が…～する

こんきゅう（困窮）
Ⅰサム22:2 ～している者、負債のある者
ヘブ11:37 ～し、圧迫され、虐待されました

こんごうせき（金剛石）
エレ17:1 鉄の筆と～の先端で記され
ゼカ7:12 彼らは心を～のようにし

こんなん（困難）
マタ13:21 みことばのために～や迫害が

コンパス
イザ44:13 ～で線を引き、人の形に造り

こんや（今夜）
ルカ12:20 ～おまえから取り去られる

こんやく（婚約）
出22:16 まだ～していない処女を誘惑し
申20:7 女と～して、まだ結婚していない
マタ1:18 母マリアはヨセフと～していたが

こんらん（混乱）
士4:15 バラクの前で～させられた
エス3:15 スサの都は～に陥った
箴15:16 豊かな財宝を持って～するよりも
使21:31 エルサレム中が～状態に陥って
Ⅰコリ14:33 神は～の神ではなく、平和の神

こんれい（婚礼）
ルカ12:36 主人が～から帰って来て戸を
ヨハ2:1 ガリラヤのカナで～があり

さ

ざ（座）
ヨブ23:3 その御～にまで行きたいものだ
詩2:4 天の御～に着いておられる方は
9:7 主はとこしえに御～に着き
80:1 ケルビムの上に～しておられる方
93:2 あなたの御～は…堅く立ち
110:1 わたしの右の～に着いていなさい
123:1 天の御～に着いておられる方よ
哀5:19 御～に着かれ、あなたの王～は
エゼ28:2 海の真ん中で神の～に着いている
ダニ7:9 いくつかの御～が備えられ
マタ19:28 あなたがたも十二の～に着いて
マコ12:36 わたしの右の～に着いていなさい
14:62 人の子が力ある方の右の～に着き
ルカ20:42 わたしの右の～に着いていなさい

エペ1:20 ご自分の右の～に着かせて
ヘブ1:3 大いなる方の右の～に着かれ
1:8 あなたの王～は世々限りなく
4:16 大胆に恵みの御～に近づこう
8:1 大いなる方の御～の右に～し
黙4:2 天に御～があり、その御～に
4:4 御～の周りには二十四の～が
20:4 また私は多くの～を見た
20:11 大きな白い御～と…を見た
22:1 川は神と子羊の御～から出て

ざいか（罪過）
申24:16 人が殺されるのは自分の～のゆえ
Ⅰ歴21:3 イスラエルに～をもたらされる
Ⅱ歴25:4 人が死ぬのは、自分の～のゆえで
28:10 主に対して～があるのではないか
詩68:21 自分の～のうちを歩む者の
エペ2:1 自分の～と罪の中に死んでいた者

さいがい（災害）
申28:59 あなたへの～、あなたの子孫への

さいく（細工）
イザ44:12 鉄で～する者は工具を用い
44:13 木で～する者は測り縄で測り

さいけん（再建）
ダニ9:25 ～せよとの命令が出てから

さいけんしゃ（債権者）
イザ50:1 わたしの～とはだれなのか

さいご（最後；最期）
民23:10 私の～が彼らと同じように
エゼ21:25 あなたの日、～の刑罰の時が来た
マタ12:45 その人の～の状態は初めよりも
ルカ9:31 ～について、話していたので
ヨハ13:1 彼らを～まで愛された

さいこう（再興）
使1:6 国を～してくださるのは

ざいさん（財産）
ヨブ42:10 主はヨブの～をすべて、二倍に
詩49:6 彼らは自分の～に拠り頼み
箴3:9 あなたの～で主をあがめよ
11:4 ～は御怒りの日には役に立たない
13:7 多くの～を持つ者がいる
13:11 急に得た～は減るが
13:22 罪人の～は正しい人のために蓄え
19:4 ～は多くの友を増し加え
伝5:11 ～が増えると、寄食者も増える
雅8:7 自分の～をことごとく与えたなら
マタ19:22 多くの～を持っていたからである
ルカ12:15 いのちは～にあるのではない
ヘブ10:34 いつまでも残る～があることを

さいし（祭司）
創14:18 彼はいと高き神の～であった
47:26 ～の土地だけはファラオのものと
出19:6 ～の王国、聖なる国民となる
19:22 主に近づく～たちも自分自身を
28:41 ～職に任命し、彼らを聖別し
民16:10 ～の職まで要求するのか
18:7 ～職を守り、奉仕しなければ
士18:19 父となり、また～となりなさい
Ⅰｻﾑ2:35 忠実な～を…起こし
22:17 近寄って、主の～たちを殺せ
Ⅱ歴11:15 自分のために～たちを任命して
13:9 主の～たちとレビ人を追放し
詩110:4 あなたは…とこしえに～である
イザ24:2 民は～と等しくなり、男奴隷は
61:6 あなたがたは主の～と呼ばれ
エレ4:9 ～は唖然とし、預言者はたじろぐ
哀4:13 ～たちの咎のためである
エゼ44:15 ツァドクの子孫のレビ人の～たち
ヨエ1:13 まとって悼み悲しめ、～たちよ
ゼカ6:13 その王座の傍らに一人の～がいて
マコ2:26 ～以外の人が食べてはならない
14:53 ～長たち、長老たち、律法学者
ルカ1:8 神の前で～の務めをしていたとき
5:14 ただ行って、自分を～に見せ
6:4 ～以外はだれも食べてはならない
使6:7 ～たちが大勢、次々と信仰に
ヘブ7:11 レビ族の～職に基づいて律法を
7:24 変わることがない～職を持って
10:21 この偉大な～がおられるのです
Ⅰﾍﾟﾃ2:5 いけにえを…献げる、聖なる～と
黙1:6 王国とし、～としてくださった方
5:10 彼らを王国とし、～とされました

ざいじょう（罪状）
マタ27:37 …と書かれた～書きを…掲げた
マコ15:26 ～書きには、「ユダヤ人の王」と
ヨハ19:19 ピラトは～書きも書いて
使25:7 多くの重い～を申し立てた

ざいせき（罪責）
レビ24:15 神をののしる者は…～を負う

さいぜん（最善）
Ⅱﾃﾓ2:15 自分を神に献げるように～を尽

さいだん（祭壇）
創8:20 ノアは主のために～を築き
12:7 主のために、そこに～を
13:18 主のために、そこに～を築いた
22:9 彼を～の上の薪の上に載せた
26:25 イサクはそこに～を築き
33:20 ～を築き、それを…と呼んだ
35:1 あなたに現れた神のために～を
出17:15 モーセは～を築き…と呼び
27:1 ～をアカシヤ材で作る。その～は

出38:1 全焼のささげ物の〜を造った
申7:5 彼らの〜を打ち壊し、石の柱を
12:3 彼らの〜を打ち壊し、石の柱を
12:27 主の〜の上に献げなさい
27:5 主のために〜を、石の〜を築き
ヨシ8:30 主のために一つの〜を築いた
22:10 ヨルダン川のそばに一つの〜を
22:23 私たちが〜を築いたことが
Iサム14:35 サウルは主のために〜を築いた
I列1:50 行って〜の角をつかんだ
18:30 壊れていた主の〜を築き直した
II列16:10 ダマスコにある〜を見た
II歴4:1 彼はまた、青銅の〜を造った
33:16 主の〜を築き直し、その上で
詩43:4 私は神の〜に…神のみもとに行き
イザ6:6 〜の上から火ばさみで取った…炭
19:19 主のために一つの〜が建てられ
エゼ6:4 あなたがたの〜は荒らされ
ホセ10:2 主が彼らの〜を壊し
アモ9:1 〜の傍らに主が立っておられる
マタ5:23 〜の上にささげ物を献げようと
使17:23 と刻まれた〜があるのを見つけた
ヘブ13:10 私たちには一つの〜があります

さいなん（災難）
箴1:26 おまえたちが〜にあうときに笑い

さいばん（裁判）
ルカ12:58 〜官のもとにひっぱって行き
18:2 人を人とも思わない〜官がいた
使22:25 〜にもかけずに、むちで打って
25:10 ここで〜を受けるのが当然です

さいふ（財布）
ルカ22:36 今は、〜のある者は〜を持ち

ざいほう（財宝）
I列14:26 主の宮の〜と王宮の〜を奪い
箴15:16 豊かな〜を持って混乱するよりも
21:20 好ましい〜と油がある
イザ33:6 主を恐れることは、その〜である
45:3 秘められている〜と…宝を
エレ20:5 ユダの王たちの〜を敵の手に渡す
ミカ6:10 悪しき者の家には、不正の〜と

さいむしゃ（債務者）
ルカ16:5 主人の〜たちを一人ひとり呼んで

さいわい（幸い）
申33:29 〜なイスラエルよ、だれが
ヨブ5:17 〜なことよ、神が叱責する…人
詩1:1 〜なことよ 悪しき者の
16:2 私の〜は あなたのほかには
32:1 〜なことよ その背きを赦され
34:8 〜なことよ 主に身を避ける人
40:4 〜なことよ 主に信頼を置き
41:1 〜なことよ 弱っている者に
122:9 私はあなたの〜を祈り求めよう
127:5 〜なことよ 矢筒をその矢で
144:15 〜なことよ 主を自らの神と
箴3:13 〜なことよ、知恵を見出す人
8:32 〜なことよ、わたしの道を
28:14 〜なことよ、いつも恐れる心を
マタ5:3 心の貧しい者は〜です
13:16 目は見ているから〜です
ルカ6:20 貧しい人たちは〜です。神の国
11:27 あなたが吸った乳房は〜です
12:38 そのしもべたちは〜です
ヨハ13:17 それを行うなら…〜です
20:29 見ないで信じる人たちは〜です
使20:35 受けるよりも与えるほうが〜で
ガラ4:15 あなたがたの〜は、今どこに
ヤコ5:11 耐え忍んだ人たちは〜だと
Iペテ3:14 あなたがたは〜です
黙14:13 主にあって死ぬ死者は〜である
22:7 ことばを守る者は〜である
22:14 自分の衣を洗う者たちは〜で

さかい（境）
使17:26 住まいの〜をお定めになりました

さかえ（栄え）
エレ33:9 わたしにとって…〜となる

さかえる（栄える）
ヨシ1:8 あなたは〜えるからである
I列2:3 どこへ向かっても、〜えるためだ
II歴26:5 神は彼を〜えるようにされた
詩1:3 そのなすことはすべて〜える
37:7 その道が〜えている者や
72:7 彼の代に 正しい者が〜え
エレ2:37 彼らによって〜えることは決して
12:1 なぜ、悪者の道が〜え
22:30 子を残さず、一生〜えない男
ダニ3:30 バビロン州で〜えさせた
6:28 キュロスの治世に〜えた

さがす（探す；捜す）
民10:33 彼らが休息する場所を〜した
申4:29 主を〜し求め…主にお会いする
箴1:28 わたしを〜し求めても、見出す
8:17 熱心に〜した者は…見出す
雅3:1 〜していました。私が〜しても
エレ29:13 わたしを〜し求めるとき
エゼ22:30 彼らの間に〜し求めた
アモ9:3 そこから〜し出して捕まえる
マタ18:12 〜しに出かけないでしょうか
マコ1:37 皆があなたを〜しています
ルカ11:9 〜しなさい。そうすれば見出し
13:7 いちじくの木に実を〜しに来て

19:10 失われた者を～して救うために
24:5 生きている方を死人の中に～す
ヨハ7:34 あなたがたはわたしを～します
8:21 あなたがたはわたしを～しますが
18:4 「だれを～しているのか」と
20:15 だれを～しているのですか

さかずき（杯）
創44:2 私の～、あの銀の～は
詩11:6 火と硫黄 燃える風が彼らへの～
16:5 主は私への割り当て分 また～
23:5 私の～は あふれています
75:8 主の御手には～があり
116:13 私は救いの～を掲げ 主の御名を
イザ51:17 主の手から憤りの～を飲み
エレ25:28 あなたの手からその～を取って
エゼ23:33 恐怖と荒廃の～
ハバ2:16 主の右の手の～は、おまえの上に
マタ20:22 わたしが飲もうとしている～を
23:25 ～や皿の外側はきよめるが
26:27 ～を取り、感謝…をささげた後
26:39 この～をわたしから過ぎ去らせて
マコ10:38 わたしが飲む～を飲み
14:23 ～を取り、感謝…をささげた後
14:36 この～をわたしから取り去って
ルカ11:39 ～や皿の外側はきよめるが
22:17 ～を取り、感謝…をささげてから
22:42 この～をわたしから取り去って
ヨハ18:11 父がわたしに下さった～を
Ⅰコリ10:16 神をほめたたえる賛美の～は
11:25 この～は、わたしの血による
黙16:19 憤りのぶどう酒の～を与えられた

さかな（魚）
創1:26 こうして彼らが、海の～、空の鳥
出7:21 ナイル川の～は死に、ナイル川は
ヨナ1:17 主は大きな～を備えて、ヨナを
2:10 主は～に命じて、ヨナを陸地に
マタ7:10 ～を求めているのに、蛇を与える
14:17 五つのパンと二匹の～しか
15:34 それに、小さい～が少しあります
17:27 最初に釣れた～を取りなさい
マコ6:38 それに～が二匹あります
ルカ9:13 五つのパンと二匹の～しか
11:11 ～を求めているのに、～の代わり
ヨハ6:9 大麦のパン五つと、～二匹を
21:6 おびただしい数の～のために

さからう（逆らう）
民20:10 ～らう者たちよ。さあ、聞け
20:24 わたしの命に～らったからである
27:14 わたしの命令に～らい
申1:26 神、主の命令に～らった
1:43 聞かず、主の命に～らい
21:18 ある人に強情で～らう子がいて
詩5:10 あなたに～らっているからです
78:17 砂漠で いと高き方に～らった
78:40 幾たび彼らは 荒野で神に～らい
106:33 彼らが主の御霊に～らったとき
107:11 彼らは 神のことばに～らい
イザ63:10 彼らは～らって、主の聖なる御霊
エレ4:17 ユダがわたしに～らったからだ
エゼ20:13 荒野でわたしに～らった
ホセ13:16 サマリアは…自分の神に～らった
マタ12:32 聖霊に～らうことを言う者は
ガラ5:17 肉が望むことは御霊に～らい

さがる（下がる）
マコ8:33 ～れ、サタン。あなたは神の

さかん（盛ん）
ヨハ3:30 あの方は～になり、私は衰え
使12:24 神のことばはますます～になり

さき（先）
マタ19:30 ～にいる多くの者が後になり
ルカ13:30 ～にいる者が後になるのです
Ⅰテサ4:15 眠った人たちより～になること

さきがけ（先駆け）
ヘブ6:20 イエスは…私たちのために～と

さく（裂く）
Ⅱサム1:11 ダビデは自分の衣を…引き～い
Ⅱ列22:11 王は…自分の衣を引き～いた
ネヘ9:11 私たちの先祖の前で海を～き
イザ64:1 天を～いて降りて来られると

さくひん（作品）
エペ2:10 私たちは神の～であって

さくもつ（作物）
ルカ12:17 私の～をしまっておく場所がない

さくりゃく（策略）
詩64:6 「企んだ～がうまくいった」と
Ⅱコリ2:11 サタンの～を知らないわけでは
エペ4:14 人を欺く悪賢い～から出た
6:11 悪魔の～に対して堅く立つことが

さぐる（探る）
Ⅰ歴19:3 この地を調べ、くつがえし、～る
詩44:21 神は…～り出されないでしょうか
139:1 あなたは私を～り 知っておられ
139:23 神よ 私を～り 私の心を知って
エレ17:10 主が心を～り、心の奥を試し
ロマ8:27 人間の心を～る方は、御霊の思い
Ⅰコリ2:10 御霊はすべてのことを…～られ
黙2:23 人の思いと心を～る者であること

さけ（酒）
創19:35 娘たちは父親に～を飲ませ、妹が
箴31:6 強い～は滅びようとしている者に

イザ5:22 ～を飲むことにかけては勇士
アモ6:6 彼らは鉢から～を飲み、最上の
マタ24:49 ～飲みたちと食べたり飲んだり

さげすみ（蔑み；蔑む）
Ⅰサム17:42 ダビデに目を留めて…彼を～ん
Ⅱサム6:16 見て、心の中で彼を～んだ
Ⅱ列17:15 彼らに与えられた主の警告を～み
ヨブ19:18 若輩までが私を～み
42:6 私は自分を～み、悔いています
詩22:6 人のそしりの的 民の～みの的
106:24 しかも彼らは尊い地を～み
119:141 取るに足りない者で ～まれて
箴1:7 愚か者は知恵と訓戒を～む
13:13 みことばを～む者は身を滅ぼし
イザ49:7 人に～まれている者
53:3 彼は～まれ、人々からのけ者に
エレ49:15 人に～まれる者としたからだ
ゼカ4:10 その日を小さなこととして～む
マラ1:6 わたしの名を～む祭司たち
1:13 それに～みのことばを吐いている

さけどころ（避け所）
詩14:6 しかし 主が彼の～である
46:1 神は われらの～ また力
61:3 あなたは私の～ 敵に対して強い
71:7 あなたが私の力強い～だからです
91:2 私の～ 私の砦
イザ4:6 嵐と雨から逃れる～、また隠れ家
25:4 嵐のときの～
28:15 まやかしを～とし、偽りに身を
32:2 彼らはそれぞれ、風を避ける～
エレ17:17 わざわいの日の、私の身の～
ヨエ3:16 その民の～、イスラエルの人々の

さけび（叫び；叫ぶ）
創4:10 弟の血が…わたしに…～んでいる
18:20 ソドムとゴモラの～びは非常に
出22:23 必ず彼らの～びを聞き入れる
レビ13:45 『汚れている…』と～ぶ
Ⅰサム7:9 イスラエルのために主に～んだ
15:11 夜通し主に向かって～んだ
ヨブ19:7 私が「暴虐だ」と～んでも
詩5:2 私の～ぶ声を耳に留めてください
18:6 呼び求め わが神に～び求めた
45:17 代々にわたって～び求めよう
88:1 昼 私は～びます。夜もあなたの
102:1 私の～びが あなたに届き
107:28 彼らが主に向かって～ぶと 主は
イザ42:2 彼は～ばず、言い争わず
エレ7:2 そこでこのことばを～べ
ヨエ3:9 国々の間で、こう～べ
ヨナ1:2 これに向かって～べ
マタ12:19 彼は言い争わず、～ばず
20:30 「…」と～んだ
ルカ19:40 この人たちが黙れば、石が～び

さげふり（下げ振り）
アモ7:7 ～を使って築かれた城壁の上に

さける（避ける）
ルツ2:12 その翼の下に身を～けようとして
詩2:12 すべて主に身を～ける人は
7:1 主よ 私はあなたに身を～けます
16:1 私はあなたに身を～けています
31:1 私はあなたに身を～けています
38:11 私の友も 私の病を～けて立ち
57:1 私は…御翼の陰に身を～けます
61:4 私は…御翼の陰に身を～けます
71:1 私はあなたに身を～けています
118:8 主に身を～けることは 人に信頼
箴20:3 争いを～けることは人の誉れ
ナホ1:7 ご自分に身を～ける者を知って
ゼパ3:12 彼らは主の名に身を～ける
使15:20 殺したものと、血とを～けるよう
Ⅰコリ6:18 淫らな行いを～けなさい
10:14 偶像礼拝を～けなさい
Ⅰテモ6:11 これらのことを～け、義と敬虔
Ⅱテモ2:23 愚かで無知な議論は…～け

さける（裂ける）
マコ1:10 天が～けて御霊が鳩のように
15:38 神殿の幕が…真っ二つに～けた

ささえ（支え；支える）
詩37:17 主は正しい人を～えられるからだ
55:22 主があなたを～えてくださる
63:8 あなたの右の手は 私を～えて
119:117 私を～えてください
イザ33:6 主はあなたの時を堅く～え
59:16 ご自分の義を～えとされた

ささげもの（ささげ物）
Ⅰ歴16:29 ～を携えて、御前に来たれ
エズ2:68 自分から進んで～をした
マラ3:4 ユダとエルサレムの～は
マタ15:5 神への～になります、と言う人は
マコ12:33 どんな全焼の～やいけにえよりも
ロマ12:1 聖なる生きた～として献げなさい
15:16 神に喜ばれる～となるためです
ピリ4:18 神が喜んで受けてくださる～です

ささげる（献げる）
創22:2 イサクを…～げなさい
46:1 父イサクの神にいけにえを～げた
出22:29 長子はわたしに～げなければ
25:2 進んで～げる心のある人か
32:29 今日、主に身を～げた
34:25 パンに添えて～げてはならない

民7:12　最初の日にささげ物を～げたのは
士5:9　進んで身を～げる者たちに向かう
Ⅰ列13:2　いけにえとしておまえの上に～げ
Ⅰ歴29:5　主に～げる者はいないか
29:9　自ら進んで主に～げたからである
Ⅱ歴2:4　全焼のささげ物を～げようと
8:12　全焼のささげ物を～げた
30:1　過越のいけにえを～げるように
エズ1:4　神の宮のために進んで～ものに
7:15　イスラエルの神に進んで～げた
詩4:5　いけにえを～げ 主に拠り頼め
50:14　感謝のいけにえを神に～げよ
54:6　あなたにいけにえを～げます
アモ4:4　朝ごとに…いけにえを～げよ
5:22　ささげ物をわたしに～げても
ヨナ1:16　いけにえを～げて誓願を立てた
2:9　あなたにいけにえを～げ
マラ1:8　あなたがたは盲目の動物を～るが
マタ5:24　そのささげ物を～げなさい
使15:26　いのちを～げている
ロマ6:19　手足を義の奴隷として～げて
12:1　生きたささげ物として～げなさい
Ⅰｺﾘ8:4　偶像に～げた肉を食べること
10:20　神にではなくて悪霊に～げられて
Ⅱｺﾘ8:5　まず自分自身を主に～げ
11:2　キリストに～げるために婚約させ
ヘブ11:4　すぐれたいけにえを神に～げ
11:17　試みを受けたときにイサクを～げ

ささやき；ささやく
詩31:13　私は…～くうわさを聞きました
41:7　私についてともに～き 私に対し
イザ8:19　霊媒や、～き、うめく口寄せに
29:4　ことばは、ちりの中から～く

さしず（指図）
ヨブ37:12　それは神の～によって巡り回り

さしだす（差し出す）
哀1:17　シオンが両手を～しても、これを

さしのばす（差し伸ばす）
詩88:9　あなたに向かって両手を～ばして

さしのべる（差し伸べる）
イザ65:2　終日、頑なな民に手を～べた

ざしょう（座礁）
使27:41　浅瀬に乗り上げて、船を～させて

さす（刺す）
Ⅰｻﾑ26:8　一気に彼を地面に突き～させて
イザ53:5　私たちの背きのために～され
ルカ2:35　心さえも、剣が～し貫くことに
使2:37　人々はこれを聞いて心を～され

さすらい；さすらう
創4:12　地上をさまよい歩く～い人となる
申26:5　私の父は～いのアラム人でしたが
ホセ9:17　彼らは国々の間で、～い人となる

さそう（誘う）
Ⅱ歴18:2　攻め上るよう～った
ホセ2:14　彼女を～い、荒野に連れて行って

サソリ
ルカ11:12　～を与えるような父親が
黙9:5　～が人を刺したときの苦痛のよう

さだめ（定め）
民9:3　掟とすべての～にしたがって
申4:8　正しい掟と～を持つ偉大な国民
詩2:7　私は主の～について語ろう

さだめる（定める）
出9:5　主は時を～めて言われた
Ⅱｻﾑ7:10　わたしは一つの場所を～め
Ⅰ歴17:9　わたしは一つの場所を～め
Ⅱ歴19:3　心を～めて神を求めてこられ
ヨブ14:5　もし、人の日数が～められていて
20:29　神によって～められた、彼の
ダニ9:24　七十週が～められている
ルカ22:22　人の子は、～められたとおり
使4:28　前もって～められていたこと
10:42　さばき主として神が～めた方で
13:48　あずかるように～められていた
17:31　日を～めて…世界をさばこうと
Ⅰｺﾘ2:7　世界の始まる前から～めて
エペ1:5　愛をもってあらかじめ～めて
1:11　そのように～められていたのです

サタン
Ⅰ歴21:1　～がイスラエルに向かって立ち
ヨブ1:6　～もやって来て、彼らの中にいた
2:1　～も彼らの中にやって来て
ゼカ3:2　主は～に言われた。「～よ…」
マタ4:10　下がれ、～
12:26　～が～を追い出しているのなら
16:23　下がれ、～。あなたは、わたしを
ルカ10:18　～が稲妻のように天から落ちる
使5:3　なぜあなたは～に心を奪われて
Ⅱｺﾘ2:11　私たちが～に乗じられないよう
11:14　～でさえ光の御使いに変装します
黙2:9　～の会衆である者たちから
12:9　悪魔とか～とか呼ばれる者
20:2　悪魔であり～である古い蛇を

さつじん（殺人）
マタ15:19　悪い考え、～、姦淫、淫らな行い

さとし
出25:16　わたしが与える～の板を納める
詩78:5　主は ヤコブのうちに～を置き
99:7　主の～と 主が賜ったおきてを
106:13　主の～を待ち望まなかった

さとす（諭す）

詩32:8　あなたを教えあなたを～そう
73:24　あなたは 私を～して導き
ゼカ3:6　主の使いはヨシュアを～して
Ⅰコリ4:14　愛する子どもとして～すため
Ⅰテサ5:14　怠惰な者を～し、小心な者を
テト2:5　従順であるように～すことができ

さとり（悟り）

詩119:130　浅はかな者に～を与えます
箴3:5　自分の～に頼るな
イザ27:11　これは～のない民だからだ
ダニ9:22　～によってあなたを賢明に
Ⅰコリ1:19　～りある者の～りを消し去る

さとる（悟る）

申29:4　あなたがたに～る心と見る目と
詩73:17　入って彼らの最期を～った
119:34　私に～らせてください。
イザ6:9　聞き続けよ。だが～な。見続け
52:15　聞いたこともないことを～から
エレ9:12　これを～ることのできる者はだれ
23:20　あなたがたはそれを明らかに～
ダニ8:17　～れ、人の子よ。その幻は
ホセ4:14　～ることのない民は滅びに落ちる
マタ13:14　聞くには聞くが、決して～ること
使28:26　聞くが、決して～ることはない
28:27　心で～ることも、立ち返ることも

さばき

創19:9　よそ者のくせに、～をするのか。
31:42　昨夜～をなさったのです
ヨブ34:12　全能者は～を曲げない
詩7:6　あなたは～を定められました
箴29:7　弱い者のための～を知っている
31:9　苦しむ人や貧しい人のために～を
31:9　…のために～を行いなさい
伝3:16　日の下で、～の場に不正があり
11:9　～に連れて行くことを知っておけ
エレ1:16　悪に対して ことごとく～を下す
5:28　孤児のために正しい～をして
11:20　しかし、正しい～をし、心と
48:47　ここまでがモアブへの～である
エゼ5:15　あなたに～を下すとき
ダニ7:22　聖徒たちのために～が行われ
ホセ6:5　あなたへの～が、光のように
ハバ1:4　～が全く行われていません
ゼカ7:9　～を行い、誠意とあわれみを
マタ5:21　人を殺す者は～を受けなければ
10:15　その町よりも～に耐えやすい
ルカ10:14　～に耐えやすいのだ
11:32　～のときに、この時代の人々と
ヨハ5:22　すべての～を子に委ねられ
12:31　この世に対する～が行われ
16:8　義について、～について、世の
使7:27　だれが…～人として…任命した
24:25　正義と節制と来たるべき～に
ロマ3:19　全世界が神の～に服するため
5:16　～の場合は、一つの違反から
11:33　～はなんと知り尽くしがたく
14:10　神の～の座に立つことになる
Ⅰコリ11:29　自分自身に対する～を食べ…飲
Ⅱコリ5:10　キリストの～の座の前に現れ
ユダ15　すべての者に～を行い、不敬虔
黙6:10　いつまで～を行わず、地に住む者

さばきつかさ

士2:18　彼らのために～を起こしたとき

さばきびと（さばき人）

出2:14　指導者や～として…任命したのか

さばく

創15:14　仕えるその国を、わたしは～く
18:25　全地を～くお方は、公正を行う
31:53　われわれの間を～かれるように
民35:24　定めに基づいて～かなければ
申1:16　寄留者との間を正しく～きなさい
Ⅰサム2:10　地の果ての果てまで～かれます
24:12　主が私とあなたの間を～き
Ⅰ歴16:33　必ず、地を～くために来られる
Ⅱ歴1:10　あなたの民を～くことができる
19:6　～くのは、人のためではなく
詩2:10　地を～者たちよ 慎め
9:8　主は義によって世界を～き
43:1　神よ 私のために～いてくださ
58:11　まことに～神が地におられる
72:2　あなたの民を～きますように
82:3　弱い者とみなしごのために～き
96:13　地を～くために来られる。主は義
イザ2:4　主は国々の間を～き、多くの
11:4　正義をもって弱い者を～き
40:23　地を～く者たちを空しいものとされ
66:16　剣で、すべての肉なる者を～く
エレ25:31　すべての肉なる者を～き
エゼ7:3　生き方にしたがってあなたを～き
20:36　先祖を…で～いたように
36:19　行いにしたがって彼らを～いた
ヨエ3:2　そこで彼らを～
マタ7:1　～いてはいけません…～かれない
ルカ6:37　～いてはいけません。そうすれば
18:3　訴える人を～いて、私を守って
ヨハ3:17　世を～くためではな
7:24　うわべで人を～かない
7:51　～ことをしないのではないか
8:15　あなたがたは肉によって～きま

12:47 世を～くためではなく
使17:31 義をもってこの世界を～こうと
ロマ2:1 ですから、すべて他人を～く者よ
2:16 人々の隠された事柄を～かれる
3:6 どのようにして世界を～かれる
14:3 食べない人も食べる人を～いては
Ⅰコリ4:3 あなたがたに～かれたり
5:12 あなたがたが～くべき者は
6:2 聖徒たちが世界を～くようになる
6:3 御使いたちを～くようになります
11:31 わきまえるなら、～かれることは
ヤコ2:12 律法によって～かれることになる
Ⅰペテ4:5 死んだ者を～こうとしておられる
黙18:20 この都を～かれたのだから
19:11 義をもって～き、戦いをされる
20:12 自分の行いに応じて～かれた

さばく（砂漠）
イザ51:3 その～を主の園のようにする

さびしい（寂しい）
マタ14:13 自分だけで～しいところに
マコ6:31 ～しいところへ行って

サファイア
黙21:19 第一の土台石は碧玉、第二は～

さべつ（差別）
使15:9 彼らの間に何の～もつけず
ロマ3:22 そこに～はありません
エペ6:9 主は人を～なさらないことを
ヤコ2:4 自分たちの間で～をし

さます（覚ます）
詩57:8 私のたましいよ 目を～ませ
78:65 主は 眠りから目を～まされた

さまたげる（妨げ；妨げる）
Ⅰサム14:6 主がお救いになるのを～げる
イザ8:14 ～げの石、つまずきの岩となり
Ⅰコリ9:12 キリストの福音に対し何の～げ
Ⅰペテ2:8 つまずきの石、～げの岩

さまよう
創4:12 地上を～い歩くさすらい人となる
民32:13 四十年の間、荒野を～わせ
詩58:3 生まれたときから～っている
107:4 彼らは荒野や荒れ地を～い
109:10 彼の子らは ～いながら物乞いを
119:176 滅びる羊のように～っています
箴14:22 悪を企む者は～わないだろうか
27:8 人は自分の家を離れて～う
イザ53:6 私たちはみな、羊のように～い
エレ14:10 彼らは～うことを愛し、その足を
哀4:14 見えない人のように街頭を～い

さむい（寒い）
箴25:20 ～い日に服を脱ぐようなもの

使28:2 雨が降り出していて～かったので

さめる（覚める）
ヨブ14:12 その眠りから～めることはない
イザ52:1 目～めよ、目～めよ。力をまとえ
ロマ13:11 あなたがたが眠りから～めるべき

さら（皿）
Ⅱ列2:20 新しい～に塩を盛って

さらしもの（さらし者）
マタ1:19 マリアを～にしたくなかったので

さる（去る）
出5:1 民を～らせ、荒野でわたしのため
9:13 民を～らせ、彼らがわたしに仕え
イザ52:11 ～れ、～れ。そこから出て行け
Ⅱペテ1:15 私が～った後…思い起こせる

さわ（沢）
イザ42:15 中州ばかりにし、～を涸らす

さわぎ（騒ぎ）
マタ26:5 民の間に～ぎが起こるといけない
マコ14:2 民が～ぎを起こすといけない
使24:5 世界中のユダヤ人の間に～ぎを

さわぐ（騒ぐ）
詩2:1 なぜ国々は～ぎ立ち もろもろの
箴29:8 嘲る者たちは町を～がし
ヨハ12:27 今わたしの心は～いでいる
13:21 イエスは…心が～いだ
14:1 心を～がせてはなりません
使17:6 世界中を～がせてきた者たちが

さわる
マタ8:3 イエスは手を伸ばして彼に～り
9:29 イエスは彼らの目に～って
14:36 衣の房にでも～らせてやって
ルカ8:45 わたしに～ったのは、だれですか

ざんこく（残酷）
ヨブ30:21 私にとって～な方に変わり

さんせい（賛成）
使8:1 ステパノを殺すことに～していた
22:20 私…もその場にいて、それに～し

ざんにん（残忍）
箴11:17 ～な者は自分の身にわざわいを

さんび（賛美；賛美する）
申10:21 この方こそあなたの～
Ⅰ歴16:25 大いに～される方
Ⅱ歴20:21 聖なる装いをして～する者たち
ネヘ12:40 二つの～隊は神の宮で位置に
詩33:1 ～は 直ぐな人たちにふさわしい
34:1 私の口には いつも主への～が
65:1 シオンには～があります
71:8 私の口にはあなたへの～が
95:2 ～をもって 主に喜び叫ぼう
109:30 人々のただ中で 主を～します

伝8:15　だから私は快楽を～する
イザ38:18　死はあなたを～せず
ダニ4:34　永遠に生きる方を～し
ハバ3:3　その～は地に満ちている
マタ26:30　彼らは～の歌を歌ってから
マコ14:26　そして、～の歌を歌ってから
ルカ2:13　天の軍勢が現れて、神を～した
2:20　神をあがめ、～しながら帰って
使3:8　神を～しつつ…一緒に宮に入って
16:25　祈りつつ、神を～する歌を歌って
Ⅰコリ14:15　霊で～し、知性でも～し
14:26　それぞれが～したり、教えたり
エペ5:19　詩と～と霊の歌をもって
コロ3:16　詩と～と霊の歌により
ヤコ3:10　同じ口から～と呪いが出て来る
5:13　喜んでいる…人は～しなさい

さんぷ（産婦）
エレ6:24　～のような激痛が

さんぶつ（産物）
エゼ34:27　実を実らせ、地は～を生じ
ハガ1:10　地はその～を出すのをやめた

さんぽ（散歩）
創24:63　イサクは…野に～に出かけた

し

し（詩）
民23:7　バラムは彼の～のことばを口にし
エペ5:19　～と賛美と霊の歌をもって

し（師）
詩119:99　私のすべての～にまさる賢さが
マタ23:10　～と呼ばれてはいけません
ルカ6:40　弟子は～以上の者ではありません

し（死）
申30:15　いのちと幸い、～とわざわいを
Ⅱサム22:6　～の罠は私に立ち向かった
詩23:4　～の陰の谷を歩むとしても
116:15　聖徒たちの～は　主の目に尊い
箴14:12　その終わりが～となる道がある
雅8:6　愛は～のように強く、ねたみは
イザ25:8　永久に～を呑み込まれる
エレ21:8　いのちの道と～の道を置く
ホセ13:14　～よ、おまえのとげはどこに
マタ26:66　「彼は～に値する」と答えた
マコ14:64　イエスは～に値すると決めた
ルカ1:79　暗闇と～の陰に住んでいた者たち
9:27　神の国を見るまで、決して～を
23:22　彼には、～に値する罪が何も
ロマ5:14　～は…人々さえも、支配しました
8:38　～も、いのちも、御使いたちも
Ⅰコリ15:54　～は勝利に呑み込まれた
Ⅱコリ2:16　～から出て～に至らせる香り
Ⅱテモ1:10　キリストは～を滅ぼし
黙2:11　第二の～によって害を受ける
20:6　第二の～は何の力も持っていない

じ（字）
ガラ6:11　こんなに大きな～で、私は

じあい（慈愛）
詩90:17　私たちの神　主の～が　私たちの
ヤコ5:11　主は～に富み、あわれみに満ち

しあわせ（幸せ）
Ⅰ列10:8　なんと～なことでしょう
Ⅱ歴9:7　なんと～なことでしょう
詩25:13　その人のたましいは　～の中に
哀3:17　私は～を忘れてしまった
マラ3:15　高ぶる者を～者と言おう

しいたげ（虐げ；虐げる）
出23:9　寄留者を～げてはならない
レビ19:13　隣人を～げてはならない
19:33　その人を～げてはならない
申24:14　寄留者でも～げてはならない
詩42:9　なぜ　私は敵の～げに　嘆いて
72:4　～げる者どもを打ち砕き
74:21　～げられる者が　辱めを受けて
箴28:3　弱い者を～げる貧しい者は
伝4:1　行われる一切の～げを見た
7:7　～げは知恵のある者を狂わせ
イザ1:17　公正を求め、～げる者を正し
14:4　～げる者はどのようにして果てた
30:12　～げと悪巧みに拠り頼み、これに
51:13　～げる者の憤りはどこにあるのか
53:8　～げ…によって、彼は取り去られ
エレ7:6　寄留者、孤児、やもめを～げず
ホセ12:7　商人は…～げることを好む
アモ4:1　おまえたちは弱い者を～げ
ゼカ7:10　寄留者、貧しい者を～げるな
9:8　もはや、～げる者は…通らない
マラ3:5　不正な賃金で雇い人を～げて

しいる（強いる）
出3:19　エジプトの王は～いられなければ
ガラ2:3　割礼を～いられませんでした
2:14　生活することを～いるのですか

シェケル
出30:13　登録される者が…聖所の～で

しお（塩）
創19:26　振り返ったので、～の柱になって
ヨブ6:6　味のない物は～なしに食べられる
マタ5:13　あなたがたは地の～です
マコ9:49　火によって～気をつけられます

ルカ14:34　～は良いものです。しかし
しおれる
イザ40:7　吹くと、草は～れ、花は散る
しか（鹿）
詩42:1　～が谷川の流れを慕いあえぐ
じがい（自害）
使16:28　パウロは大声で…～しては
しかえし（仕返し）
創50:15　彼に犯した…悪に対して、～を
詩137:8　私たちにしたことに ～する人は
しかく（資格）
マタ3:11　履き物を脱がせて差し上げる～も
8:8　私の屋根の下にお入れする～は
マコ1:7　履き物のひもを解く～も
ルカ7:4　そうしていただく～のある人です
7:6　屋根の下にお入れする～は
15:19　息子と呼ばれる～はありません
15:21　息子と呼ばれる～はありません
Ⅱコリ3:5　自分が成したことだと考える～は
しかばね（屍）
民14:29　おまえたちは、～をさらす
しかる（叱る）
創37:10　父は彼を～って言った
詩76:6　あなたが～りつけると
104:7　水は あなたに～られて逃げ
106:9　主が葦の海を～ると 海は
箴3:12　～るように、主は愛する者を～る
17:10　分別のある者を一回～ることは
マタ8:26　風と湖を～りつけられた
17:18　その子をお～りになると悪霊は
マコ9:25　汚れた霊を～って言われた
ルカ4:35　イエスは彼を～って…黙れ
4:41　イエスは悪霊どもを～って
9:42　イエスは汚れた霊を～り
9:55　イエスは…二人を～られた
Ⅰテモ5:1　年配の男の人を～っては
しき（士気）
エレ38:4　民全体の～をくじいているから
しき（指揮）
士5:14　～を執る者たちが下りて来た
箴24:6　すぐれた～のもとに戦いを交え
じき（時期）
創21:2　アブラハムに告げられたその～に
しきいし（敷石）
エレ43:9　宮殿の入り口にある～の漆喰の中
しきり（仕切り）
出26:33　聖所と至聖所との～となる
イザ59:2　あなたがたの神との～となり
しく（敷く）
箴7:16　エジプトの亜麻布を～き

マタ21:8　自分たちの上着を道に～いた
マコ11:8　自分たちの上着を道に～き
ルカ19:36　道に自分たちの上着を～いた
しけい（死刑）
マタ20:18　彼らは人の子を～に定め
マコ14:55　イエスを～にするため
しごと（仕事）
出23:12　六日間は…～をし、七日目には
申5:13　あなたのすべての～をせよ
詩104:23　人は 自分の～に出て行き
伝1:13　神が…与えられた辛い～だ
ヨナ1:8　あなたの～は何か
使19:25　繁盛しているのはこの～のおかげ
Ⅰテサ4:11　自分の～に励み、自分の手で
しさん（資産）
Ⅰペテ1:4　消えて行くこともない～を
しじ（指示）
ヨシ9:14　しかし、主の～を求めなかった
マタ28:16　イエスが～された山に登った
しし（獅子）
創49:9　ユダは～の子。わが子よ
Ⅰサム17:34　～や熊が来て、群れの羊を
Ⅱサム17:10　～のような心を持つ力ある者で
23:20　降りて行って雄～を打ち殺した
Ⅰ列13:24　～が道でその人に会い
ヨブ10:16　あなたは～のように私を狙い
詩7:2　彼らが～のように 私のたましい
104:21　若い～は 餌食を求めて吼えたけり
伝9:4　生きている犬は死んだ～にまさる
イザ11:7　～も牛のように藁を食う
65:25　～は牛のように藁を食べ
エレ12:8　ゆずりの民は…林の中の～のよう
ダニ6:16　～の穴に投げこまれた
7:4　第一のものは～のようで、鷲の翼
ホセ5:14　ユダの家には若い～のように
11:10　主は～のようにほえる
アモ5:19　人が～の前を逃げても、熊が彼に
Ⅱテモ4:17　私は～の口から救い出された
ヘブ11:33　約束のものを手に入れ、～の口を
Ⅰペテ5:8　吼えたける～のように
黙5:5　ユダ族から出た～、ダビデの根が
ししゃ（使者）
Ⅱ歴36:15　早くからたびたび～を遣わされた
イザ33:7　平和の～たちは激しく泣く
エゼ17:15　反逆し、～をエジプトに送り
30:9　～たちが船で出て行き
ししゃ（死者）
Ⅰコリ15:29　～が決してよみがえらないのな
15:52　～は朽ちないものによみがえり
Ⅰテサ4:16　キリストにある～がよみがえり

黙14:13　主にあって死ぬ～は幸いである

しじゅうにち（四十日）
創7:4　地の上に～四十夜、雨を降らせ
出24:18　モーセは～四十夜、山にいた
申9:11　こうして～四十夜の終わりに

しじょう（市場）
エゼ27:15　おまえの支配する～であり

じしん（自身）
エレ51:6　逃げ、それぞれ自分～を救え。

じしん（地震）
I列19:11　風の後に～が起こったが、～の
イザ29:6　雷と～と大きな音をもって
アモ1:1　ヤロブアムの時代、あの～の
マタ28:2　すると見よ、大きな～が起こった
マコ13:8　あちこちで～があり、飢饉も
ルカ21:11　大きな～があり、方々に飢饉や
使16:26　大きな～が起こり、牢獄の土台が
黙16:18　雷鳴がとどろき、大きな～が

しずか（静か；静けさ）
伝9:17　知恵のある者の～かなことばは
Iテモ2:11　女は、よく従う心をもって～か
黙8:1　天に半時間ほどの～けさがあった

しずまる（静まる；静める）
民13:30　モーセの前で、民を～めて
詩37:7　主の前に～まり耐え忍んで主を
107:29　主が嵐を～められると波は
ハバ2:20　全地よ、主の御前に～まれ
ゼカ2:13　肉なる者よ、主の前で～まれ

しずむ（沈む）
エレ51:64　バビロンは～み、浮かび上がれ
ルカ5:7　両方とも～みそうになった

しずめる（沈める）
マタ18:6　海の深みに～められるほうが

じせい（自制）
Iコリ7:9　～することができないなら

しせいじょ（至聖所）
出26:33　聖所と～との仕切りとなる

しせつ（使節）
II歴32:31　彼のもとに～を遣わしたとき
IIコリ5:20　キリストに代わる～なのです
エペ6:20　福音のために…～の務めを果たし

じぜん（慈善）
ロマ12:8　～を行う人は喜んでそれを行い

しそん（子孫）
創3:15　おまえの～と女の～の間に置く
12:7　あなたの～にこの地を与える
17:8　あなたの…～に永遠の所有として
21:12　あなたの～が起こされるからだ
26:4　あなたの～に、これらの国々を
申4:40　あなたの後の～も幸せになり
12:25　あなたの後の～も幸せになる
I列9:6　あなたがたの～が、わたしに
II歴6:16　あなたの～がその道を守り
詩22:30　～たちは主に仕え 主のことが
89:30　その～がわたしのおしえを捨て
109:13　その後の～は断ち切られ 次の
マラ2:15　神の～ではないか。あなたがたは
使17:28　私たちもまた、その～である
ロマ4:18　あなたの～は、このようになる
9:7　イサクにあって、あなたの～が

した（舌）
ヨブ5:21　～のむちで打たれるときも
詩5:9　彼らはその～でへつらうのです
31:20　～の争いから 隠れ場に隠され
34:13　あなたの～に悪口を言わせず
35:28　私の～は…あなたの義を…誉れを
39:1　私が～で罪を犯さないように
45:1　私の～は巧みな書記の筆
52:2　おまえの～は破壊を企む
64:3　その～を剣のように研ぎ澄まし
140:3　蛇のようにその～を鋭くし
箴10:20　正しい人の～は選り抜きの銀
10:31　しかし、ねじれた～は抜かれる
12:18　知恵のある人の～は人を癒やす
17:7　愚か者に雄弁な～は
18:21　死と生は～に支配される
25:15　柔らかな～は骨を砕く
イザ45:23　すべての～は誓い
エレ9:5　偽りを語ることを自分の～に教え
9:8　彼らの～はとがった矢。人を欺く
マコ7:35　～のもつれが解け、はっきりと
使2:3　炎のような～が分かれて現れ
ヤコ1:26　自分の～を制御せず、自分の心
3:5　～も小さな器官ですが、大きな

したい（死体）
Iサム31:12　サウルの～と息子たちの～を
II列19:35　彼らはみな～となっていた
イザ37:36　彼らはみな～となっていた
マタ24:28　～のあるところには、禿鷹が
黙11:8　彼らの～は…大通りにさらされる

じだい（時代）
マタ12:39　悪い、姦淫の～はしるしを求め
マコ8:38　このような姦淫と罪の～にあって
ルカ21:32　この～が過ぎ去ることは決して

したいもとめる（慕い求める）
Iサム7:2　イスラエルの全家は主を～めて
II歴7:14　祈りをささげ、わたしの顔を～め
詩24:6　あなたの御顔を～める人々である
27:8　「わたしの顔を～めよ」と
40:16　あなたを～める人たちがみな

105:3　主を～める者たちの心よ 喜べ
119:20　あなたのさばきを～めて
ホセ5:15　彼らが…わたしの顔を～めるまで

したう（慕う）
申7:7　主があなたがたを～い
10:15　ただあなたの父祖たちを～って
詩18:1　主よ。私はあなたを～います
42:1　鹿が谷川の流れを～いあえぐ
45:11　王はあなたの美しさを～うだろう
84:2　たましいは 主の大庭を…～って
119:40　あなたの戒めを～っています
イザ53:2　私たちが～うような見栄えもない
ピリ1:8　どんなに…～っているか

したがう（従う）
創1:28　増えよ。地に満ちよ。地を～えよ
民32:12　彼らが主に～い通したからである
ヨシ14:8　私の神、主に～い通しました
Ⅰサム15:23　～わないことは占いの罪
15:23　～わないことは占いの罪
Ⅰ列18:21　主が神であれば、主に～い
Ⅱ列17:15　空しいものに～って歩んだので
詩47:3　私たちの足もとに～わせられる
エレ8:2　彼らが愛し、仕え、～い
17:16　あなたに～う牧者になることを
マタ8:22　わたしに～って来なさい。死人
マコ1:18　網を捨てて、イエスに～った
1:27　霊にお命じになると、彼らは～う
8:34　わたしに～って来たければ、自分
10:28　すべてを捨てて、あなたに～って
15:41　イエスに～って仕えていた人たち
ルカ8:25　風や水までが～うとは
18:22　そのうえで、わたしに～って来な
18:28　捨てて、あなたに～って来ました
ヨハ1:43　「わたしに～って来なさい」と
21:19　わたしに～いなさい
使5:29　人に～うより、神に～うべきです
ロマ2:8　真理に～わず、不義に～う者には
10:3　神の義に～わなかったのです
13:1　上に立つ権威に～うべきです
Ⅰコリ14:32　霊は預言する者たちに～います
14:34　女の人は…～いなさい
15:28　万物が御子に～うとき、御子自身
ガラ5:7　真理に～わないようにさせた
エペ5:22　主に～うように…夫に～いなさい
6:1　主にあって…両親に～いなさい
ピリ2:8　十字架の死にまで～われました
コロ3:18　ふさわしく、夫に～いなさい
Ⅱテサ3:14　私たちのことばに～わない者が
テト2:9　自分の主人に～って、喜ばれる者
ヘブ3:18　～わなかった者たちに対して
5:9　ご自分に～うすべての人にとって
11:8　召しを受けたときに、それに～い
Ⅰペテ1:2　イエス・キリストに～うように
2:13　制度に、主のゆえに～いなさい
3:1　夫に～いなさい…従わない夫
3:6　アブラハムを主と呼んで～い
4:17　神の福音に～わない者たちの結末

したぎ（下着）
マタ5:40　～を取ろうとする者には、上着も
マコ6:9　～は二枚着ないようにと命じられ
ルカ3:11　～を二枚持っている人は
6:29　上着を奪い取る者には、～も
9:3　～も…二枚持ってはいけません

したしい（親しい）
詩25:14　ご自分を恐れる者と～しく交わり
50:18　姦通する者と～しくする
オバ7　～しい友がおまえを…征服する

したやく（下役）
マタ5:25　裁判官は～に引き渡し

したわしい（慕わしい）
創3:6　良さそうで、目に～わしく
詩19:10　金よりも …純金よりも～わしく

しち（質）
出22:26　隣人の上着を～に取ることが
申24:6　その上石を～に取ってはならない
エゼ33:15　その悪しき者が～物を返し
アモ2:8　～に取った衣服の上に横たわり

しっかくしゃ（失格者）
Ⅰコリ9:27　自分自身が～にならないように
Ⅱテモ3:8　知性の腐った、信仰の～です

しっかり
ルツ3:11　あなたが～した女であることを
マタ9:2　～しなさい。あなたの罪は
14:27　～しなさい。わたしだ

じつげん（実現）
エゼ12:25　わたしは言ったことを～させる
ルカ1:20　その時が来れば～する私のことば
4:21　この聖書のことばが～しました
黙17:17　神はみこころが～するように

じっこう（実行）
マタ3:15　正しいことをすべて～することが

しつこさ
ルカ11:8　友だちの～のゆえなら起き上がり

しつじ（執事）
ピリ1:1　聖徒たち…監督たちと～たちへ

しっせき（叱責）
ヨブ32:12　ヨブを～する者も、彼のことばに
箴1:23　わたしの～に立ち返れ
13:18　～を大事にする者は誉れを得る
15:31　いのちに至る～を聞く耳は

箴24:25　悪者を～する者たちは喜ばれ
25:12　知恵をもって～する者は
29:1　～されても…うなじを固くする者
29:15　むちと～は知恵を与える

しっと（嫉妬）
創30:1　姉に～し、ヤコブに言った
箴6:34　女の夫は～から激しく憤り

しつぼう（失望）
ルカ18:1　祈るべきで、～してはいけない
ロマ9:33　信頼する者は～させられることが
ガラ6:9　～せずに善を行いましょう。

しつもん（質問）
ルカ11:53　しつこく～攻めを始めた

してき（指摘）
ロマ3:9　私たちがすでに～したように

しと（使徒）
マタ10:2　十二～の名は次のとおりである
マコ6:30　～たちは…イエスに報告した
ルカ6:13　彼らに～という名をお与えに
9:10　さて、～たちは帰って来て
22:14　～たちも一緒に座った
使1:2　～たちに聖霊によって命じた後
1:25　この奉仕の場、～職に就くため
11:1　～たちとユダヤにいる兄弟たちは
ロマ1:5　恵みと～の務めを受けました
11:13　私は異邦人への～ですから
Ⅰコリ1:1　キリスト・イエスの～として
12:28　第一に～たち、第二に預言者たち
Ⅱコリ11:5　大～たちに少しも劣っていない
12:11　大～たちに少しも劣るところは
ガラ1:1　神によって、～とされたパウロ
エペ3:5　～たちと預言者たちに啓示されて
4:11　ご自身が、ある人たちを～
Ⅰテモ1:1　キリスト・イエスの～となった
Ⅱテモ1:11　宣教者、～、また教師として
ユダ17　主イエス・キリストの～たちが
黙2:2　～と自称しているが実はそうで
21:14　子羊の十二～の、十二の名が

しどう（指導）
申33:21　～者の分が割り当てられていた
箴11:14　～がないことによって民は倒れ
使4:8　民の～者たち、ならびに長老の

しなもの（品物）
エレ40:5　食糧と～を与えて、彼を去らせた

しにん（死人）
伝9:3　その後で～のところに行くという
マタ11:5　～たちが生き返り、貧しい者たち
ルカ9:60　～たちに、彼ら自身の～たちを

しぬ（死ぬ）
創2:17　食べるとき、あなたは必ず～ぬ
7:21　またすべての人も～に絶えた
35:29　イサクは…息絶えて～に
民16:29　すべての人が～ぬように～に
16:48　～んだ者たちと生きている者たち
26:65　「彼らは必ず荒野で～ぬ」と
申4:22　私はこの地で～のうとしている
32:50　これから登るその山で～に
34:5　主の命によりモアブの地で～んだ
ヨシ24:29　ヨシュアは百十歳で～んだ
士16:30　ペリシテ人と一緒に～のう
Ⅰサム31:6　部下たちはみな、ともに～んだ
Ⅱサム15:21　生きるためでも～ぬためでも
18:33　おまえに代わって～ねばよかった
Ⅰ列22:37　王は～んでサマリアに運ばれた
Ⅱ列4:20　休んでいたが、ついに～んで
Ⅰ歴10:13　不信の罪のゆえに～んだ
エス4:16　～ななければならないのでしたら
ヨブ3:11　私は、胎内で～ななかったのか
12:2　あなたがたとともに知恵も～ぬ
14:10　しかし、人は～ぬと倒れたきりだ
21:23　ある者は元気盛りの時に～ぬ
詩41:5　いつ彼は～に　その名は消え去る
49:17　～ぬとき　何一つ持って行くこと
箴10:21　愚か者は良識がないために～ぬ
19:16　自分の道を蔑む者は～ぬ
伝2:16　愚かな者とともに～ぬのか
エゼ18:32　だれが～ぬのも喜ばない
33:11　なぜ…～のうとするのか
マタ9:24　その少女は～んだのではなく
22:32　神は～んだ者の神ではなく
マコ5:23　小さい娘が～にかけています
5:39　子は～んだのではありません
14:31　ご一緒に～ななければならない
15:44　イエスがもう～んだのかと驚いた
ルカ7:12　ある母親の一人息子が、～んで
15:24　息子は、～んでいたのに生き返り
ヨハ8:24　あなたがたは自分の罪の中で～ぬ
11:16　主と一緒に～のうではないか
11:50　一人の人が民に代わって～んで
12:24　～ぬなら、豊かな実を結びます
12:33　どのような～に方で～ぬことに
21:19　ペテロがどのような～に方で
21:23　その弟子は～なないという話が
使14:19　パウロが～んだものと思って
20:9　抱き起こしてみると、もう～んで
ロマ5:6　不敬虔な者たちのために～んで
6:2　罪に対して～んだ私たちが
7:4　律法に対して～んでいるので
7:10　私は～にました。それで、いのちに
8:10　からだは罪のゆえに～んでいても

14:8　～ぬとすれば主のために～にます
Ⅰｺﾘ8:11　この兄弟のためにも…～んで
11:30　～んだ者たちもかなりいる
15:3　私たちの罪のために～なれ
15:31　私は日々～んでいるのです
15:53　～ぬものを必ず着ることになる
Ⅱｺﾘ5:14　すべての人のために～んだ以上
6:9　～にかけているようでも、見よ
ガラ2:19　律法によって律法に～にました
ピリ1:21　～ぬことは益です
黙3:1　あなたは…実は～んでいる
16:3　海の中にいる生き物はみな～んだ
20:12　～んだ人々が…御座の前に立って

しのぶ（忍ぶ）
詩55:12　それなら私は～ぶことができる
Ⅰｺﾘ13:7　すべてを望み、すべてを～び
ヘブ11:27 見ているようにして、～び通した
12:2　十字架を～び

しば（柴）
出3:2　～の茂みのただ中の、燃える炎
ルカ20:37　モーセも～の箇所で、主を
使7:30　～の茂みの燃える炎の中で

しはい（支配）
創41:43　彼にエジプト全土を～させた
45:26　エジプト全土を～しているのは
申15:6　あなたは多くの国々を～するが
Ⅰ列4:21　ソロモンは…王国を～した
Ⅱ歴9:26　国境に至るすべての王を～下に
箴6:7　蟻には…～者もいないが
19:10　奴隷が君主を～するのは
23:1　～者と食事の席に着くときは
29:12　～者が偽りのことばに聞き入る
伝8:8　風を～し、風をとどめておく
8:9　人が人を～して、わざわいを
エゼ34:4　過酷な仕方で彼らを～した
ダニ4:17　いと高き方が人間の国を～し
4:25　いと高き方が人間の国を～し
4:32　いと高き方が人間の国を～し
ゼカ9:10　その～は海から海へ、大河から
マタ20:25 異邦人の～者たちは人々に対して
マコ10:42 異邦人の～者と認められている者
ヨハ12:31　この世を～する者が追い出され
16:11　この世を～する者がさばかれた
使26:18　サタンの～から神に立ち返らせ
ロマ5:21　恵みもまた義によって～して
6:9　死はもはやキリストを～しない
6:12　死ぬべきからだを罪に～させて
13:3　～者を恐ろしいと思うのは
Ⅰｺﾘ2:8　この知恵を、この世の～者たちは
15:24　あらゆる～と、あらゆる権威
エペ1:21　すべての～、権威、権力、主権
6:12　～、力…暗闇の世界の支配者たち
コロ1:16　～であれ権威であれ、御子に
黙1:5　地の王たちの～者であるイエス
11:15　主は世々限りなく～される

じはつてき（自発的）
Ⅰｺﾘ9:17　私が～にそれをしているなら

しはらう（支払う）
マタ26:15　彼らは銀貨三十枚を彼に～った
ロマ4:4　～われるべきものと見なされます
黙18:6　彼女が～ったとおりに彼女に

しばる（縛る）
詩107:10 苦しみの鉄のかせに～られている
Ⅰｺﾘ7:39　夫が生きている間は夫に～られ
コロ2:21　定めに～られるのですか

しへん（詩篇）
ルカ24:44 預言者たちの書と～に書いてある

しぼう（脂肪）
レビ3:16　～はすべて主のものである
詩73:7　彼らの目は～でふくらみ

しま（島）
創10:5　これらから～々の国民が分かれ出
使27:26　どこかの～に打ち上げられます
28:1　この～がマルタと呼ばれている

しまい（姉妹）
使23:16　パウロの～の息子が…耳にした
Ⅰﾃﾓ5:2　～に対するように…勧めなさい
Ⅱﾖﾊ13　選ばれたあなたの～の子どもたち

しまう
ルカ12:17 私の作物を～っておく場所がない

じまん（自慢）
箴20:14　その場を離れると、それを～する
25:14　贈りもしない贈り物を～する者は

シミ
ヨブ27:18　彼は～の巣のような家を建てる
詩39:11　～が食うように人の欲するものを
ホセ5:12　エフライムには～のようになり

しみ
Ⅱﾍﾟﾃ2:13　彼らは～や傷であり

しめい（指名）
ルカ10:1　主は別に七十二人を～して

しめい（使命）
ハガ1:13　主の使者ハガイは主の～を受けて

しめす（示す）
Ⅰｻﾑ3:7　まだ主のことばは彼に～されて
イザ19:21　主はエジプト人にご自分を～し
アモ3:7　預言者たちに～さずには、何事も
使7:3　わたしが～す地へ行きなさい
ロマ1:4　神の子として公に～された方
3:25　ささげ物として公に～されました

Ｉヨハ4:9　神の愛が私たちに〜されたのです

しめる（締める）

出29:5　エポデのあや織りの帯を〜める

じめん（地面）

ルカ6:49　土台なしで〜に家を建てた人に

しもべ

創9:25　兄たちの、〜の〜となるように
レビ25:55　導き出した、わたしの〜である
民12:7　〜モーセとはそうではない
Ｉ列12:7　この民の〜となって彼らに仕え
20:40　〜があれやこれやしているうち
Ⅱ列24:2　主がその〜である預言者たちに
ヨブ2:3　わたしの〜ヨブに心を留めたか
42:8　わたしの〜ヨブがあなたがたの
詩19:13　あなたの〜を 傲慢から守って
78:70　主は 〜ダビデを選び
86:16　あなたの〜に御力を与え
109:28　しかし あなたの〜は喜びます
116:16　私はまことにあなたの〜です
143:12　私はあなたの〜ですから
イザ41:8　あなたはわたしの〜
42:1　わたしが支えるわたしの〜
43:10　わたしが選んだわたしの〜である
44:1　今、聞け。わたしの〜ヤコブ
52:13　見よ、わたしの〜は栄える
66:14　主の手はその〜たちに知られる
エレ7:25　〜であるすべての預言たちを
25:4　主の〜である預言者たちを
25:9　わたしの〜、バビロンの王
30:10　わたしの〜ヤコブよ、恐れるな
ダニ6:20　生ける神の〜ダニエルよ
ゼカ3:8　わたしの〜、若枝を来させ
マタ20:27　皆の〜になりなさい
21:34　農夫たちのところに〜たちを
25:14　自分の〜たちを呼んで財産を
25:23　よくやった。良い忠実な〜だ
マコ10:44　皆の〜になりなさい
12:2　農夫たちのところに〜を遣わした
14:47　大祭司の〜に切りかかり
ルカ1:54　その〜イスラエルを助けて
2:29　おことばどおり、〜を安らかに
17:9　その〜に感謝するでしょうか
19:17　よくやった。良い〜だ。おまえは
20:10　農夫たちのところに一人の〜を
22:50　大祭司の〜に切りかかり
ヨハ13:16　〜は主人にまさらず
15:15　あなたがたを〜とは呼びません
使3:26　神はまず、その〜を立てて
4:25　〜であり…父であるダビデ
4:27　あなたの聖なる〜イエスに
ロマ1:1　キリスト・イエスの〜…パウロ
13:4　益を与えるための、神の〜
Ⅱコリ4:5　あなたがたに仕える〜なのです
11:23　彼らはキリストの〜ですか
Ⅱテモ2:24　主の〜が争ってはいけません
ヘブ3:5　モーセは…〜として忠実でした
Ｉペテ2:18　〜たちよ、敬意を込めて主人に
黙7:3　神の〜たちの額に印を押して
22:3　神の〜たちは神に仕え

じゃあく（邪悪）

創13:13　ソドムの人々は〜で、主に対して
詩41:8　〜なものが 彼に取りついている
箴6:18　〜な計画をめぐらす心、悪へと
Ｉコリ5:8　悪意と〜のパン種を用いたり

しゃくほう（釈放）

マコ15:6　人々の願う囚人一人を〜していた
15:15　バラバを〜し、イエスはむちで
ルカ23:16　むちで懲らしめたうえで〜する
ヨハ18:39　ユダヤ人の王を〜することを

しゃこ

Ｉサム26:20　山で〜を追うように
エレ17:11　〜が自分で産まなかった卵を

ジャッカル

士15:4　〜を三百匹捕らえ…たいまつを
詩44:19　〜の住みかで私たちを砕き
イザ34:13　〜の住みか、だちょうの住む所
エレ9:11　エルサレムを…〜の住みかとする

しゅ（主；主）

創2:4　神である〜が、地と天を造られた
6:8　ノアは〜の心にかなっていた
12:1　〜はアブラムに言われた
出6:3　〜という名では、彼らにわたしを
12:51　〜はイスラエル…を、軍団ごとに
15:1　〜に向かってこの歌を歌った
エレ31:32　わたしは彼らの〜であったのに
マタ12:8　人の子は安息日の〜です
ルカ6:5　人の子は安息日の〜です
ヨハ20:28　私の〜、私の神よ
使2:36　今や〜ともキリストともされた
Ｉコリ12:3　だれも「イエスは〜です」と
ピリ2:11　イエス・キリストは〜です
黙19:6　神である〜…が王となられた

じゆう（自由）

出21:5　〜の身となって
申15:13　〜の身として去らせるときは
21:14　彼女を〜に去らせなさい
ヨハ8:32　真理はあなたがたを〜にします
8:36　子があなたがたを〜にするなら
ロマ8:21　栄光の〜にあずかります
Ｉコリ7:21　〜の身になれるなら、その機会

7:39　自分が願う人と結婚する～が
9:1　私には～がないのですか
10:29　私の～が、どうしてほかの人の
Ⅱコリ3:17　御霊がおられるところには～が
ガラ2:4　私たちが持っている～を狙って
3:28　奴隷も～人もなく、男と女も
5:1　キリストは、～を得させるために
5:13　～を与えられるために召された
Ⅰペテ2:16　その～を悪の言い訳にせず
Ⅱペテ2:19　その人たちに～を約束しながら

しゅう（週）
ダニ9:24　七十～が定められている

しゅうかい（集会）
レビ23:36　これはきよめの～であり
ネヘ13:1　神の～に加わってはならない
詩107:32　民の～で主をあがめ 長老たちの
ヨエ2:15　きよめの～を召集せよ
使7:38　荒野の～にいて…生きたみことば
19:39　正式な～で解決してもらうことに

しゅうかく（収穫）
出34:22　年の変わり目には～祭を
レビ23:10　～を刈り入れたなら、～の初穂の
イザ16:9　～を喜ぶ声が絶えてしまった
23:3　ナイルの刈り入れがおまえの～と
エレ5:17　あなたの～とパンを食らい
12:13　自分たちの～で恥を見る
マタ9:37　～は多いが、働き手が少ない
13:30　～まで両方とも育つままにして
マコ4:29　～の時が来たからです
ルカ10:2　～の主に、ご自分の～のために
Ⅱテモ2:6　最初に～の分け前にあずかる

しゅうかん（習慣）
Ⅰコリ11:16　そのような～は私たちにはなく

しゅうきょう（宗教）
使17:22　～心にあつい方々だと、私は見て
26:5　私たちの～の中で最も厳格な派に
ヤコ1:26　自分は～心にあついと思っても

しゅうきょく（終局）
箴24:22　彼らには、突然～が訪れるからだ

じゅうげんのこと（十弦の琴）
詩33:2　～に合わせて ほめ歌を歌え

じゅうじか（十字架）
マタ10:38　自分の～を負ってわたしに従って
16:24　自分の～を負って、わたしに
20:19　むちで打ち、～につけるためです
23:34　ある者を殺し、～につけ
27:22　みな言った。「～につけろ。」
27:32　イエスの～を無理やり背負わせた
27:35　彼らはイエスを～につけてから
28:5　～につけられたイエスを捜して
マコ8:34　自分を捨て、自分の～を負って
15:13　叫んだ。「～につけろ。」
15:20　イエスを～につけるために
15:21　イエスの～を無理やり背負わせた
15:30　～から降りて来て、自分を救って
16:6　～につけられたナザレ人イエスを
ルカ9:23　日々自分の～を負って
14:27　自分の～を負ってわたしについて
23:21　「～だ。～につけろ」と叫び続け
23:26　この人に～を負わせて…運ばせた
23:33　イエスを～につけた。また犯罪人
ヨハ19:6　「～につけろ。～につけろ」と
19:10　～につける権威もあることを
19:17　イエスは自分で～を負って
19:18　彼らはその場所でイエスを～に
使2:23　人々の手によって～につけて
ロマ6:6　キリストとともに～につけられ
Ⅰコリ1:13　あなたがたのために～につけ
1:17　キリストの～が空しくならない
1:18　～のことばは、滅びる者たちに
2:2　～につけられたキリストのほか
2:8　栄光の主を～につけはしなか
Ⅱコリ13:4　弱さのゆえに～につけられ
ガラ2:20　キリストとともに～につけられ
3:1　～につけられたイエス・キリスト
5:11　～のつまずきはなくなっている
6:12　～のゆえに…迫害されないように
6:14　～以外に誇りとするものが
6:14　～につけられて、世は私に対して
エペ2:16　～によって神と和解させ、敵意を
ピリ2:8　それも～の死にまで従われました
3:18　キリストの～の敵として歩んで
コロ2:14　～に釘付けにして取り除いて
Ⅰペテ2:24　～の上で、私たちの罪を
黙11:8　彼らの主も～にかけられたので

じゅうじゅん（従順）
ロマ1:5　信仰の～をもたらすためです
16:19　あなたがたの～は皆の耳に届いて

しゅうじん（囚人）
イザ42:7　～を牢獄から…連れ出す
マタ27:16　バラバ…という名の知れた～が
マコ15:6　人々の願う～一人を釈放していた
使25:14　フェリクスが～として残して
27:42　～たちが…泳いで逃げないように
エペ3:1　私パウロは…イエスの～となって
4:1　主にある～の私はあなたがたに
ピレ1　キリスト・イエスの～パウロ

しゅうぜいしょ（収税所）
マタ9:9　マタイという人が～に座っている
マコ2:14　アルパヨの子レビが～に座って

しゅうぜん（修繕）
Ⅱ列12:5　破損の～にそれを充てなければ
じゅうど（十度）
イザ38:8　時計の影を～後に戻す
しゅうとめ（姑）
マコ1:30　シモンの～が熱を出して横に
しゅうは（宗派）
使28:22　この～について、いたるところで
しゅうふく（修復）
ネヘ3:4　メシュラムが～を行い
じゅうぶん（十分）
マタ6:34　苦労はその日その日に～あります
Ⅱｺﾘ12:9　わたしの恵みはあなたに～で
じゅうぶんのいち（十分の一）
創14:20　すべての物の～を彼に与えた
28:22　あなたが私に下さる物の～を
レビ27:31　～の一部を買い戻したいので
民18:21　イスラエルのうちの～をみな
申14:22　畑から得るすべての収穫の～を
26:12　あなたの収穫の～をすべて納め
ネヘ10:37　土地の～はレビ人たちのものと
マラ3:8　～と奉納物においてだ
マタ23:23　イノンド、クミンの～を納めて
ルカ11:42　あらゆる野菜の～を納めているが
ヘブ7:9　～を受け取るレビでさえ
じゅうみんとうろく（住民登録）
ルカ2:1　全世界の～をせよという勅令が
しゅうり（修理）
Ⅱ列12:14　主の宮を～したからである
22:5　神殿の破損の～をするために
Ⅰ歴26:27　主の宮を～するために聖別した
しゅくえい（宿営）
民2:2　旗じるしのもとに～しなければ
4:5　～が出発するときは、アロンと
5:2　身を汚している者を…～の外に
しゅくえん（祝宴）
エス9:17　その日を～と喜びの日とした
伝7:2　～の家に行くよりは、喪中の家に
マタ25:10　彼と一緒に婚礼の～に入り
しゅくふく（祝福）
創1:22　それらを～して…と仰せられた
9:1　神はノアとその息子たちを～して
12:2　大いなる国民とし、あなたを～し
18:18　国民は彼によって～される
22:17　確かに…あなたを大いに～し
22:18　地のすべての国々は～を受ける
24:1　あらゆる面でアブラハムを～して
27:4　私自ら、おまえを～できるように
27:29　おまえを～する者が～される
32:26　私を～してくださらなければ
39:5　このエジプト人の家を～された
47:7　ヤコブはファラオを～した
49:25　天の～、下に横たわる大水の～
レビ25:21　～を命じ、三年分の収穫を
民6:24　～し、あなたを守られますように
22:12　その民は～されているのだから
23:20　～せよ…神が～されたのだ
24:9　あなたを～する者は～され
申7:13　あなたを愛し、あなたを～し
11:26　あなたがたの前に～とのろいを
23:5　あなたのために呪いを～に変え
27:12　民を～するためにゲリジム山に
28:2　次のすべての～があなたに臨み
33:1　イスラエルの子らを～した、～の
ヨシ8:34　律法のすべてのことばを、～も
17:14　主が私を～してくださったのに
士5:24　天幕に住む女の中で最も～されて
13:24　大きくなり、主は彼を～された
ルツ2:4　主があなたを～されますように
2:19　目を留めてくださった方に～た
Ⅱｻﾑ6:11　エドムと彼の全家を～された
7:29　あなたのしもべの家を～して
Ⅰ歴4:10　私を大いに～し、私の地境を
13:14　彼に属するすべてのものを～され
17:27　あなたのしもべの家を～する
18:10　～のことばを述べた
ヨブ42:12　前の半生に増して～された
詩21:3　幸いに至る～をもって彼を迎え
24:5　その人は 主から～を受け
29:11　民を 平安をもって～される
箴10:22　人を富ませるのは主の～
11:11　直ぐな人の～によって、町は高く
イザ61:9　彼らが主に～された子孫である
65:16　この地で～される者は
エレ17:7　主に信頼する者に～があるように
エゼ34:26　～を与え…それは～の雨となる
44:30　あなたの家に～が宿るためである
ハガ2:19　今日から後、わたしは～する
マラ2:2　あなたがたの～をのろいに変える
3:10　あふれるばかりの～を
マタ21:9　～あれ、主の御名によって
25:34　わたしの父に～された人たち
マコ10:16　彼らの上に手を置いて～された
11:9　～あれ、主の御名によって
ルカ1:42　あなたは女の中で最も～された方
13:35　～あれ、主の御名によって
19:38　～あれ、主の御名によって
24:50　連れて行き、手を上げて～された
ロマ12:14　迫害する者たちを～しなさい
15:29　キリストの～に満ちあふれて

Ⅰコリ4:12　ののしられては～し
ガラ3:8　あなたによって～される
エペ1:3　霊的～をもって私たちを～して
ヘブ6:14　わたしは、あなたを大いに～し

しゅけん（主権）
イザ9:6　～はその肩にあり、その名は
ダニ4:34　その～は永遠の～。その国は代々
6:26　その～はいつまでも続く

じゅじゅつ（呪術）
出22:18　～を行う女は生かしておいては

しゅじん（主人）
創18:12　それに～も年寄りで
出21:5　私は、ご～様と…を愛しています
箴27:18　～の身を守る者は誉れを得る
マタ6:24　だれも二人の～に仕えることは
Ⅰテモ6:2　信者である～を持つ人は
Ⅱテモ2:21　～にとって役に立つもの
Ⅰペテ2:18　敬意を込めて～に従いなさい

しゅぜいにん（取税人）
マタ21:31　～たちや遊女たちが
マコ2:15　～たちや罪人たちも…食卓に
ルカ3:12　～たちもバプテスマを受けに
5:29　～たちやほかの人たちが大勢
7:29　～たちでさえ…認めました
7:34　大酒飲み、～や罪人の仲間だ
18:10　もう一人は～であった
19:2　彼は～のかしらで、金持ちで

しゅちょう（主張）
ヨブ11:4　私の～は純粋だ…あなたの目に
使25:19　イエスが生きていると…～して

しゅちょう（首長）
ゼカ9:7　ユダの中の一～のようになる

しゅっぱつ（出発）
申2:24　～せよ。アルノン川を渡れ

じゅなん（受難）
使3:18　あらかじめ…キリストの～を

しゅのひ（主の日，主の日）
イザ2:12　まことに、万軍の～は
13:6　泣き叫べ。～は近い
エレ46:10　～、敵に復讐する復讐の日
ヨエ1:15　ああ、その日よ。～は近い
2:11　～は偉大で、非常に恐ろしい
アモ5:18　～を切に望む者。～はあなたが
ゼカ14:1　見よ、～が来る
Ⅰテサ5:2　～は、盗人が夜…来るように

じゅほうし（呪法師）
創41:8　エジプトのすべての～を…呼び
出7:22　エジプトの～たちも…秘術を

しゅぼうしゃ（首謀者）
使24:5　ナザレ人の一派の～であります

しゅもつ（腫物）
Ⅰサム5:12　死ななかった者は～で打たれ
ヨブ2:7　頭の頂まで、悪性の～で

じゅりつ（樹立）
Ⅰサム11:14　王政を～しよう

しゅりょう（首領）
士11:6　私たちの～になってください

しゅるい（種類）
創1:11　果樹を、～ごとに地の上に

じゅんかい（巡回）
Ⅰサム7:16　ギルガル、ミツパを～し

じゅんきょう（順境）
伝7:14　～の日には幸いを味わい

じゅんけつ（純潔）
イザ13:12　人を～よりも…尊くする
Ⅱコリ11:3　キリストに対する真心と～から
黙21:18　ガラスに似た～でできていた

じゅんすい（純粋）
ヨブ8:6　あなたが～で真っ直ぐなら
11:4　私の主張は～だ
箴16:2　自分の行いがみな～に見える

じゅんび（準備）
Ⅰ歴29:2　私の神の宮のために～をして
Ⅱ歴35:4　父祖の家ごとに…～をしなさい
Ⅰコリ14:8　だれが戦いの～をするでしょう
Ⅱコリ9:2　昨年から～ができていると

しょ（書）
ダニ10:21　真理の～に記されていることを
12:1　あの～に記されている者はみな
マラ3:16　主の前で記憶の～が記された
ルカ4:17　預言者イザヤの～が手渡された
ヨハ20:30　この～には書かれていない
ピリ4:3　いのちの～に名が記されている
黙3:5　その者の名をいのちの～から
13:8　屠られた子羊のいのちの～に
21:27　子羊のいのちの～に記されて

しょう（賞）
ピリ3:14　上に召してくださるという…～を

しょう（将）
ヨシ5:14　主の軍の～として、今、来た

しょう（賞）
Ⅰコリ9:24　～を受けるのは一人だけだと

しょういん（証印）
ヨハ6:27　神である父が～を押されたのです
ロマ4:11　義と認められたことの～として
Ⅰコリ9:2　使徒であることの～です
Ⅱコリ1:22　神はまた、私たちに～を押し
エペ1:13　約束の聖霊によって～を押され
4:30　聖霊によって～を押されている

しょうがい（生涯）
詩89:47　私の～がどれほどかを。あなた
しょうき（正気）
マコ5:15　～に返って座っているのを見て
Ⅱコリ5:13　～であるとすれば、それは
じょうくのささげもの（常供のささげ物）
ダニ8:11　彼から～を取り上げた
しょうげん（証言）
出20:16　隣人に対し、偽りの～をしては
ヨブ15:6　唇が、あなたに不利な～をする
箴25:18　隣人について偽りの～をする人
イザ59:12　私たちの罪が不利な～をする
エレ14:7　私たちに不利な～をしても
マタ23:31　自らに対して～している
27:13　あなたに不利な～をしている
マコ6:11　彼らに対する～として
14:55　イエス…に不利な～を得ようと
ルカ9:5　彼らに対する～として
22:71　これ以上～が必要だろうか
ヨハ2:25　人についてだれの～も必要と
4:39　～した女のことばによって
5:31　わたしだけなら…～は真実では
Ⅲヨハ12　私たちも～します
しょうこ（証拠）
創21:30　井戸を掘ったという～になる
ヨシ22:27　私たちの後の世代との間の～と
ヨハ18:23　悪いという～を示しなさい
使1:3　数多くの確かな～をもって
Ⅱコリ8:24　あなたがたの愛の～と
13:3　語っておられるという～を
しょうさん（称賛）
箴27:21　人は他人の～によって試される
ヘブ11:2　この信仰によって～されました
しょうじき（正直）
箴2:21　～な人たちは地に住まいを得
じょうじゅ（成就）
Ⅰ列2:27　主のことばは、こうして～した
Ⅱ歴36:21　告げられた主のことばが～して
イザ14:24　わたしの図ったとおりに～する
44:26　主のしもべのことばを～させ
エレ28:6　預言したことばを主が～させ
マタ5:17　廃棄するためではなく～する
8:17　語られたことが～するためで
21:4　語られたことが～するためで
26:56　預言者たちの書が～するためです
ルカ22:16　過越が神の国において～する
24:44　すべて～しなければなりません
ヨハ17:12　聖書が～するためでした
19:24　聖書が～するためであった

しょうしゅう（召集）
民1:18　第二の月の一日に全会衆を～し
Ⅰ列8:1　ソロモン王のもとに～した
Ⅱ歴5:2　すべて、エルサレムに～した
じょうじる（乗じる）
Ⅱコリ2:11　サタンに～じられないように
じょうせき（上席）
ルカ11:43　会堂の～や、広場であいさつ
じょうそ（上訴）
使25:11　私はカエサルに～します
しょうぞう（肖像）
マコ12:16　これは、だれの～と銘ですか
ルカ20:24　だれの～と銘がありますか
しょうそく（消息）
箴25:25　遠い国からの良い～は、疲れた
しょうぞく（装束）
出28:2　栄光と美を表す聖なる～を作れ
じょうたい（状態）
ルカ11:26　その人の最後の～は、初めより
じょうだん（冗談）
創19:14　それは悪い～のように思われた
しょうちょう（象徴）
イザ57:8　寝床を愛し、彼らの～物を見た
しょうちょく（詔勅）
使17:7　カエサルの～に背く行いをして
しょうにん（商人）
ナホ3:16　おまえは～を天の星より多くし
マタ13:45　良い真珠を探している～のよう
黙18:3　地の～たちは…富を得た
しょうにん（証人）
創31:50　神が私とあなたの間の～である
民35:30　一人の～の証言だけで
申4:26　私は…天と地を～に立てる
17:6　二人の～または三人の～の証言
30:19　天と地を～に立てる
ヨシ24:22　「私たちが～です」と言った
士11:10　主が私たちの間の～となられ
ルツ4:11　私たちは～です。どうか、主が
ヨブ16:19　今でも、天には私の～がおられ
詩89:37　雲の上の確かな～である
箴14:5　真実な～は偽りを言わない
19:5　偽りの～は罰を免れない
24:28　根拠を持たない～となっては
イザ43:10　あなたがたはわたしの～
44:8　あなたがたはわたしの～
55:4　わたしは彼を諸国の民への～と
エレ29:23　それを知っており、その～で
32:10　～を立てて、秤で銀を量った
42:5　真実で確かな～であられます
ミカ1:2　聖なる宮から来て～となられる

マラ2:14 あなたの若いときの妻との～で
3:5 ためらわずに～となって
マタ18:16 二人または三人の～の証言に
マコ14:63 なぜこれ以上、～が必要か
ルカ24:48 これらのことの～となります
使1:8 地の果てまで、わたしの～と
2:32 私たちはみな、そのことの～で
5:32 私たちはこれらのことの～です
7:58 ～たちは、自分たちの上着を
10:39 行われた、すべてのことの～で
22:15 見聞きしたことを証しする～と
22:20 あなたの～ステパノの血が
26:16 奉仕者、また～に任命するため
Ⅱコリ13:1 二人または三人の～の証言に
Ⅰテサ2:10 あなたがたが～であり
ヘブ12:1 多くの～たちが、雲のように
黙1:5 確かな～…イエス・キリスト
2:13 わたしの確かな～アンティパス
3:14 真実な～、神による創造の源
11:3 許すので、わたしの二人の～は
17:6 イエスの～たちの血に酔って

しょうねん（少年）
ダニ1:4 ふさわしい～たちであった
マコ10:20 先生。私は～のころから
ルカ18:21 私は～のころから、それらすべて
ヨハ6:9 魚二匹を持っている～がいます

しょうばい（商売）
マタ25:16 ～をし、ほかに五タラントを
ルカ19:15 どんな～をしたかを知ろうと

じょうへき（城壁）
申3:5 高い～と門とかんぬきのある
ネヘ2:15 流れを上って行って、～を調べ
12:27 エルサレムの～の奉献式に際し
詩18:29 私の神によって ～を跳び越え
48:13 その～に心を留めよ
箴18:11 自分ではそそり立つ～のように
イザ26:1 その～と塁で私たちを救って
エレ1:18 要塞の町、鉄の柱、青銅の～と
エゼ26:9 破城槌でおまえの～を突き崩し
ゼカ2:5 それを取り巻く火の～となる
使9:25 町の～伝いにつり降ろした

じょうほ（譲歩）
Ⅰコリ7:6 以上は～として言っているので

しょうめい（召命）
ロマ11:29 神の賜物と～は

しょうめい（証明）
使9:22 キリストであることを～して
24:13 彼らは…～できないはずです

じょうよく（情欲）
マタ5:28 ～を抱いて女を見る者は
ロマ1:27 男同士で～に燃えました

しょうらい（将来）
エゼ12:27 はるか遠い～について預言して

しょうり（勝利）
申20:4 ～を得させてくださるからで
Ⅰサム11:13 主が…～をもたらして
14:45 大～をイスラエルにもたらした
Ⅱサム8:6 行く先々で、彼に～を与えられ
19:2 その日の～は…嘆きとなった
Ⅱ列13:17 アラムに対する～の矢
Ⅰ歴18:6 行く先々で、彼に～を与えられ
詩20:5 あなたの～を喜び歌い
ロマ8:37 私たちは圧倒的な～者です
Ⅰコリ15:54 死は～に呑み込まれた
15:55 おまえの～はどこにあるのか
Ⅰヨハ5:4 これこそ、世に打ち勝った～
黙2:7 ～を得る者に…いのちの木から
2:17 ～を得る者に…マナを与える
3:5 ～を得る者は…白い衣を着せ
3:21 ～を得る者を、わたしとともに
5:5 ダビデの根が～したので
6:2 ～の上にさらに～を得るために
21:7 ～を得る者は、これらのものを

じょおう（女王）
マタ12:42 南の～が、さばきのときに
ルカ11:31 南の～が、さばきのときに

しょき（書記）
エス3:12 王の～官たちが召集され
使19:35 町の～官が群衆を静めて言った

しょくじ（食事）
創43:32 ともに～ができなかったから
申12:7 神、主の前で～をし
Ⅰサム9:24 サムエルと一緒に～をした
詩78:19 荒野で～を備えることが 神に
箴23:1 支配者と～の席に着くときは
31:15 家の者に～を整え
マタ9:11 罪人たちと一緒に～をする
22:4 私は～を用意しました
ルカ11:37 家で～をしていただきたい
ヨハ4:31 「先生、～をしてください」
21:12 さあ、朝の～をしなさい
黙3:20 彼もわたしとともに～をする

しょくだい（燭台）
出25:31 純金の～を作る。その～は槌で
37:17 ～を純金で作った。その～は
レビ24:4 きよい～の上に…ともしびを
民8:2 七つのともしび皿が～の前を
Ⅱ列4:10 机と椅子と～を置きましょう
ゼカ4:2 全体が金でできている一つの～
黙1:12 振り向くと、七つの金の～が

しょくたく（食卓）
詩23:5 あなたは私の前に～を整え
69:22 彼らの前の～は罠となり
マラ1:12 主の～は汚れている
使6:2 ～のことに仕えるのは
Ⅰコリ10:21 ～にあずかりながら
しょくぶつ（植物）
創1:11 地は～を…芽生えさせよ
しょくもつ（食物）
創1:29 あなたがたにとってそれは～と
詩136:25 すべての肉なる者に～を与える
Ⅰコリ6:13 ～は腹のためにあり、腹は～の
Ⅰテモ4:3 ～を断つことを命じたりします
しょくよく（食欲）
箴6:30 ～を満たすために盗みをしたら
23:2 ～の盛んな人であるなら
伝6:7 その～は決して満たされない
しょくりょうなん（食糧難）
Ⅱ列25:3 都の中で～がひどくなり
じょげん（助言）
出18:19 あなたに～しましょう
Ⅱサム15:31 アヒトフェルの～を愚かな
17:7 アヒトフェルの進言した～は
Ⅰ列12:8 この長老たちが与えた～を退け
Ⅱ歴10:8 この長老たちが与えた～を退け
イザ1:26 おまえに～する者たちを最初の
エレ18:18 知恵のある者から～が、預言者
じょげんしゃ（助言者）
Ⅱ歴22:3 母が～となり、悪を行わせた
25:16 おまえを王の～にしたか
箴11:14 多くの～によって救いを得る
15:22 多くの～によって、それは成功
24:6 多くの～によって勝利を得る
イザ3:3 身分の高い者、～と賢い細工人
9:6 その名は「不思議な～、力ある神
40:13 主の～として主に教えたのか
41:28 彼らの中には～がいない
ミカ4:9 あなたの～は滅び失せたのか
じょさんぷ（助産婦）
出1:15 ヘブル人の～たちに命じた
しょじょ（処女）
創24:16 この娘は非常に美しく、～で
レビ21:14 自分の民の中から～を妻とし
申22:14 ～のしるしを見なかった
士11:38 自分が～であることを泣き
21:12 若い～四百人を見つけ出した
Ⅱサム13:2 彼女が～であって、アムノンに
Ⅰ列1:2 王のために一人の若い～を探し
イザ7:14 見よ、～が身ごもっている
マタ1:23 見よ、～が身ごもっている
ルカ1:27 この～は…名をマリアといった
しょじょう（書状）
Ⅱ歴21:12 ～が彼のもとに届いた
しょばつ（処罰）
Ⅱコリ2:6 多数の人から受けたあの～で
しょもつ（書物）
Ⅱ歴34:16 その～を王のもとに携えて行き
ヨブ19:23 ああ…～に記されればよいのに
詩139:16 あなたの～にすべてが記され
伝12:12 多くの～を書くのはきりがない
イザ29:11 封じられた～のことばのように
30:8 ～にこれを記し、後の日のため
34:16 主の～を調べて読め
エレ36:18 私は墨でこの～に記しました
51:60 すべてのことばを一つの～に
ヨハ21:25 世界もその書かれた～を
使19:19 その～を持って来て…焼き捨て
Ⅱテモ4:13 また～、特に羊皮紙の物を
黙20:12 ～がもう一つ開かれたが
しょゆう（所有）
創17:8 子孫に永遠の～として与える
48:4 子孫に永遠の～地として与える
レビ20:24 彼らの土地を～するようになる
25:34 彼らの永遠の～地だからである
民14:24 彼の子孫はその地を～する
32:5 しもべどもがこの地を～地と
32:22 主の前であなたがたの～地と
申1:8 行け。その地を～せよ
1:39 彼らはそこを～するようになる
3:18 あなたがたが～するように
6:18 良い地を～することができる
33:23 彼は西と南を～せよ
Ⅱ歴20:11 あなたの～地から、私たちを
ネヘ9:15 その地に入って ～するよう
イザ34:17 とこしえまでもこれを～し
54:3 あなたの子孫は国々を～し
60:21 永遠にその地を～する
エレ32:23 そこに行って、それを～し
エゼ33:26 この地を～しようとするのか
36:12 彼らはおまえを～し、おまえは
44:28 わたしが彼らの～である
オバ17 自分の領地を～するようになる
Ⅰコリ7:30 買う人は～していないかのよう
しらせ（知らせ）
創45:16 兄弟たちが来たという～た
Ⅱ列7:9 今日は良い～の日なのに
詩68:11 良き～を告げる女たちは大きな
箴15:30 良い～は人を健やかにする
ダニ11:44 東と北からの～が彼を
ロマ10:15 良い～を伝える人たちの足

しらせる（知らせる）
詩32:5 私は自分の罪をあなたに～らせ
マコ3:12 ご自分のことを～らせないよう
しらべる（調べる）
エズ10:16 彼らはこの件を～べるために
ヨブ5:27 ～べ上げたことはこのとおりだ
31:14 また、神がお～べになるとき
詩7:9 正しい神は 心の深みまで～べ
17:3 あなたは私の心を～べ 夜 私を
26:2 主よ 私を～べ 試みてください
139:23 私を～べ 私の思い煩いを知って
箴28:11 分別のある…者は、彼を～べる
イザ34:16 主の書物を～べて読め
マタ2:8 行って幼子について詳しく～べ
ヨハ5:39 思って、聖書を～べています
7:52 ガリラヤの出なのか。よく～べ
使17:11 そのとおりか…毎日聖書を～べた
しりぞける（退ける）
Ⅰｻﾑ10:19 あなたがたの神を～けて
ヨブ31:16 私が弱い者たちの望みを～け
イザ7:15 悪を～けて善を選ぶことを知る
30:12 わたしの言うことを～けて
エレ2:37 あなたの拠り頼むものを～け
6:19 わたしの律法を～けたからだ
哀5:22 あなたが本当に、私たちを～け
ホセ4:6 あなたが知識を～けたので
ロマ11:1 神はご自分の民を～けられた
しりょ（思慮）
Ⅰ歴22:12 主があなたに～と悟りを与えて
箴5:2 ～深さを守り、あなたの唇が
イザ11:2 知恵と悟りの霊、～と力の霊
しる（知る）
出1:8 ヨセフのことを～らない新しい王
7:5 わたしが主であることを～る
18:11 主が…偉大であることを～り
29:46 導き出したことを～るようになる
31:13 あなたがたが～るためである
レビ23:43 仮庵に住まわせたことを～るため
申4:35 あなたが～るためであった
4:39 ほかに神はいないことを～り
士2:10 主が…行われたわざも～らない
Ⅰ列8:43 地上のあらゆる民が御名を～り
8:60 ほかに神はいないことを～るに
20:13 わたしこそ主であることを～る
Ⅰ歴28:9 あなたの父の神を～り…なさい
ヨブ19:25 私は～っている。私を贖う方は
23:10 私の行く道を～っておられる
24:16 閉じこもっていて光を～らない
30:23 私は～っています。あなたが私を
37:5 私たちの～り得ない大きなことを
詩1:6 正しい者の道は主が～っておられ
46:10 やめよ。～れ。わたしこそ神
73:11 どうして神が～るだろうか
90:11 怒りの力を～っているでしょう
100:3 ～れ。主こそ神。主が 私たちを
142:3 私の道をよく～っておられます
箴3:6 行く道すべてにおいて、主を～れ
伝8:5 時とさばきを～っている
イザ11:9 主を～ることが…地に満ちるから
37:20 主であることを～るでしょう
エレ1:5 形造る前から あなたを～り
8:7 わが民は主の定めを～らない
12:3 あなたは私を～り、私を見て
24:7 わたしが主であることを～る心を
31:34 『主を～れ』と言って教える
エゼ6:14 わたしが主であることを～る
17:21 わたしが語ったことを～る
29:21 わたしが主であることを～る
37:28 主であることを～る
ホセ6:3 主を～ることを切に追い求めよう
13:5 干ばつの地であなたを～っていた
ヨエ2:27 真ん中にわたしがいることを～り
マタ6:3 左の手に～られないように
6:8 必要なものを～っておられる
6:32 あなたがたの天の父が～って
10:26 隠されているもので～られずに
10:33 父の前で、その人を～らないと
13:14 見るには見るが、決して～ること
26:34 三度わたしを～らないと言います
マコ4:12 見るには見るが～ることはなく
12:24 聖書も神の力も～らないので
13:32 いつなのかは、だれも～りません
14:30 三度わたしを～らないと言います
ルカ4:34 あなたがどなたなのか～って
5:24 あなたがたが～るために――。
12:9 わたしを～らないと言う者は
13:27 どこの者か、私は～らない
22:34 三度わたしを～らないと言います
22:57 いや、私はその人を～らない
ヨハ10:14 わたしはわたしのものを～って
17:3 イエス・キリストを～ることです
使7:18 ヨセフのことを～らない別の王が
19:15 イエスのことは～っているし
28:26 見るには見るが、決して～ること
ロマ1:20 被造物を通して～られ
1:21 彼らは神を～っていながら
Ⅱｺﾘ6:9 人に～られていないようでも
ガラ4:9 今では神を～っているのに
Ⅰﾃﾓ2:4 真理を～るようになることを
ヘブ8:11 『主を～れ』と言って教えること

Ⅰﾍﾟﾃ1:20 基が据えられる前から～られて
黙2:2 あなたの労苦と忍耐を～っている

しるし

創1:14 日と年のための～となれ
4:15 カインに一つの～をつけられた
9:12 わたしが与える…契約の～は
出4:8 後の～の声は信じるであろう
31:13 わたしとあなたがたとの間の～
民16:38 イスラエルの子らに対する～と
26:10 こうして彼らは警告の～となった
ヨシ4:6 それがあなたがたの中で、～と
士6:17 あなたであるという～を、私に
Ⅰｻﾑ2:34 あなたへの～である
Ⅰ列13:3 彼は一つの～を与えて…言った
イザ7:11 あなたの神、主に、～を求めよ
7:14 あなたがたに一つの～を与え
8:18 主からの イスラエルでの～と
37:30 あなたへの～は、こうである
38:7 あなたへの主からの～である
55:13 絶えることのない永遠の～となる
エレ10:2 天の～にうろたえるな。諸国が
44:29 これが、あなたがたへの～である
エゼ4:3 イスラエルの家に対する～だ
9:4 悲しんでいる人々の額に、～を
12:6 イスラエルの家のために～と
14:8 彼を～とし、語りぐさとして
24:24 エゼキエルは…～となり
ダニ4:3 その～のなんと偉大なことよ
ヨエ2:30 わたしは天と地に、～を現れさせ
マタ12:39 ただし預言者ヨナの～は別です
16:1 天からの～を見せてほしいと
16:3 時の～を見分けることはできない
24:3 世が終わる時の～は、どのような
マコ8:11 議論を始め…天からの～を求め
13:4 ～は、どのようなものですか
13:22 ～や不思議を行います
16:17 信じる人々には次のような～が
ルカ2:12 それが、あなたがたのための～
2:34 反対にあう～として定められ
11:16 試みようとして、天からの～を
11:29 ～を求めますが…ヨナの～は別
21:7 ～は、どのようなものですか
23:8 イエスが行う～を何か見たいと
ヨハ2:11 最初の～としてガリラヤのカナで
2:18 どんな～を見せてくれるのか
2:23 イエスの行われた～を見て
6:2 病人たちになさっていた～を見た
10:41 ヨハネは何も～を行わなかったが
20:30 ほかにも多くの～を行われたが
使4:16 著しい～が行われたことは
5:12 多くの～と不思議が人々の間で
15:12 神が…異邦人の間で行われた～と
ロマ4:11 割礼という～を受けたのです
Ⅰｺﾘ1:22 ユダヤ人は～を要求し
14:22 信じていない者たちのための～
黙12:1 また、大きな～が天に現れた
13:13 大きな～を行い、人々の前で
13:14 ～によって…惑わし
15:1 天にもう一つの大きな驚くべき～
16:14 これらは、～を行う悪霊どもの霊

しるす（記す）

ネヘ10:34 律法に～されているとおり
ヨブ19:23 書物に～されればよいのに
エレ36:18 私は墨でこの書物に～しました
黙20:15 いのちの書に～されていない者は

しれん（試練）

創22:1 神がアブラハムを～にあわせられ
ルカ8:13 ～のときに身を引いてしまう
22:28 わたしの様々な～の時に、一緒に
使20:19 数々の～の中で…主に仕えて
Ⅰｺﾘ10:13 あなたがたが経験した～はみな
Ⅱｺﾘ8:2 苦しみによる激しい～の中に
ヤコ1:2 様々な～にあうときはいつでも
Ⅰﾍﾟﾃ1:7 ～で試されたあなたがたの信仰は
4:12 あなたがたの間で燃えさかる～を
黙3:10 ～の時には…あなたを守る

しろ（城）

箴10:15 財産はその人の堅固な～

しろい（白い）

イザ1:18 赤くても、雪のように～くなる
ダニ7:9 その衣は雪のように～く
マタ23:27 ～く塗った墓のようなもの
マコ9:3 その衣は非常に～く輝き
使1:10 見よ、～い衣を着た二人の人
23:3 ～く塗った壁よ、神があなた
黙1:14 また雪のように～く、その目は

しろうと（素人）

Ⅱｺﾘ11:6 話し方は～でも、知識において

じん（陣）

Ⅰ歴12:22 神の～営のような大～営となった
ヨブ19:12 私の天幕の周りに～を敷く
詩27:3 私に対して～営が張られても
34:7 主を恐れる者の周りに～を張
イザ29:3 あなたの周りに～を敷き

しんえん（深遠）

ダニ2:22 神は、～なこと

しんえん（深淵）

箴8:28 大空を固め、～の源を堅く定

しんげん（箴言）

Ⅰ列4:32 ソロモンは三千の～を語

箴1:6 ～と比喩、知恵のある者のことば
26:9 愚かな者が口にする～は

しんこう（信仰）

ハバ2:4 正しい人はその～によって生き
マタ8:10 これほどの～を見たことが
8:26 どうして怖がるのか、～の薄い
14:31 ～の薄い者よ、なぜ疑ったのか
15:28 女の方、あなたの～は立派です
16:8 ～の薄い人たち
17:20 あなたがたの～が薄いからです
マコ2:5 イエスは彼らの～を見て
4:40 まだ～がないのですか
5:34 あなたの～があなたを救った
ルカ5:20 イエスは彼らの～を見て
7:9 これほどの～を見たことが
8:48 あなたの～があなたを救った
12:28 ～の薄い人たちよ
17:5 私たちの～を増し加えてください
17:19 あなたの～があなたを救った
18:8 地上に～が見られるでしょうか
18:42 あなたの～があなたを救いました
22:32 あなたの～がなくならないように
使6:7 祭司たちが大勢…～に入った
13:12 主の教えに驚嘆し、～に入った
13:48 みな～に入った
14:9 ふさわしい～があるのを見て
14:27 異邦人に～の門を開いて
17:34 彼につき従い、～に入った
20:21 主イエスに対する～を証しして
26:18 わたしを信じる～によって
ロマ1:8 全世界であなたがたの～が
1:17 ～に始まり～に進ませるからです
3:28 ～によって義と認められると
3:31 ～によって律法を無効にする
4:16 すべては～によるのです
4:19 その～は弱まりませんでした
5:1 私たちは～によって義と認められ
12:3 ～の量りに応じて、慎み深く考え
14:1 ～の弱い人を受け入れなさい
14:23 ～から出ていないことは、みな罪
Ⅰｺﾘ12:9 ある人には同じ御霊によって～
13:13 いつまでも残るのは～と希望と愛
16:13 堅く～に立ちなさい。雄々しく
Ⅱｺﾘ4:13 同じ～の霊を持っている私たち
5:7 ～によって歩んでいます
ガラ1:23 そのとき滅ぼそうとした～を今は
5:6 愛によって働く～なのです
6:10 特に～の家族に善を行いましょう
エペ1:15 主イエスに対するあなたがたの～
2:8 恵みのゆえに…～によって救われ
4:5 ～は一つ、バプテスマは一つです
6:16 これらすべての上に、～の盾を
ピリ1:25 ～の前進と喜びのために
コロ1:4 キリスト・イエスに対する…～
Ⅰﾃｻ1:3 ～から出た働きと
3:7 あなたがたの～による慰めです
Ⅰﾃﾓ1:5 偽りのない～から生まれる愛です
3:13 キリスト・イエスを信じる～
5:8 その人は～を否定しているので
6:12 ～の戦いを立派に戦い
Ⅱﾃﾓ1:5 偽りのない～を思い起こして
ピレ6 ～の交わりが生き生きとしたもの
ヘブ4:2 ～によって結びつけられなかった
10:38 わたしの義人は～によって生きる
11:1 ～は、望んでいることを保証し
11:33 彼らは～によって、国々を征服し
13:7 その～に倣いなさい
ヤコ2:22 ～がその行いとともに働き、～は
Ⅰﾍﾟﾃ1:7 ～は…金よりも高価であり
Ⅱﾍﾟﾃ1:1 同じ尊い～を受けた方々へ
ユダ3 伝えられた～のために戦うよう
黙14:12 イエスに対する～を持ち続ける

じんこう（人口）

Ⅱｻﾑ24:1 イスラエルとユダの～を数えよ

しんじつ（真実）

Ⅱｻﾑ2:5 あのような～を尽くして
9:1 その人に～を尽くしたい
Ⅰ歴19:2 ハヌンに～を尽くそう
Ⅱ歴31:20 正しいこと、～なことを行った
詩15:2 義を行い 心の中の～を語る人
36:5 あなたの～は雲にまで及びます
40:10 あなたの～とあなたの救いを
51:6 あなたは心のうちの～を喜ばれ
88:11 あなたの～が滅びの淵で
89:2 その～を 天に堅く立てておられ
89:33 わたしの～を偽らない
92:2 あなたの～を告げることは
119:86 あなたの仰せはことごとく～です
119:90 あなたの～は代々に至ります
119:160 みことばのすべては～です
143:1 あなたの～と義によって 私に
箴12:17 ～の申し立てをする人は正しい
12:22 ～を行う者は主に喜ばれる
14:25 ～な証人は人のたましいを救う
イザ11:5 ～がその胴の帯となる
25:1 まことに、～に成し遂げられ
エレ7:28 ～は消え失せ、彼らの口から
31:3 わたしはあなたに～の愛を尽くし
哀3:23 あなたの～は偉大です
ダニ4:37 そのみわざはことごとく～であり

ホセ4:1　この地には～もなく、誠実さも
6:4　あなたがたの～の愛は朝もやの
6:6　わたしが喜びとするのは～の愛
ゼカ8:3　エルサレムは、～の都と呼ばれ
マタ9:13　わたしが喜びとするのは～の愛
12:7　わたしが喜びとするのは～の愛
ロマ3:4　神は～な方であるとすべきです
Ⅰコリ1:9　神は～です。その神に召されて
5:8　誠実と～の種なしパンで祭りを
10:13　神は～な方です。あなたがたを
ピリ1:18　見せかけであれ、～であれ
4:8　すべて～なこと…尊ぶべきこと
Ⅰテサ5:24　あなたがたを召された方は～で
Ⅱテサ3:3　しかし、主は～な方です
Ⅰテモ1:15　～であり、そのまま受け入れる
4:9　このことばは～であり
ヘブ11:11　約束してくださった方を～な方

しんじゃ（信者）

Ⅱ列10:21　バアルの～たちがみなやって来た
使16:1　～であるユダヤ人女性の子で
Ⅰコリ6:6　それを～でない人たちの前でする
7:14　～でない夫は妻によって聖なる
9:5　～である妻を連れて歩く権利が
Ⅰテモ3:6　～になったばかりの人であっては

しんじゅ（真珠）

箴3:15　知恵は～よりも尊く
8:11　知恵は～にまさり、どんな喜び
31:10　彼女の値打ちは～よりもはるかに
マタ7:6　また、～を豚の前に投げては
13:45　天の御国は…良い～を探している

しんじる（信じる）

創15:6　アブラムは主を～じた。それで
45:26　彼らのことばが～じられなかった
出4:5　現れたことを、彼らが～じるため
4:31　民は～じた
14:31　主とそのしもべモーセを～じた
申1:32　神、主を～じていない
Ⅱ歴20:20　主の預言者たちを～じ、勝利を
ヨブ9:16　耳を傾けられるとは、～じられ
詩27:13　～じていなかったなら
78:22　これは 彼らが神を～じず
箴14:15　どんなことばも～じるが
26:25　語りかけてきても、～じるな
イザ7:9　～じなければ 堅く立つことは
43:10　あなたがたが…わたしを～じ
53:1　聞いたことを、だれが～じたか
エレ12:6　彼らを～じてはならない
ハバ1:5　あなたがたは～じない
マタ8:13　～じたとおりになるように
9:28　それができると～じるのか
21:21　あなたがたが～じて疑わないなら
21:22　～じて祈り求めるものは何でも
21:25　なぜヨハネを～じなかったのか
27:42　そうすれば～じよう
マコ1:15　悔い改めて福音を～じなさい
5:36　恐れないで、ただ～じていなさい
9:23　～じる者には、どんなことでも
11:22　答えられた…神を～じなさい
11:24　すでに得たと～じなさい
13:21　言っても、～じてはいけません
16:11　聞いても～じなかった
16:16　～じてバプテスマを受ける者は
ルカ1:20　あなたが～じなかったからです
1:45　実現すると～じた人は、幸いです
8:13　しばらくは～じていても試練の
8:50　恐れないで、ただ～じなさい
20:5　どうしてヨハネを～じなかった
22:67　あなたがたは決して～じない
24:25　すべてを～じられない者たち
ヨハ1:7　すべての人が～じるためであった
2:22　イエスが言われたことばを～じた
3:15　～じる者がみな、人の子にあって
3:18　御子を～じる者はさばかれない
4:39　ことばによって、イエスを～じた
4:42　～じているのではありません
4:50　イエスが語ったことばを～じて
4:53　彼自身も家の者たちもみな～じた
5:24　わたしを遣わされた方を～じる者
5:46　モーセを～じているのなら
6:69　あなたが神の聖者であると～じ
7:5　兄弟たちも…～じていなかった
7:31　イエスを～じる人が多くいて
9:35　あなたは人の子を～じますか
10:26　あなたがたは～じません
10:38　わたしが～じられなくても
11:15　あなたがたが～じるためには
11:45　ユダヤ人の多くが、イエスを～じ
12:37　彼らはイエスを～じなかった
14:1　神を～じ…わたしを～じなさい
17:20　わたしを～じる人々のためにも
19:35　あなたがたも～じるようになる
20:8　そして見て、～じた
20:25　決して～じません…と言った
20:27　～じない者ではなく、～じる者に
20:29　見ないで～じる人たちは幸いです
使4:4　大勢が～じ、男の数が五千人ほど
5:14　主を～じる者たちはますます増え
9:42　多くの人々が主を～じた
10:43　この方を～じる者はだれでも
11:21　大勢の人が～じて主に立ち返った

14:1 大勢の人々が～じた
15:11 救われると～じていますが
16:31 主イエスを～じなさい
17:12 彼らのうちの多くの人たちが～じ
18:8 家族全員とともに主を～じた
26:8 なぜ～じがたいこととお考えに
26:27 預言者たちを～じておられますか
27:25 私は神を～じています
ロマ1:16 ～じるすべての人に救いを
4:5 義と認める方を～じる人には
10:9 よみがえらせたと～じるなら
Ⅰｺﾘ13:7 すべてを～じ、すべてを望み
14:23 初心の人か～じていない人が
ガラ2:16 ただイエス・キリストを～じる
3:6 アブラハムは神を～じた
ピリ1:29 キリストを～じることだけでなく
テト3:8 神を～じるようになった人々が
ヘブ11:6 ～じなければならないのです
Ⅰﾍﾟﾃ1:21 キリストによって～じる者です
Ⅰﾖﾊ5:1 イエスがキリストであると～じる
5:10 神の御子を～じる者は

しんせつ（親切）
ルツ2:10 どうして私に～にし、気遣って
箴12:25 ～なことばは人を喜ばせる
15:26 ～なことばは、きよい
エペ4:32 互いに～にし、優しい心で
コロ4:6 ことばが、いつも～で、塩味の

しんぞう（心臓）
イザ1:5 病み、～もすべて弱っている
エレ4:19 私の～の壁よ、私の心は高鳴り

しんぞく（親族）
創12:1 あなたの～、あなたの父の家を
ヨブ19:14 ～は見放し、親しい友も私を忘れ

しんだい（寝台）
申3:11 見よ。彼の～は鉄の～で、それは
ヨブ7:13 ～が私を慰め、寝床が嘆きを
アモ6:4 象牙の～に横たわり 長椅子で
マコ4:21 升の下や～の下に置くためで

しんたい（神体）
使19:35 天から下ったご～との守護者で

しんでん（神殿）
Ⅰ列5:5 主の御名のために～を建てようと
イザ44:28 ～はその基が据えられる
エゼ10:4 ～の敷居に向かった。～は雲で
43:5 主の栄光が～に満ちていた
ゼカ6:12 芽を出し、主の～を建てる
マタ4:5 ～の屋根の端に立たせて
26:61 わたしは神の～を壊して
27:40 ～を壊して三日で建てる人よ
マコ14:58 人の手で造られたこの～を壊し
15:29 ～を壊して三日で建てる人よ
ルカ4:9 ～の屋根の端に立たせて
ヨハ2:19 この～を壊してみなさい
使19:37 彼らは～を汚した者でも
黙11:1 立って、神の～と祭壇と、そこで
11:19 天にある神の～が開かれ
15:8 ～は…立ち上る煙で満たされ
21:22 子羊が、都の～だからである

しんでんしょうふ（神殿娼婦）
申23:17 イスラエルの女子は～になっては

しんでんぜい（神殿税）
マタ17:24 先生は～を納めないのですか

しんでんだんしょう（神殿男娼）
申23:17 イスラエルの男子は～になっては

しんぱい（心配）
マタ6:25 いのちのことで～したり
10:19 何をどう話そうかと～しなくても
マコ13:11 前もって～するのはやめなさい。
ルカ12:11 何を言おうかと～しなくてよい
12:26 なぜほかのことまで～する
ピリ2:20 真実にあなたがたのことを～し

シンバル
Ⅰｺﾘ13:1 どらや、うるさい～と同じです

しんぱん（審判）
士11:27 ～者であられる主が、今日
詩7:11 神は正しい～者 日々 憤る神

しんみつ（親密）
箴18:24 兄弟以上に～な友人もいる

しんめ（新芽）
イザ11:1 エッサイの根株から～が生え

しんゆう（親友）
詩55:13 私の友 私の～のおまえなのだ
88:8 あなたは 私の～を私から遠ざけ

しんよう（信用）
ミカ7:5 あなたがたは友を～するな
使27:11 船長や船主のほうを～した

しんらい（信頼）
民5:6 主の～を裏切り、後になって
20:12 あなたがたはわたしを～せず
申9:23 主の命令に逆らい、主を～せず
申32:51 わたしの～を裏切り
ヨシ7:1 主の～を裏切った
22:31 主の～を裏切らなかったから
Ⅱ列18:5 イスラエルの神、主に～していた
18:30 おまえたちに主を～させようと
Ⅰ歴5:25 彼らはその父祖の神の～を裏切り
Ⅱ歴26:16 主の～を裏切った
ヨブ8:14 その～はクモの巣だ
詩21:7 王は 主に～しているので
25:2 あなたに私は～いたします

詩31:14 主よ 私はあなたに～します
37:3 主に～し 善を行え
40:4 幸いなことよ 主に～を置き
62:8 民よ どんなときにも神に～せよ
65:5 遠い大海の～の的です
78:7 彼らが神に～し 神のみわざを
84:12 あなたに～する人は
91:2 私の砦 私が～する私の神
112:7 主に～して 心は揺るがない
115:8 ～する者もみな これと同じ
118:8 人に～するよりも良い
125:1 主に～する人々はシオンの山の
箴29:25 主に～する者は高い所に
イザ26:4 いつまでも主に～せよ
28:16 ～する者は慌てふためくことが
50:10 主の御名に～し、自分の神に
エレ7:4 偽りのことばに～してはならない
17:5 人間に～する者はのろわれよ
エゼ15:8 彼らがわたしの～を裏切ったので
ダニ6:23 彼が神に～していたからである
アモ6:1 サマリアの山に～している者
ミカ7:5 親しい友も～するな
ロマ9:33 この方に～する者は
10:11 この方に～する者は
Ⅱテモ2:2 ～できる人たちに委ねなさい
テト1:9 教えにかなった～すべきみことば
ヘブ2:13 わたしはこの方に～を置く

しんり（真理）
箴23:23 ～を買え…売ってはならない
伝12:10 ～のことばをまっすぐに書き記し
ダニ8:12 その角は～を地に投げ捨て
マコ12:14 ～に基づいて神の道を教えて
ルカ20:21 ～に基づいて神の道を教えて
ヨハ8:32 あなたがたは～を知り、～は
14:6 わたしが道であり、～であり
18:38 ～とは何なのか
ロマ1:25 彼らは神の～を偽りと取り替え
2:2 ～に基づいて神のさばきが下る
Ⅰコリ13:6 不正を喜ばずに、～を喜びます
Ⅱコリ13:8 ～のためならできます
エペ4:21 ～はイエスにあるのですから
6:14 腰には～の帯を…胸には正義の
Ⅰヨハ2:4 その人のうちに～はありません

しんりゃく（侵略）
Ⅱサム5:18 レファイムの谷間を～した

しんるい（親類）
創13:8 私たちは～同士なのだから

す

す（酢）
詩69:21 渇いたときには～を飲ませました
箴10:26 歯に～、目に煙のようなもの

す（巣）
申22:6 木の上か地面に鳥の～を見つ
ヨブ8:14 クモの糸、その信頼はクモの～
エレ49:16 鷲のように～を高くしても
オバ4 星々の間に～を作っても
マタ13:32 その枝に～を作るようになりま

すいげん（水源）
Ⅱ歴32:30 上方にあるギホンの～をふさ
イザ58:11 水の涸れない～のようにな

すいしゅ（水腫）
ルカ14:2 ～をわずらっている人がい

すいせん（推薦）
ロマ16:1 フィベを、あなたがたに～しま
Ⅱコリ3:1 またもや自分を～しようとし
3:2 私たちの～状はあなたがたで
10:18 自分自身を～する人ではな

すいどう（水道）
Ⅱ列18:17 上の池の～のそばに立っ
20:20 彼が貯水池と～を造り、都に水
イザ36:2 上の池の～のそばに立っ

すいふ（水夫）
ヨナ1:5 ～たちは恐れて…自分の神

すいもん（水門）
創7:11 ことごとく裂け、天の～が開か

すうじ（数字）
黙13:18 それは人間を表す～であるか

すえ（裔）
詩89:4 あなたの～をとこしえまで

すえる（据える）
エレ10:12 知恵をもって世界を堅く～
51:15 知恵をもって世界を堅く～
Ⅰコリ3:11 土台以外の物を～えること

すがた（姿）
雅5:15 その～はレバノンのよ
マタ28:3 その～は稲妻のよう
使14:11 神々が人間の～をとっ
ピリ2:6 神の御～であられるの

すがる
申4:4 主に～ってきたあなたがたはみ
30:20 聞き従い、主に～るためであ
ヨシ22:5 その命令を守り、主に～
23:8 あなたがたの神、主に～りなさ
ルツ1:14 ルツは彼女に～りつい
詩119:31 あなたのさとしに固く～りま

ヨハ20:17　わたしに～りついていては

すき（鋤）

詩129:3　耕す者たちは私の背に～をあて
ヨエ3:10　あなたがたの～を剣に
ミカ4:3　彼らはその剣を～に、その槍を
ルカ9:62　～に手をかけてからうしろを

すぎ（杉）

士9:15　レバノンの～の木を焼き尽くす
詩29:5　主は レバノンの～を打ち砕く
イザ9:10　～の木でこれに代えよう

すきかって（好き勝手）

箴29:18　幻がなければ、民は～にふるまう

すぎこし（過越；過ぎ越す）

出12:11　主への～のいけにえである
12:23　主はその戸口を～して、滅ぼす者
レビ23:5　～のいけにえを主に献げる
民9:5　十四日の夕暮れに～のいけにえを
28:16　～のいけにえを主に献げなければ
申16:1　神、主の～を祝いなさい
ヨシ5:11　～のいけにえを献げた翌日
Ⅱ歴30:1　主に～のいけにえを献げるように
35:17　そのとき、～のいけにえを献げ
エズ6:19　第一の月の十四日に～を祝った
マタ26:2　二日たつと～の祭りになります
マコ14:1　～の祭り、すなわち種なしパンの
14:14　弟子たちと一緒に～の食事をする
ルカ2:41　イエスの両親は、～の祭りに
22:1　～の祭りと言われる、種なしパン
22:7　～の子羊が屠られる、種なしパン
22:15　一緒にこの～の食事をすることを
ヨハ13:1　～の祭りの前のこと、イエスは
18:39　～の祭りでは、だれか一人を
Ⅰコリ5:7　私たちの～の子羊キリストは
ヘブ11:28　～の食事をし、血を振りかけ

すぎさる（過ぎ去る）

Ⅱコリ5:17　古いものは～って、見よ

すぐ（直ぐ）

民23:10　私が心の～な人たちの死を
Ⅱ歴29:34　祭司たちよりも～な心をもって
詩7:10　神は心の～な人を救われます
11:7　～な人は御顔を仰ぎ見る
32:11　すべて心の～な人たちよ
107:42　～な人はそれを見て喜び
箴3:32　～な人と親しくされるからだ

すくい（救い）

創45:7　大いなる～によって
49:18　私はあなたの～を待ち望む
出14:13　行われる主の～を見なさい
15:2　主は私の～となられた
Ⅰサム2:1　あなたの～を喜ぶからです
11:9　あなたがたに～がある
17:47　剣や槍がなくても、主が～を
Ⅱサム22:3　わが～の角、わがやぐら
22:36　御～の盾を私に下さいます
22:51　ご自分の王に～を増し加え
Ⅱ歴20:17　ともにおられる主の～を見よ
詩3:8　～は主にあります
9:14　あなたの～に歓声をあげます
12:5　彼を その求める～に入れよう
13:5　私の心はあなたの～を喜びます
18:50　ご自分の王に～を増し加え
27:1　主は私の光 私の～
35:3　「わたしがあなたの～だ」と
37:39　正しい人の～は 主から来る
42:11　私の～ 私の神を
50:23　わたしは神の～を見せる
51:12　あなたの～の喜びを私に戻し
53:6　イスラエルの～がシオンから
62:2　神こそ わが岩 わが～
67:2　御～が すべての国々の間で
70:4　あなたの～を愛する人たちが
91:16　わたしの～を彼に見せる
116:13　私は～の杯を掲げ 主の御名を
118:14　主は私の～となられた
140:7　私の主 神 私の～の力よ
144:10　神は王たちに～を与え
箴21:31　しかし、～は主による
イザ12:2　見よ、神は私の～。私は信頼し
12:3　喜びながら水を汲む。～の泉
25:9　待ち望んでいた主。その御～を
33:2　苦難の時の、私たちの～と
45:8　天地が～を実らせるように
45:17　主によって救われ、永遠の～に
49:6　地の果てにまでわたしの～を
52:7　知らせを伝え、～を告げ知らせ
56:1　わたしの～が来るのは近いから
59:17　～のかぶとを頭にかぶり
60:18　あなたの城壁を～と呼び
63:5　わたしの腕がわたしの～となり
エレ3:23　イスラエルの～があります
哀3:26　主の～を 静まって待ち望む
ヨナ2:9　～は主のものです
ミカ7:7　私の～の神を待ち望む
ハバ3:18　わが～の神にあって楽しもう
ゼパ3:17　～の勇士だ。主は…大いに喜び
ルカ1:69　～の角を私たちのために
1:77　罪の赦しによる～について
2:30　私の目があなたの御～を見た
3:6　すべての者が神の～を見る
19:9　今日、～がこの家に来ました

ヨハ4:22　～はユダヤ人から出るのです
使4:12　だれによっても～はありません
7:25　神が同胞に～を与えようとして
13:47　地の果てにまで～をもたらす者
28:28　神のこの～は、異邦人に送られ
ロマ1:16　～をもたらす神の力です
10:1　ささげる祈りは、彼らの～です
13:11　～がもっと私たちに近づいて
Ⅱｺﾘ6:2　今は恵みの時、今は～の日です
エペ1:13　あなたがたの～の福音を聞いて
ピリ1:19　私の～となることを知っている
1:28　あなたがたにとっては～の
2:12　自分の～を達成するよう努め
Ⅰﾃｻ5:9　キリストによる～を得るように
Ⅱﾃｻ2:13　初穂として～に選ばれたから
ヘブ1:14　～を受け継ぐことになる人々に
9:28　待ち望んでいる人々の～のため
Ⅰﾍﾟﾃ1:9　たましいの～を得ているから
Ⅱﾍﾟﾃ3:15　私たちの主の忍耐は～であると
ユダ3　ともにあずかっている～に
黙7:10　～は、御座に着いておられる
12:10　私たちの神の～と力と王国と
19:1　～と栄光と力は私たちの神の

すくいだす（救い出す）
創32:11　エサウの手から私を～して
出3:8　エジプトの手から彼らを～し
5:23　あなたの民を一向に～そうとは
18:9　主が…エジプト人の手から～して
民35:25　血の復讐をする者の手から～し
申23:14　あなたの神、主が、あなたを～し
ヨシ2:13　私たちのいのちを死から～す、と
Ⅱｻﾑ19:9　敵の手から、われわれを～し
22:18　力ある敵から私を～されました
Ⅰ歴16:35　私たちを集め、～してください
詩18:17　力ある敵から私を～されました
33:16　力の大きさでは～されない
33:19　彼らのたましいを死から～し
34:4　すべての恐怖から 私を～して
54:7　すべての苦難から私を～し
59:1　私を敵から～してください
69:14　私を泥沼から～し 沈まないよう
70:5　あなたは私の助け 私を～す方
107:6　主は彼らを苦悩から～された
116:8　私の足をつまずきから～して
箴2:12　ねじれごとを語る者たちから～す
11:4　義のわざは人を死から～す
11:8　正しい人は苦しみから～され
23:14　その子のいのちを…～すことが
24:11　捕らえられた者を～し
イザ36:18　主はわれわれを～してくださる
43:13　わたしの手から～せる者はない
50:2　わたしには～す力がないという
エレ1:8　ともにいて、あなたを～すからだ
22:3　虐げる者の手から～せ
39:17　その日、わたしはあなたを～す
エゼ7:19　怒りの日に 彼らを～すことは
34:10　彼らの口からわたしの羊を～し
ダニ3:17　燃える炉から私たちを～すことが
8:4　それから～す者もいなかった
使12:11　すべてのもくろみから、私を～し
ロマ7:24　死のからだから、私を～して
Ⅱｺﾘ1:10　死の危険から私たちを～して
ガラ1:4　悪の時代から私たちを～すために
コロ1:13　私たちを暗闇の力から～して
Ⅱﾃﾓ4:18　どんな悪しきわざからも～し
ヤコ5:20　罪人のたましいを死から～し
Ⅱﾍﾟﾃ2:7　正しい人、ロトを～されました
ユダ5　エジプトの地から～しましたが

すくいぬし（救い主）
Ⅱｻﾑ22:2　主よ、わが巌、わが砦、わが～
詩18:2　主はわが巌 わが砦 わが～
106:21　自分たちの～である神を忘れた
イザ19:20　彼らを救い出す～を送られる
43:3　わたしは…あなたの～である
43:11　わたしが主であり、ほかに～は
45:21　正しい神、～、わたしをおいて
49:26　わたしが主、あなたの～
エレ14:8　望みである方、苦難の時の～よ
ルカ1:47　私の霊は私の～である神をたたえ
2:11　あなたがたのために～が
使13:23　イスラエルに～イエスを送って
Ⅰﾃﾓ2:3　～である神の御前において
4:10　信じる人々の～である生ける神に
Ⅰﾖﾊ4:14　御子を世の～として遣わされた
ユダ25　私たちの～である唯一の神に

すくう（救う）
創45:5　神は…いのちを～うようにして
出14:30　エジプト人の手から～われた
民10:9　敵から～われるためである
申33:29　主に～われた民であろうか
士2:18　彼らを敵の手から～われた
7:2　『自分の手で自分を～った』と
7:7　わたしはあなたがたを～い
Ⅰｻﾑ4:3　われわれを敵の手から～うだろう
14:6　主がお～いになるのを妨げるもの
14:23　主はイスラエルを～われた
14:45　民がヨナタンを～ったので
Ⅱｻﾑ22:4　私は敵から～われる
Ⅱ列13:5　主がイスラエルに一人の～者を
19:19　私たちを彼の手から～って

19:34　この都を守って、これを～う
Ⅰ歴16:35　私たちをお～いください
Ⅱ歴20:9　聞いて、お～いくださいます
ヨブ5:15　強い者の手から～われる
40:14　右の手は自分を～うことができる
詩3:7　私の神よ お～いください
6:4　～ってください…恵みのゆえに
18:3　私は敵から～われる
28:9　どうか御民を～ってください
34:6　苦難から～ってくださった
44:3　自分の腕が 彼らを～ったのでも
69:35　まことに神は シオンを～い
76:9　すべての貧しい者たちを～うため
80:3　そうすれば 私たちは～われます
86:2　あなたのしもべをお～いください
106:8　御名のゆえに 彼らを～われた
107:19　主は彼らを苦悩から～われた
138:7　右の手が私を～ってくださいます
伝9:15　知恵を用いてその町を～った
イザ30:15　落ち着いていれば…～われ
35:4　神は来て、あなたがたを～われる
37:20　彼の手から～ってください
44:17　私を～ってください。あなたは
47:15　あなたを～う者は一人もいない
60:16　わたしが主、あなたを～う者
63:1　～いをもたらす大いなる者
64:5　私たちは～われるでしょうか
エレ8:20　しかし、私たちは～われない
15:20　あなたを～い、あなたを助け出す
17:14　私をお～いください
23:6　彼の時代にユダは～われ
30:7　だが、彼はそこから～われる
30:10　子孫を捕囚の地から～うからだ
33:16　その日、ユダは～われ
46:27　子孫を捕囚の地から～うからだ
51:6　それぞれ自分自身を～え
エゼ3:19　自分のいのちを～うことになる
34:22　わたしはわたしの群れを～い
ダニ6:16　おまえをお～いになるように
6:20　おまえを獅子から～うことが
12:1　記されている者はみな～われる
ホセ13:4　わたしのほかに～う者はいない
14:3　アッシリアは私たちを～えません
アモ2:14　勇士も自分を～えない
オバ21　～う者たちは、エサウの山を
ハバ3:13　あなたは御民を～うために
ゼパ3:19　わたしは足を引きずる者を～い
ゼカ12:7　主は最初にユダの天幕を～う
マタ1:21　その罪からお～いになるのです
9:22　あなたの信仰があなたを～った
16:25　自分のいのちを～おうと思う者は
19:25　だれが～われることができる
24:13　最後まで耐え忍ぶ人は～われます
27:40　神の子なら自分を～ってみろ
マコ5:23　娘が～われて生きられるように
8:35　いのちを～おうと思う者はそれを
10:26　だれが～われることができる
15:30　降りて来て、自分を～ってみろ
ルカ7:50　あなたの信仰があなたを～った
8:48　あなたの信仰があなたを～った
9:24　自分のいのちを～おうと思う者は
13:23　～われる人は少ないのですか
17:33　いのちを～おうと努める者は
18:26　それでは、だれが～われることが
18:42　あなたの信仰があなたを～い
23:35　あれは他人を～った。もし神の
ヨハ12:47　世を～うためだからです
使2:21　呼び求める者は みな～われる
11:14　家の者たち全員を～うことばを
15:1　割礼を受けなければ…～われない
15:11　主イエスの恵みによって～われる
16:30　先生方。～われるためには
ロマ5:9　神の怒りから～われるのは
8:24　この望みとともに～われたのです
10:9　信じるなら、あなたは～われる
11:26　イスラエルはみな～われるのです
Ⅰコリ1:18　～われる私たちには神の力です
5:5　彼の霊が主の日に～われるため
7:16　あなたが夫を～えるかどうか
9:22　何とかして、何人かでも～うため
10:33　人々が～われるために、自分の
15:2　この福音によって～われます
Ⅰテサ2:16　異邦人たちが～われるように
Ⅰテモ1:15　罪人を～うために世に来られた
2:4　すべての人が～われて
4:16　聞く人たちとを、～うことになる
Ⅱテモ1:9　神は私たちを～い
ヘブ7:25　神に近づく人々を完全に～うこと
ヤコ5:15　祈りは、病んでいる人を～います
Ⅰペテ3:20　水を通って～われました
4:18　正しい者がかろうじて～われる
ユダ23　火の中からつかみ出して～い

すくない（少ない）

伝5:2　だから、ことばを～なくせよ
マタ24:22　その日数が～なくされないなら
マコ13:20　もし主が、その日数を～なくして
ルカ7:47　赦されることの～者は
13:23　救われる人は～ないのですか

すぐれる

ヨブ36:22　見よ、神は力に～れておられる

ダニ5:12 ダニエルのうちに…～れた霊と
6:3 彼のうちに～れた霊が宿って
ロマ3:1 ユダヤ人の～れている点は
12:10 相手を～れた者として尊敬し合い
Ⅰコリ4:7 ほかの人よりも～れていると
13:13 その中で一番～れているのは愛
Ⅱコリ3:10 さらに～れた栄光のゆえに
ピリ2:3 自分より～れた者と思いなさい
ヘブ8:6 より～れた契約の仲介者である
9:23 それ以上に～れたいけにえに

すこし（少し）
箴13:11 ～ずつ集める者は、それを増す
Ⅱコリ8:15 ～だけ集めた人にも足りない

すこやか（健やか）
箴16:24 親切なことばは…骨を～に
ルカ11:34 目が～なら全身も明るくなります

すすむ（進む）
イザ2:3 私たちはその道筋を～もう

すすめ（勧め）
ヘブ13:22 このような～のことばを耐え

すずめ（雀）
詩84:3 ～さえも 住みかを 燕も ひなを
マタ10:29 二羽の～は一アサリオンで
ルカ12:6 五羽の～が、二アサリオンで

すすめる（勧める）
Ⅱ列5:23 と言ってしきりに～め
ロマ12:1 あなたがたに～めます
12:8 勧めをする人であれば～め
Ⅰコリ4:16 あなたがたに～めます
Ⅱコリ5:20 神が私たちを通して～めて
6:1 神とともに働く者として…～め
エペ4:17 主にあって厳かに～めます

すすんで（進んで）
出25:2 ～献げる心のある人から
35:5 ～献げる心のある人に
レビ7:16 ～献げるものであるなら
申16:10 ～献げるささげ物を
Ⅰ歴29:5 ～、その手にあふれるほど
ネヘ11:2 自分から～エルサレムに
詩119:108 私の口から出る～献げるもの

すそ（裾）
Ⅰサム15:27 サウルが…上着の～をつかんだ
24:4 サウルの上着の～を、こっそり

すたれる
Ⅰコリ13:8 知識ならば～れます

すてる（捨てる）
申4:31 あなたを～てず
29:25 彼らが…結ばれた契約を～て
32:15 自分を造った神を～て
Ⅰサム8:8 わたしを～てて、ほかの神々に
Ⅰ列9:9 主を～ててほかの神々に頼り
11:33 人々がわたしを～て、シドン人の
18:18 あなたがたは主の命令を～て
Ⅱ列21:14 民の残りの者を～て去り
22:17 わたしを～て、ほかの神々に
Ⅱ歴7:19 掟とわたしの命令を～て去り
12:1 彼は主の律法を～て
13:10 神であり、この方を～てなかった
詩16:10 私のたましいをよみに～て置かず
36:4 悪を～てようとしない
53:5 神が彼らを～てられたのだ
118:22 家を建てる者たちが～てた石
箴3:3 あなたを～てないようにせよ
6:20 母の教えを～ててはならない
9:6 浅はかさを～てて、生きなさい
10:17 叱責を～てる者は人を迷わせる
イザ1:4 彼らは主を～て、イスラエルの
1:28 主を～てる者は消え失せる
2:6 ヤコブの家を～てられました
55:7 自分のはかりごとを～て去れ
エレ1:16 彼らがわたしを～てて、ほかの
2:13 泉であるわたしを～て
2:17 あなたが主を～てたために
5:19 あなたがたが、わたしを～て
6:30 主が彼らを～てられたのだ
16:11 あなたがたの先祖がわたしを～て
22:9 自分の神、主の契約を～てて
アモ2:4 彼らが主のおしえを～てて
5:2 彼女は自分の地に～て置かれ
マタ13:48 悪いものは外に投げ～てます
16:24 自分を～て、自分の十字架を
19:27 すべてを～てて、あなたに従って
21:42 家を建てる者たちが～てた石
マコ1:18 彼らはすぐに網を～てて…従った
8:34 自分を～て、自分の十字架を
ルカ5:11 すべてを～ててイエスに従った
9:22 律法学者たちに～てられ、殺され
14:33 自分の財産すべてを～てなければ
17:25 人々に～てられなければ
20:17 家を建てる者たちが～てた石
ヨハ15:13 友のためにいのちを～てること
使2:27 私のたましいをよみに～て置かず
ピリ2:6 神としてのあり方を～てられない
Ⅱテモ4:10 今の世を愛し、私を見～てて
Ⅰヨハ3:16 兄弟のために、いのちを～てる
黙2:13 信仰を～てなかった

すな（砂）
創22:17 海辺の～のように大いに増やす
32:12 数えきれない海の～のようにする
箴27:3 石は重く、～にも重みがある

イザ10:22　海の～のようであっても
ホセ1:10　海の～のようになる
マタ7:26　～の上に…家を建てた愚かな人に
ロマ9:27　海の～のようであっても
ヘブ11:12　海辺の数えきれない～のように

すなお（素直）
マタ10:16　鳩のように～でありなさい
使17:11　テサロニケにいる者たちよりも～
ヤコ1:21　みことばを～に受け入れなさい

すばらしい
Ⅱｻﾑ1:26　…にもまさって、～らしかった
イザ12:5　主は～らしいことをされた
ルカ9:33　ここにいることは～らしいこと

すべおさめる（統べ治める）
出15:18　主はとこしえまでも～められる
詩22:28　主は 国々を～めておられます
47:8　神は国々を～めておられる
72:8　王が～めますように
146:10　あなたの神は 代々に～められる
イザ40:10 神である主は…その御腕で～める

すべて
Ⅰ歴29:14　～はあなたから出たのであり

すべる（滑る）
詩35:6　彼らの道を暗闇とし ～りやすく
73:18　あなたは彼らを～りやすい所に

すまい（住まい；住まう）
出15:17　主よ、御～のために
申33:12　彼は安らかに主のそばに～まい
33:27　いにしえよりの神は、～まう家
Ⅰ列8:27　地の上に～まわれるでしょうか
Ⅱ歴6:18　地の上に～まわれるでしょうか
30:27　主の聖なる御～である天に
ヨブ11:14　天幕に不正を～まわせないなら
詩23:6　いつまでも 主の家に～まいます
43:3　聖なる山 あなたの～へと
68:16　神がその～として望まれた
78:60　シロの御～ 人々の間に
90:1　あなたは私たちの～です
107:36　そこに飢えた者を～まわせる
箴3:33　正しい人の～は…祝福される
イザ57:15　あがめられ、永遠の～に住み
63:15　聖なる輝かしい御～から
エゼ37:27　わたしの～は彼らとともに
ホセ12:9　再びあなたを天幕に～まわせる
ヨハ1:14　私たちの間に～まわれた
エペ3:17　心のうちにキリストを～まわせて

すみ（墨）
エレ36:18　私は～でこの書物に記しました
Ⅱｺﾘ3:3　～によってではなく生ける神の
Ⅱﾖﾊ12　紙と～ではしたくありません
Ⅲﾖﾊ13　～と筆で書きたくありません

すみび（炭火）
詩18:8　～は主から燃え上がった
140:10　燃える～が彼らの上に
箴25:22　燃える～を積むことに
イザ6:6　燃えさかる～があった
ヨハ21:9　そこには～がおこされていて
ロマ12:20　燃える～を積むことになるから

すむ（澄む）
詩24:4　手がきよく 心の～んだ人

すむ（住む）
創13:6　一緒に～むのに十分ではなかった
13:12　アブラムはカナンの地に～んだ
14:12　ロトはソドムに～んでいた
19:30　娘と一緒に、山の上に～んだ
出2:21　この人のところに～むことにした
29:45　イスラエルの子らのただ中に～み
申30:20　誓われたその土地の上に～む
ヨシ15:63　エルサレムに～んだ
ルツ1:16　～まれるところに私も～みます
Ⅱｻﾑ7:2　私が杉材の家に～んでいるのに
Ⅰ列6:13　イスラエルの子らのただ中に～み
詩27:4　いのちの日の限り 主の家に～む
84:4　あなたの家に～む人たちは
91:1　いと高き方の隠れ場に～む者
101:7　私の家の中に～むことはなく
箴21:9　屋上の片隅に～むほうがよい
イザ33:5　主はいと高き方で、高い所に～み
エレ17:25 この都はとこしえに人の～む所と
ホセ14:7　その陰に～むものたちは
ヨハ14:2　父の家には～む所がたくさんあり
14:23　その人とともに～みます
ロマ7:17　私のうちに～んでいる罪なのです
Ⅰｺﾘ3:16　御霊が自分のうちに～んで
ヘブ11:9　地に他国人のようにして～み
黙21:3　神は人々とともに～み、人々は

ずるがしこい（ずる賢い）
Ⅱｺﾘ4:2　隠し事を捨て、～歩みをせず。

するどい（鋭い）
詩45:5　あなたの矢は～。国々の民は

すわる（座る）
士21:2　そこで夕方まで神の前に～り
ヨブ29:7　広場に自分の～る所を設けた
エレ15:17　たむろする場に～ったり
エゼ3:15　茫然として彼らの中に～っていた
ミカ4:4　いちじくの木の下に～るように
マコ10:37　もう一人が左に～るようにして

せ

せ（背）
詩18:40 私に～を見せるようにされました
箴8:36 わたしに～を向ける者は自分自身
せい（聖）
創2:3 この日を～なるものとされた
出3:5 立っている場所は～なる地である
15:11 あなたのように、～であって輝き
19:6 祭司の王国、～なる国民となる
28:36 『主の～なるもの』と彫り
39:30 「主の～なるもの」という文字を
レビ10:3 わたしは自分が～であることを
10:10 ～なるものと俗なるもの、また
19:2 ～なる者でなければならない
20:26 わたしにとって～でなければ
21:6 自分の神に対して～でなければ
22:32 わたしは～であることが示され
民4:20 ～なるものを見て死ぬことの
6:5 彼は～なるものであり
16:3 全会衆残らず～なる者であって
申5:12 安息日を守って、これを～なる
7:6 主の～なる民だからである
14:2 主の～なる民だからである
23:14 あなたの陣営は～でなければ
Ｉサム2:2 主のように～なる方はいません
エズ8:28 あなたがたは主の～なるもので
ネヘ13:22 安息日を～なるものとするために
ヨブ5:1 ～なる者のうちのだれのところに
詩11:4 主はその～なる宮におられる
22:3 けれども あなたは～なる方
30:4 主の～なる御名に感謝せよ
48:1 主の～なる山 私たちの神の都で
51:11 あなたの～なる御霊を …取り去ら
93:5 ～なることが あなたの家には
99:3 ほめたたえよ。主は～なる方
145:21 すべて肉なる者が～なる御名を
箴9:10 ～なる方を知ることは悟ること
イザ5:16 自ら～なることを示される
6:3 ～なる、～なる、～なる、万軍の
8:13 万軍の主、主を～なる者とせよ
29:23 彼らはわたしの名を～とし
35:8 その道は「～なる道」と呼ばれる
41:14 贖う者はイスラエルの～なる者
43:14 贖う、イスラエルの～なる方
62:12 ～なる民、主に贖われた者と
65:5 あなたにはあまりにも～なるもの
エレ2:3 イスラエルは主の～なるもの
17:22 安息日を～なるものとせよ
エゼ20:12 わたしが彼らを～なる者とする主
20:20 安息日を～なるものとせよ
20:41 わたしが～であることを示す
36:23 大いなる名が、～であることを
38:16 わたしが～であることを示し
42:20 ～なるものと俗なるものとを分け
ダニ4:8 彼には～なる神の霊があった
8:13 一人の～なる者が語っている
12:7 ～なる民の力を打ち砕くことが
ハバ1:12 私の神、私の～なる方よ
ゼカ14:5 ～なる者たちも、主とともに来る
マタ6:9 御名が～なるものとされますよう
7:6 ～なるものを犬に与えては
24:15 ～なる所に立っているのを見たら
27:52 ～なる人々のからだが生き返った
マコ6:20 ヨハネが正しい～なる人だと
ルカ11:2 御名が～なるものとされますよう
使7:33 立っている場所は～なる地である
26:18 ～なるものとされた人々とともに
ロマ7:12 律法は～なるものです
12:1 ～なる生きたささげ物として献げ
Ｉコリ1:2 イエスにあって～なる者とされ
1:30 義と～と贖いになられました
6:11 ～なる者とされ、義と認められた
7:14 妻によって～なるものとされて
エペ1:4 御前に～なる、傷のない者に
4:24 真理に基づく義と～をもって
5:26 教会をきよめて～なるものとする
5:27 ～なるもの、傷のないものと
Ｉテサ4:3 あなたがたが～なる者となること
5:23 あなたがたを完全に～なるものと
ヘブ2:11 ～とする方も、～とされる者たち
9:13 それが～なるものとする働きを
10:10 私たちは～なるものとされて
10:14 ～なるものとされる人々を
13:12 ご自分の血によって民を～なる
Ｉペテ1:15 召された～なる方に倣い
3:15 キリストを主とし、～なる方とし
黙3:7 ～なる方、真実な方、ダビデの
4:8 ～なる、～なる、～なる、主
21:2 ～なる都、新しいエルサレムが
ぜい（税）
エズ7:24 関～、～金を課してはならない
マタ17:25 だれから～や貢ぎ物を取りますか
22:17 カエサルに～金を納めることは
マコ12:14 カエサルに～金を納めることは
ルカ20:22 カエサルに～金を納めることは
せいい（誠意）
ヨシ2:12 私はあなたがたに～を尽くした

せいかつ（生活）
ピリ1:27 キリストの福音にふさわしく～し
Ⅰテモ2:2 平安で落ち着いた～を送るため
せいがん（誓願）
創28:20 ヤコブは～を立てた
31:13 わたしに～を立てた
レビ22:18 ～のささげ物あるいは進んで
27:2 主に特別な～を立てるときには
民6:2 ナジル人の～を立てる場合
21:2 イスラエルは主に～をして言った
30:2 男が主に～をするか、あるいは
申23:21 あなたの神、主に～をするとき
士11:30 エフタは主に～を立てて言った
Ⅰサム1:11 そして～を立てて言った
伝5:4 神に～を立てるときには
使18:18 パウロは～を立てていたので
せいぎ（正義）
詩33:5 主は～と公正を愛される
箴14:34 ～は国を高め、罪は国民を辱める
16:12 王座は～によって堅く立つからだ
イザ5:7 ～を望まれた。しかし見よ、悲鳴
11:4 ～をもって弱い者をさばき
45:19 ～を語り、公正を告げる者
45:24 ただ主にだけ、～と力がある
46:12 ～から遠く離れている者たちよ
56:1 公正を守り、～を行え
60:17 ～をあなたの監督者とする
61:10 衣を着せ、～の外套をまとわせ
エレ22:3 公正と～を行い、かすめ取られて
ホセ10:12 あなたがたは～の種を蒔き
使10:35 ～を行う人は、神に受け入れられ
24:25 パウロが～と節制と来たるべき
エペ6:14 胸には～の胸当てを着け
せいきゅう（請求）
ピレ18 その～は私にしてください
せいぎょ（制御）
ヤコ1:26 自分の舌を～せず
ぜいきん（税金）
マタ22:17 カエサルに～を納めることは律法
ロマ13:6 あなたがたは～も納めるのです
せいこう（成功）
創24:21 主が自分の旅を～させて
24:40 あなたの旅を～させてくださる
39:2 彼は～する者となり
39:23 主がそれを～させてくださった
Ⅰサム26:25 それはきっと～する
Ⅱ列18:7 彼はどこへ…行っても～を収め
箴28:13 自分の背きを隠す者は～しない
イザ48:15 彼の行うことを～させる
55:11 わたしが言い送ったことを～させ

せいさん（清算）
マタ18:24 ～が始まると、まず一万タラント
25:19 主人が帰って来て彼らと～をした
せいしつ（性質）
ロマ11:24 元の～に反して、栽培された
せいじつ（誠実）
ルツ3:10 今回の～さは、先の～さに
ネヘ7:2 ハナンヤが～な人であり
ヨブ1:1 この人は～で直ぐな心を持ち
2:9 自分の～さを堅く保とうとして
8:20 神は～な人を退けることはなく
9:20 たとえ私が～でも、神は私を
詩31:23 主は～な者を保たれるが
箴11:17 ～な人は自分のたましいに報いを
27:6 愛する者が傷つけるのは～による
Ⅰコリ5:8 ～と真実の種なしパンで祭りを
Ⅱコリ1:12 神から来る純真さと～さを
せいじゅく（成熟）
Ⅰコリ2:6 ～した人たちの間では知恵を語り
エペ4:13 ～した大人となって、キリストの
ヘブ6:1 ～を目指して進もう
せいしょ（聖書）
マタ21:42 ～に次のようにあるのを
22:29 ～も神の力も知らないので
26:54 ～が、どのようにして成就する
マコ12:10 次の～のことばを読んだことが
12:24 ～も神の力も知らないので
14:49 こうなったのは～が成就するため
ルカ4:21 この～のことばが実現しました
24:32 ～を説き明かしてくださる間
24:45 ～を悟らせるために彼らの心を
ヨハ2:22 ～とイエスが言われたことばを
5:39 いのちがあると思って、～を
10:35 ～が廃棄されることはあり得ない
13:18 ～に…と書いてあることは成就
17:12 それは、～が成就するためでした
19:24 ～が成就するためであった
19:28 ～が成就するために
使8:35 この～の箇所から始めて、イエス
17:2 ～に基づいて彼らと論じ合った
17:11 そのとおりか…毎日～を調べた
18:24 彼は～に通じていた
ロマ9:17 ～はファラオにこう言っています
15:4 ～が与える忍耐と励ましによって
Ⅰコリ15:3 キリストは、～に書いてある
ガラ3:8 ～は、神が異邦人を信仰によって
3:22 ～は、すべてのものを罪の下に
4:30 しかし、～は何と言っていますか
Ⅱテモ3:15 幼いころから～に親しんできた
ヤコ2:8 あなたがたが～にしたがって

2:23　～のことばが実現し、彼は神の友
4:5　～は意味もなく語っていると
Ⅱペテ1:20　～のどんな預言も勝手に解釈

せいじょ（聖所）
出25:8　わたしのための～を造らせよ
36:1　～の奉仕のあらゆる仕事をする
レビ12:4　また～に入ってはならない
21:12　～から出て行って神の～を
Ⅰ歴22:19　神である主の～を建て上げ
28:10　主は～となる宮を建てるために
Ⅱ歴26:18　～から出てください
詩20:2　主が～からあなたに助けを送り
63:2　こうして～で あなたを仰ぎ見て
73:17　私は 神の～に入って 彼らの最期
74:7　あなたの～に火を放ち
114:2　ユダは神の～となり イスラエル
134:2　～に向かってあなたがたの手を
150:1　神の～で 神をほめたたえよ
イザ8:14　そうすれば、主が～となる
16:12　その～に入って祈っても
62:9　わたしの～の庭でそれを飲む
エレ17:12　私たちの～がある場所は
51:51　他国人が主の宮の～に入った
哀1:10　諸国の民がその～に入るのを
2:7　主は、その祭壇を拒み、～を退け
エゼ5:11　わたしの～を汚したので
11:16　しばらくの間、彼らの～となって
23:38　同じ日にわたしの～を汚し
24:21　心が大切にするわたしの～を
44:8　わたしの～での任務も果たさず
48:8　～はその中央にある
ダニ8:14　そのとき～の正しさが確認される
ダニ9:17　荒れ果てた～に御顔の光を
11:31　立ち上がり、砦である～を冒し
アモ7:13　ここは王の～、王国の宮だからだ
マラ2:11　主が愛された主の～を汚し
ヘブ9:1　礼拝の規定と地上の～があり
9:8　～への道がまだ明らかにされて
10:19　大胆に～に入ることができます

せいする（制する）
創45:1　～することができなくなって
ヨブ7:11　私も自分の口を～することをせず
箴10:19　自分の唇を～する者は賢い人
25:28　自分の霊を～することができない
ヤコ3:8　しかし、舌を～ことができる人は

せいぜつ（聖絶）
レビ27:28　すべて～の物は最も聖なるもの
民18:14　イスラエルのうちで～の物はみな
申7:2　あなたは彼らを必ず～しなければ
20:17　必ず～しなければならない
ヨシ6:18　～の物の一部を取って
7:1　～の物のことで主…を裏切った
11:20　容赦なく～するため、主が
Ⅰサム15:3　そのすべてのものを～しなさい
エゼ44:29　～されたものはみな、彼らのもの
ミカ4:13　彼らの…利得を…～する

ぜいたく
ヤコ5:5　地上で～に暮らし、快楽にふけり

せいちょう（成長）
Ⅰサム2:21　サムエルは主のみもとで～した
3:19　サムエルは～した。主は彼と
ルカ1:80　幼子は～し、その霊は強くなり
2:40　幼子は～し、知恵に満ちて
使20:32　みことばは、あなたがたを～させ
Ⅰコリ3:6　しかし、～させたのは神です
14:12　教会を～させるために
14:26　～に役立てるためにしなさい
Ⅱコリ10:15　ただ、あなたがたの信仰が～し
12:19　すべてはあなたがたが～するため
エペ4:15　あらゆる点において…～する
Ⅱペテ3:18　恵みと知識において～しなさい

せいと（聖徒）
詩4:3　ご自分の～を特別に扱われるのだ
16:3　地にある～たちには威厳があり
116:15　主の～たちの死は 主の目に尊い
ダニ7:18　いと高き方の～たちが国を
使9:13　あなたの～たちにどんなにひどい
26:10　多くの～たちを牢に閉じ込め
ロマ12:13　～たちの必要をともに満たし
15:25　今は、～たちに奉仕するために
Ⅰコリ1:2　～として召された方々へ。主は
6:2　～たちが世界をさばくように
Ⅱコリ9:1　～たちのためのこの奉仕に
エペ5:3　～にふさわしく、淫らな行いも
コロ1:26　～たちに明らかにされた奥義を
Ⅰテモ5:10　旅人をもてなし、～の足を洗い
ピレ7　あなたによって～たちが安心を
黙8:3　すべての～たちの祈りに添えて
13:7　～たちに戦いを挑んで打ち勝つ
14:12　～たち…の忍耐が必要である
16:6　彼らは～たちや 預言者たちの
20:9　～たちの陣営と、愛された都を

せいどう（青銅）
創4:22　彼は～と鉄のあらゆる道具を
民21:9　モーセは一つの～の蛇を作り
エレ15:20　堅固な～の城壁とする
ダニ2:32　その像は…腹とももは～

せいねん（青年）
マコ14:51　ある～が、からだに亜麻布を
16:5　真っ白な衣をまとった～た

使23:17 この～を千人隊長のところに
せいふく（征服）
民32:22 その地が主の前に～され、その後
詩81:14 ただちに 彼らの敵を～し
ヘブ11:33 信仰によって、国々を～し
せいべつ（聖別）
出13:2 わたしのために～せよ
19:10 今日と明日、彼らを～し
28:41 彼らを～し、祭司としてわたしに
29:1 彼らを～し祭司としてわたしに
レビ8:10 こうしてそれらを～した
20:7 あなたがたは自分の身を～し
21:8 彼を～しなければならない
22:2 わたしのために～したものである
27:14 家を主に聖なるものとして～する
民6:7 神への～のしるしがあるから
8:17 彼らを～してわたしのものとした
申15:19 主に～しなければならない
ヨシ3:5 あなたがたは自らを～しなさい
7:13 立て。民を～せよ。そして…言え
Ⅱサム8:11 それらもまた、主のために～し
Ⅰ列7:51 ソロモンは父ダビデが～した物
Ⅰ歴15:14 運び上げるために身を～した
26:27 主の宮を修理するために～した
Ⅱ歴29:5 自分自身を～しなさい
エレ1:5 あなたを～し…預言者と定めて
ルカ2:23 主のために～された者と呼ばれる
ヨハ17:17 真理によって彼らを～して
使13:2 バルナバとサウロを～して
せいやく（誓約）
詩55:20 手を伸ばし 自分の～を犯して
箴22:26 あなたは人と～をしてはならない
せいり（整理）
イザ38:1 あなたの家を～せよ。あなたは
せいりょく（精力）
ヨブ18:12 ～は飢えて衰え、わざわいが彼を
イザ40:26 この方は～に満ち、その力は強い
せいれい（聖霊）
マタ1:18 ～によって身ごもっていることが
1:20 その胎に宿っている子は～による
マコ1:8 ～によってバプテスマをお授けに
ルカ11:13 それならなおのこと…～を与えて
使4:31 ～に満たされ、神のことばを
19:2 信じたとき、～を受けましたか
エペ1:13 約束の～によって証印を押され
ヘブ9:8 ～は、次のことを示しておられ
Ⅱペテ1:21 ～に動かされた人たちが
せいれん（精練）
マラ3:2 この方は、～する者の火
黙3:18 火で～された金をわたしから買い
せおう（背負う）
イザ46:4 白髪になっても、わたしは～う
63:9 昔からずっと彼らを～い、担って
マタ27:32 十字架を無理やり～わせた
せかい（世界）
詩24:1 ～とその中に住んでいるもの
マタ13:38 畑は～で、良い種は御国の子ら
16:26 人は、たとえ全～を手に入れても
マコ16:15 全～に出て行き、すべての
ルカ9:25 人は、たとえ全～を手に入れても
使17:6 ～中を騒がせてきた者たちが
ロマ5:12 一人の人によって罪が～に入り
Ⅰコリ4:9 ～に対し…見せ物になりました
ヘブ11:3 この～が神のことばで造られた
せがむ
士16:16 しきりに～み、責め立てたので
せき（堰）
ヨシ3:13 一つの～となって立ち止まる
せき（席）
ルカ14:22 でも、まだ～があります
せきにん（責任）
民4:16 その用具についての～である
エゼ3:18 彼の血の～をあなたに問う
33:6 その血の～を見張りに問う
マタ27:24 この人の血について私には～が
マコ13:34 仕事を割り当てて～を持たせ
ルカ11:51 この時代はその～を問われる
使20:26 血に対しても～がありません
せだい（世代）
伝1:4 一つの～が去り、次の～が来る
せたけ（背たけ）
ルカ2:52 ～も伸びていった
せっせい（節制）
使24:25 正義と～と来たるべきさばきに
Ⅰコリ9:25 あらゆることについて～します
せっそう（節操）
ヤコ4:4 ～のない者たち。世を愛すること
せっとく（説得）
マタ28:14 私たちがうまく～して
使18:4 ギリシア人を～しようとした
Ⅰコリ2:4 ～力のある知恵のことばによる
Ⅱコリ5:11 人々を～しようとしています
ぜつぼう（絶望）
ヨブ6:26 ～している者のことばを、風と
せつめい（説明）
創41:24 私に～できる者はいなかった
使18:26 神の道をもっと正確に～した
せつり（摂理）
箴8:14 ～と知性はわたしのもの
イザ28:29 その～は奇しく

せまい（狭い）
マタ7:13　〜い門から入りなさい。滅びに
7:14　いのちに至る門はなんと〜く
ルカ13:24　〜い門から入るように努めなさい
Ⅱｺﾘ6:12　私たちの愛の心は、〜くなっては

せめる（攻める）
Ⅱ歴6:28　この地の町々を〜め囲んだとき
イザ7:1　これを〜めきれなかった時のこと
マタ11:12　天の御国は激しく〜められて

せめる（責める）
士8:1　彼らはギデオンを激しく〜めた
ヨブ13:10　神は必ずあなたがたを〜める
40:2　神を〜める者は、それに答えよ
詩6:1　主よ 御怒りで私を〜めないで
38:1　怒りで 私を〜めないでください
50:8　あなたを〜めるのではない
箴27:5　あからさまに〜めるのは
エレ2:19　あなたの背信があなたを〜める
ホセ4:4　だれも人を〜めてはならない
マタ11:20　町々を〜め始められた
マコ14:5　そして、彼女を厳しく〜めた
ヨハ8:46　罪があると〜めることが
使24:16　〜められることのない良心を保つ
ロマ9:19　なおも人を〜められるのですか
Ⅰｺﾘ1:8　〜められるところがない者として
Ⅰﾖﾊ3:21　自分の心が〜めないなら

セラフィム
イザ6:2　〜がその上の方に立っていた

せわ（世話）
申32:10　彼を見つけ、これを抱き、〜をし

ぜん（善）
詩14:3　〜を行う者はいない。だれ一人
37:27　悪を離れて〜を行え
イザ5:20　悪を〜、〜を悪と言う者たち
アモ5:15　悪を憎み、〜を愛し
ミカ3:2　あなたがたは〜を憎んで悪を愛し
ルカ6:9　〜を行うことですか
ロマ3:8　〜をもたらすために悪を行おう
3:12　〜を行う者はいない。だれ一人
7:18　〜が住んでいないことを知って
16:19　〜にはさとく、悪にはうとく

せんか（戦果）
Ⅰｻﾑ18:30　すべてにまさる〜をあげ

せんきょう（宣教）
マコ3:14　また彼らを遣わして〜をさせ
Ⅰｺﾘ2:4　私のことばと私の〜は
Ⅰﾃﾓ2:7　私は〜者、使徒…に任命され

せんげん（宣言）
レビ25:10　すべての住民に解放を〜する
Ⅰﾍﾟﾃ3:19　霊たちのところに行って〜され

せんけんしゃ（先見者）
ミカ3:7　〜たちは恥を見、占い師たちは

ぜんこう（善行）
マタ6:1　人前で〜をしないように気を

せんこく（宣告）
伝8:11　悪い行いに対する〜がすぐ下され
イザ13:1　バビロンについての〜
17:1　ダマスコについての〜
19:1　エジプトについての〜
21:1　海の荒野についての〜
21:13　アラビアについての〜
エレ23:33　祭司が、『主の〜とは何か』と

せんしゃ（戦車）
ヨシ17:16　みな…鉄の〜を持っています
Ⅱ列2:11　なんと、火の〜と火の馬が現れ
6:17　火の馬と〜がエリシャを
Ⅱ歴9:25　ソロモンは馬と〜のための厩舎を
詩20:7　ある者は〜をある者は馬を求める
68:17　神の〜は幾千万と数知れず
イザ31:1　数が多いといって〜に
ヨエ2:5　その音は〜のきしり、山々の頂を
ナホ2:4　〜は通りを走り狂い、広場を
ハバ3:8　あなたの救いの〜に乗っておられ
ゼカ6:1　四台の〜が二つの山の間から

せんじょう（戦場）
Ⅰｻﾑ4:16　私は〜から来た者です

ぜんしょうのささげもの（全焼のささげ物）
創8:20　祭壇の上で〜を献げた
22:7　〜にする羊は、どこにいるのです
出29:18　主への〜で、主への芳ばしい香り
レビ1:3　牛の〜である場合…傷のない雄を
1:17　これは〜であり、主への食物の
6:9　〜についてのおしえは次のとおり
士13:16　もし〜を献げたいなら
Ⅰｻﾑ7:9　焼き尽くす〜として主に献げた
13:12　あえて、〜を献げたのです
15:22　〜…を…喜ばれるだろうか
Ⅱｻﾑ24:24　主に〜を献げたくはない
Ⅱ列3:27　城壁の上で〜として献げた
Ⅰ歴16:40　朝夕絶えず…主に〜を献げさせた
21:26　〜と交わりのいけにえを献げ
エズ3:4　日々の〜を献げた
詩40:6　〜や罪のきよめのささげ物を
50:8　〜は いつもわたしの前にある
51:16　〜を望まれません
イザ1:11　雄羊の〜や…脂肪に飽きた
エレ7:21　〜を、いけにえに加え、その肉を
エゼ46:12　〜を、あるいは、進んで献げる
ミカ6:6　〜、一歳の子牛をもって

ぜんしん（前進）
使9:31 聖霊に励まされて～し続け
ピリ1:12 福音の～に役立ったことを
せんせい（先生）
マタ17:24 あなたがたの～は神殿税を
マコ5:35 これ以上、～を煩わすことが
ヨハ20:16 「ラボニ」、すなわち「～」と
せんぞ（先祖）
Ⅰ列21:3 私の～のゆずりの地をあなたに
詩44:1 ～たちが語ってくれました
ヨハ4:20 私たちの～はこの山で礼拝
せんそう（戦争）
ヨシ11:23 そして、その地に～はやんだ
マタ24:6 ～や～のうわさを聞くことに
マコ13:7 ～や～のうわさを聞いても
ルカ21:9 ～や暴動のことを聞いても
せんだん（船団）
Ⅰ列9:26 エツヨン・ゲベルに～を設けた
22:48 タルシシュの～をつくり
ぜんち（全地）
イザ6:3 その栄光は～に満ちる
せんとう（先頭）
マコ9:35 だれでも～に立ちたいと思う者は
せんどう（扇動）
ルカ23:5 教えながら民衆を～している
使6:12 長老たちと律法学者たちを～し
13:50 町のおもだった人たちを～して
せんにち（千日）
詩84:10 大庭にいる一日は ～にまさり
せんねん（千年）
Ⅱﾍﾟﾃ3:8 一日は～のようであり、～は一日
黙20:2 古い蛇を捕らえて…～の間縛り
20:6 キリストとともに～の間、王と
せんねん（専念）
Ⅱ歴31:4 主の律法に～するためであった
黙19:6 私たちの神である主、～者が王と
ぜんのう（全能）
創48:3 ～の神はカナンの地ルズで私に
出6:3 ヤコブに～の神として現れたが
ヨブ6:14 ～者への恐れを捨てるだろう
31:35 ～者が私に答えてくださるように
詩91:1 その人は ～者の陰に宿る
イザ13:6 ～者からの破壊としてやって来る
せんばん（洗盤）
出30:18 洗いのために～とその台を青銅で
38:8 青銅で～を、また青銅でその台を
ぜんめつ（全滅）
イザ28:22 全世界に下る定められた～に
せんりつ（戦慄）
詩55:5 ～が私を包みました
せんりひん（戦利品）
民31:53 それぞれ、～を自分のものとした
せんりょう（占領）
申9:1 強い国々を～しようとしている
ヨシ1:11 地を～するために、あなたがたは
13:1 ～すべき地は非常にたくさん
18:3 与えられた地を～しに行くのを
士1:27 それに属する村々は～しなかった
11:24 ～させようとする地を～しない
18:9 進んで行って、あの地を～しよう
せんれい（先例）
Ⅰﾃﾓ1:16 人々の～にするためでした

そ

ぞう（像）
Ⅰｻﾑ6:5 ねずみの～を造り、それらを
詩78:58 刻んだ～で 神のねたみを
エレ8:19 自分たちが刻んだ～…によって
ダニ2:31 一つの巨大な～が現れました
ぞうげ（象牙）
Ⅰ列10:18 王は大きな～の王座を作り
22:39 彼が建てた～の家、彼が建てた
詩45:8 ～の宮殿に流れる弦の調べは
雅7:4 首は～のやぐらのようで
アモ3:15 ～の家は滅び、大邸宅も消え失せ
6:4 ～の寝台に横たわり 長椅子で
そうこ（倉庫）
出1:11 ～の町ピトムとラメセスを建てた
そうじ（掃除）
マタ12:44 ～されてきちんと片付いています
そうししゃ（創始者）
ヘブ2:10 救いの～を…完全なものとされた
そうぞう（創造）
創1:1 はじめに神が天と地を～された
1:21 すべての鳥を種類ごとに～された
1:27 ご自身のかたちとして～された
詩148:5 主が命じて それらは～された
伝12:1 若い日に、あなたの～者を覚えよ
イザ4:5 煙と燃え立つ火の輝きを～される
40:26 だれがこれらを～したかを見よ
40:28 地の果てまで～した方
41:20 聖なる者がこれを～したことを
42:5 天を～し、これを延べ広げ
43:7 わたしがこれを～した
43:15 イスラエルの～者、あなたがたの
45:7 平和をつくり、わざわいを～する
45:18 天を～した方、すなわち神
65:17 新しい天と新しい地を～する

エレ31:22　一つの新しいことを～される
マコ13:19 神が～された…世界のはじめから
ガラ6:15　大事なのは新しい～です
Ⅱﾍﾟﾃ3:4　すべてが～のはじめからのまま
黙4:11　あなたが万物を～されました

そうぞく（相続）
民18:20　彼らの地で～地を持っては
27:8　その～地を娘に渡さなければ
33:54　その地を～地とせよ
34:13　くじを引いて～地とする地である
申15:4　主が～地としてあなたに与えて
18:1　～地の割り当てを受けては
18:8　～財産を売った分は別として
20:16　主が～地として与えようとして
ヨシ13:14 モーセは～地をレビ部族だけには
ヨブ31:2　高い所から下さる～のものは
詩78:55　その地を～の地として彼らに
箴20:21　急に得た～財産は、終わりには
エゼ47:14 この地は～地としてあなたがたの
ミカ2:2　人とその～地をゆすり取る
ロマ4:13　世界の～人となるという約束が
8:17　子どもであるなら、～人でもあり
ガラ3:18　～がもし律法によるなら
4:1　～人は、全財産の持ち主なのに
エペ3:6　異邦人も共同の～人になり

そうだい（壮大）
Ⅰ歴22:5　～なもので……なければならない

そうだん（相談）
マタ22:15 ことばの罠にかけようかと～した
ヨハ12:10　ラザロも殺そうと～した
ガラ1:16　私は血肉に～することをせず

そうとく（総督）
ネヘ5:14　ユダの地の～として任命された
エレ40:7　ゲダルヤをその地の～にして
マラ1:8　さあ、あなたの～のところに
マコ13:9　～たちや王たちの前に立たされ

そうらんざい（騒乱罪）
使19:40　～に問われる恐れがあります

そうろ（走路）
詩19:5　勇士のように ～を喜び走る

そくばく（束縛）
Ⅰｺﾘ7:35　あなたがたを～しようと

そこ（底）
詩18:15　こうして 水の～が現れ 地の基が

そこなう（損なう）
申32:5　汚れで主との交わりを～なう
マラ2:8　レビとの契約を～なった

そしり
詩15:3　隣人への～を口にしない人
44:13　私たちを 隣人の～の的とし
89:41　隣人の～の的となっています
箴18:3　辱めとともに、～も
イザ51:7　人の～を恐れるな
エレ6:10　彼らにとって、～の的となって
29:18　嘲りと～の的とする
エゼ5:15　周りの国々の～とののしりの的
22:4　わたしはおまえを国々の～の的
ホセ12:14　彼の～に報いを返される
ヨエ2:19　国々の間で～の的としない
ミカ6:16　わたしの民への～を負う

そしる
Ⅱ列19:4 生ける神を～るために彼を遣わし
19:22　だれを～り…ののしったのか
詩31:11　すべての者から 私は～られ
42:10　私の骨を砕くほどに 私を～り
50:20　悪口を言い 自分の母の子を～る
101:5　陰で自分の隣人を ～る者を
102:8　敵は絶えず私を～り
箴17:5　嘲る者は自分の造り主を～る
イザ37:4 生ける神を～るために彼を遣わし
65:7　丘の上でわたしを～った
Ⅱｺﾘ6:3　この務めが～られないように

そそぎのあぶら（注ぎの油）
出30:25　～を作る。これが聖なる～となる
Ⅰﾖﾊ2:20　聖なる方からの～があるので
2:27　御子から受けた～がとどまって

そそぐ（注ぐ）
Ⅰｻﾑ1:15　私は主の前に心を～ぎ出して
7:6　水を汲んで主の前に～き
Ⅱｻﾑ23:16　それを主の前に～いて
Ⅰ歴11:18　それを主の前に～いて
詩36:10　～いでください。あなたの恵みを
42:4　私のたましいを～ぎ出しています
45:7　喜びの油を あなたに～がれた
イザ27:3　絶えずこれに水を～き
44:3　祝福をあなたの末裔に～
エレ7:20　畑の木と地の産物に～が
10:25　あなたの憤りを～いでくださ
エゼ7:8　わたしは憤りをあなたに～
ホセ5:10　激しい怒りを水のように～
ゼカ12:10　恵みと嘆願の霊を～
マタ26:7　イエスの頭に香油を～い
マコ14:3　壺を割り、イエスの頭に～い
ルカ4:20　皆の目はイエスに～がれてい
使2:17　すべての人にわたしの霊を～
10:38　聖霊と力によって油を～が
ロマ5:5　神の愛が私たちの心に～がれ

そそのかす
Ⅰ歴21:1　数えるように、ダビデを～し
使18:13　神を拝むよう、人々を～し

そだてる（育てる）
Ⅰｺﾘ8:1　愛は人を～てます。
10:23　すべてのことが人を～とは
14:3　預言する人は、人を～ことばや
そなえ（備え）
詩5:3　私はあなたの御前に～をし
マコ15:42　その日は～日、すなわち
ルカ23:54　この日は～え日で、安息日が
そなえる（備える）
創22:8　全焼のささげ物の羊を～えて
Ⅱ歴29:36 神が民のために～えてくださった
詩74:16　月と太陽を～えられました
ヨナ1:17　主は大きな魚を～えて、ヨナを
4:6　主は一本の唐胡麻を～えて
4:7　夜明けに、神は一匹の虫を～え
ゼパ1:7　主はいけにえを～え
マタ20:23　父によって～えられた人たちに
マコ10:40　それは～えられた人たちに与え
ルカ1:76　先立って行き、その道を～え
2:31　万民の前に～えられた救いを
7:27　あなたの前にあなたの道を～える
ロマ9:23　あらかじめ～えられたあわれみの
Ⅰｺﾘ2:9　神を愛する者たちに～えて
ヘブ10:5　からだを～えてくださいました
その（園）
創2:8　主は東の方のエデンに～を設け
13:10　主の～のように、またエジプトの
イザ1:30　水のない～のようになるからだ
エゼ28:13　あなたは神の～、エデンにいて
31:8　神の～の杉の木も、これとは
36:35　地はエデンの～のようになった
ヨエ2:3　この地はエデンの～のよう
ヨハ19:41 十字架につけられた場所には～が
そばめ（側女）
士19:2　ところが、その～は彼を裏切って
Ⅱｻﾑ16:22　父の～たちのところに入った
そぼ（祖母）
Ⅱﾃﾓ1:5　最初あなたの～ロイスと母ユニケ
そむき（背き）
創31:36　私にどんな～があり
レビ16:16　汚れと～、すなわち…すべての
Ⅰｻﾑ25:28　はしための～をお赦しください
ヨブ31:33　自分の～をおおい隠し
34:37　彼は自分の罪にさらに～を加え
詩32:1　～を赦され 罪をおおわれた人
39:8　すべての～から 私を助け出し
51:3　私は自分の～を知っています
89:32　杖をもって 彼らの～を
箴28:2　国に～があるときは、首長が
イザ57:4　あなたがたは～の子、偽りの
59:12　私たちの～が御前で多くなり
エゼ18:22　彼が行ったすべての～は
39:24　汚れと～に応じて彼らを罰し
アモ3:14　イスラエルの～のゆえに
ミカ1:5　これはみな、ヤコブの～のゆえ
コロ2:13　私たちのすべての～を赦し
そむく（背く）
民14:9　ただ、主に～いてはならない
Ⅰ列12:19 イスラエルはダビデの家に～いた
13:21　あなたは主のことばに～き
13:26　主のことばに～いた神の人だ
Ⅱ列3:5　王はイスラエルの王に～いた
Ⅱ歴10:19 イスラエルはダビデの家に～いた
ヨブ24:13　これらの者は光に～く者
イザ1:2　しかし、彼らはわたしに～いた
1:20　しかし、もし拒んで～なら
1:28　～く者と罪人はともに破滅し
48:8　～く者と呼ばれていたことを
哀3:42　私たちは～き、逆らいました
エゼ2:3　今日までわたしに～いてきた
ホセ11:7　わたしに～いている
アモ4:4　ベテルに行って～け
使26:19　私は天からの幻に～かず
そよかぜ（そよ風）
創3:8　～の吹くころ、彼らは…聞いた
そら（空）
ルカ12:56　地と～の様子を見分けることを
そらす
ヨブ7:19　私から目を～らしてくださらない
そる（剃る）
Ⅱｻﾑ10:4　ひげを半分～り落とし
イザ7:20　毛を～り、ひげまでも～り落とす
エゼ44:20　彼らは頭を～ってはならない
使21:24　頭を～る費用を出して
それる
詩119:51　あなたのみおしえから～れません
119:157　あなたのさとしから～れません
そん（損）
Ⅰｺﾘ3:15　その人は～害を受けますが
ピリ3:8　私はすべてを～と思っています
ピレ18　もし彼があなたに何か～害を
そんけい（尊敬）
マラ1:6　どこに、わたしへの～があるのか
使28:10　また人々は私たちに深い～を表し
ロマ12:10 すぐれた者として～し合いなさい
ピリ2:29　彼のような人たちを～しなさい
Ⅰﾃｻ5:13　この上ない～を払いなさい
そんしつ（損失）
レビ25:17　同胞に～を与えてはならない
使27:10　危害と大きな～をもたらす

そんだい（尊大）
イザ3:5　若い者は年寄りに向かって～に

た

たい（胎）
伝11:5　妊婦の～内の骨々のことと同様に
エレ1:5　あなたが～を出る前から
ルカ11:27　あなたを宿した～…は幸いです
ヨハ3:4　もう一度、母の～に入って

だい（台）
Ｉサム6:18　箱を置いたアベルの大きな～

だいいち（第一）
Ｉコリ15:47　～の人は地から出て、土で
黙20:6　～の復活にあずかる者は幸いな者

だいか（代価）
民20:19　水を飲むことがあれば、その～を
イザ55:1　～を払わないで、ぶどう酒と乳を
マタ27:6　これは血の～だから
Ｉコリ6:20　～を払って買い取られたのです
7:23　～を払って買い取られたのです

たいぎょ（大魚）
マタ12:40　ヨナが三日三晩、～の腹の中に

だいきん（代金）
使4:37　畑を売り、その～を持って来て
5:2　～の一部を…取っておき

だいく（大工）
マタ13:55　この人は～の息子ではないか
マコ6:3　この人は～ではないか

たいけつ（対決）
Ⅱ列14:8　さあ、直接、～しようではないか

たいこう（対抗）
Ⅱテサ2:4　礼拝されるものに～して
ヤコ4:7　神に従い、悪魔に～しなさい

たいざい（滞在）
創12:10　エジプトにしばらく～するために
民9:14　寄留者が～し

だいさいし（大祭司）
ルカ3:2　アンナスとカヤパが～であった
ヨハ18:19　～はイエスに…尋問した
使5:17　そこで、～とその仲間たち
23:4　あなたは神の～をののしるのか
ヘブ2:17　あわれみ深い、忠実な～となる
3:1　～であるイエスのことを
4:14　神の子イエスという偉大な～が
5:5　キリストも、～となる栄誉を

だいじ（大事）
Ｉテモ5:3　本当のやもめを～にしなさい

だいしょう（代償）
レビ7:1　～のささげ物についてのおしえは

たいせつ（大切）
箴28:7　分別のある子はおしえを～にする
ピリ1:10　～なことを見分けることが

たいだ（怠惰）
箴19:15　～は人を深い眠りに陥らせ
Ⅱテサ3:6　～な歩みをして、私たちから受け

だいたん（大胆）
使4:13　彼らはペテロとヨハネの～さを見
4:29　みことばを～に語らせてください
Ⅱコリ3:12　きわめて～にふるまいます
エペ3:12　信仰により、確信をもって～に
ピリ1:14　ますます～にみことばを語る

だいに（第二）
Ｉコリ15:47　～の人は天から出た方です
黙2:11　決して～の死によって害を
20:6　～の死は何の力も持っていない

たいのう（大能）
詩145:11　あなたの～のわざを語ります
150:2　その～のみわざのゆえに
エペ6:10　～の力によって強められなさい

だいひょうせんし（代表戦士）
Ｉサム17:4　～が、ペリシテ人の陣営から

たいまつ
創15:17　煙の立つかまどと、燃えている～
士7:16　その壺の中に～を入れさせて

たいよう（太陽）
ヨシ10:12　～よ、ギブオンの上で動くな
詩19:4　～のために幕屋を設けられた
84:11　まことに神である主は～　また
雅6:10　～のように明るく、旗を掲げた
イザ13:10　～は日の出から暗く、月も…光を
エレ31:35　～を与えて昼間の光とし
エゼ32:7　～を雲でおおい、月が光を
ヨエ2:31　～は闇に、月は血に変わる
アモ8:9　わたしは真昼に～を沈ま
ハバ3:11　～と月は、その住む所にとどま
マラ4:2　義の～が昇る。その翼に癒やし
マタ5:45　～を悪人にも善人にも昇ら
24:29　～は暗くなり、月は光を
使2:20　～は闇に、月は血に変わる
Ｉコリ15:41　～の輝き、月の輝き、星の輝き

たいら（平ら）
詩27:11　私を～な道に導いてくださ
箴11:5　義なるわざは…道を～に
イザ45:2　前を進み、険しい地を～に
45:13　彼の道をことごとく～にす

たいりつ（対立）
ルカ12:53　父は息子に、息子は父に～

たえいる（絶え入る）
詩119:81　救いを慕って ～るばかりです

たえしのぶ（耐え忍ぶ）
マタ10:22　最後まで～ぶ人は救われます
24:13　最後まで～ぶ人は救われます
マコ13:13　最後まで～ぶ人は救われます
Ⅱテモ2:12　～んでいるなら
ヤコ5:8　あなたがたも～びなさい
Ⅰペテ2:20　苦しみを受け、それを～ぶなら

たえる（絶える）
Ⅰコリ13:8　愛は決して～えることが

たえる（耐える）
エレ44:22　もう～えることができず
エゼ22:14　おまえの心は～えられるだろうか
ナホ1:6　燃える怒りに～えられるだろうか
マラ3:2　この方の来られる日に～えられ
ロマ12:12　苦難に～え、ひたすら祈りなさい
Ⅰコリ10:13　～えられるように
ヤコ1:12　試練に～える人は幸いです

たおれる（倒れる）
Ⅱサム1:25　勇士たちは戦いのさなかに～れ
詩37:24　その人は…～れ伏すことはない
箴24:16　正しい人は七度～れても
エレ51:8　バビロンは…～れて砕かれる
ミカ7:8　私は～れても起き上がる
ロマ11:11　つまずいたのは～れるため
黙1:17　その足もとに～れ込んだ
14:8　～れた、～れた、大バビロンが

たか（鷹）
レビ11:16　だちょう、夜鷹、かもめ、～の類
ヨブ39:26　～が舞い上がり、南にその翼を

たかい（高い）
詩49:8　たましいの贖いの代価は～く
イザ2:11　主おひとりだけが～く上げられる
ダニ11:36　すべての神よりも自分を～く上げ
ロマ8:39　～いところにあるものも、深い

たがう
ヨシ23:14　良いことは、一つも～わなかった

たかきところ（高き所）
Ⅱ列14:4　その～でいけにえを献げたり

たかくする（高くする）
エゼ17:24　高い木を低くし、低い木を～くし
21:26　低い者を～くし、高い者を低く
ルカ14:11　自分を～くする者は低くされ

たかぶり（高ぶり）
ヨブ33:17　人から～を離れさせ
詩36:11　～の足が私に追いつかず
箴8:13　わたしは～と…を憎む
11:2　～が来れば、辱めも来る
16:5　心の～は…主に忌み嫌われる

エレ48:29　われわれはモアブの～を

たかぶる（高ぶる）
出9:17　民に向かっておごり～ぶり
申8:14　あなたの心が～ぶり、あなたの神
Ⅱ列14:10　打ち破って、心が～ぶっている
Ⅱ歴25:19　心～ぶり、誇っている
32:25　かえってその心を～ぶらせたので
ヨブ40:11　～ぶる者を見て、これを低くせよ
詩31:23　～ぶる者には 厳しく報いをされ
35:26　私に向かって～ぶる者が
38:16　私に対して～ぶるのではないかと
119:78　～ぶる者が恥を見ますように
123:4　～ぶる者たちの蔑みで
箴6:17　～ぶる目、偽りの舌
21:4　～ぶる目とおごる心
イザ3:16　シオンの娘たちは～ぶり
5:15　人は低くされる。～ぶる者の目も
9:9　それを知り、～ぶり
10:15　のこぎりは…～ることが
エレ13:15　耳を傾けて聞け。～ぶるな
エゼ28:2　あなたの心は～ぶり
マラ3:15　～ぶる者を幸せ者と言おう
ルカ1:51　心の思いの～ぶる者を
Ⅰコリ8:1　知識は人を～ぶらせ、愛は人を
ヤコ4:6　神は～ぶる者には敵対し

たかめる（高める）
箴4:8　それはあなたを～める
14:34　正義は国を～め、罪は国民を

たがやす（耕す）
創2:5　大地を～す人もまだいなかった
3:23　人が…大地を～すようにされた
申22:10　牛とろばとを組にして～しては
ヨブ4:8　不法を～して 害悪を蒔く者が
箴20:4　怠け者は冬に～さない
エレ26:18　シオンは畑のように～され
ホセ10:13　あなたがたは悪を～し、不正を
ミカ3:12　シオンは畑のように～され
Ⅰコリ9:10　～者が望みを持って～し

たから（宝）
創43:23　袋の中に～を入れてくださった
出19:5　民族の中にあって、わたしの～と
申14:2　選んで、ご自分の～の民とされた
26:18　命令を守り主の～の民となること
詩119:14　どんな～よりも楽しんでいます
135:4　ご自分の～として選ばれた
箴2:4　隠された～のように探り出すなら
20:15　知識の唇こそ～の器
伝2:8　王たちの～や諸州の～も集めた
マラ3:17　事を行う日に、わたしの～となる
マタ2:11　～の箱を開けて、黄金、乳香

マタ6:19　地上に～を蓄えるのはやめなさい
13:44　天の御国は畑に隠された～のよう
ルカ12:34　あなたがたの～のあるところ
Ⅱコリ4:7　この～を土の器の中に入れて
コロ2:3　知恵と知識の～がすべて隠されて

たきぎ（薪）
民15:32　安息日に～を集めている男が
ヨシ9:21　～を割る者、水を汲む者となった

だく（抱く）
創48:10　父は彼らに口づけして～き寄せた
申1:31　人が自分の子を～くように
雅2:6　右の腕が私を～いてくださると
マコ10:16　そしてイエスは子どもたちを～き

たくみ（巧み）
ダニ11:21　～なことばを使って国を奪い取る

たくらみ（企み；企む）
創37:18　来る前に、彼を殺そうと～んだ
ネヘ4:15　自分たちの～みが私たちに悟られ
エス7:5　心に～んでいる者は、いったい
ヨブ5:12　悪賢い者たちの～みを打ち砕かれ
詩10:2　自分の～みに捕らえられ
35:20　平穏な人々に欺きを～むからです
41:7　ささやき私に対して悪を～みます
イザ32:7　彼は悪事を～み、貧しい者が
ナホ1:9　主に対して何を～むのか
使4:25　国民はむなしいことを～のか

たくわえる（蓄える）
創41:49　海の砂のように非常に多く～え
ヨブ23:12　定めよりも神の口のことばを～え
詩39:6　人は～えるが だれのものになる
119:11　あなたのみことばを心に～えます
箴2:1　私の命令をあなたのうちに～え
10:14　知恵のある者は知識を～える
マタ6:19　地上に宝を～えるのはやめなさい
ルカ12:21　自分のために～えても、神に
Ⅰテモ6:19　自分自身のために～え、まこと

たこくじん（他国人）
エレ51:51　～が主の宮の聖所に入ったからだ
哀5:2　私たちのゆずりの地は～の手に
ヨエ3:17　～が再びそこを通ることはない
ルカ17:18　この～のほかに、神をあがめる

たしか（確か；確かめる）
詩90:17　手のわざを ～かなものにして
119:133　みことばによって…歩みを～かに
箴16:9　主が人の歩みを～かにされる
エゼ34:12　羊を～かめるように…救い出す
マコ16:20　みことばを…～かなものとされた
ルカ1:4　教えが～であることを、あなたに
Ⅱコリ8:8　本物であることを～かめようと
黙19:11　「～で真実な方」と呼ばれ

たじろぐ
イザ41:10　～ぐな。わたしが…神だから

たすかる（助かる）
使27:31　あなたがたは～かりません
Ⅰコリ3:15　火の中を…～かります

たすけ（助け）
詩30:10　主よ。私の～となってください
46:1　苦しむとき そこにある強き～
121:2　私の～は主から来る
イザ30:7　エジプトの～は空しく
使26:22　今日に至るまで神の～を受け

たすけだす（助け出す）
士6:9　圧迫するすべての者の手から～し
Ⅱサム22:20　連れ出し、私を～されました
ヨブ29:12　身寄りのないみなしごを～した
詩71:2　私を救い ～してください
124:7　仕掛けられた罠から～された

たすけて（助け手）
創2:18　人…に、ふさわしい～を造ろう
ヨブ31:21　私が門のところに～を見て
ホセ13:9　あなたの～である、わたしに
ヘブ13:6　主は私の～。私は恐れない

たすけぬし（助け主）
ヨハ14:16　もう一人の～をお与えくださり
15:26　わたしが父のもとから遣わす～
16:7　あなたがたのところに～は

たすける（助ける）
出2:17　娘たちを～けてやり、羊の群れに
2:19　私たちを羊飼いたちの手から～け
申28:31　あなたを～ける者はいない
Ⅱ列14:26　～ける者もいなかった
Ⅱ歴14:11　主よ。強い者を～けるのも
26:7　神は彼を～けて、ペリシテ人
ヨブ26:2　無力な者をどのように～けたのか
詩10:14　みなしごは あなたがお～けに
54:4　見よ 神は私を～ける方
109:26　私の神 主よ 私を～けてください
イザ49:8　救いの日に…あなたを～ける
50:7　神である主は私を～けてくださる
マタ8:25　主よ、～けてください
14:30　主よ、～けてください
15:25　主よ、私をお～けください
使20:35　弱い者を～けなければならない
ヘブ2:18　試みられている者たちを～ける

たずさえる（携える）
創50:25　遺骸をここから～え上って
アモ5:25　～えて来たことがあったか
使7:42　～えて来たことがあったか

たずさわる（携わる）
ピリ1:5　福音を伝えることに…～わって

たずねる（尋ねる）
Ｉ歴16:11　主とその御力を～ね求めよ
ヨブ5:8　神に～ね、神に向かって…訴える
伝1:13　知恵を用いて～ね、探り出そうと
イザ8:19　ささやき、うめく口寄せに～ねよ
45:11　起こることを、わたしに～ねよ
45:19　わたしを～ね求めよ
65:1　わたしを～ねなかった者たちに
エレ21:2　私たちのために主に～ねて
エゼ20:3　わたしに～ねるためなのか
ホセ3:5　主と…王ダビデを～ね求めよ
ゼパ2:3　主を～めよ。義を～ね求めよ
ゼカ8:22　エルサレムで万軍の主を～ね求め
たたえる
ヨブ40:14　わたしもあなたを～えて言う
たたかい（戦い）
民21:14　『主の～の書』にもこう言われ
31:7　ミディアン人に～を挑み
申2:5　彼らに～を仕掛けてはならない
Ｉサム17:47　この～は主の～だ
Ｉ列8:44　あなたの民が敵との～のために
Ⅱ歴20:15　あなたがたの～ではなく
詩18:34　～のために私の手を鍛え
27:3　私に対して～が起こっても
46:9　主は…～をやめさせる
55:21　心には～がある
144:1　～のために私の手を
ルカ14:31　ほかの王と～を交えようと
Ｉコリ14:8　だれが～の準備をするでしょう
Ⅱコリ7:5　外には～が、内には恐れが
ヤコ4:1　あなたがたの間の～や争いは
黙12:7　さて、天に～が起こって
16:14　神の大いなる日の～に備えて
たたかう（戦う）
創14:2　すなわちツォアルの王と～った
32:28　また人と～って、勝ったからだ
出14:14　主があなたがたのために～われる
申1:30　主があなたがたのために～われる
20:4　あなたがたのために敵と～い
ヨシ10:14　イスラエルのために～われたから
10:42　イスラエルのために～われたから
Ｉサム25:28　主の戦いを～っておられる
Ⅱ歴11:4　兄弟たちと～ってはならない
イザ2:4　もう～うことを学ばない
31:4　シオンの山とその丘の上で～う
41:12　あなたと～う者たちは、全く無い
エレ1:19　彼らはあなたと～っても
21:5　激怒をもって、あなたがたと～う
ゼカ14:14　ユダもエルサレムで～う
ヨハ18:36　ユダヤ人に渡さないように～った
Ｉコリ15:32　エペソで獣と～ったのなら
Ⅱコリ10:3　肉に従って～ってはいません
ピリ1:27　福音の信仰のために…～って
Ｉテモ1:18　良心を保ち、立派に～い抜く
6:12　信仰の戦いを立派に～い
Ⅱテモ4:7　私は勇敢に～い抜き
ヘブ12:4　罪と～って、まだ血を流すまで
ユダ3　伝えられた信仰のために～うよう
たたく
詩47:1　すべての国々の民よ　手を～け
マタ7:7　～きなさい。そうすれば開かれ
ルカ11:9　～きなさい。そうすれば開かれ
13:25　外に立って戸を～き始め
使12:16　ペテロは門を～き続けていた
Ⅱコリ11:20　顔を～かれても、我慢して
黙3:20　わたしは戸の外に立って～いて
ただしい（正しい）
創6:9　ノアは～しい人で
18:24　町の中に～しい者が五十人いる
20:4　～しい国民さえも殺される
20:16　すべての人の前で～しいとされる
38:26　あの女は私よりも～しい
レビ19:15　同胞を～しくさばかなければ
19:36　～しい天秤、～しい重り石
申9:4　私が～しいから、主が…この地に
25:1　～しいほうを～しいとし
25:15　完全で～しい重り石と…～しい升
32:4　主は…～しい方、直ぐな方である
Ｉサム24:17　おまえは私より～しい
エズ9:15　神、主よ、あなたは～しい方です
ネヘ9:33　あなたは～しくあられます
ヨブ4:17　人は神の前に～しくあり得ようか
9:2　神の前に～しくあり得るのか
17:9　～しい人は自分の道を保ち
25:4　神の前に～しくあり得るだろうか
32:1　自分を～しいと思っていたから
33:12　このことであなたは～しくない
34:5　私は～しい。神が私の正義を
詩1:6　～しい者の道は主が知っておられ
11:3　壊されたら　～しい者に何が
11:5　主は～しい者と悪者を調べる
14:5　神は　～しい一族とともにおられ
17:2　御目が　～しいことに注がれます
37:29　～しい人は地を受け継ぎ
51:4　宣告するとき　あなたは～しく
64:10　～しい人は主にあって喜び
68:3　しかし～しい者たちは…喜ぶ
92:12　～しい者は　なつめ椰子の木の
97:11　光は　～しい者のために蒔かれて
119:137　主よ　あなたは～しくあられます

詩141:5 〜しい人が真実の愛をもって私を
143:2 あなたの前に〜しいと認められ
箴4:18 〜しい人の進む道は、あけぼのの
10:16 〜しい人の報酬はいのち
15:6 〜しい人の家には多くの富がある
16:13 〜しい唇は王たちの喜び
17:15 悪しき者を〜しいとする者
28:1 〜しい人は若獅子のように
28:28 彼らが滅びると、〜しい人が増え
伝3:17 神は〜しい人も悪しき者もさばく
7:15 〜しい人が〜しいのに滅び
7:16 あなたは〜しすぎてはならない
7:20 〜しい人は一人もいない
8:14 〜しい人もいれば、〜しい人の
9:2 同じ結末が、〜しい人にも
イザ3:10 〜しい人は幸いだ、と言え
5:23 悪者を〜しいと宣言し
26:2 忠誠を尽くす〜しい民を入らせよ
26:7 〜しい人の行く道は平らです
43:26 あなたが〜とされるために
哀1:18 主は〜方である
エゼ3:21 〜しい人に、罪を犯さないように
18:5 人が〜しい者であるなら、公正と
18:22 彼が行った〜しいことのゆえに
18:24 〜しい人が〜しい行いから離れ
18:26 〜しい人が自分の〜しい行いから
45:10 〜しい天秤、〜しいエパ升
ダニ4:27 〜しい行いによってあなたの罪を
8:14 聖所の〜が確認される
9:18 私たちの〜しい行いによるのでは
ミカ6:5 主の〜しいわざを知るためで
ハバ2:4 〜しい人はその信仰によって
ゼパ3:5 主は、そのただ中にあって〜しく
マタ1:19 夫のヨセフは〜しい人で
3:15 〜しいことを…実現することが
5:45 〜しい者にも〜しくない者にも
13:43 〜しい人たちは彼らの父の御国で
13:49 〜しい者たちの中から悪い者ども
25:37 その〜しい人たちは答えます
27:19 あの〜しい人と関わらないで
マコ6:20 ヨハネが〜しい聖なる人だと
ルカ1:6 二人とも神の前に〜しい人で
1:75 主の御前で、敬虔に、〜しく
2:25 この人は〜しい、敬虔な人で
7:29 神が〜しいことを認めました
10:29 しかし彼は、自分が〜しいことを
18:9 自分は〜と確信していて
23:47 本当にこの方は〜しい人であった
ロマ5:7 〜しい人のためであっても
Ⅱｺﾘ8:21 人々の前でも〜しくあるように
Ⅰﾃﾓ1:9 律法は〜しい人のためにある
ヤコ5:6 〜しい人を不義に定めて殺し
Ⅰﾍﾟﾃ3:18 〜しい方が〜しくない者たちの
4:18 〜しい者がかろうじて救われるの
Ⅱﾍﾟﾃ2:8 この〜しい人は彼らの間に住んで
黙16:5 聖なる方、あなたは〜しい方です
19:8 聖徒たちの〜しい行いである

ただしさ（正しさ）
創30:33 私の〜が証明されるでしょう
Ⅰｻﾑ26:23 その人の〜と真実に応じて
エゼ33:12 正しい人の〜も、その人が

ただす（正す）
ガラ6:1 柔和な心でその人を〜して

ただのひと（ただの人）
Ⅰｺﾘ3:3 肉の人であり、〜として歩んで

ただよう（漂う）
詩6:6 夜ごとに 涙で寝床を〜わせ

たちあがる（立ち上がる）
民10:35 主よ、〜がってください
申2:24 〜がって出発せよ。アルノン川を
ネヘ8:5 それを開くと、民はみな〜がった
詩9:19 主よ 〜がり
17:13 主よ 〜がり 彼の前に進み行き
41:10 私をあわれみ 〜がらせて
44:26 〜がって…お助けください
68:1 神は〜がり その敵は散り失せる
イザ52:2 ちりを払い落として〜がり
使9:6 〜がって、町に入りなさい

たちかえる（立ち返る）
申4:30 神、主に〜り、御声に聞き従う
30:2 神、主に〜り、私が今日あなたに
Ⅰｻﾑ7:3 心のすべてをもって主に〜るなら
Ⅱ列17:13 あなたがたは悪の道から〜れ
Ⅱ歴6:38 すべてをもってあなたに〜り
ヨブ22:23 もし全能者に〜るなら、あなたは
イザ1:27 〜る者は義によって贖われる
6:10 〜って癒やされることもないよう
30:15 〜って落ち着いていれば…救われ
エレ15:7 その生き方から〜らなかった
18:8 〜るなら…わざわいを思い直す
24:7 すべてをもってわたしに〜るから
25:5 あなたがたの悪い行いから〜
35:15 悪の道から〜り、行いを改め
エゼ14:6 〜れ…すべての偶像から身を翻
18:30 〜り…すべての背きから身を翻
33:11 〜れ。悪の道から〜
33:11 〜り、生きることを喜
ホセ6:1 さあ、主に〜ろ
14:1 あなたの神、主に〜
マタ13:15 心で悟ることも、〜ることもな

マコ4:12　～って赦されることのないように
ルカ1:16　彼らの神である主に～らせます
使11:21　大勢の人が信じて主に～った
28:27　心で悟ることも、～ることもない
ヘブ6:6　悔い改めに～らせることは

たちさわぐ（立ち騒ぐ）
詩39:6　まことに 空しく～ぎます

たちなおる（立ち直る）
ルカ22:32　～ったら、兄弟たちを力づけて

たちはだかる（立ちはだかる）
申7:24　あなたの前に～者はなく、ついに
ヨシ23:9　あなたがたの前に～ることの

たちほろぼす（断ち滅ぼす）
イザ14:22 残った者も、子孫も末裔も～ぼす

だちょう
ヨブ39:13 ～は翼を誇らしげに羽ばたかせる
39:16　～は自分の子を、自分のもので

たちよる（立ち寄る）
ロマ15:23 あなたがたのところに～ることを

たつ（断つ）
Ⅰ列2:4　王座から人が～たれることはない
ダニ9:26　油注がれた者は～たれ、彼には
Ⅰペテ4:1　罪との関わりを～っているのです

たつ（立つ）
創13:17　～って、この地を縦と横に歩き
18:22　まだ主の前に～っていた
レビ26:37　敵の前に～つこともできない
民16:48　彼が…～ったとき、主の罰は
申10:8　主の前に～って仕え、また御名に
29:10　あなたがたの神、主の前に～って
Ⅰサム6:20　主の前に～つことができるだろ
Ⅰ列9:5　王座をイスラエルの上に…～たせ
Ⅰ歴17:14　王座はとこしえまでも堅く～つ
エズ9:15　御前に～つことはできない
詩5:5　御目の前に～つことはできません
130:3　だれが御前に～てるでしょう
イザ9:7　正義によってこれを堅く～て
16:5　王座が恵みによって堅く～てられ
エレ6:16　道の分かれ目に～って見渡せ
エゼ2:1　人の子よ、自分の足で～て。
ルカ21:36　人の子の前に～つことができる
使7:56　人の子が神の右に～っておられる
8:26　～って南へ行き、エルサレムから
Ⅰコリ10:12　～っていると思う者は
エペ6:14　そして、堅く～ちなさい
ピリ4:1　主にあって堅く～ってください
コロ1:22　御前に～たせるためです
1:28　成熟した者として～たせるため
Ⅰテサ3:8　主にあって堅く～っているなら
Ⅰペテ5:10　回復させ、堅く～たせ、強くし
5:12　恵みの中にしっかりと～って
ユダ24　栄光の御前に～たせることが

だっこく（脱穀）
Ⅰコリ9:9　～をしている牛に口籠をはめては
9:10　～する者が分配を受ける望みを

だっしゅつ（脱出）
Ⅰコリ10:13　試練とともに～の道も備えて

たっせい（達成）
ピリ2:12　救いを～するよう努めなさい

たっとい（尊い）
詩36:7　恵みはなんと～いことでしょう
72:14　王の目には 彼らの血は～い
106:24　しかも彼らは～地を蔑み
116:15　聖徒たちの死は 主の目に～い
箴3:15　知恵は真珠よりも～く
エレ30:19　わたしが～く扱うので、彼らは
Ⅱテモ2:20　ある物は～いことに、ある物は
ヤコ2:7　～い御名を汚すのも、彼らでは
Ⅰペテ2:6　選ばれた石、～い要石を据える

たっとぶ（尊ぶ）
ヨブ7:17　あなたがこれを～び、これに心を
イザ58:13 これを～んで、自分の道を行かず
Ⅰコリ4:10　あなたがたは～ばれていますが
ピリ4:8　すべて～ぶべきこと

たづな（手綱）
詩32:9　くつわや～ そうした馬具で

たつまき（竜巻）
Ⅱ列2:11　エリヤは～に乗って天へ上って

たて（盾）
Ⅱサム22:3　わが～、わが救いの角
詩3:3　あなたこそ 私の周りを囲む～
7:10　私の～は神にあり
18:2　わが～ わが救いの角 わがやぐら
18:30　主は…主に身を避ける者の～
18:35　御救いの～を私に下さいます
28:7　主は私の力 私の～
35:2　～と大～を手に取って
84:11　神である主は太陽 また～
89:18　私たちの～は主のもの
91:4　主の真実は大～ また砦
115:9　主こそ助け また～
箴2:7　誠実に歩む人たちの～となり
エペ6:16　信仰の～を取りなさい

たてごと（竪琴）
創4:21　彼は～と笛を奏でるすべての者の
Ⅱ列3:15　～を弾く者をここに連れて来て
ヨブ30:31　私の～は喪のためとなり
詩108:2　琴よ ～よ 目を覚ませ
137:2　柳の木々に 私たちは～を掛けた
Ⅰコリ14:7　笛や～など、いのちのない楽器

黙5:8 ～と、香に満ちた金の鉢を持って
14:2 ～を弾く人たちが～に合わせて
たてなおす（立て直す）
マタ17:11 エリヤが来て、すべてを～します
たてもの（建物）
Ⅰコリ3:9 あなたがたは神の畑、神の～です
Ⅱコリ5:1 神が下さる～…があることを
たてる（建てる）
申32:6 あなたを堅く～てた方ではないか
Ⅰ歴17:12 わたしのために一つの家を～て
22:11 主の宮を立派に～て上げることが
22:19 神である主の聖所を～て上げ
Ⅱ歴2:6 だれが主のために宮を～てる力を
詩118:22 家を～てる者たちが捨てた石
127:1 主が家を～てるのでなければ
伝2:4 自分のために邸宅を～て
3:3 ～てるのに時がある
エレ29:5 家を～てて住み、果樹園を造って
ハバ2:12 血によって町を～て、不正で都を
ハガ1:2 主の宮を～てる時は
1:8 木を運んで来て、宮を～てよ
マラ1:4 彼らが～てても、わたしが壊す
マタ16:18 岩の上に、わたしの教会を～て
ルカ6:48 土台を据えて、家を～てた人に
14:30 この人は～て始めたのに
20:17 家を～てる者たちが捨てた石
エペ2:20 土台の上に～てられていて
4:12 キリストのからだを～て上げる
たてる（立てる）
出9:16 わたしはあなたを～てておいた
ロマ9:17 わたしはあなたを～てておいた
Ⅱコリ10:8 倒すためにではなく、～てる
たとえ
詩49:4 私は～話に耳を傾け 竪琴に
78:2 私は口を開いて ～話を…語ろう
エゼ17:2 謎をかけ、～を語れ
20:49 彼は、～を言っているだけでは
24:3 反逆の家に一つの～を語って言え
マタ13:3 彼らに、多くのことを～で語られ
マコ4:34 ～を使わずに話されることは
ルカ8:11 この～の意味はこうです
たとえる
マタ11:16 この時代は何に～えたら
マコ4:30 神の国はどのように～えたら
たに（谷）
詩23:4 たとえ 死の陰の～を歩む
42:1 鹿が～川の流れを慕いあえぐ
イザ40:4 すべての～は引き上げられ
エレ19:6 ただ虐殺の～と呼ばれる
ヨエ3:14 判決の～には、群衆また群衆
ルカ3:5 すべての～は埋められ
たね（種）
創1:29 ～のできるすべての草と、～の
レビ23:6 主への～なしパンの祭りである
申16:8 ～なしパンを食べなければ
Ⅱ歴30:21 ～なしパンの祭りを行った
詩126:6 ～入れを抱え 泣きながら
伝11:6 朝にあなたの～を蒔け
ゼカ8:12 それは、平安の～が蒔かれ
マタ6:26 ～蒔きもせず、刈り入れもせず
13:3 ～を蒔く人が～蒔きに出かけた
13:18 ～を蒔く人のたとえを聞きなさい
13:24 ある人が自分の畑に良い～を
13:38 畑は世界で、良い～は御国の子ら
マコ4:3 ～を蒔く人が～蒔きに出かけた
4:14 ～蒔く人は、みことばを蒔く
4:26 人が地に～を蒔くと
ルカ8:5 ～を蒔く人が～蒔きに出かけた
8:8 別の～は良い地に落ち、生長して
たのしさ（楽しさ）
詩133:1 なんという～だろう
たのしみ（楽しみ）
詩16:11 ～が あなたの右に
36:8 あなたは ～の流れで潤して
箴15:15 心に～のある人には毎日が
イザ35:10 ～と喜びがついて来て
ヘブ11:25 はかない罪の～にふけるより
たのしむ（楽しむ）
詩118:24 この日を～しみ喜ぼう
149:2 自らの王にあって～しめ
伝2:1 ～しんでみるがよい
2:10 あらゆることを～しんだ
イザ25:9 その御救いを～しみ喜ぼう
61:10 私は主にあって大いに～しみ
65:18 いついつまでも～しみ喜べ
エレ31:13 そのとき、若い女は踊って～しみ
ゼカ10:7 その心は主にあって大いに～しむ
たのみ（頼み；頼む）
申28:52 あなたが～みとする…堅固な城壁
ヨブ31:24 もし、私が金を自分の～みとし
詩146:3 君主を～みとしてはならない
箴3:26 主があなたの～であり
イザ20:5 人々は、クシュを～みとし
エレ17:7 その人は主を～みとする
Ⅱコリ9:5 そこで私は、兄弟たちに～んで
たば（束）
詩126:6 ～を抱え 喜び叫びながら
たび（旅）
創24:56 主が私の～を成功させて
民9:20 宿営し、主の命により～立った

ヨブ16:22 私は帰らぬ～路につくのですから
詩119:54 私の～の家で 私の歌となり

たびびと（旅人）
詩39:12 私は あなたとともにいる～
119:19 私は地では～です
エレ14:8 一晩だけ立ち寄る～のように
マタ25:35 ～であったときに宿を貸し
ヘブ11:13 地上では～であり、寄留者である
Ⅰペテ2:11 あなたがたは～、寄留者

たべもの（食べ物）
ルカ12:23 いのちは～以上のもの
ヨハ4:32 あなたがたが知らない～があり

たべる（食べる）
創2:17 …からは、～べてはならない
3:6 その木は～べるのに良さそうで
出12:15 種なしパンを～べなければ
16:32 荒野であなたがたに～べさせた
32:6 座っては～べたり飲んだりし
レビ7:26 その血をいっさい～べては
19:26 血が付いたままで～べては
申8:16 荒野であなたに～べさせて
Ⅰサム14:32 血が付いたままで、それを～べ
箴9:17 こっそり～べるパンはうまい
エレ15:16 あなたのみことば…を～べ
エゼ2:8 あなたに与えるものを～べよ
3:1 この巻物を～べ、行って…告げよ
ダニ4:33 牛のように草を～べ
マタ14:16 あの人たちに～べる物をあげ
24:38 ～べたり飲んだり、めとったり
26:26 取って～べなさい
マコ8:4 この人たちに十分～べさせること
ルカ12:19 ～べて、飲んで、楽しめ
17:27 ～べたり飲んだり、めとったり
使10:13 立ち上がり、屠って～べなさい
11:7 ペテロよ…屠って～べなさい
27:21 長い間、だれも～べていなかった
27:38 十分に～べた後、人々は麦を海に
ロマ14:3 ～べる人は～べない人を
Ⅰコリ9:4 ～べたり飲んだりする権利がない
10:17 皆がともに一つのパンを～べる
10:27 出される物はどれも…～べなさい
10:31 ～べるにも飲むにも
15:32 ～べたり飲んだりしようでは

たまご（卵）
ヨブ6:6 ～の白身に味があるだろうか
ルカ11:12 ～を求めているのに、サソリを

たましい
ヨブ7:11 ～の苦悩の中で嘆きます
14:22 その～が彼のために嘆くだけです
19:2 あなたがたは私の～を悩ませ
30:16 今、私の～は自分に注がれている
詩23:3 主は私の～を生き返らせ
103:1 わが～よ 主をほめたたえよ
141:8 私の～を危険にさらさないで
箴19:2 ～に知識がないことは良くない
エゼ18:4 すべての～は、わたしのもの
マタ10:28 ～を殺せない者たちを
ルカ1:46 私の～は主をあがめ
12:19 自分の～にこう言おう
使2:27 私の～をよみに捨て置かず
Ⅰペテ1:22 真理に従うことによって、～を
Ⅲヨハ2 ～が幸いを得ているように
黙20:4 首をはねられた人々の～を見た

だます
創29:25 なぜ、私を～したのですか
士16:10 私を～して嘘をつきました
Ⅰサム19:17 なぜ、このようにして私を～し
Ⅰ列13:18 こうして彼はその人を～した
箴26:19 隣人を～しながら…と言う者も
エレ9:5 彼らはそれぞれ、互いに友を～し
ロマ16:18 純朴な人たちの心を～しています
Ⅰコリ6:7 どうして、むしろ、～し取られる
Ⅱコリ6:8 人を～す者のように見えても
12:16 あなたがたから～し取ったと
エペ5:6 空しいことばで～されては
Ⅱテサ2:3 だれにも～されてはいけません
Ⅰテモ2:14 アダムは～されませんでしたが

たまもの（賜物）
伝3:13 神の～であることを
使2:38 ～として聖霊を受けます
8:20 金で神の～を手に入れようと
11:17 私たちに下さったのと同じ～を
ロマ6:23 神の～は、私たちの主キリスト
12:6 異なる～を持っているので
Ⅰコリ7:7 与えられた自分の～があるので
12:4 さて、～はいろいろありますが
12:31 よりすぐれた～を熱心に求め
14:1 御霊の～、特に預言することを
Ⅱコリ9:15 ことばに表せないほどの～の
エペ2:8 それは…神の～です
3:7 私に与えられた神の恵みの～に
4:7 キリストの～の量りにしたがって
Ⅰテモ4:14 うちにある～を軽んじては
ヘブ2:4 聖霊が分け与えてくださる～に

だまる（黙る）
Ⅰサム10:27 しかし彼は～っていた
Ⅱ列18:36 民は～って、彼に一言も
ヨブ34:29 神が～っておられるなら
詩32:3 私が～っていたとき 私の骨は
箴17:28 ～っていれば、知恵のある者と

イザ62:1 わたしは～っていない
マタ22:12 しかし、彼は～っていた
26:63 しかし、イエスは～っておられた
マコ1:25 ～れ。この人から出て行け
4:39 湖に「～れ、静まれ」と言われた
Ⅰコリ14:28 教会では～っていて
14:34 女の人は教会では～っていなさい

たみ（民）
出6:7 あなたがたを取ってわたしの～と
7:16 わたしの～を去らせ、彼らが
15:16 あなたの～が通り過ぎるまで
32:11 ご自分の～に向かって、どうして
33:13 この国民があなたの～であること
レビ26:12 あなたがたはわたしの～となる
民14:14 主がこの～のうちにおられ
申9:27 この～の頑なさと悪と罪に御顔を
26:18 命令を守り主の宝の～となること
29:13 あなたを立ててご自分の～とし
32:9 ご自分の～、ヤコブへのゆずりの
ルツ1:6 主がご自分の～を顧みて、彼らに
1:16 あなたの～は私の～
Ⅱサム7:24 とこしえまでもあなたの～と
Ⅰ列8:60 ついに地上のあらゆる～が
22:4 私の～とあなたの～は一つ
Ⅱ列3:7 私の～とあなたの～は一つ
Ⅰ歴16:24 あらゆる～の間で
17:9 わが～イスラエルのために
17:21 あなたの～イスラエルのようで
17:22 あなたの～イスラエルを
Ⅱ歴7:14 呼ばれているわたしの～が
36:15 ご自分の～と、ご自分の住まいを
詩100:3 私たちは主のもの 主の～
148:14 主は御～の角を上げられた
イザ2:6 あなたの～、ヤコブの家を捨て
5:13 私の～は 知識がないために
47:6 わたしは、わたしの～を怒って
58:1 わたしの～に彼らの背きを
63:8 まことに、彼らはわたしの～
エレ7:23 あなたがたはわたしの～となる
24:7 彼らはわたしの～となり
30:22 あなたがたはわたしの～となり
31:36 一つの～であることはできない
32:38 彼らはわたしの～となり
エゼ11:20 彼らはわたしの～となり
14:11 彼らはわたしの～となり
36:28 あなたがたはわたしの～となり
ダニ8:24 有力者たちと聖なる～を滅ぼす
ミカ4:1 そこへもろもろの～が流れて来る
マタ1:21 ご自分の～をその罪からお救いに
21:43 神の国の実を結ぶ～に与えられ
マコ11:17 あらゆる～の祈りの家と呼ばれる
使18:10 わたしの～がたくさんいるのだ
ロマ9:25 ～でない者を わたしの～と呼び
10:21 不従順で反抗する～に対して
Ⅰペテ2:10 以前は神の～ではなかったのに
黙11:18 諸国の～は怒りました。しかし

たむろ
エレ15:17 戯れる者が～する場に座ったり

ためす（試す）
創42:15 次のことで、おまえたちを～そう
申8:2 あなたを～し、あなたがその命令
Ⅰ列10:1 難問をもって彼を～そうとして
ヨブ23:10 私は～されると、金のように
詩66:10 まことに あなたは私たちを～し
81:7 水のほとりで あなたを～した
箴17:3 金には炉、人の心を～すのは主
エレ12:3 あなたに対する私の心を～され
17:10 主が心を探り、心の奥を～し
20:12 正しい者を～し、思いと心を見る
ダニ1:12 十日間、しもべたちを～して
マラ3:10 こうしてわたしを～してみよ
マタ22:18 なぜわたしを～すのですか
マコ12:15 なぜわたしを～すのですか
ヨハ6:6 ピリポを～すためであり
Ⅱコリ13:5 自分自身を～し、吟味しなさい
ヤコ1:3 信仰が～されると忍耐が生まれ

ためらう
創19:16 彼は～っていた

たもつ（保つ）
ヨブ27:6 自分の義を堅く～って手放さない
詩25:21 直ぐな心で…～たれますように
箴2:11 英知はあなたを～つ
20:28 恵みとまことは王を～つ
ダニ7:18 その国を…世々限りなく～つ
Ⅱペテ3:7 滅びの日まで～たれているのです
ユダ21 神の愛のうちに自分自身を～ち

たよる（頼る）
詩52:7 自分の大きな富に～り
イザ2:22 人間に～るな。鼻で息をする者に
59:4 空しいことに～り、嘘を言い
Ⅱコリ1:9 私たちが自分自身に～らず

だらく（堕落）
創6:11 地は神の前に～し、地は暴虐で
出32:7 あなたの民は、～してしまった
申4:16 ～して自分たちのために
ホセ9:9 彼らは…心底まで～した

たりる（足りる）
ヨハ6:7 二百デナリのパンでは～りません
Ⅱコリ8:15 少しだけ集めた人にも～りない

たれまく（垂れ幕）
出26:33 その～は…仕切りとなる
36:35 亜麻布を用いて、～を作った
レビ16:2 ～の内側の聖所、すなわち箱の上
ヘブ9:3 第二の～のうしろには、至聖所と
10:20 ご自分の肉体という～を通して
たわごと
ルカ24:11 この話は～のように思えたので
たわごと（戯言）
ミカ2:11 その者は、この民に～を言う者だ
たわむれる（戯れる）
出32:6 飲んだりし、立っては～れた
イザ11:8 乳飲み子はコブラの穴の上で～れ
だん（壇）
出30:1 また、香をたくための祭～を作れ
ネヘ8:4 このために作られた木の～の上に
たんがん（嘆願）
Ⅰｻﾑ13:12 まだ私は主に～していないと
たんき（短気）
箴14:17 ～な者は愚かなことをし
だんけつ（団結）
士20:11 イスラエルの人々はみな～し
だんじき（断食）
Ⅰｻﾑ7:6 主の前に注ぎ、その日は～した
Ⅱ歴20:3 ユダの全土に～を呼びかけた
ネヘ1:4 ～して天の神の前に祈った
9:1 イスラエルの子らは集まって～を
エス4:3 大きな悲しみがあり、～と泣き声
4:16 私のために～してください
詩109:24 私の膝は～のためによろけ
イザ58:3 なぜ…私たちが～したのに
58:5 わたしの好む～、人が自らを戒め
ヨエ1:14 ～を布告し、きよめの集会を
2:12 心のすべてをもって、～と涙と
ヨナ3:5 神を信じ、～を呼びかけ
ゼカ7:5 このわたしのために～したのか
8:19 第七の月の～、第十の月の～は
マタ4:2 そして四十日四十夜、～をし
6:16 ～をしていることが人に見える
9:14 パリサイ人はたびたび～をして
マコ2:18 弟子たちは～しないのですか
ルカ5:33 よく～をし、祈りをしています
たんじょう（誕生）
マタ1:18 イエス・キリストの～は
14:6 ところが、ヘロデの～祝いがあり
マコ6:21 ヘロデが自分の～日に、重臣や
ルカ1:14 多くの人もその～を喜びます
たんぽ（担保）
レビ6:2 預かり物や～の物やかすめた物に
申24:12 ～を取ったままで寝てはならない
たんれん（鍛練）
Ⅰﾃﾓ4:8 肉体の～も少しは有益ですが

ち

ち（血）
創4:10 あなたの弟の～が、その大地から
9:4 いのちである～のあるままで
9:6 人の～を流す者は
42:22 彼の～の報いを受けているのだ
出7:17 すると、水は～に変わり
24:8 あなたがたと結ばれる契約の～で
29:12 その雄牛の～を取り…指でこれを
レビ16:14 それから、雄牛の～を取り、指で
17:11 いのちとして宥めを行うのは～で
申12:16 ただし～は食べてはならない
Ⅰｻﾑ14:32 兵たちは～が付いたままで
イザ52:15 彼は多くの国々に～を振りまく
エゼ3:18 彼の～の責任をあなたに問う
マタ23:35 それは、義人アベルの～から
26:28 これは…わたしの契約の～です
27:24 この人の～について私には責任が
マコ14:24 これは…わたしの契約の～です
ルカ11:51 アベルの～から、祭壇と神の家の
22:20 わたしの～による、新しい契約で
ヨハ6:53 肉を食べ、その～を飲まなければ
使1:19 すなわち『～の地所』と呼ばれる
18:6 あなたがたの～は…頭上に
ロマ5:9 キリストの～によって義と
エペ1:7 私たちはその～による贖い
2:13 キリストの～によって近い者と
ヘブ9:7 罪のために献げる～を携えずに
9:12 ～によってではなく、ご自分の～
10:19 イエスの～によって大胆に聖所に
Ⅰﾍﾟﾃ1:19 キリストの、尊い～によった
Ⅰﾖﾊ1:7 御子イエスの～がすべての罪から
5:6 水と～によって来られました
黙7:14 洗い、子羊の～で白くしたのです
11:6 水を～に変える権威、さらに
12:11 子羊の～と、自分たちの証しの
19:2 ご自分のしもべたちの～の報復を
ち（地）
創1:1 はじめに神が天と～を創造された
1:10 神は乾いた所を～と名づけ
13:15 あなたが見渡しているこの～を
35:12 アブラハムとイサクに与えた～を
50:24 ヤコブに誓われた～へ上らせて
出6:8 ヤコブに与えると誓ったその～に
レビ18:25 その～も汚れている。それで

申8:7　あなたを良い～に導き入れようと
11:10　行って所有しようとしている～は
ネヘ9:24　入って行って、その～を所有し
ヨブ26:7　～を、何もないところに
詩19:4　その光芒は全～に そのことばは
24:1　～とそこに満ちているもの世界と
33:5　主の恵みで～は満ちている
65:9　あなたは～を訪れ 水を注ぎ
イザ38:11　生ける者の～で主を見ることは
エレ22:29　～よ、～よ、主のことばを聞け
エゼ33:24　イスラエルの～の廃墟に住む
34:27　実を実らせ、～は産物を生じ
マタ27:51　～が揺れ動き、岩が裂け
Ⅰコリ10:26　～とそこに満ちているものは
Ⅱペテ3:13　新しい天と新しい～を待ち望ん
黙6:4　～から平和を奪い取ることが

ちいさい（小さい）

Ⅰサム9:21　イスラエルの最も～さい部族の
ミカ5:2　氏族の中で、あまりにも～さい
マタ5:19　天の御国で最も～さい者と呼ばれ
10:42　～さい者たちの一人に一杯の…水
11:11　天の御国で一番～さい者でさえ
13:32　どんな種よりも～さいのですが
18:6　わたしを信じるこの～さい者たち
ルカ7:28　神の国で一番～さい者でさえ
9:48　一番～さい者が、一番偉いのです
17:2　～さい者たちの一人を
Ⅰコリ15:9　私は使徒の中では最も～さい者

ちえ（知恵）

申4:6　あなたがたの～と悟りを示すこと
32:29　もしも～があったなら、彼らは
Ⅱサム14:20　神の使いの～のような～があり
Ⅰ列3:12　あなたに、～と判断の心を与える
4:29　ソロモンに非常に豊かな～と英知
7:14　～と英知と知識に満ちていた
10:4　女王は、ソロモンのすべての～と
10:23　ソロモン王は、富と～において
Ⅱ歴1:10　～と知識を私に授けてください
9:6　あなたの～のすばらしさを半分も
ヨブ5:13　神は～のある者を…捕らえ
9:4　神は心に～のある方、力の強い方
12:2　あなたがたとともに～も死ぬ
28:12　しかし～はどこで見つかるのか
詩37:30　正しい人の口は～を語り
49:3　私の口は～を語り 私の心は
49:10　彼は見る。～のある者たちが死に
90:12　～の心を得させてください
111:10　～の初め それは主を恐れること
箴1:2　これは、～と訓戒を知り
1:20　～は大通りで叫び
2:10　～があなたの心に入り、知識が
4:5　～を得よ。悟りを得よ。忘れては
6:6　そのやり方を見て、～を得よ
8:11　～は真珠にまさり、どんな喜びも
10:8　心に～のある者は命令を受け入れ
13:1　～のある子は父の訓戒を聞き
14:1　～のある女は家を建て
16:16　～を得ることは、黄金を得るより
21:30　どんな～も英知も…無きに等しい
22:17　～のある者たちのことばを聞け
24:3　家は～によって建てられ
26:16　自分を～のある者と思う
伝1:13　～を用いて尋ね、探り出そうと
1:16　だれよりも、～を増し加えた
1:18　～が多くなれば悩みも多くなり
7:12　～の陰にいるのは、金銭の陰に
7:16　自分を～のありすぎる者としては
9:16　しかし、貧しい者の～は蔑まれ
イザ5:21　自分を～のある者と見なし
11:2　それは～と悟りの霊、思慮と力の
19:12　あなたの～ある者たちは
エレ8:8　私たちは～ある者、私たちには
9:23　～ある者は自分の～を誇るな
49:7　彼らの～は朽ちたのか
51:15　～をもって世界を堅く据え
エゼ28:3　あなたはダニエルよりも～があり
ダニ1:20　～と悟りに関わる事柄を彼らに
5:11　神々の～のような～があることが
ホセ14:9　～ある者はだれか。その人は
マタ11:19　～が正しいことはその行いが証明
12:42　彼女はソロモンの～を聞くために
13:54　～と奇跡を行う力をどこから
マコ12:33　～を尽くし…て主を愛することと
ルカ2:47　イエスの～と答えに驚いていた
2:52　～が増し加わり、背たけも伸びて
7:35　～が正しいことは、すべての～の
11:31　彼女はソロモンの～を聞くために
21:15　反論したりできないことばと～を
ロマ11:33　神の～と知識の富は、なんと深い
Ⅰコリ1:17　ことばの～によらずに宣べ伝え
1:20　～ある者はどこにいるのですか
1:22　ギリシア人は～を追求します
1:24　神の力、神の～であるキリスト
1:30　神からの～、すなわち、義と聖と
2:6　成熟した人たちの間では～を語り
3:19　この世の～は神の御前では愚か
12:8　御霊を通して～のことばが
エペ1:17　神を知るための～と啓示の御霊を
3:10　教会を通して神の…豊かな～が
5:15　～のない者としてではなく

Ⅱﾃﾓ3:15 聖書はあなたに～を与えて
ヤコ1:5 ～に欠けている人がいるなら
3:13 その～にふさわしい柔和な行いを
Ⅱﾍﾟﾃ3:15 自分に与えられた～にしたがっ

ちかい（近い）
詩145:18 呼び求める者すべてに 主は～く
148:14 敬虔な者…主の～くにいる民

ちかい（誓い）
創24:8 この、私との～から解かれる
24:41 あなたは私との～から解かれる
ネヘ10:29 のろいの～に加わった
詩22:25 私は～を果たします
56:12 あなたへの～は私の上に
66:13 私の～をあなたに果たします
116:14 私は自分の～を主に果たします
ゼカ8:17 偽りの～を愛するな
ルカ1:73 父アブラハムに誓われた～を
ヘブ7:20 神による～なしではありません

ちがい（違い）
エゼ44:23 聖なるものと俗なるものとの～

ちかう（誓う）
創24:3 神である主にかけて～わせる
レビ5:4 ～ったことが何であれ
19:12 偽って～ってはならない
申6:10 ヤコブに～われた地にあなたを
詩15:4 損になっても ～ったことは
110:4 主は～われた。思い直されること
119:106 私は～い また それを果たします
イザ48:1 御名によって～い
62:8 力強い腕によって～われた
エレ4:2 主は生きておられる…と～うなら
22:5 わたしは自分にかけて～うが
44:26 わたしの大いなる名によって～う
アモ4:2 ご自分の聖にかけて～われる
ゼカ5:3 また、偽って～う者はみな
マラ1:14 これを献げると～いながら
マタ5:33 あなたが～ったことを主に果たせ
5:34 決して～ってはいけません
23:16 神殿にかけて～うのであれば
ヤコ5:12 とりわけ、～うことはやめなさい

ちかづく（近づく）
創18:23 アブラハムは～づいて言った
詩69:18 私のたましいに～き これを
イザ34:1 国々よ、～いて聞け
エレ30:21 いのちをかけてわたしに～づく者
エペ2:18 御霊によって御父に～づくことが
3:12 確信をもって大胆に神に～づく
ヘブ10:22 真心から神に～づこうでは
12:22 あなたがたが～づいているのは
ヤコ4:8 神に～づきなさい。そうすれば

ちから（力）
出15:2 主は私の～、また、ほめ歌
申33:25 あなたの～が、生きるかぎり続く
士6:14 行け、あなたのその～で
16:6 あなたの強い～はどこにある
Ⅱｻﾑ22:40 戦いのために私に～を帯びさせ
Ⅰ歴29:11 主よ、偉大さ、～、輝き、栄光
Ⅱ歴25:8 神には、助ける～も
ヨブ3:17 かしこでは、～の萎えた者は憩い
6:11 私にどんな～があるのだろうか
9:19 ～のことなら、見よ、神は強い
21:7 年をとっても、なお～を増し加え
26:14 御～を示す雷を、だれが理解
詩8:1 なんと～に満ちていることで
8:2 あなたは御～を打ち立てられ
8:9 なんと～に満ちていることで
18:32 神は私に～を帯びさせ
21:1 あなたの御～を王は喜びます
29:1 栄光と～を主に帰せよ
29:11 ご自分の民に～をお与えになる
59:16 この私はあなたの～を歌います
66:3 偉大な御～のために
68:28 神は あなたの～を現れさせ
68:34 ～を神に帰せよ
71:16 私はあなたの～とともに行きます
77:14 民の中で御～を現される方
81:1 喜び歌え 私たちの～なる神に
84:5 その～があなたにあり 心の中に
96:6 ～と輝きは主の聖所にある
102:23 主は 私の～を道の半ばで弱らせ
105:4 主とその御～を尋ね求めよ
118:14 主は私の～ またほめ歌
箴3:27 手に善を行う～があるとき
伝6:10 その人は、自分より～のある者と
9:10 自分の～でそれをせよ
9:16 知恵は～にまさる。しかし
10:17 酔うためではなく～をつけるため
イザ9:6 不思議な助言者、～ある神
10:13 私は自分の手の～でやった
30:15 あなたがたは～を得る
40:9 ～の限り声をあげよ
40:29 疲れた者には～を与え
40:31 主を待ち望む者は新しく～を得
49:5 私の神は私の～となられた
51:9 目覚めよ、目覚めよ。～をまとえ
52:1 目覚めよ、目覚めよ。～をまとえ
エレ9:23 力ある者は自分の～を誇るな
16:19 主よ、私の～、私の砦
32:17 大いなる～と、伸ばされた御腕を
ダニ1:17 あらゆる文学を理解する～と

ダニ8:24　彼の～は強くなるが、自分の～に
ミカ3:8　しかし、私には～が満ちている
ハバ1:11　自分の～を神とする者は
3:19　私の主、神は、私の～
マタ22:29　聖書も神の～も知らないので
マコ5:30　自分のうちから～が出て行った
9:1　神の国が～をもって到来している
9:39　わたしの名を唱えて～あるわざを
12:24　聖書も神の～も知らないので
14:62　人の子が～ある方の右の座に着き
ルカ1:35　いと高き方の～があなたをおおい
3:16　私よりも～のある方が来られます
5:17　イエスは主の御～によって
6:19　イエスから～が出て、すべての人
8:46　自分から～が出て行くのを感じ
21:27　偉大な～と栄光とともに来るのを
22:53　あなたがたの時、暗闇の～です
22:69　人の子は～ある神の右の座に着き
24:49　いと高き所から～を着せられる
使1:8　あなたがたは～を受けます
3:12　自分の～や敬虔さによって
6:8　ステパノは恵みと～に満ち
8:10　『大能』と呼ばれる、神の～だ
ロマ1:16　救いをもたらす神の～です
15:1　～のある者たちは、～のない人
15:13　聖霊の～によって希望にあふれ
15:19　御霊の～によって…成し遂げて
Ⅰｺﾘ1:18　救われる私たちには神の～です
1:24　神の～、神の知恵であるキリスト
2:4　御霊と御～の現れによるもの
2:5　神の～によるものとなるため
6:2　ごく小さな事件さえもさばく～が
15:43　～あるものによみがえらされ
Ⅱｺﾘ6:7　真理のことばと神の～により
12:9　わたしの～は弱さのうちに完全に
12:9　キリストの～が私をおおうために
13:4　神の～によって生きておられます
ガラ3:5　あなたがたの間で～あるわざを
エペ1:19　信じる者に働く神のすぐれた～が
3:20　私たちのうちに働く御～によって
ピリ3:10　キリストとその復活の～を知り
Ⅰﾃｻ1:5　～と聖霊と強い確信を伴って
ヘブ2:14　それは、死の～を持つ者
Ⅰﾍﾟﾃ1:5　神の御～によって守られており
4:11　神が備えてくださる～によって
Ⅱﾍﾟﾃ1:3　主イエスの、神としての御～は
黙11:17　あなたは偉大な～を働かせて
17:13　～と権威をその獣に委ねます

ちからづける（力づける）

申1:38　彼を～づけよ。彼がそこを
3:28　ヨシュアに命じ、彼を～づけ
Ⅰｻﾑ23:16　神によってダビデを～づけた
Ⅱ歴32:8　ことばによって～づけられた
エゼ13:22　悪しき者を～づけ
34:16　わたしは…病気のものを～づける
ダニ10:18　再び私に触れて～づけてくれた
ゼカ10:6　わたしはユダの家を～づけ
使15:41　キリキアを通り、諸教会を～づけ
18:23　すべての弟子たちを～づけた
黙3:2　残りの者たちを～づけなさい

ちからづよい（力強い）

箴24:5　知恵のある男は～
イザ1:24　イスラエルの～き者…主のことば
ルカ1:51　主はその御腕で～わざを行い

ちかろう（地下牢）

創41:14　急いで彼を～から連れ出した

ちぎり（契り）

ヨブ5:23　野の石とあなたは～を結び
ホセ2:19　永遠に、あなたと～を結ぶ

ちざかい（地境）

申19:14　隣人との～を移してはならない
ヨブ24:2　人々は～を動かし、群れを奪って
箴15:25　やもめの～を決める
22:28　昔からの～を移してはならない
23:10　昔からの～を移してはならない

ちしき（知識）

創2:9　また善悪の～の木を生えさせた
民24:16　いと高き方の～を知る者
詩139:6　そのような～は私にとって
箴1:4　若い者に～と思慮を得させるため
30:3　聖なる方の～も持っていない
伝1:18　～が増す者には苛立ちも増す
イザ5:13　～がないために捕らえ移される
ダニ1:17　神はこの四人の少年に、～と
ホセ4:6　民は～がないので滅ぼされる
ルカ1:77　神の民に、～を与えるからである
11:52　おまえたちは～の鍵を取り上げて
ロマ10:2　その熱心は～に基づくものでは
Ⅰｺﾘ1:5　ことばとあらゆる～において
8:1　～は人を高ぶらせ、愛は人を育て
8:11　あなたの～によって滅びることに
Ⅱｺﾘ6:6　純潔と～、寛容と親切、聖霊と

ちしゃ（知者）

ダニ2:12　バビロンの～をすべて滅ぼせと

ちじょう（地上）

Ⅰｺﾘ15:40　～のからだの輝きは異なり
Ⅱｺﾘ5:1　～の住まいである幕屋

ちじょく（恥辱）

申22:21　イスラエルの中で～となることを
ヨシ5:9　エジプトの～を…取り除いた

箴3:35 愚かな者は～を高く掲げる
9:7 嘲る者を戒める者は、自分が～を
エレ3:25 ～が私たちの覆いとなっています
31:19 若いころの～を 私は負って

ちせい（知性）
Ⅰコリ14:15 ～でも賛美しましょう
14:19 私の～で五つのことばを語りたい

ちち（乳）
出3:8 広く良い地、～と蜜の流れる地に
士4:19 ヤエルは～の皮袋を開けて彼に
ヨブ10:10 あなたは私を～のように注ぎ出し
哀4:7 雪よりも清く、～よりも白かった
Ⅰコリ3:2 私はあなたがたには～を飲ませ
9:7 その～を飲まない人が
ヘブ5:12 固い食物ではなく、～が必要に

ちち（父）
創2:24 それゆえ、男は～と母を離れ
17:4 あなたは多くの国民の～となる
申24:16 子が～のために殺されては
32:6 主はあなたを造った～ではないか
Ⅰサム2:25 彼らは～の言うことを聞こうと
Ⅱサム7:14 わたしは彼の～となり
Ⅰ列1:6 彼の～は…と言って
Ⅱ列14:6 ～が子のゆえに殺されては
Ⅰ歴17:13 わたしは彼の～となり
ヨブ29:16 私は貧しい人の～となり
詩27:10 私の～ 私の母が私を見捨てる
68:5 みなしごの～ やもめのための
103:13 ～がその子をあわれむように
箴1:8 わが子よ、～の訓戒に聞き従え
10:1 知恵のある子は～を喜ばせ
エゼ18:20 ～も子の咎について負い目がない
マラ2:10 唯一の～がいるではないか
4:6 子の心をその～に向けさせる
マタ5:45 天におられるあなたがたの～の
5:48 あなたがたの天の～が完全である
6:9 天にいます私たちの～よ
7:21 天におられるわたしの～の
10:32 天におられるわたしの～の前で
10:37 わたしよりも～や母を愛する者は
19:5 男は～と母を離れ、その妻と
23:9 あなたがたの～はただ一人
マコ7:11 もし人が、～または母に向かって
10:7 それゆえ、男は～と母を離れ
ルカ1:17 ～たちの心を子どもたちに向け
2:49 わたしが自分の～の家にいる
9:59 まず行って、～を葬ることを
11:13 天の～はご自分に求める者たちに
12:53 ～は息子に、息子は～に対立し
14:26 自分の～…自分のいのちまでも
ヨハ12:49 わたしを遣わされた～ご自身が
ロマ4:11 信じるすべての人の～となり
Ⅱコリ6:18 わたしはあなたがたの～となり
エペ6:4 ～たちよ。自分の子どもたちを
コロ3:21 ～たちよ…を苛立たせては
ヘブ7:3 ～もなく、母もなく、系図もなく
ヤコ1:17 光を造られた～から下って来る
Ⅰヨハ2:13 ～たち。私があなたがたに

ちつじょ（秩序）
Ⅰコリ14:40 適切に、～正しく行いなさい
ヤコ3:16 ～の乱れや、あらゆる邪悪な行い

ちっそく（窒息）
ヨブ7:15 たましいは～を…選びます

ちのみご（乳飲み子）
マタ24:19 身重の女たちと～を持つ女たちは

ちぶさ（乳房）
雅4:5 二つの～は、ゆりの花の間で草を

ちほうほういん（地方法院）
マタ10:17 彼らはあなたがたを～に引き渡し

ちゃくしゅ（着手）
ネヘ2:18 この良い仕事に～した

ちゅうい（注意）
Ⅰコリ3:10 それぞれが～しなければ
ヘブ10:24 善行を促すために…～を払おう

ちゅうかいしゃ（仲介者）
ヨブ33:23 千人に一人の～がいて
ガラ3:20 ～は、当事者が一人であれば
Ⅰテモ2:5 神と人との間の～も唯一であり
ヘブ9:15 キリストは新しい契約の～です
12:24 さらに、新しい契約の～イエス

ちゅうこく（忠告）
箴19:20 ～を聞き、訓戒を受け入れよ
伝4:13 ～を受け入れなくなった…王に
黙3:18 わたしはあなたに～する

ちゅうさい（仲裁）
Ⅰサム2:25 その人のために～に立つだろう
ヨブ9:33 ～者が、私たちの間にはいません

ちゅうじつ（忠実）
民12:7 彼はわたしの全家を通じて～な者
Ⅰサム2:35 ～な祭司を、わたしのために
22:14 ダビデほど～な者が、だれか
ネヘ9:8 彼の心が御前に～であるのを見て
詩78:8 霊が神に～でない世代と
101:6 この国の～な人たちに注がれます
箴11:13 霊が～な人は事を秘める
20:6 だれが～な人を見つけられる
28:20 ～な人は多くの祝福を得る
ダニ6:4 彼は～で、何の怠慢も欠点も
ホセ11:12 聖なる方に対して～である
マタ24:45 ～で賢いしもべとは

マタ25:21　よくやった。良い～なしもべだ
ルカ12:42　～で賢い管理人とは
16:10　小さなことに～な人は
19:17　小さなことにも～だったから
Ⅰコリ4:2　～だと認められることです
コロ1:7　キリストに～に仕える者であり
黙2:10　死に至るまで～でありなさい

ちゅうしょう（中傷）
レビ19:16　民の中で人を～して回り
箴30:10　その主人に～してはならない
ダニ3:8　進み出て、ユダヤ人たちを～して
ロマ1:30　人を～し、神を憎み、人を侮り
Ⅰコリ4:13　～されては、優しいことばを
テト3:2　また、だれも～せず、争わず

ちゅうしょく（昼食）
創43:16　私と～をともにするから
ルカ14:12　～や晩餐をふるまうのなら

ちゅうしん（忠信）
イザ1:21　遊女になったのか、～な都が

ちゅうぞう（鋳像）
民33:52　彼らの～をすべて粉砕し
イザ40:19　鋳物師は～を鋳て造り

ちゅうぶ（中風）
マタ4:24　～の人など病人たちをみな
8:6　私のしもべが～のために家で
9:2　～の人を床に寝かせたまま
マコ2:3　一人の～の人を、みもとに連れて

ちょうけし（帳消し）
ルカ7:42　金貸しは二人とも借金を～して

ちょうし（調子）
ロマ12:2　この世と～を合わせては

ちょうし（長子）
創25:31　あなたの～の権利を売って
27:36　私の～の権利を奪い取り、今また
民3:45　イスラエルの子らのすべての～
8:17　すべての～はわたしのものだから
詩78:51　エジプトで…～を打ち殺された
89:27　わたしもまた 彼をわたしの～

ちょうぞう（彫像）
士17:3　それで～と鋳像を造ろうとして
18:30　自分たちのために～を立てた

ちょうろう（長老）
レビ4:15　会衆の～たちは主の前で
民11:16　～たちのうちから、民の～で
ルツ4:2　ボアズは町の～十人を招いて
Ⅱ歴10:8　王はこの～たちが与えた助言を
箴31:23　土地の～たちとともに座に着く
マタ16:21　～たち、祭司長たち、律法学者
ルカ7:3　みもとにユダヤ人の～たちを
使20:17　使いを送って、教会の～たちを
Ⅰテモ4:14　～たちによる按手を受けたとき
5:17　よく指導している～は、二倍の
テト1:5　町ごとに～たちを任命するため
ヤコ5:14　教会の～たちを招き、主の御名に
Ⅰペテ5:1　～たちに、同じ～の一人として
Ⅱヨハ1　～から、選ばれた婦人と
Ⅲヨハ1　～から、愛するガイオへ。私は
黙4:4　二十四人の～たちが座っていた
19:4　二十四人の～たちと四つの生き物

ちょうわ（調和）
Ⅱコリ6:15　キリストとベリアルに何の～が

ちょくれい（勅令）
ルカ2:1　住民登録をせよという～が

ちり
創2:7　その大地の～で人を形造り
3:14　一生、～を食べることになる
3:19　土の～だから、土の～に帰る
13:16　子孫を地の～のように増やす
18:27　私は～や灰にすぎませんが
ヨブ34:15　息絶え、人は土の～に帰る
詩90:3　あなたは人を～に帰らせます
103:14　土の～にすぎないことを 心に
104:29　息絶えて 自分の～に帰ります
伝3:20　すべてのものは土の～に帰る
12:7　土の～は元あったように地に帰り
マタ7:3　兄弟の目にある～は見えるのに
10:14　足の～を払い落としなさい
ルカ6:41　兄弟の目にある～は見えるのに
10:11　足に付いたこの町の～さえ
ピリ3:8　それらは～あくただと考えて

ちる（散る）
創49:7　イスラエルの中に～らそう
レビ26:33　あなたがたを国々の間に～らし
申4:27　諸国の民の中に～らされ
28:64　民の間にあなたを～らす
イザ11:12　イスラエルの～らされた者を
エレ9:16　知らなかった国々に彼らを～らし
10:21　彼らが飼うものはみな～らされる
13:24　彼らを…藁のように～らす
18:17　わたしは彼らを敵の前で～らす
50:17　イスラエルは…～らされた羊
エゼ11:16　国々の中に～らした
20:23　彼らを諸国の間に～らし
36:19　彼らを諸国の間に～らし
ゼカ1:21　これらはユダを～らして
10:9　諸国の民の間にまき～らすた
ヨハ10:12　羊たちを奪ったり～らしたりし
16:32　あなたがたはそれぞれ～らされて
使8:4　～らされた人たちは、みことばの
Ⅰペテ1:1　ビティニアに～って寄留してい

ちんぎん（賃金）
出2:9 私が～を払いましょう
ちんもく（沈黙）
エス4:14 このようなときに～を守るなら
詩39:2 良いことにさえ～した
83:1 神よ ～していないでください

つ

ツァラアト
出4:6 彼の手は～に冒され、雪のように
レビ13:2 ～に冒された患部が現れたときは
14:2 ～に冒された者がきよめられる
14:34 ～に冒された箇所を生じさせた
民5:2 ～に冒された者、漏出を病む者
12:10 皮膚が～に冒され、雪のように
Ⅱ列5:1 勇士であったが、～に冒されて
5:27 ナアマンの～は、いつまでも
7:3 ～に冒された四人の人が
15:5 彼は死ぬ日まで～に冒された者
Ⅱ歴26:19 彼の額に～が現れた
マタ8:2 ～に冒された人がみもとに来て
11:5 ～に冒された者たちがきよめられ
26:6 ～に冒された人シモンの家に
マコ1:40 ～に冒された人がイエスのもとに
14:3 ～に冒された人シモンの家に
ルカ4:27 ～に冒された人が多くいましたが
5:12 全身～に冒された人がいた
7:22 ～に冒された者たちがきよめられ
17:12 ～に冒された十人の人がイエスを
ついきゅう（追及）
エス2:23 このことが～され、その事実が
ついせき（追跡）
出14:8 イスラエルの子らを～した
ついていく（ついて行く）
ルカ9:57 どこに行かれても、私は～きます
22:54 ペテロは遠く離れて～った
ヨハ1:40 イエスに～った二人のうちの
10:4 羊たちは～きます…彼の声を
13:37 なぜ今～けないのですか
18:15 もう一人の弟子はイエスに～った
ついてくる（ついて来る）
マタ4:19 わたしに～なさい
9:9 「わたしに～なさい」と言われた
16:24 わたしに～たいと思うなら
マコ2:14 「わたしに～なさい」と言われた
ルカ5:27 「わたしに～なさい」と言われた
9:23 わたしに～たいと思うなら
9:49 私たちに～なかったからです
ヨハ10:27 彼らはわたしに～ます
12:26 その人はわたしに～なさい
ついほう（追放）
Ⅱサム14:13 王様は～された者を戻して
つうじる（通じる）
創11:7 話しことばが～じないように
つうたつ（通達）
Ⅱ歴36:22 王は王国中に～を出し、また文書
つうやく（通訳）
創42:23 ヨセフと兄弟たちの間には～が
つえ（杖）
出4:20 モーセは神の～を手に取った
民17:3 レビの～にはアロンの名を
21:18 ～をもって、君主たちが掘り
24:17 イスラエルから一本の～が起こり
Ⅱ列4:29 私の～をあの子の頭の上に置き
詩2:9 あなたは 鉄の～で彼らを牧し
23:4 あなたの～ それが私の慰めです
45:6 あなたの王国の～は公平の～
イザ10:5 わたしの憤りの～は彼らの手に
エゼ37:16 あなたは一本の～を取り
ゼカ11:10 自分の～、「慈愛」の～を取って
マコ6:8 旅のためには、～一本のほか何も
つかい（使い）
創16:7 主の～は、荒野にある泉の
19:1 二人の御～は、夕暮れにソドム
19:15 御～たちはロトをせき立てて
21:17 神の～は天からハガルを呼んで
22:11 主の～が天から彼に呼びかけ
24:7 あなたの前に御～を遣わされる
28:12 神の～たちが、そのはしごを
32:1 神の～たちが彼に現れた
32:3 エサウに、前もって～を送った
出3:2 主の～が、柴の茂みのただ中の
23:20 わたしは、～をあなたの前に
33:2 あなたがたの前に一人の～を
民20:16 一人の御～を遣わし、私たちを
22:23 主の～が抜き身の剣を手に
22:31 主の～が道に立ちはだかり
士6:11 主の～が来て
6:22 この方が主の～であったことが
13:3 主の～がその女に現れて
Ⅰサム29:9 神の～のように正しいという
Ⅱサム14:17 神の～のように、善と悪を
19:27 王様は神の～のような方です
Ⅰ列19:5 見よ、一人の御～が彼に触れ
Ⅱ列1:3 主の～がティシュベ人エリヤに
19:35 その夜、主の～が出て行き
Ⅰ歴21:16 主の～が地と天の間に立ち
詩34:7 主の～は 主を恐れる者の

詩78:25　人々は御～のパンを食べた
91:11　あなたのために御～たちに命じ
104:4　風をご自分の～とし
148:2　ほめたたえよ すべての御～よ
イザ37:36　主の～が出て行き
ダニ6:22　神が御～を送り、獅子の口を
ホセ12:4　御～と格闘して勝ったが
マラ2:7　彼が万軍の主の～だからだ
3:1　わたしはわたしの～を遣わす
マタ1:20　主の～が夢に現れて言った
4:6　あなたのために御～たちに命じ
4:11　見よ、御～たちが近づいて来て
11:10　見よ、わたしはわたしの～を
13:39　刈る者は御～たちです
18:10　天にいる、彼らの御～たちは
24:31　人の子は…御～たちを遣わし
28:2　主の～が天から降りて来て
マコ1:2　わたしは…～を あなたの前に
1:13　御～たちが仕えていた
ルカ1:11　すると、主の～が彼に現れて
1:30　すると、御～は彼女に言った
2:9　主の～が彼らのところに来て
4:10　あなたのために御～たちに命じ
7:27　見よ、わたしはわたしの～を
9:26　自分と父と聖なる御～の栄光を
9:52　ご自分の前に～を送り出された
12:9　神の御～たちの前で知らないと
15:10　神の御～たちの前には喜びが
22:43　すると、御～が天から現れて
ヨハ1:51　神の御～たちが人の子の上を
12:29　御～があの方に話しかけたのだ
20:12　白い衣を着た二人の御～が
使5:19　夜、主の～が牢の戸を開け
6:15　彼の顔は御～の顔のように見え
7:30　御～がモーセに現れました
7:53　あなたがたは御～たちを通して
8:26　さて、主の～がピリポに言った
10:3　その御～は彼のところに来て
12:7　主の～がそばに立ち、牢の中を
23:8　復活も御～も霊もないと言い
27:23　神の御～が私のそばに立って
ロマ8:38　死も、いのちも、御～たちも
Ⅰｺﾘ4:9　御～たちにも人々にも見せ物に
6:3　私たちは御～たちをさばく
11:10　それゆえ、女は御～たちのため
13:1　御～の異言で話しても
Ⅱｺﾘ11:14　サタンでさえ光の御～に変装し
12:7　私を打つためのサタンの～です
ガラ1:8　私たちであれ天の御～であれ
コロ2:18　御～礼拝を喜んでいる者が
ヘブ2:7　御～より わずかの間低いもの
Ⅰﾍﾟﾃ1:12　御～たちもそれをはっきり見た
Ⅱﾍﾟﾃ2:4　罪を犯した御～たちを放置せず
ユダ6　いるべき所を捨てた御～たちを
9　御～のかしらミカエルは
黙3:7　教会の御～に書き送れ
7:1　私は四人の御～を見た。彼らは
9:14　四人の御～を解き放て
10:1　私は、もう一人の強い御～が
18:21　一人の強い御～が、大きい
19:17　一人の御～が太陽の中に立って
22:16　わたしイエスは御～を遣わし

つかう（使う）

ルカ15:13　湯水のように～ってしまった

つかえる（仕える）

創25:23　国民より強く、兄が弟に～える
出3:12　山で神に～えなければならない
14:12　エジプトに～えさせてくれ
20:5　それらに～えてはならない
28:1　祭司としてわたしに～えさせよ
申6:13　主を恐れ、主に～えなさい
28:36　木や石の、ほかの神々に～える
ヨシ22:5　いのちを尽くして主に～えなさい
24:2　ほかの神々に～えていた
24:15　ただし、私と私の家は主に～える
士2:7　長老たちがいた間、民は主に～え
3:6　彼らの神々に～えた
10:13　捨てて、ほかの神々に～えた
Ⅰｻﾑ2:11　エリのもとで主に～えていた
3:1　エリのもとで主に～えていた
7:4　神々を取り除き、主にのみ～えた
Ⅱｻﾑ10:19　イスラエルに～えるように
22:44　知らなかった民が私に～えます
Ⅰ列12:4　私たちはあなたに～えます
19:21　エリヤについて行き、彼に～えた
Ⅱ列17:12　彼らは偶像に～えたのである
Ⅰ歴6:32　幕屋の前で、歌をもって～え
19:19　和を講じ、彼に～えるように
28:9　神に～えなさい
ヨブ21:15　私たちが～えなければならない
詩2:11　恐れつつ 主に～えよ
100:2　喜びをもって主に～えよ
106:36　その偶像に～えた。それが彼らに
135:2　主の家で～え…大庭で～える者よ
イザ56:6　また、主に連なって主に～
60:12　あなたに～えない…や王国は滅
61:6　われわれの神に～える者と言われ
エレ5:19　異国の神々に～えたように
25:11　バビロンの王に七十年～える
27:7　その子と、その子の子に～え

30:9 彼らの王ダビデに～える
ダニ3:17 そうなれば、私たちが～える神は
3:18 私たちはあなたの神々には～えず
7:10 幾千もの者がこの方に～え
ゼパ3:9 一つになって主に～える
マラ3:14 神に～えるのは無駄だ
3:18 神に～える者と～えない者の違い
マタ20:28 人の子が…～えるために…来た
23:11 皆に～える者になりなさい
27:55 イエスについて来て～えていた人
マコ9:35 皆に～える者になりなさい
10:43 皆に～える者になりなさい
ルカ2:37 夜も昼も神に～えていた
2:51 帰って両親に～えられた
16:13 二人の主人に～えることは
ヨハ12:26 わたしに～えるというのなら
使7:42 天の万象に～えるに任せられ
ロマ7:6 新しい御霊によって～えている
15:16 キリスト・イエスに～者となった
16:18 自分の欲望に～えているのです
Ⅱコリ3:6 新しい契約に～える者となる資格
エペ3:7 この福音に～える者になりました
コロ1:23 私パウロはそれに～える者と
ヘブ6:10 聖徒たちに～え、今も～えること
黙7:15 昼も夜もその神殿で神に～えて

つかさ
エレ20:1 さて、主の宮の～、また監督者

つかみだす（つかみ出す）
ユダ23 火の中から～して救いなさい

つかれる（疲れる）
Ⅱサム21:15 ダビデは～れていた
箴25:25 ～れたたましいへの冷たい水
伝10:15 労苦は、自分自身を～れさせる
12:12 没頭すると、からだが～れる
イザ1:14 それを担うのに～れ果てた
5:27 ～れる者も、つまずく者もいない
40:29 ～れた者には力を与え
43:22 あなたはわたしのことで～れ果て
47:13 あなたは～れている
57:10 あなたは、長い旅に～れても
エレ15:6 わたしはあわれむのに～れた
31:25 わたしが～れたたましいを潤し
マラ2:17 自分のことばで主を～させた
マタ11:28 すべて～れた人、重荷を負って

つかわす（遣わす）
創45:5 あなたがたより先に私を～わし
出3:10 あなたをファラオのもとに～わす
Ⅱサム15:10 ひそかに人を～して言った
イザ6:8 だれを、わたしは～わそう
エレ26:12 預言するよう、私を～わされた
マタ10:5 イエスはこの十二人を～わす際
10:40 わたしを～わされた方を受け入れ
13:41 人の子は御使いたちを～わします
マコ1:2 使いを あなたの前に～わす
11:1 イエスは…二人の弟子を～された
ルカ4:43 そのために～わされたのですから
ヨハ6:57 生ける父がわたしを～わし
17:8 あなたがわたしを～わされたこと
17:18 わたしを世に～わされたように
20:21 わたしもあなたがたを～わします
Ⅰコリ1:17 キリストが私を～わされたのは
ガラ4:4 律法の下にある者として～わされ
4:6 御霊を、私たちの心に～わされ
Ⅰヨハ4:9 神はそのひとり子を世に～わし

つき（月）
出12:2 この～をあなたがたの～の始まり
詩74:16 あなたは～と太陽を備えられ
雅6:10 ～のように美しく、太陽のように
イザ13:10 ～もその光を放たない
30:26 ～の光は太陽の光のようになり
エレ31:35 ～と星を定めて夜の光とし
エゼ32:7 ～が光を放たないようにする
マタ24:29 ～は光を放たなくなり、星は
使2:20 太陽は闇に、～は血に変わる
Ⅰコリ15:41 太陽の輝き、～の輝き、星の輝

つきあう（付き合う）
Ⅰコリ5:11 そのような者とは～っては

つぎき（接ぎ木）
ロマ11:17 あなたがその枝の間に～され

つきさす（突き刺す）
ゼカ12:10 自分たちが～した者
ヨハ19:34 イエスの脇腹を槍で～した
黙1:7 彼を～した者たちさえも

つきぼう（突き棒）
伝12:11 知恵のある者たちのことばは ～

つきる（尽きる）
創47:18 銀も～き、家畜の群れも

つく（着く）
マコ16:19 神の右の座に～かれた
ヘブ10:12 永遠に神の右の座に～き

つぐ（継ぐ）
ゼカ8:12 これらすべてを受け～がせる
マタ25:34 備えられていた御国を受け～ぎ
使20:32 御国を受け～がせることができる

つくえ（机）
出25:23 アカシヤ材で～を作り
37:10 彼はアカシヤ材で～を作った
Ⅱ列4:10 寝台と～と椅子と燭台を置き

つぐない（償い）
出21:30 もし彼に～金が科せられたなら

出30:12 自分のたましいの～金を主に納め
レビ5:16 罪に陥っていたことの～をする
24:21 打ち殺す者は～をしなければ
民5:7 ～として総額を弁償し
箴6:35 彼はどんな～物も受けつけず

つぐなう（償う）
イザ40:2 苦役は終わり、その咎は～われて
ヨエ2:25 わたしはあなたがたに～う

つくりぬし（造り主）
ヨブ35:10 私の～である神はどこにおられる

つくりばなし（作り話）
Ⅱﾍﾟﾃ1:16 巧みな～によったのでは

つくる（造る）
創14:19 いと高き神、天と地を～られた方
申32:6 あなたを～った父ではないか
ヨブ10:8 あなたの手が…私を～られました
詩78:54 右の御手で～ったこの山に
95:6 私たちを～られた方 主の御前に
119:73 あなたの御手が私を～り 私を
イザ17:7 人は自分を～った方に目を留め
43:1 あなたを形～った方が
54:5 あなたの夫はあなたを～った者
エレ10:16 主は万物を～る方。イスラエルは
アモ4:13 見よ、山々を形～り、風を
Ⅱｺﾘ5:17 その人は新しく～られた者です
エペ2:10 イエスにあって～られたのです
コロ1:16 万物は御子によって～られた
Ⅰﾃﾓ4:4 神が～られたものはすべて良い

つくろう（繕う）
マコ1:19 彼らは舟の中で網を～っていた

つけくわえる（つけ加える）
申4:2 命じることばに～えてはならない
12:32 ～えたり減らしたりしては
黙22:18 だれかがこれに～えるなら、神が

つげしらせる（告げ知らせる）
申32:3 まことに私は主の御名を～らせる
Ⅰｻﾑ31:9 彼らの偶像の宮と民とに～らせ
詩22:31 民に 主の義を～せます
Ⅰｺﾘ11:26 主の死を～せるのです

つけたし（つけ足し）
箴30:6 神のことばに～をしては

つける（着ける）
申22:5 女は男の衣装を身に～けては
エレ13:11 ユダの全家をわたしに～けた

つげる（告げる）
出20:1 すべてのことばを～げられた
ヨシ11:9 主が～げられたとおりに彼らに
23:5 主があなたがたに～げたように
Ⅰ列22:14 主が私に～げられることを
詩71:24 あなたの義を～げます
85:8 敬虔な人たちに 平和を～げられ
イザ48:3 前からわたしが～げていた
ミカ6:8 主はあなたに～げられた
ルカ2:26 聖霊によって～げられていた
黙1:1 しもべヨハネに～げられた

つたえる（伝える）
ヨエ1:3 あなたがたの子どもたちに～え
ヨナ3:2 あなたに～える宣言をせよ
マタ28:7 弟子たちに～えなさい
マコ5:14 町や里でこのことを～えた
ヨハ16:13 あなたがたに～えてくださいます
使8:4 福音を～えながら巡り歩いた
8:35 イエスの福音を彼に～えた
ガラ4:13 あなたがたに福音を～えたのは
ピリ1:5 福音を～えることにともに
1:16 愛をもってキリストを～えて
コロ1:26 奥義を、余すところなく～える

つち（槌）
士4:21 ～を手にしてそっと彼に近づき
Ⅰ列6:7 工事中、～や斧や、いかなる鉄の

つち（土）
哀4:2 ～の壺、陶器師の手のわざと
Ⅰｺﾘ15:47 地から出て、～で造られた人
黙2:27 ～の器を砕くように

つづく（続く）
Ⅰ歴17:27 御前にとこしえに～くようにして
哀5:19 あなたの王座は代々に～きます
マコ4:17 しばらく～くだけです
Ⅱｺﾘ4:18 見えないものは永遠に～くから

つつしみぶかい（慎み深い）
Ⅰﾃﾓ2:9 控えめに～く身を飾り

つつしむ（慎む）
Ⅰﾍﾟﾃ1:13 心を引き締め、身を～み

つつむ（包む）
ヨブ26:8 水を濃い雲の中に～まれるが
エレ31:22 女の優しさが一人の勇士を～む
マコ15:46 イエスを降ろして亜麻布で～み

つとめ（務め）
詩109:8 その～は他人が取り
使1:20 彼の～は、ほかの人が取る
ロマ11:13 自分の～を重く受けとめて
Ⅰｺﾘ9:17 ～として委ねられているのです
エペ3:2 神の恵みの～について
コロ1:25 委ねられた～にしたがって

つな（綱）
ヨシ2:15 ラハブは～で窓から…つり降ろし
詩18:4 死の～は私を取り巻き
116:3 死の～が私を取り巻き
129:4 悪しき者の～を断ち切られた
エレ38:12 脇の下の～に当てなさい

つなぐ
マタ16:19 地上で～ぐことは天においても
18:18 地上で～ぐことは天でもつながれ
Ⅱテモ2:9 神のことばは～がれていません
ヘブ2:15 奴隷として～がれていた人々を
つの（角）
Ⅰ列1:50 行って祭壇の～をつかんだ
2:28 ヨアブは…祭壇の～をつかんだ
エゼ29:21 一つの～を生えさせる
ダニ7:7 獣と異なり、十本の～を持って
8:3 それには二本の～があって
ゼカ1:18 なんと、四つの～があった
ルカ1:69 救いの～を私たちのために
黙17:12 あなたが見た十本の～は
つのぶえ（角笛）
出19:16 ～の音が非常に高く鳴り響いた
レビ23:24 ～を吹き鳴らして記念する聖なる
25:9 第七の月の十日に～を鳴り響かせ
士7:16 全員の手に～と空の壺を持たせ
Ⅱ列9:13 ～を吹き鳴らして
イザ27:13 その日、大きな～が鳴り渡り
エゼ33:5 ～の音を聞きながら警告を
ダニ3:5 ～、二管の笛、竪琴、三角琴
ヨエ2:1 シオンで～を吹き鳴らし
2:15 シオンで～を吹き鳴らせ
アモ3:6 ～が町で鳴らされたら
ゼカ9:14 神である主は～を吹き鳴らし
つば（唾）
マタ26:67 彼らはイエスの顔に～をかけ
マコ7:33 それから～を付けてその舌に
14:65 ある者たちはイエスに～をかけ
15:19 頭をたたき、～をかけ
つばき（唾）
申25:9 履き物を脱がせ、その顔に～して
つばさ（翼）
出19:4 あなたがたを鷲の～に乗せて
ルツ2:12 その～の下に身を避けようとして
詩17:8 御～の陰にかくまってください
18:10 風の～で天翔られた
36:7 御～の陰に身を避けます
55:6 私に鳩のように～があったなら
57:1 御～の陰に身を避けます
61:4 御～の陰に身を避けます
箴1:17 すべて～あるものの目の前では
23:5 富は必ず～をつけて
イザ6:2 彼らにはそれぞれ六つの～があり
エゼ1:6 四つの顔と四つの～を持っていた
17:3 大きな～、長い羽、色とりどりの
マラ4:2 その～に癒やしがある

つぶす
エズ4:5 この計画を～そうとした
つぼ（壺）
士7:16 全員の手に角笛と空の～を持たせ
Ⅰ列17:14 その～の油はなくならない
Ⅱ列4:2 油の～一つしかありません
つま（妻）
創12:12 『この女は彼の～だ』と言って
民5:12 もし人の～が道を外して夫の
12:1 モーセがクシュ人の女を～として
ルツ4:13 彼女は彼の～となった
Ⅰサム25:39 自分の～になるよう申し入れた
ヨブ31:10 私の～が他人のために粉を
詩128:3 あなたの～は 家の奥で
箴18:22 ～を見つける者は幸せを見つけ
19:13 ～のいさかい好きは、滴り続ける
19:14 賢明な～は主からのもの
31:10 しっかりした～をだれが見つけ
伝9:9 愛する～と生活を楽しむがよい
エレ3:1 もし、人が自分の～を去らせ
3:20 なんと、～が夫を裏切るように
ホセ12:12 イスラエルは～を迎えるために
マラ2:14 あなたの契約の～であるのに
マタ1:24 自分の～を迎え入れたが
5:31 ～を離縁する者は離縁状を与えよ
19:5 父と母を離れ、その～と結ばれ
19:9 別の女を～とする者は、姦淫を
27:19 彼の～が彼のもとに人を遣わして
マコ10:2 夫が～を離縁することは律法に
10:11 ～を離縁し、別の女を～にする
12:19 弟が兄嫁を～にして、兄のために
ルカ17:32 ロトの～のことを思い出しなさい
使5:7 アナニアの～がこの出来事を
Ⅰコリ5:1 父の～を～にしている者がいる
7:4 ～は自分のからだについて権利を
7:27 あなたが～と結ばれているなら
9:5 信者である～を連れて歩く権利が
エペ5:22 ～たちよ。主に従うように
5:31 父と母を離れ、その～と結ばれ
コロ3:18 ～たちよ。主にある者に
Ⅰテモ3:2 一人の～の夫であり、自分を制し
Ⅰペテ3:1 ～たちよ、自分の夫に従いなさい
つまずき
イザ8:14 妨げの石、～の岩となり
57:14 民の道から、～を取り除け
マタ13:41 すべての～と、不法を行う者たち
ルカ17:1 ～が起こるのは避けられません
ロマ11:9 ～となり、報いとなりますように
14:13 ～になるものを置くことはしない
Ⅰコリ1:23 ユダヤ人にとっては～

Ⅰコリ8:9 弱い人たちの～とならないように
10:32 ～を与えない者になりなさい
Ⅱコリ6:3 決して～を与えず
ガラ5:11 十字架の～はなくなっているはず
黙2:14 彼らの前に～を置かせた

つまずく

詩9:3 御前で～きついえます
箴3:23 道を歩み、あなたの足は～かない
4:19 彼らは何に～くかを知らない
イザ3:8 エルサレムが～き、ユダが倒れた
エレ6:21 父も子も、ともにこれに～き
13:16 夕暮れの山で～かないうちに
20:11 私を迫害する者たちは～き
50:32 そこで、高ぶる者は～き倒れ
マタ5:29 右の目があなたを～かせるなら
11:6 わたしに～かない者は幸いです
16:23 あなたは、わたしを～かせるもの
18:8 手か足があなたを～かせるなら
24:10 多くの人が～き、互いに裏切り
26:31 みな、今夜わたしに～きます
マコ4:17 すぐに～いてしまいます
6:3 こうして彼らはイエスに～いた
9:42 小さい者たち…を～かせる者は
9:43 手があなたを～かせるなら
14:27 あなたがたはみな、～きます
ルカ7:23 わたしに～かない者は幸いです
17:2 小さい者たち…を～かせるより
ヨハ6:61 あなたがたを～かせるのか
11:9 昼間歩けば、～くことは
ロマ9:32 つまずきの石に～いたのです
11:11 彼らが～いたのは倒れるため
14:21 兄弟が～くようなことをしない
Ⅰコリ8:13 ～かせるのなら、兄弟を～かせ

つみ（罪）

創4:7 ～が待ち伏せている。～は
39:9 神に対して～を犯すことが
43:9 一生あなたの前に～ある者と
44:32 一生あなたの前に～ある者と
出29:14 ～のきよめのささげ物である
32:30 あなたがたは大きな～を犯した
レビ4:2 気づかずに～に陥り
4:3 祭司は自分が陥った～のために
5:6 自分が陥っていた～のために
6:25 ～のきよめのささげ物について
26:21 あなたがたの～にふさわしく
民12:11 愚かにも陥ってしまった～の罰を
14:40 われわれは～を犯してしまった
22:34 私は～を犯していました
申1:41 私たちは主に対して～を犯した
9:16 主の前に～ある者となって
19:13 咎のない者の血を流す～を
20:18 主の前に～ある者とならないよう
士10:10 私たちはあなたに～を犯しました
Ⅰサム2:17 子弟たちの～は、主の前で非常に
2:25 主に対して人が～を犯すなら
7:6 私たちは主の前に～ある者です
12:23 主の前に～ある者となること
14:33 血のままで食べて、主に～を犯し
15:24 私は～を犯しました
19:4 ダビデのことで～を犯さないで
24:11 あなたに～を犯していないのに
Ⅱサム12:13 私は主の前に～ある者です
24:10 大きな～を犯しました
Ⅰ列8:36 あなたの民イスラエルの～を
8:46 ～に陥らない人は一人もいません
14:16 ヤロブアムが自分で犯した～と
15:3 父が行ったあらゆる～のうちを
Ⅱ列13:6 ヤロブアム家の～から離れず
17:7 神、主に対して～を犯し
21:16 悪であることを行わせた～だけ
Ⅰ歴21:8 大きな～を犯しました
Ⅱ歴6:25 あなたの民イスラエルの～を
6:36 あなたの前に～ある者となった
ネヘ1:6 私も私の父の家も～を犯しました
ヨブ7:20 私が～ある者だとしても
10:6 私の～を探り出されるのですか
10:14 もし、私が～ある者となるなら
33:27 私は～ある者で、真っ直ぐな
35:6 あなたが～を犯したとしても
詩25:7 私の若いころの～や背きを
34:22 だれも～を負わない
78:32 彼らはなおも～を犯し
79:9 私たちの～をお赦しください
119:11 あなたの前に～ある者と
箴13:6 悪のわざは道を誤らせて～に導く
19:2 急ぎ足の者は～に陥る
20:9 私は～から離れ、きよくなった
24:9 愚かなはかりごとは～
伝5:6 あなた自身を～に陥らせない
7:20 善を行い、～に陥ることのない人
イザ1:4 わざわいだ。～深き国、咎重き民
1:18 あなたがたの～が緋のように
5:18 ～を引き寄せる者たち
30:1 ～に～を増し加えるばかりだ
38:17 私のすべての～を…うしろに
42:24 この方の前に～ある者となり
43:24 あなたの～でわたしに苦労をさせ
58:1 ヤコブの家にその～を告げよ
エレ2:35 「私は～を犯してはいない」と
8:14 私たちが主に～を犯したからだ

つみとる（摘み取る）

つみびと（罪人）

つむ（積む）

つむぐ（紡ぐ）

つむじかぜ（つむじ風）

ホセ8:7　彼らは風を蒔いて、～を刈り取る

つゆ（露）

士6:37　羊の毛だけに～が降りていて
詩133:3　シオンの山々に降りる～のようだ
箴3:20　雲は～を滴らせる
19:12　その好意は草の上の～のよう
イザ26:19　まことに、あなたの～は光の～
ダニ4:23　彼を天の～にぬれさせて
ホセ6:4　朝早く消え去る～のようだ
13:3　朝早く消え去る～のようになる
14:5　イスラエルにとって～のように

つよい（強い）

士14:14　～いものから甘い物が出た
Ⅱｻﾑ3:1　ダビデはますます～くなり
10:12　～くあれ。われわれの民のため
Ⅰ歴19:13　～くあれ。われわれの民のため
28:20　～く、雄々しく、事を成し遂げ
Ⅱ歴26:16　彼が～くなると、その心は高ぶり
ヨブ16:5　この口であなたがたを～くし
36:5　神は～いが、だれをも蔑まれない
詩27:14　雄々しくあれ。心を～くせよ
89:21　わたしの腕も彼を～くする
雅8:6　愛は死のように～く、ねたみは
イザ41:10　あなたを～くし、あなたを助け
アモ2:16　勇士のうちの、心の～い者も
マタ12:29　～い者を縛り上げるのでなければ
ルカ11:21　～い者が十分に武装して自分の
24:29　…と言って～勧めたので
Ⅰｺﾘ1:25　神の弱さは人よりも～いから
1:27　～い者を恥じ入らせるために
エペ3:16　～めてくださいますように
ピリ4:13　私を～くしてくださる方によって
コロ1:11　あらゆる力をもって～くされ
Ⅱﾃﾓ2:1　恵みによって～くなりなさい
Ⅰﾍﾟﾃ5:10　堅く立たせ、～くし、不動の者
Ⅰﾖﾊ2:14　あなたがたが～い者であり

つよめる（強める）

イザ35:3　弱った手を～め、よろめく膝を
エペ6:10　大能の力によって～められなさい
Ⅰﾃｻ3:2　信仰において～め励まし
3:13　あなたがたの心を～めて

つらい（辛い）

ルツ1:21　全能者が私を～目にあわせ
箴14:10　心はその人自身の～さを知って

つる（鶴）

イザ38:14　燕や～のように私は泣き
エレ8:7　～も、自分の帰る時を守る

つるぎ（剣）

創3:24　輪を描いて回る炎の～を
士7:20　主のため、ギデオンのための～
Ⅰ列3:24　～をここに持って来なさい
イザ2:4　その～を鋤に、その槍を鎌に
49:2　主は私の口を鋭い～のようにし
エレ9:16　～を彼らのうしろに送り
エゼ21:9　～、一振りの～が研がれ
ヨエ3:10　あなたがたの鋤を～に
ミカ4:3　その～を鋤に、その槍を鎌に
ゼカ13:7　～よ、目覚めよ…羊飼いを打て
マタ10:34　～をもたらすために来ました
26:51　～を抜き、大祭司のしもべに
マコ14:47　～を抜いて大祭司のしもべに
ルカ2:35　心さえも、～が刺し貫くことに
エペ6:17　御霊の～、すなわち神のことばを
ヘブ4:12　力があり、両刃の～よりも鋭く
黙1:16　口から鋭い両刃の～が出ていて
19:15　諸国の民を打つために鋭い～が

つれる（連れる）

創28:15　あなたをこの地に～れ帰る
31:18　自分のものとした家畜を～れて
ルカ4:29　丘の崖の縁まで～れて行き
ヨハ1:42　シモンをイエスのもとに～れて来
ヤコ5:19　だれかがその人を～れ戻すなら

て

て（手）

出4:2　～に持っているものは何か
15:12　あなたが右の～を伸ばされると
17:11　～を下ろすとアマレクが優勢に
レビ4:24　そして、そのやぎの頭に～を置き
民11:23　主の～が短いというのか
21:34　その地をあなたの～に与えた
27:23　自分の～を彼の上に置いて
申2:15　確かに主の御～が彼らに下り
4:34　力強い御～と伸ばされた御腕と
5:15　力強い御～と伸ばされた御腕を
26:8　主は力強い御～と伸ばされた御腕
Ⅰｻﾑ5:6　主の～はアシュドデの人たちの
12:15　主の～が、あなたがたと…の上に
18:17　サウルは、自分の～を下さないで
Ⅱｻﾑ24:14　主の～に陥らせてください
Ⅰ歴4:10　御～が私とともにあって
ヨブ8:20　悪を行う者の～を取ることはない
10:8　あなたの～が私をかたどり
12:9　主の御～がこれをなしたことを
27:22　彼はその～から必死に逃れようと
34:19　みな、神の御～のわざだからだ
詩24:4　～がきよく 心の澄んだ人
31:15　私の時は御～の中にあります

32:4 御～が私の上に重くのしかかり
39:5 私の日数を～幅ほどにされました
74:11 なぜ あなたは御～を 右の御～を
115:7 ～があってもさわれず
伝2:24 神の御～によることであると
9:1 彼らの働きも、神の御～の中に
9:10 あなたの～がなし得ると分かった
イザ5:25 なおも御～は伸ばされている
8:11 主は強い御～をもって私を捕らえ
9:12 なおも御～は伸ばされている
9:17 なおも御～は伸ばされている
14:27 御～が伸ばされている
40:12 ～のひらで水を量り、～の幅で
59:1 主の～が短くて救えないのでは
エレ16:21 わたしの～、わたしの力を
哀2:15 あなたに向かって～を打ち鳴らし
エゼ3:14 主の御～は私の上に強く
3:22 主の御～が私の上にあった
20:33 力強い～と伸ばした腕
25:6 ～を打ち、足を踏み鳴らし
33:22 主の御～が私の上にあり
37:1 主の御～が私の上にあった
マタ3:12 また～に箕を持って
5:30 右の～があなたをつまずかせる
15:20 洗わない～で食べることは
16:26 たとえ全世界を～に入れても
18:8 あなたの～か足があなたを
マコ3:5 「～を伸ばしなさい」と言われ
7:2 洗っていない～でパンを食べて
9:43 ～があなたをつまずかせるなら
ルカ6:8 それで、～の萎えた人に言われた
6:10 ～は元どおりになった
9:25 たとえ全世界を～に入れても
11:10 だれでも、求める者は～に入れ
24:39 ～やわたしの足を見なさい
ヨハ13:9 足だけでなく、～も頭も洗って
20:20 ～と脇腹を彼らに示された
20:25 私は、その～に釘の跡を見て
使11:21 主の御～が彼らとともにあった
13:11 主の御～が今、おまえの上に
ロマ6:13 あなたがたの～足を不義の道具と
10:21 わたしは終日、～を差し伸べた
Ⅱコリ5:1 人の～によらない永遠の住まい
Ⅰテサ4:11 自分の～で働くことを名誉とし
Ⅱテサ3:17 パウロが自分の～であいさつを
Ⅰヨハ1:1 自分の～でさわったもの

ていこう（抵抗）

エス9:2 ユダヤ人に～する者はいなかった

ていさつ（偵察）

民13:2 カナンの地を～させよ
13:17 カナンの地の～のために…遣わし
13:21 レホブまで、その地を～した
ヨシ2:1 二人の者を～として遣わして
6:23 ～した若者たちは行って
士18:14 ライシュの地を～に行っていた

ていち（低地）

Ⅰ列20:28 山の神であって～の神ではない

ていとう（抵当）

ネヘ5:3 家も～に入れなければならない
箴20:16 上着を～に取れ
27:13 服を～に取れ

ておけ（手桶）

イザ40:15 見よ。国々は～の一しずく

てがみ（手紙）

Ⅱサム11:14 ダビデはヨアブに～を書き
Ⅰ列21:8 彼女はアハブの名で～を書き
Ⅱ列5:6 王宛ての次のような～を持って
19:14 死者の手からその～を受け取って
Ⅱ歴30:1 エフライムとマナセに～を書いて
エズ5:5 このことについての返事の～が
ネヘ6:5 一通の開封された～を持っていた
イザ37:14 使者の手からその～を受け取って
使9:2 ダマスコの諸会堂宛ての～を
15:30 教会の会衆を集めて～を手渡した
22:5 兄弟たちに宛てた～まで受け
23:25 次のような文面の～を書いた
23:33 総督に～を手渡して、パウロを
Ⅱコリ10:10 パウロの～は重みがあって
コロ4:16 この～があなたがたのところで
Ⅱテサ3:17 私のどの～にもあるしるしです
Ⅱペテ3:16 ほかのすべての～でもしている

てき（敵）

レビ26:32 あなたがたの～はそれを見て
申28:25 主はあなたを～の前で敗走させる
士5:31 主よ、あなたの～がみな滅び
Ⅱサム24:13 あなたが～の前を逃げ、～が
Ⅰ列21:20 私を見つけたのか、わが～よ
エズ4:1 ユダとベニヤミンの～たちは
エス9:22 自分たちの～からの安息を得た日
ヨブ13:24 私をあなたの～と見なされる
詩3:1 主よ なんと私の～が多くなり
27:12 私を～の意のままにさせないで
72:9 王の～は ちりをなめますように
108:13 神こそが 私たちの～を踏みつけ
箴16:7 人の行いを喜ぶとき、～さえも
24:17 あなたの～が倒れるとき
イザ11:13 ユダもエフライムを～としない
ゼカ8:10 ～がいるために平安がなかった
マタ5:43 隣人を愛し、あなたの～を憎め
10:36 家の者たちがその人の～となる

マタ22:44 あなたの～を あなたの足台と
ルカ6:27 あなたがたの～を愛しなさい
使5:39 神に～対する者になってしまい
ロマ12:20 ～が飢えているなら食べさせ
Ⅰコリ15:26 最後の～として滅ぼされるのは
ガラ4:16 あなたがたの～になったので
ピリ3:18 キリストの十字架の～として
ヤコ4:4 自分を神の～としているのです

てきい（敵意）
詩139:20 彼らは～をもってあなたに語り
エペ2:16 ～を十字架によって滅ぼされ

てきせつ（適切）
伝12:10 伝道者は～なことばを探し求め

てきたい（敵対）
箴28:4 おしえを守る者は彼らに～する
マタ12:30 味方しない者はわたしに～し
ロマ8:7 肉の思いは神に～するからです

てきにん（適任）
ピリ2:22 しかし、テモテが～であることは

てさぐり（手探り）
ヨブ5:14 真昼でも、夜のように～する
12:25 光のない闇の中を、～で進む
イザ59:10 見えない人のように壁を～し

でし（弟子）
イザ8:16 わたしの～たちのうちで封印せよ
50:4 神である主は、私に～の舌を与え
マタ10:1 イエスは十二～を呼んで
10:24 ～は師以上の者ではなく
14:19 パンを裂いて～たちにお与えに
15:2 あなたの～たちは長老たちの
17:16 あなたのお～たちのところに
21:1 二人の～を遣わされた
28:7 急いで行って～たちに伝えなさい
マコ3:7 イエスは～たちとともに湖の方に
8:6 配るようにと～たちにお与えに
9:31 それは、イエスが～たちに教えて
10:13 ところが～たちは彼らを叱った
ルカ6:40 ～は師以上の者ではありません
7:18 ～たちの中から二人の者を呼んで
9:16 群衆に配るように～たちに
14:33 ～になることはできません
19:29 二人の～を遣わされた
22:39 ～たちもイエスに従った
ヨハ2:11 それで、～たちはイエスを信じた
3:25 ヨハネの～の何人かが
6:66 ～…のうちの多くの者が離れ去り
8:31 本当にわたしの～です
9:28 お前はあの者の～だが、私たちは
13:35 あなたがたがわたしの～である
15:8 わたしの～となることによって
19:26 そばに立っている愛する～を見て
19:38 イエスの～であったが
20:2 もう一人の～のところに行って
20:19 ～たちがいたところでは
21:4 ～たちには、イエスであることが
使9:10 アナニアという名の～がいた

てすり（手すり）
申22:8 屋上に～を付けなさい

てだて（手立て）
マコ12:44 生きる～のすべてを投げ入れた
ルカ21:4 生きる～のすべてを投げ入れた

てつ（鉄）
ヨシ17:16 ～の戦車を持っています
Ⅰ歴20:3 ～のつるはし、斧を使う労働に
箴27:17 ～は～によって研がれ
エレ11:4 ～の炉から導き出したとき
ダニ2:35 ～も粘土も青銅も銀も金も、みな

てつがく（哲学）
使17:18 エピクロス派とストア派の～者
コロ2:8 あの空しいだましごとの～に

てっつい（鉄槌）
エレ50:23 全地を打った～は、どうして

てぬぐい（手ぬぐい）
ヨハ13:4 ～を取って腰にまとわれた
使19:12 ～や前掛けを…病人たちに当てる

てびき（手引き）
使1:16 イエスを捕らえた者たちを～し

てらす（照らす）
民6:25 主が御顔をあなたに～らし
マタ5:15 家にいるすべての人を～らします
ルカ1:79 死の陰に住んでいた者…を～らし
エペ5:14 キリストがあなたを～らされる

テラフィム
創31:19 父が所有している～を盗み出した
31:34 ラケルはすでに～を取って
Ⅰサム19:13 ミカルは～を取って、寝床の上

でる（出る）
イザ48:20 バビロンから～よ。カルデアから
ルカ8:37 ～て行ってほしいと願った
9:60 あなたは～て行って、神の国を
ヨハ11:43 ラザロよ、～て来なさい
黙18:4 彼女のところから～て行きなさい

てん（天）
創1:8 神は大空を～と名づけられた
出16:4 ～からパンを降らせる
20:22 ～からあなたがたに語ったのを
申30:12 これは～にあるわけではないので
Ⅰ列8:27 ～も、～の～も、あなたを
Ⅱ列7:2 主が～に窓を作られたとしても
Ⅱ歴6:18 ～も、～の～も、あなたを

詩19:1 ～は神の栄光を語り告げ
103:11 ～が地上はるかに高いように
139:8 たとえ 私が～に上っても
伝5:2 神は～におられ、あなたは地に
イザ14:12 どうしておまえは～から落ちた
34:4 ～は巻物のように巻かれる
65:17 新しい～と新しい地を創造する
66:1 ～はわたしの王座、地はわたしの
エレ23:24 ～にも地にも、わたしは満ちて
ハガ1:10 ～は露を滴らすのをやめ
マタ6:9 ～にいます私たちの父よ
マコ1:10 ～が裂けて御霊が鳩のように
16:19 ～に上げられ、神の右の座に
ルカ21:26 ～のもろもろの力が揺り動かされ
ヨハ3:12 それなら、～上のことを話して
使9:3 ～からの光が彼の周りを照らした
Ⅰコリ15:40 ～上のからだもあり、地上の
15:49 ～に属する方のかたちも持つこと
Ⅱコリ12:2 第三の～にまで引き上げられ
Ⅰペテ3:22 イエス・キリストは～に上り
Ⅱペテ3:5 ～は大昔からあり、地は神の
3:13 義の宿る新しい～と新しい地を
黙4:1 見よ、開かれた門が～にあった
10:6 ～とその中にあるもの、地と
19:1 ～でこう言うのを聞いた
21:1 新しい～と新しい地を見た

てんがい（天蓋）
イザ40:22 地をおおう～の上に住む方

てんかん
マタ4:24 ～の人、中風の人など病人たちを
17:15 ～で、たいへん苦しんでいます

てんくう（天空）
ヨブ22:14 神は～を歩き回るだけだ

てんち（天地）
マタ5:18 ～が消え去るまで、律法の
マコ13:31 ～は消え去ります。しかし
ルカ21:33 ～は消え去ります。しかし

でんとうしゃ（伝道者）
伝1:1 ダビデの子、～のことば
12:10 ～は適切なことばを探し求め
使21:8 ～ピリポの家に行き
Ⅱテモ4:5 苦難に耐え、～の働きをなし

てんびん（天秤）
箴16:11 正しい～と秤は主のもの

てんまく（天幕）
創12:8 山の方に移動して、～を張った
13:3 最初に～を張った場所まで来た
民24:5 ヤコブよ、あなたの～は
Ⅱサム7:2 神の箱は～の中に宿っている
Ⅰ歴17:1 主の契約の箱は～の下にある
ヨブ29:4 私の～の中には神との親しい
箴14:11 心の直ぐな人の～は栄える
イザ33:20 移ることのない～、エルサレムを
40:22 ～のように張って住まわれる
エレ10:20 私の～は荒らされ、そのすべての
使18:3 彼らの職業は～作りであった

てんまど（天窓）
創6:16 箱舟に～を作り、上部から

と

と（戸）
詩24:7 永遠の～よ 上がれ
119:130 みことばの～が開くと 光が差し
マコ13:29 人の子が～口まで近づいている
ルカ13:25 外に立って～をたたき始め
黙3:20 見よ、わたしは～の外に立って

といただす（問いただす）
ホセ2:2 あなたがたの母を～せ

とう（塔）
創11:4 頂が天に届く～を建てて
ルカ13:4 シロアムの～が倒れて死んだ
14:28 ～を建てようとするとき、まず

どうい（同意）
マタ20:13 あなたは私と、一デナリで～した
ロマ1:32 それを行う者たちに～もしている

どうか（銅貨）
マコ12:42 レプタ～二枚を投げ入れた

とうき（陶器）
イザ45:9 ～は土の器の一つにすぎないのに

とうきし（陶器師）
イザ30:14 ～の壺が 容赦なく打ち砕かれる
41:25 ～が粘土を踏みつけるように
64:8 あなたは私たちの～です
エレ18:2 立って、～の家に下れ
18:6 粘土が～の手の中にあるように
哀4:2 ～の手のわざと見なされている
ゼカ11:13 それを～に投げ与えよ
マタ27:7 その金で～の畑を買って
ロマ9:21 ～は同じ土のかたまりから

どうぐ（道具）
エレ51:20 わたしの鉄槌、戦いの～だ

とうごく（投獄）
ピリ1:13 キリストのゆえに～されている

とうごま（唐胡麻）
ヨナ4:6 神である主は一本の～を備えて

どうさつ（洞察）
箴1:5 知恵のある者は聞いて～を深め
ダニ1:4 ～力に富み、王の宮廷に仕えるに

どうじょう（同情）
Ⅰペテ3:8　みな、一つ思いになり、～し合い
とうしん（灯芯）
イザ42:3　くすぶる～を消すこともなく
マタ12:20　くすぶる～を消すこともない
とうぞく（盗賊）
Ⅱコリ11:26　何度も旅をし、川の難、～の難
とうたつ（到達）
ロマ9:31　その律法に～しませんでした
とうちしゃ（統治者）
創45:8　エジプト全土の～とされました
どうてい（童貞）
黙14:4　汚れたことがない者たちで、～で
とうはしん（党派心）
Ⅱコリ12:20　～、悪口、陰口、高ぶり、混乱
どうぶつ（動物）
出22:19　～と寝る者は…殺されなければ
申14:4　食べてもよい～は牛、羊、やぎ
どうほう（同胞）
出2:11　自分の～であるヘブル人の一人を
申15:2　その…～から取り立てては
士20:23　再び、～ベニヤミン族に近づいて
Ⅰサム27:12　彼は自分の～イスラエル人に
Ⅰ歴13:2　私たちの～に一斉に使者を
ネヘ5:8　自分の～を売ろうとしている
どうまき（胴巻）
マコ6:8　～の小銭も持って行かないように
どうよう（動揺）
マタ2:3　聞いてヘロデ王は～した
ガラ1:7　あなたがたを～させて
ヘブ10:23　～しないで、しっかりと希望を
とうらい（到来）
マタ24:37　人の子の～はノアの日と同じよう
どうろうしゃ（同労者）
Ⅰコリ3:9　私たちは神のために働く～で
ピリ2:25　～、戦友…あなたがたの使者
コロ4:11　神の国のために働く私の～です
ピレ24　～たち、マルコ、アリスタルコ
Ⅲヨハ8　真理のために働く～となれます
とうろく（登録）
民1:19　シナイの荒野で彼らを～した
2:32　その一族ごとに～された者たち
ヘブ12:23　天に～されている長子たちの教会
とうわく（当惑）
ルカ9:7　出来事を聞いて、ひどく～して
とおい（遠い）
マタ13:15　耳は～くなり、目は閉じている
マコ12:34　あなたは神の国から～くない
とおざける（遠ざける）
箴4:27　あなたの足を悪から～ざけよ

とおり（通り）
使9:11　『まっすぐ』と呼ばれる～に行き
とおりみち（通り道）
イザ42:16　知らない～を行かせる
とおる（通る）
ヨシ3:4　この道を～ったことがないからだ
ルカ10:31　反対側を～り過ぎて行った
とが（咎）
創4:13　私の～は大きすぎて
出34:7　父の～を子に、さらに子の子に
レビ26:40　自分たちの～と先祖の～を
民18:1　聖所に関わる～を負わなければ
Ⅰ列17:18　あなたは私の～を思い起こさせ
Ⅱ列24:4　エルサレムを～のない者の血で
エズ9:6　私たちの～は増し…頭より高く
ヨブ13:23　～と罪がどれほどあるのでしょう
詩25:11　私の～をお赦しください
32:5　自分の～を隠しませんでした
51:9　私の～をすべてぬぐい去って
79:8　先祖たちの～を 私たちのものと
箴5:22　悪しき者は自分の～に捕らえられ
イザ53:6　すべての者の～を 彼に負わせた
エレ19:4　この場所を～なき者の血で満たし
哀4:6　私の民の～は ソドムの罪よりも
エゼ4:5　イスラエルの家の～を
14:10　～を負う。その預言者の～と
16:49　妹ソドムの～はこのようだった
22:4　自分が流した血で～を負う者と
39:23　～のゆえに捕らえ移され
ホセ4:15　ユダを～ある者にさせては
13:1　バアルのことで～ある者となって
ヨナ1:14　～なき者の血の報いを
ゼカ3:9　一日のうちに…～を取り除く
とかす（溶かす）
詩147:18　みことばを送ってこれらを～かし
イザ1:25　金かすを灰汁のように～かし
エゼ22:22　町の中で～かされる
とがめる
創31:36　ヤコブは怒って、ラバンを～めた
ヨブ34:29　だれが～めることができるだろう
詩119:21　のろわれるべき者を お～めに
ゼカ3:2　サタンよ、主がおまえを～める
ユダ9　主がおまえを～めてくださるよう
とき（時）
エス4:14　このような～のためかもしれない
詩31:15　私の～は御手の中にあります
伝3:1　天の下のすべての営みに～がある
8:6　すべての営みには～とさばきが
9:12　しかも、人は自分の～を知らない
マタ8:29　まだその～ではないのに、もう

16:3　～のしるしを見分けることは
25:13　その～をあなたがたは知らない
26:18　わたしの～が近づいた
マコ13:32　その日、その～がいつなのかは
14:35　この～が自分から過ぎ去るように
14:41　もう十分です。～が来ました
ルカ22:53　今はあなたがたの～、暗闇の力
ヨハ7:6　わたしの～はまだ来ていません
7:30　イエスの～がまだ来ていなかった
12:23　人の子が栄光を受ける～が
12:27　この～から…お救いください
16:32　見なさい。その～が来ます
Ⅰコリ7:29　～は短くなっています
エペ1:10　～が満ちて計画が実行に移され
黙1:3　～が近づいているからである

どき（土器）
ヨブ2:8　ヨブは～のかけらを取り
詩22:15　～のかけらのように乾ききり

ときあかし（解き明かし）
ダニ5:12　ダニエルを召して、その～をさせ
Ⅰコリ14:27　順番に行い、一人が～をし

ときのこえ（ときの声）
ヨシ6:16　～をあげよ。主がこの町を

とく（解く）
民32:22　責任を～かれる
ヨブ12:21　力ある者たちの腰帯を～き
詩4:1　追いつめられたとき…～き放って
19:12　隠れた罪から私を～き放って
37:40　主は彼らを助け ～き放たれる
116:16　あなたは私のかせを～いて
136:24　主は私たちを敵から～き放たれた
マタ16:19　あなたが地上で～くことは
18:18　あなたがたが地上で～くことは
マコ1:7　ひもを～く資格もありません
4:34　すべてのことを～き明かされた
ルカ1:64　舌が～かれ、ものが言えるように
ロマ7:2　律法から～かれます
黙1:5　私たちを罪から～き放ち
6:1　七つの封印の一つを～くのを見た
20:7　サタンはその牢から～き放たれ

とく（説く）
Ⅰサム12:7　あなたがたに～き明かそう
ルカ24:27　彼らに～き明かされた
ヨハ1:18　神を～き明かされたのである
使19:26　大勢の人々を～き伏せ、迷わせて
ロマ2:21　盗むなと～きながら、自分は盗む

とく（徳）
Ⅱペテ1:5　信仰には～を、～には知識を

とぐ（研ぐ）
伝10:10　刃を～がないならば、もっと力が

エゼ21:10　虐殺のために～がれ、稲妻の

どく（毒）
詩58:4　彼らには 蛇の～のような～が
69:21　私の食べ物の代わりに ～を与え

とくさく（得策）
ヨハ11:50　自分たちにとって～だということ
18:14　民に代わって死ぬほうが～で

どくしんしゃ（独身者）
マタ19:12　～として生まれた人たちがいます

どくむぎ（毒麦）
マタ13:25　麦の中に～を蒔いて立ち去った

どくろ
マタ27:33　すなわち「～の場所」に来ると
マコ15:22　（訳すと、～の場所）に連れて
ルカ23:33　「～」と呼ばれている場所に
ヨハ19:17　「～の場所」と呼ばれるところに

とげ
ホセ13:14　死よ、おまえの～はどこにある
Ⅰコリ15:55　死よ、おまえの～はどこにある
Ⅱコリ12:7　肉体に一つの～を与えられ

とける（溶ける）
出15:15　住民の心はみな～け去った
詩22:14　ろうのように 私のうちで～け
97:5　主の御前にろうのように～ける

どこ
創3:9　あなたは～にいるのか
詩42:3　おまえの神は～にいるのか
42:10　おまえの神は～にいるのか

とこしえ
詩136:2　感謝せよ。主の恵みは～まで
139:24　私を～の道に導いてください

とこや（床屋）
エゼ5:1　それを～のかみそりのように

とざす（閉ざす）
創7:16　彼のうしろの戸を～ざされた
申15:7　また手を～ざしてはならない
マタ23:13　人々の前で天の御国を～ざして

とし（年）
詩102:27　あなたの～は尽きることが
ダニ7:9　『～を経た方』が座に着かれた
7:13　『～を経た方』のもとに進み
7:22　『～を経た方』が来られるまでの

とじこめる（閉じ込める）
申28:52　町囲みの中にあなたを～め
ユダ6　暗闇の下に～められました

としした（年下）
ヨブ30:1　私より～の者たちが私をあざ笑う

としより（年寄り）
ヨブ12:12　～に知恵があり

とじる（閉じる）
イザ22:22 彼が～じると、開く者はない
とだい（土台）
ルカ6:48 岩の上に～を据えて、家を建てた
ロマ15:20 ほかの人が据えた～の上に
Ⅰコリ3:11 据えられている～以外の物を
Ⅱテモ2:19 神の堅固な～は据えられていて
とち（土地）
創47:18 自分のからだと～のほかには
レビ25:23 ～は、買い戻しの権利を
とっぷう（突風）
マコ4:37 激しい～が起こって波が舟の中に
ととのえる（整える）
詩8:3 あなたが～えられた月や星を
イザ30:33 すでにトフェトも～えられ
62:10 この民の道を～えよ
ルカ1:17 ～えられた民を用意します
ヘブ13:21 あなたがたを～え、みこころを
とどまる
創6:3 人のうちに永久に～まることは
出16:29 それぞれ自分のところに～まれ
Ⅰサム1:22 いつまでもそこに～まるように
5:7 われわれのもとに～まっては
7:2 キルヤテ・エアリムに～まった日
Ⅱ列2:2 ここに～まっていなさい
2:15 霊がエリシャの上に～まっている
イザ11:2 その上に主の霊が～まる
11:10 彼の～まるところは栄光に輝く
エレ42:10 あなたがたがこの地に～まるので
ハガ2:5 わたしの霊は…～まっている
マタ10:11 その人のところに～まりなさい
ルカ10:7 その家に～まり、出される物を
ヨハ8:31 わたしのことばに～まるなら
15:4 わたしに～まりなさい。わたしも
使13:43 神の恵みに～まるように説得した
ロマ6:1 罪に～まるべきでしょうか
Ⅱテモ3:14 確信したところに～まって
Ⅰヨハ2:19 私たちのもとに、～まっていた
2:24 御子と御父のうちに～まります
3:6 キリストに～まる者はだれも
Ⅱヨハ2 真理は私たちのうちに～まり
とどろき
エゼ1:24 それは大水の～のよう
となりびと（隣人）
出20:17 あなたの～の家を欲しては
レビ19:18 ～を自分自身のように愛しなさい
申4:42 ～を意図せずに殺してしまった
19:11 もし人が自分の～を憎み
詩15:3 ～へのそしりを口にしない人
28:3 彼らは～と平和を語りながら
31:11 わけても 私の～から
101:5 陰で自分の～をそしる者を
箴3:29 ～が…安心して住んでいるとき
6:1 ～のために保証人となり
6:29 ～の妻と姦淫する者は
14:21 自分の～を蔑む者は罪人
24:28 あなたは、あなたの～に対し
25:17 ～の家にあまり足を運ぶな
27:10 近くにいる～は、遠くにいる兄弟
エレ34:17 同胞や～に解放を告げなかった
マタ5:43 あなたの～を愛し、あなたの敵を
マコ12:31 ～を自分自身のように愛しなさい
ルカ10:29 では、私の～とはだれですか
ロマ13:9 あなたの～を自分自身のように
ヤコ2:8 あなたの～を自分自身のように
とび（鳶）
レビ11:14 ～、隼の類
とびら（扉）
イザ45:2 青銅の～を打ち砕き
とぶ（飛ぶ）
Ⅱサム22:30 私の神によって、城壁を～び越え
詩11:1 自分の山に～んで行け
イザ6:6 セラフィムのひとりが～んで来た
とほ（徒歩）
エレ12:5 ～の者と競走して疲れるのに
とほう（途方）
ルカ24:4 そのため～に暮れていると
Ⅱコリ4:8 ～に暮れますが、行き詰まること
とぼしい（乏しい）
詩23:1 私は～ことがありません
34:9 主を恐れる者には～こと
エゼ18:12 ～人や貧しい人を虐
マコ12:44 ～中から、持っているすべて
使4:34 彼らの中には、一人も～者
ピリ4:11 ～からこう言うので
とまる（泊まる）
創19:2 いや、私たちは広場に～まろ
ルカ19:5 あなたの家に～まることにして
ヨハ1:38 ラビ…どこにお～まりです
とみ（富）
申8:17 この～を築き上げたの
Ⅰ列10:23 ソロモン王は、～と知恵におい
ヨブ20:15 ～を呑み込んでも、彼はま
31:25 あるいは、私の～が多いこと
詩37:16 多くの悪しき者が持つ～にまさ
箴15:6 正しい人の家には多くの～があ
22:1 名声は多くの～より望まし
23:4 ～を得ようと苦労してはならな
23:5 ～は必ず翼をつけて、鷲のよう
27:24 ～は永久に続くものではな

伝5:19 すべての人間に～と財を与えて
イザ60:5 海の～があなたのところに移され
エレ17:11 公正によらないで～を得る者が
48:36 彼らの得た～も消え失せたからだ
エゼ28:5 あなたの心は～のゆえに高ぶった
マタ6:24 神と～とに仕えることは
マコ4:19 世の思い煩いや、～の惑わし
10:23 ～を持つ者が神の国に入るのは
ルカ16:9 不正の～で、自分のために友を
ロマ11:12 彼らの背きが世界の～となり
11:33 神の知恵と知識の～は、なんと
Ⅱｺﾘ8:2 惜しみなく施す～となりました
エペ3:8 キリストの測り知れない～を
ヘブ11:26 エジプトの宝にまさる大きな～
黙18:17 あれほどの～が、一瞬にして

とむ（富む）
創14:23 アブラムを～ませたのは
出30:15 ～む人も半シェケルより多く
Ⅰｻﾑ17:25 王はその人を大いに～ませ
Ⅱｻﾑ12:2 ～んでいる人には、とても多く
ヨブ15:29 彼は～むこともなく、自分の財産
箴14:20 ～む者は多くの者に愛される
22:2 ～む者と貧しい者が出会う
ルカ1:53 ～む者を何も持たせずに
6:24 ～んでいるあなたがたは哀れです
Ⅰﾃﾓ6:17 今の世で～んでいる人たちに
ヤコ1:10 ～んでいる人は、自分が低くされ
黙2:9 だが、あなたは～んでいるのだ
3:17 あなたは、自分は～んでいる

とも（友）
出33:11 主は、人が自分の～と語るように
Ⅱ歴20:7 あなたの～アブラハムの裔に
ヨブ6:14 ～からの友情を
6:27 自分の～さえ売りに出す
16:20 私の～は私を嘲る者たち
19:14 親しい～も私を忘れた
詩35:14 私の～や兄弟であるかのように
41:9 私が信頼した親しい～が
88:18 私から愛する者や～を遠ざけられ
箴13:20 愚かな者の～となる者は害を受け
17:17 ～はどんなときにも愛するもの
19:4 財産は多くの～を増し加え
19:6 贈り物をしてくれる人の～となる
27:9 ～の慰めは自分の考えにまさる
27:17 人はその～によって研がれる
雅5:1 食べよ。～たちよ、飲め
エレ9:8 口先では～に向かって平和を語る
ミカ7:5 ～を信用するな。親しい～も
マタ26:50 ～よ、あなたがしようとして
ルカ12:4 わたしの～であるあなたがたに
16:9 自分のために～をつくりなさい
ヨハ11:11 わたしたちの～ラザロは眠って
15:13 人が…～のためにいのちを捨てる
ヤコ2:23 彼は神の～と呼ばれたのです
4:4 世の～となりたいと思う者は

ともしび
レビ24:2 ～を絶えずともしておくためで
Ⅰｻﾑ3:3 神の～が消される前であり
Ⅱｻﾑ22:29 主よ、まことにあなたは私の～
Ⅰ列11:36 一つの～を保つためである
15:4 エルサレムに一つの～を与えて
Ⅱ列8:19 ダビデとその子孫に常に～を与え
ヨブ18:6 彼を照らす～も消える
29:3 神は～を私の頭上に照らし
詩18:28 あなたは私の～をともされます
119:105 あなたのみことばは 私の足の～
132:17 油注がれた者のために ～を整え
箴6:23 命令は～、おしえは光
20:27 人間の息は主の～
24:20 悪しき者の～は消えるからだ
31:18 その～は夜になっても消えない
ゼパ1:12 ～をかざしてエルサレム中を捜す
ヨハ5:35 ヨハネは燃えて輝く～であり
黙4:5 火のついた七つの～が燃えていた

ともなう（伴う）
詩23:2 いこいのみぎわに～われます
31:3 私を導き 私を～ってください

とらえる（捕らえる）
Ⅱ列24:14 みな、捕囚として～らえ移した
詩137:3 私たちを～らえて来た者たちが
140:11 暴虐を行う者を～らえるように
箴11:30 知恵のある者は人の心を～らえる
イザ5:13 知識がないために～らえ移される
エレ13:17 主の群れが～われて行くからだ
エゼ39:23 咎のゆえに～らえ移され
マタ4:12 ヨハネが～らえられたと聞いて
マコ1:14 ヨハネが～らえられた後
Ⅱｺﾘ5:14 キリストの愛が私たちを～らえ
ピリ3:12 キリスト・イエスが私を～らえて

とらわれ（捕らわれ）
詩79:11 ～らわれ人のうめきが 御前に
102:20 ～らわれ人のうめきを聞き死に
146:7 主は～らわれ人を解放される
イザ46:2 自分自身も～の身となって行く
51:14 ～らわれ人もすぐに解き放たれ
52:2 ～の女、娘シオンよ
黙13:10 ～の身になるべき者は 捕らわれ

とらわれる（捕らわれる）
詩69:33 ～らわれたご自分の民を
Ⅰﾍﾟﾃ3:19 ～らわれている霊たちのところ

とり（鳥）
創1:20 ～は地の上、天の大空を飛べ
申22:6 木の上か地面に～の巣を見つけ
詩11:1 ～のように…山に飛んで行け
102:7 屋根の上の はぐれた～のように
124:7 ～のように 私たちのたましいは
伝10:20 空の～がその声を運び
イザ31:5 万軍の主は、舞い飛ぶ～のように
エゼ13:20 ～を捕るように人々のたましいを
アモ3:5 ～が地の～網にかかるだろうか
マタ8:20 空の～には巣があるが
13:32 空の～が来て、その枝に巣を作る
マコ4:32 空の～が巣を作れるほどになり
ルカ9:58 空の～には巣があるが
13:19 空の～が枝に巣を作りました

とりあげる（取り上げる）
箴22:23 主が彼らの訴えを～げ
哀3:58 私のたましいの訴えを～げ

とりいる（取り入る）
ガラ1:10 人々に～ろうとしているので

とりおこなう（執り行う）
出13:5 この月に、この儀式を～いなさい

とりかえる（取り替える）
エレ2:11 栄光を 役に立たないものと～え

とりかこむ（取り囲む）
創19:4 年寄りまで、その家を～んだ
Ⅱサム22:6 よみの綱は私を～み
詩18:5 よみの綱は私を～み 死の罠は
139:5 前からうしろから私を～み

とりこ
ロマ7:23 罪の律法のうちに～にしている

とりしらべる（取り調べる）
ルカ23:14 おまえたちの前で～べたところ
使12:19 番兵たちを～べ、彼らを処刑する
22:24 むちで打って～べるように言った

とりつくす（取り尽くす）
レビ19:10 ぶどう畑の実を～くしては

とりで（砦）
詩9:9 主は虐げられた者の～
27:1 主は私のいのちの～
31:2 強い～となって 救ってください
31:3 あなたこそ私の巌 私の～
59:9 神が私の～だからです
94:22 しかし主は私の～となり
144:2 主は私の恵み 私の～
イザ25:4 あなたは弱っている者の～
33:16 その～は岩場の上の要害である
ダニ11:38 その代わりに彼は～の神をあがめ
ヨエ3:16 イスラエルの人々の～である
ナホ1:7 主は…苦難の日の～

ハバ2:1 私は…～にしかと立って見張り

とりなし
申9:20 私はアロンのためにも～をした
イザ53:12 背いた者たちのために、～を
エレ15:11 敵があなたに～を頼むようにする
27:18 万軍の主に～をするはずだ
ヘブ7:25 彼らのために～をしておられる

とりなす
ヨブ16:21 神に～してくださいますように
イザ59:16 ～す者がいないことに啞然とされ
ロマ8:26 うめきをもって、～してくださる
Ⅰヨハ2:1 御父の前で～してくださる方

とりのぞく（取り除く）
ゼカ3:9 わたしはその地の咎を～く
ロマ3:27 それは～かれました
黙22:19 預言の書のことばから…～くなら

とりまく（取り巻く）
ヘブ12:1 雲のように私たちを～いている

とりみだす（取り乱す）
ルカ24:38 なぜ～しているのですか

とりもどす（取り戻す）
Ⅰサム30:18 奪い取ったものをすべて～した
哀1:11 気力を～そうとして、自分の宝を
ピレ15 あなたが永久に彼を～すためで

どりょく（努力）
ロマ9:16 人の願いや～によるのではなく
Ⅱペテ3:14 見出していただけるように～し

とる（捕る）
ルカ5:10 あなたは人間を～るようになる

とる（取る）
創5:24 神が彼を～られたので
ヨブ40:4 ああ、私は～に足りない者です
マタ26:26 ～って食べなさい。これは
マコ14:22 ～りなさい。これはわたしの
ルカ12:20 今夜おまえから～り去られる
17:10 私たちは～に足りないしもべです
24:30 イエスはパンを～って神を
Ⅰコリ11:23 イエスは…夜、パンを～り

どれい（奴隷）
創16:2 女～のところにお入りください
出20:2 ～の家から導き出したあなたの神
レビ25:42 ～の身分として売られては
申5:6 ～の家から導き出したあなたの神
5:15 エジプトの地で～であったこと
6:21 エジプトでファラオの～であった
ヨシ9:23 ～たち、私の神の家のために
エズ9:9 事実、私たちは～です
箴19:10 ～が君主を支配するのは
伝2:7 ～を得、家で生まれた～も何人も
10:7 ～たちが馬に乗り、君主たちが

エレ34:11 自由の身にした～や女～を
哀5:8 ～たちが私たちを支配し
ヨハ8:34 罪を行っている者はみな、罪の～
ロマ6:6 もはや罪の～でなくなるためです
6:16 自分自身を～として献げて服従
8:15 恐怖に陥れる、～の霊を受けた
Ⅰｺﾘ7:21 ～の状態で召されたのなら
ガラ3:28 ～も自由人もなく
4:1 子どもであるうちは～と何も
4:3 もろもろの霊の下に～となって
5:1 ～のくびきを負わされないように
エペ6:5 ～たちよ。キリストに従うように
コロ3:22 ～たちよ…地上の主人に従い
テト2:9 ～には、あらゆる点で自分の
ピレ16 ～としてではなく、～以上の者
Ⅱﾍﾟﾃ2:19 自分自身は滅びの～となって

どろ（泥）
詩40:2 滅びの穴から ～沼から 主は私を
ヨハ9:6 唾をして、その唾で～を作られた

どろぼう（泥棒）
マタ24:43 ～が夜の何時に来るかを知って
ルカ12:39 ～の来る時間を知っていたら

トンミム
出28:30 胸当てにはウリムと～を入れ
レビ8:8 胸当てにウリムと～を入れた

どんよく（貪欲）
箴28:22 ～な人は財産を得ようと焦り
マコ7:22 姦淫、～、悪行、欺き、好色
ルカ12:15 どんな～にも気をつけ、警戒し
ロマ1:29 あらゆる不義、悪、～、悪意に
Ⅰｺﾘ5:11 淫らな者、～な者、偶像を拝む者
6:10 盗む者、～な者、酒におぼれる者
Ⅱﾍﾟﾃ2:3 彼らは～で、うまくこしらえた話
2:14 心は～で鍛えられています

な

な（名）
創2:20 人は…野の獣に～をつけた
12:8 主の御～を呼び求めた
22:14 その場所の～をアドナイ・イルエ
32:29 なぜ、わたしの～を尋ねるのか
出3:13 彼らは『その～は何か』と私に
6:3 主という～では、彼らにわたしを
9:16 わたしの～を全地に知らしめる
15:3 主はいくさびと。その御～は主
20:7 あなたの神、主の～をみだりに
28:9 イスラエルの息子たちの～を刻む
34:5 立って、主の～を宣言された
レビ24:11 イスラエルの女の息子が御～を
申5:11 主の～をみだりに口にしては
28:10 あなたに主の～がつけられている
28:58 この栄光に満ちた恐るべき御～
32:3 私は主の御～を告げ知らせる
ヨシ7:9 私たちの～を地から断ってしまう
士13:17 お～前は何とおっしゃいますか
Ⅱｻﾑ12:28 この町に私の～がつけられると
Ⅰ列9:3 わたしの～をとこしえに置くため
Ⅰ歴16:2 主の御～によって民を祝福した
29:13 栄えに満ちた御～をほめたたえ
詩8:9 あなたの御～は全地にわたり
9:10 御～を知る者は あなたに
49:11 土地に自分たちの～をつける
72:17 王の～がとこしえに続き
102:12 あなたの呼び～は代々に及びます
118:26 主の御～によって来られる方に
138:2 ご自分のすべての御～のゆえに
箴30:9 神の御～を汚すことのないように
イザ30:27 見よ、主の御～が遠くから来る
40:26 その～をもって呼ばれる
44:5 イスラエルの～を～乗る
56:5 絶えることのない永遠の～を
62:2 主の御口が～づける～で
エレ7:11 わたしの～がつけられている…家
10:6 あなたの御～は、力ある大いなる
14:14 わたしの～によって偽りを預言し
44:26 わたしの～がユダの人々の口に
エゼ36:21 わたしの聖なる～を惜しんだ
39:25 わが聖なる～への、わたしの
アモ6:10 口をつぐめ。主の～を口にするな
9:12 わたしの～で呼ばれる…国々
マラ1:11 わたしの～は国々の間で偉大で
マタ1:25 その子の～をイエスとつけた
6:9 御～が聖なるものとされますよう
7:22 あなたの～によって預言し
10:2 十二使徒の～は次のとおりである
28:19 父、子、聖霊の～において
マコ9:38 あなたの～によって悪霊を
13:6 わたしの～を～乗る者が大勢現れ
ルカ1:31 その～をイエスとつけなさい
9:49 あなたの～によって悪霊を
10:20 あなたがたの～が天に書き記され
11:2 御～が聖なるものとされますよう
ヨハ5:43 わたしの父の～によって来たのに
12:28 御～の栄光を現してください
16:23 わたしの～によって父に求める
使2:21 主の御～を呼び求める者は
3:6 イエス・キリストの～によって
3:16 イエスの～が、その～を信じる

使4:10 イエス・キリストの～によること
4:12 天の下でこの御～のほかに
4:30 聖なるしもべイエスの～によって
8:12 イエス・キリストの～について
9:15 わたしの～を…運ぶ…選びの器
19:17 主イエスの～をあがめるように
21:13 私は主イエスの～のためなら
ロマ2:24 神の御～は異邦人の間で汚されて
9:17 わたしの～を全地に知らしめる
15:20 ～がまだ語られていない場所に
ピリ2:9 すべての～にまさる～を与えられ
4:3 いのちの書に～が記されている
コロ3:17 主イエスの～において行いなさい
Ⅱﾃﾓ2:19 主の御～を呼ぶ者はみな
ヘブ1:4 御子が受け継いだ御～は
ヤコ2:7 尊い御～を汚すのも、彼らでは
Ⅰﾍﾟﾃ4:14 もしキリストの～のために
黙2:17 新しい～が記されている
15:4 御～をあがめない者がいるで

ないがしろ
民11:20 主を～にして、その御前で泣き
イザ5:24 万軍の主のおしえを～にし
マコ7:9 見事に神の戒めを～にしています
ヘブ2:3 こんなにすばらしい救いを～に

なえ（苗）
マコ4:28 初めに～、次に穂、次に多くの実

なえる（萎える）
ヨシ2:11 それを聞いたとき心が～えて
5:1 心が～え、イスラエル人のゆえに
7:5 民の心は～え、水のようになった
マタ12:10 見よ、片手の～えた人がいた
マコ3:1 そこに片手の～えた人がいた
ルカ6:6 そこに右手の～えた人がいた

なおざり
ネヘ10:39 自分たちの神の宮を～にはしない

なおす（治す；治る）
Ⅱ列8:8 私のこの病気が～るかどうか
ヨブ34:6 私の矢傷は～らない
エレ30:17 わたしはあなたの傷を～し
マタ17:16 ～すことができませんでした
ルカ4:23 『医者よ、自分を～せ』という
6:18 また病気を～してもらうために
8:2 悪霊や病気を～してもらった女
9:2 神の国を宣べ伝え、病人を～す
13:14 その間に来て～してもらいなさい

ながさ（長さ）
エペ3:18 その広さ、～、高さ、深さが

ながす（流す）
申21:7 私たちの手は…血を～しておらず
Ⅱ列21:16 咎のない者の血まで多量に～した

ながち（長血）
マタ9:20 十二年の間～をわずらっている女
マコ5:25 十二年の間、～をわずらっている
ルカ8:43 十二年の間、～をわずらい

なかなおり（仲直り）
マタ5:24 あなたの兄弟と～をしなさい

ながふく（長服）
創37:3 あや織りの～を作ってやっていた
37:23 彼が着ていた…～をはぎ取り
37:31 ～をその血に浸した

なかま（仲間）
出2:13 どうして自分の～を打つのか
詩94:20 あなたを～に加えるでしょうか
伝4:10 一人がその～を起こす
マタ11:19 取税人や罪人の～だ
26:73 あなたもあの人たちの～だ
マコ14:70 あなたはあの人たちの～だ
ルカ5:7 別の舟にいた～の者たちに
Ⅰｺﾘ1:10 ～割れせず、同じ心、同じ考えで
エペ5:7 彼らの～になってはいけません
ピレ17 あなたが私を～の者だと思うなら

ながれ（流れ）
詩1:3 ～のほとりに植えられた木
イザ32:2 砂漠にある水の～、乾ききった地
ヨエ1:20 水の～が涸れ、火が荒野の牧場を

なぎ（凪）
ルカ8:24 すると静まり、～になった

なく（泣く）
創27:34 声の限りに激しく～き叫び
27:38 エサウは声をあげて～いた
42:24 ヨセフは彼らから離れて、～いた
43:30 ヨセフは～きたくなり
45:2 ヨセフは声をあげて～いた
士20:23 主の前で夕方まで～き、主に
Ⅰｻﾑ1:8 ハンナ、なぜ～いているのか
エズ3:12 多くの老人たちは…～いた
ネヘ1:4 私は座り込んで～き、数日の間
8:9 みな～いていたからである
ヨブ16:16 私の顔は～きはらして赤くなり
詩6:8 主が私の～く声を聞かれたからだ
137:1 シオンを思い出して～いた
伝3:4 ～くのに時があり、笑うのに時が
イザ15:2 高き所に、～くために上る
エレ22:10 死んだ者のために～くな
31:15 ラケルが～いている。その子らの
哀1:16 これらのことで、私は～いている
エゼ8:14 タンムズのために～きながら
27:31 おまえのために心を痛めて～き
アモ5:16 農夫を呼んで来て～かせ
ミカ1:10 決して～いてはならない

マタ8:12 そこで～いて歯ぎしりするのです
24:51 そこで～いて歯ぎしりするのです
26:75 外に出て行って激しく～いた
マコ5:38 大声で～いたりわめいたりして
14:72 そして彼は～き崩れた
ルカ6:21 今～いている人たちは幸いです
8:52 少女のために～き悲しんでいた
19:41 この都のために～いて、言われた
22:62 外に出て行って、激しく～いた
23:28 わたしのために～いては
ヨハ11:31 墓に～きに行くのだろうと思い
20:11 墓の外にたたずんで～いていた
20:15 なぜ～いているのですか
使21:13 ～いたり私の心をくじいたりして
ロマ12:15 ～いている者たちとともに～き
Ⅰコリ7:30 ～いている人は～いていないかの
黙5:4 私は激しく～いた。その巻物を
18:9 彼女のことで～いて胸を打ち

なく（鳴く）
マコ14:30 まさに今夜、鶏が二度～く前に

なぐさめ（慰め）
創24:67 イサクは母の亡き後、～を得た
ヨブ15:11 神の～は、あなたには不十分
16:2 人をみじめにする～手だ
21:2 あなたがたから私への～にして
詩23:4 あなたの杖 それが私の～です
77:2 私のたましいは～を拒んだ
119:50 これこそ悩みのときの私の～
箴27:9 友の～は自分の考えにまさる
エレ16:7 ～の杯が差し出されることもない
エゼ14:22 すべてについて、～を受ける
ゼカ10:2 空しい～を与える
使4:36 バルナバ（訳すと、～の子）と
Ⅰコリ14:3 人を育てることばや勧めや～を
Ⅱコリ1:3 あらゆる～に満ちた神が
7:13 私たちは～を受けました
13:11 完全になりなさい。～を受け
Ⅱテサ2:16 永遠の～とすばらしい望みを

なぐさめる（慰める）
創5:29 この子は…私たちを～めてくれる
37:35 ～めたが、彼は～められるのを
ヨブ2:11 ～めようと、互いに打ち合わせて
21:34 私を～めようとするのか
詩69:20 ～める者たちを求めても
86:17 私を助け ～めてくださるから
イザ12:1 私を～めてくださったからです
40:1 ～めよ、～めよ、わたしの民を
49:13 主がご自分の民を～め
51:3 まことに、主はシオンを～め
51:12 あなたがたを～める者
52:9 主がその民を～め、エルサレムを
57:6 こんな物で、わたしが～められる
61:2 嘆き悲しむ者を～めるために
66:13 母に～められる者のように
哀1:2 ～める者はだれもいない
エゼ16:54 あなたが彼女たちを～めたときに
ナホ3:7 おまえを～める者を探して来られ
ゼカ1:17 主は再びシオンを～め
ルカ2:25 イスラエルが～められるのを
16:25 今は、彼はここで～められ
ヨハ11:19 兄弟のことで～めようと
Ⅱコリ7:6 気落ちした者を～めてくださる神

なくす
ルカ15:8 その一枚を～くしたら、明かりを

なくなる
ヨハ6:27 いつまでも～ならない、永遠の

なぐる（殴る）
マコ12:4 農夫たちはその頭を～り、辱めた

なげき（嘆き；嘆く）
創37:34 ヤコブは…その子のために～き
Ⅱサム13:37 アムノンの死を～き悲しんで
ヨブ7:11 たましいの苦悩の中で～きます
詩31:10 ～きのうちに 私の年は果てました
43:2 私は敵の虐げに ～いて歩き回る
55:17 夕べに朝に また真昼に 私は～き
142:2 私は御前に自分の～きを注ぎ
イザ35:10 悲しみと～きは逃げ去る
エレ6:26 喪に服し、苦しみ～け
9:19 シオンから～きの声が聞こえる
13:17 高ぶりのために～き、涙にくれ
アモ6:6 ヨセフの破滅のことで～き悲しむ
ゼカ12:10 ひとり子を失って～くかのように
マタ2:18 聞こえる。むせび泣きと～きが
マコ3:5 心の頑なさを～き悲しみながら
ルカ23:27 イエスのことを～き悲しむ女たち
Ⅱコリ2:4 私は大きな苦しみと心の～きから

なげこむ（投げ込む）
出14:27 海のただ中に～まれた
マタ13:42 火の燃える炉の中に～みます

なげる（投げる）
伝11:1 あなたのパンを水の上に～げよ
マタ4:6 下に身を～げなさい

なさけ（情け）
出22:27 わたしは～深いからである
詩112:4 主は～深く あわれみ深く 正しく
145:8 主は～深く あわれみ深く
ヨエ2:13 主は～深く、あわれみ深い

なしとげる（成し遂げる）
詩138:8 すべてを～げてくださいます
イザ53:10 みこころは彼によって～げられ

ルカ1:1　私たちの間で～げられた事柄に
ヨハ5:36　わたしが～げるようにと父が
17:4　与えてくださったわざを～げて
なぞ（謎）
士14:12　あなたがたに一つの～をかけ
なぞらえる
イザ46:5　わたしをだれに～えて比べ
なだめ（宥め）
出25:22　『～の蓋』の上から、あかしの箱
29:36　～のために、罪のきよめの
32:30　あなたがたの罪のために～をする
レビ1:4　それがその人のための～となり
8:15　祭壇のために～を行い
9:7　彼らのために～を行いなさい
14:18　主の前でその人のために～を行う
16:2　箱の上の『～の蓋』の前に
16:34　彼らのすべての罪を除く～
17:11　いのちとして～を行うのは血で
23:27　この第七の月の十日は～の日
民16:46　持って行き、彼らのために～を
31:50　主の前で私たち自身のための～と
申32:43　ご自分の民とその地のために～を
Ⅱサム21:3　私が何をもって～を行ったら
Ⅱ歴29:24　全イスラエルのために～を行った
エゼ45:20　神殿のために～を行わなければ
ロマ3:25　血による～のささげ物として
ヘブ2:17　民の罪の～がなされたのです
Ⅰヨハ2:2　罪のための～のささげ物です
4:10　～のささげ物としての御子を
なだめる
創32:20　自分の先に行く贈り物で彼を～め
ルカ15:28　父が出て来て彼を～めた
なつ（夏）
創8:22　寒さと暑さ、～と冬、昼と夜が
箴26:1　～の雪、刈り入れ時の雨のように
エレ8:20　刈り入れ時は過ぎ、～も終わった
なっとく（納得）
使17:4　彼らのうちのある者たちは～して
なつめやし（なつめ椰子）
詩92:12　正しい者は ～の木のように萌え
雅7:8　～の木に登り、その枝をつかみ
ヨハ12:13　～の枝を持って迎えに出て行き
ななじゅうねん（七十年）
エレ25:11　国々はバビロンの王に～仕える
29:10　バビロンに～が満ちるころ
ななしゅうのまつり（七週の祭り）
申16:10　あなたの神、主のために～を行い
ななつ（七つ）
黙3:1　神の～の御霊と～の星を持つ方が
なぶりもの
申28:37　物笑いの種、～となる
なまけもの（怠け者）
出5:17　おまえたちは～だ。～なのだ
箴6:6　～よ、蟻のところへ行け
13:4　～の心は欲を起こしても何も
21:25　～の欲望はその身を殺す
26:15　～は皿に手を伸ばしても
なまける（怠ける）
箴18:9　自分の仕事をさえ～ける者は
伝10:18　～けていると天井が落ち
なまぬるい（生ぬるい）
黙3:16　～く、熱くも冷たくもないので
なみ（波）
詩42:7　あなたの～ あなたの大～はみな
ヨナ2:3　あなたの～、あなたの大～がみな
マタ14:24　向かい風だったので～に悩まされ
マコ4:37　突風が起こって～が舟の中にまで
なみだ（涙）
詩6:6　夜ごとに ～で寝床を漂わせ
30:5　夕暮れには～が宿っても
42:3　昼も夜も 私の～が 私の食べ物
56:8　どうか私の～を あなたの皮袋に
119:136　私の目から～がとめどなく流れ
126:5　～とともに種を蒔く者は
イザ25:8　すべての顔から～をぬぐい取り
38:5　祈りを聞いた。あなたの～も見た
哀2:11　私の目は～でかすみ
2:18　昼も夜も、川のように～を流せ
ルカ7:38　イエスの足を～でぬらし始め
ヨハ11:35　イエスは～を流された
Ⅱコリ2:4　～ながらに…手紙を書きました
黙7:17　～をことごとくぬぐい取って
21:4　～をことごとくぬぐい取って
なめらか（滑らか）
箴2:16　ことばの～な見知らぬ女から
26:28　～な口は滅びを招く
なめる
士7:5　犬が～るように、舌で水を～者は
なやみ（悩み）
創26:35　イサクとリベカにとって～の種と
29:32　主は私の～をご覧になった
詩31:7　あなたは私の～をご覧になり
なやむ（悩む）
ヨブ19:2　私のたましいを～ませ
箴15:15　～み苦しむ者の毎日は悪いこと
哀1:12　主が私を～ませたような苦痛が
ダニ7:15　私ダニエルの心は私のうちで～み
マタ14:24　向かい風だったので波に～まされ
マコ14:33　イエスは深く～み、もだえ始め

Ⅱﾍﾟﾃ2:7　～まされていた正しい人、ロトを

ならう（習う）

イザ1:17　善をなすことを～い、公正を求め

ならう（倣う）

Ⅰｺﾘ4:16　私に～う者となってください

11:1　キリストに～う者であるように

エペ5:1　神に～う者となりなさい

ピリ3:17　私に～う者となってください

Ⅰﾃｻ1:6　そして主に～う者になりました

ヘブ6:12　受け継ぐ人たちに～う者となる

ならぶ（並ぶ）

詩89:6　だれが主と～び得るでしょう

ダニ8:11　軍の長に～ぶほどになった

ならわし（慣わし）

エレ10:3　国々の民の～は空しいからだ

なる（鳴る）

Ⅱ列21:12　それを聞く者は、両耳が～る

Ⅰ歴16:32 満ちているものは、～りとどろけ

詩96:11　満ちているものは ～りとどろけ

ナルド

雅1:12　私の～は香りを放っていました

4:13　ざくろの園、～とともにヘンナ樹

マコ14:3　純粋で非常に高価な～油の入った

なんざん（難産）

創35:16　ラケルは出産したが、～であった

なんせん（難船）

Ⅱｺﾘ11:25　～したことが三度

なんもん（難問）

Ⅰ列10:1　～をもって彼を試そうとして

Ⅱ歴9:1　～をもってソロモンを試そうと

ダニ5:12　～を解くすぐれた霊と知識と

に

に（荷）

Ⅰｻﾑ30:24　～物のそばにとどまっていた者

イザ10:28　彼は…ミクマスに～を置く

エレ17:21　安息日に～物を運ぶな

マタ11:30　わたしの～は軽いからです

23:4　重くて負いきれない～を束ねて

ルカ11:46　人々には負いきれない～物を

にかい（二階）

ルカ22:12　席が整っている～の大広間を

にがい（苦い）

黙10:9　腹には～が…口には蜜のように

にがみ（苦み）

民5:18　手には、のろいをもたらす～の水

詩73:21　私の心が～に満ち 私の内なる思い

にがよもぎ（苦よもぎ）

アモ5:7　彼らは、公正を～に変え、正義を

黙8:11　水の三分の一は～のようになった

にく（肉）

出16:3　エジプトの地で、～鍋のそばに

Ⅱ歴32:8　彼とともにいる者は～の腕だが

ヨブ19:26　私は私の～から神を見る

マタ26:41 霊は燃えていても～は弱いのです

マコ14:38 霊は燃えていても～は弱いのです

ヨハ6:51　世のいのちのための、わたしの～

6:63　～は何の益ももたらしません

ロマ7:18　～のうちに善が住んでいない

8:3　罪深い～と同じような形で

8:6　～の思いは死ですが、御霊の思い

8:9　～のうちにではなく、御霊のうち

9:5　～によれば彼らから出ました

Ⅰｺﾘ3:1　～に属する人、キリストにある

5:5　その～が滅ぼされるように

15:39　どんな～も同じではなく

Ⅱｺﾘ10:3　～にあって歩んではいても

10:4　戦いの武器は～のものではなく

ガラ5:17　御霊が望むことは～に逆らう

にくしみ（憎しみ）

民35:20　もし、人が～をもって人を突き

Ⅱｻﾑ13:15 アムノンは、激しい～にかられて

詩25:19　不当な～ で私を憎んでいます

箴10:12　～は争いを引き起こし、愛は

にくたい（肉体）

Ⅱｺﾘ5:6　～を住まいとしている間は

12:7　～に一つのとげを与えられました

ガラ4:13　私の～が弱かったためでした

にくむ（憎む）

創34:30　この地の住民…に～まれるように

申19:11　もし人が自分の隣人を～み

Ⅰｻﾑ27:12　同胞イスラエル人に…～まれる

詩26:5　悪を行う者の集まりを～み

69:4　ゆえなく私を～む者は…多く

101:3　私は 曲がったわざを～み

119:113　私は 二心のある人たちを～み

箴6:16　主の～むものが六つある

8:13　主を恐れることは悪を～むこと

13:24　むちを控える者は自分の子を～む

14:20　貧しい者は…隣人にさえ～まれる

15:17　肥えた牛を食べて～み合うのに

19:7　貧しい者は…兄弟たちに～まれる

伝2:18　骨折った一切の労苦を～んだ

イザ1:14　例祭を、わたしの心は～む

エゼ36:31　忌み嫌うべきわざを～むように

アモ5:15　悪を～み、善を愛し

マラ1:3　わたしはエサウを～み

マタ5:43 あなたの敵を～め…と言われて
10:22 すべての人に～まれます
24:9 すべての国の人々に～まれます
マコ13:13 あなたがたはすべての人に～まれ
ルカ6:22 人々があなたがたを～むとき
14:26 自分のいのちまでも～まないなら
21:17 わたしの名のために…～まれます
ヨハ15:18 世があなたがたを～むなら
15:25 彼らはゆえもなくわたしを～んだ
17:14 世は彼らを～みました
ロマ7:15 自分が～んでいることを行って
9:13 ヤコブを愛し、エサウを～んだ
12:9 悪を～み、善から離れないように
エペ5:29 自分の身を～んだ人はいません
ヘブ1:9 あなたは義を愛し、不法を～む
Ⅰヨハ4:20 愛すると言いながら兄弟を～んで

にげる（逃げる）
創16:6 サライのもとから～げ去った
Ⅰサム22:20 ダビデのところに～げて来た
Ⅰ列2:29 ヨアブが主の天幕に～げて
ネヘ6:11 私のような者が～げてよいものか
箴28:1 悪しき者は…～げる
イザ30:16 私たちは馬で～げよう
マタ2:13 エジプトへ～げなさい
ルカ21:21 ユダヤにいる人たちは山へ～げ

にし（西）
マタ8:11 多くの人が東からも～からも来て
ルカ13:29 人々が東からも～からも

にじ（虹）
創9:13 わたしは雲の中に、わたしの～を
黙4:3 エメラルドのように見える～が

にすがた（似姿）
創5:1 神は…神の～として人を造り
イザ40:18 神をどんな～に似せようとする

にせキリスト（偽キリスト）
マタ24:24 ～たち、偽預言者たちが現れて

にせよげんしゃ（偽預言者）
マタ7:15 ～たちに用心しなさい
24:24 偽キリストたち、～たちが現れて
ルカ6:26 ～たちに同じことをしたのです
黙19:20 ～も、獣とともに捕らえられた

になう（担う）
出28:30 さばきを胸に～う
詩85:2 あなたは 御民の咎を～い

にばい（二倍）
創43:15 ～の銀を持ち、ベニヤミンを
イザ40:2 ～のものを主の手から受けている

にひき（二匹）
創6:19 それぞれ～ずつを箱舟に連れて
マタ14:19 五つのパンと～の魚を取り

にぶい（鈍い）
Ⅱコリ3:14 イスラエルの子らの理解は～く

にぶる（鈍る）
イザ6:10 この民の心を肥え～らせ

にもの（煮物）
創25:29 さて、ヤコブが～を煮ていると

にゅうこう（乳香）
イザ60:6 みな、金と～を携えて
エレ8:22 ～はギルアデにないのか
エゼ27:17 きび、蜜、香油、～を
マタ2:11 黄金、～、没薬を贈り物として

にゅうごく（入獄）
Ⅱコリ6:5 ～にも騒乱にも、疲れ果てた時も

にゅうわ（柔和）
民12:3 だれにもまさって～であった
詩37:11 しかし ～な人は地を受け継ぎ
45:4 威光は…真理と～と義のゆえに
イザ29:19 ～な者は主によってますます喜び
ゼパ2:3 主のさばきを行う～者なたちよ
ゼカ9:9 ～な者で、ろばに乗って
マタ5:5 ～な者は幸いです。その人たちは
11:29 わたしは心が～でへりくだって
21:5 ～な方で、ろばに乗って
Ⅰコリ4:21 愛をもって～な心で行くこと
Ⅱコリ10:1 キリストの～さと優しさを
ガラ6:1 ～な心でその人を正して
エペ4:2 謙遜と～の限りを尽くし
テト3:2 ～で、すべての人に…礼儀正しい
Ⅰペテ3:4 むしろ、～で穏やかな霊

にら
民11:5 すいか、～、玉ねぎ、にんにく

にる（似る）
士8:18 彼らはあなたによく～ていました

にる（煮る）
申14:21 子やぎをその母の乳で～ては
Ⅱ列6:29 私の子どもを～て食べました

にわ（庭）
出27:9 次に幕屋の～を造る。南側は
雅4:12 閉じられた～、閉じられた源

にわとり（鶏）
マコ13:35 夜中なのか、～の鳴くころなのか
14:30 まさに今夜、～が二度鳴く前に
14:72 すぐに、～がもう一度鳴いた
ルカ22:34 ～が鳴くまでに、あなたは三度
22:61 今日、～が鳴く前に、あなたは
ヨハ13:38 ～が鳴くまでに、あなたは三度

にんげん（人間）
ヨブ9:32 神は、…～ではありません
14:1 女から生まれた～は、その齢が
14:10 ～は息絶えると、どこにいるのか

詩9:20 自らが～にすぎないことを
ルカ5:10 あなたは～を捕るようになる
使14:15 私たちもあなたがたと同じ～です
Ⅰコリ3:21 だれも～を誇ってはいけません
ガラ1:1 ～を通してでもなく
ピリ2:7 ～と同じようになられました
ヤコ5:17 エリヤは私たちと同じ～でしたが

にんしょく（任職）
出29:22 これは～の雄羊である

にんたい（忍耐）
ルカ8:15 ～して実を結びます
21:19 ～することによって…いのちを
ロマ5:4 ～が練られた品性を生み出し
8:25 ～して待ち望みます
15:4 聖書が与える～と励ましによって
Ⅱテサ3:5 神の愛とキリストの～に
Ⅱテモ2:24 よく教え、よく～し
ヘブ10:36 必要なのは、～です
ヤコ1:3 信仰が試されると～が生まれます
5:10 兄弟たち。苦難と～については
Ⅱペテ1:6 自制には～を、～には敬虔を
3:15 私たちの主の～は救いである
黙2:2 あなたの労苦と～を知っている
2:19 愛と信仰と奉仕と～を知っている
14:12 聖徒たち…の～が必要である

にんにく
民11:5 すいか、にら、玉ねぎ、～も

にんめい（任命）
民3:10 アロンとその子らを～して
Ⅱ歴11:15 自分のために祭司たちを～して
エズ1:2 宮を建てるよう私を～された
ネヘ5:14 総督として～された日から
マコ3:14 イエスは十二人を～し
ヨハ15:16 あなたがたを～しました
Ⅱテモ1:11 使徒、また教師として～され

ぬ

ぬきとる（抜き取る）
エレ22:24 必ずあなたを指から～り
マタ13:29 麦も一緒に～るかもしれない

ぬく（抜く）
伝3:2 植えた物を～くのに時がある

ぬぐ（脱ぐ）
ヨシ5:15 あなたの足の履き物を～げ
エペ4:22 古い人を、あなたがたが～ぎ捨て

ぬぐう
Ⅱ列21:13 わたしはエルサレムを～い去る
詩51:1 私の背きを～い去ってください
イザ25:8 主は、すべての顔から涙を～い
43:25 あなたの背きの罪を～い去り
エレ18:23 罪を御前から～い去らないで
使3:19 あなたがたの罪は～い去られます

ぬすびと（盗人）
詩50:18 ～に会うと これと組んで
箴29:24 ～にくみする者は自分自身を憎む
エレ2:26 ～が、見つかったときに
マタ6:19 ～が壁に穴を開けて盗みます
ヨハ12:6 彼が～で、金入れを預かりながら
Ⅱペテ3:10 主の日は～のようにやって来
黙3:3 わたしは～のように来る

ぬすむ（盗む）
創31:30 なぜ私の神々を～んだのか
出20:15 ～んではならない
22:1 牛あるいは羊を～み、これを屠る
申5:19 ～んではならない
Ⅱサム15:6 イスラエルの人々の心を～んだ
箴9:17 ～んだ水は甘く
エレ7:9 ～み、人を殺し、姦淫し
マラ3:8 神のものを～むことができる
マタ19:18 ～んではならない
エペ4:28 盗みをしている者は…～んでは

ぬの（布）
マラ3:2 ～をさらす者の灰汁のようだ
マタ9:16 真新しい～切れで古い衣に継ぎを
ルカ2:7 ～にくるんで飼葉桶に寝かせた
19:20 私は～に包んで、しまっておき

ぬる（塗る）
エゼ23:40 目の縁を～り、飾り物で身を飾り
マコ6:13 油を～って多くの病人を癒やした
14:8 前もって香油を～ってくれました
ヨハ12:3 イエスの足に～り、自分の髪で

ね

ね（根）
イザ11:10 エッサイの～はもろもろの民の旗
37:31 下に～を張り、上に実を結ぶ
40:24 地に～を張ろうとするとき
ダニ4:15 ただし、その～株は
マタ3:10 斧はすでに木の～元に置かれて
15:13 すべて～こそぎにされます
ロマ15:12 エッサイの～が起こる。異邦人を
エペ3:17 愛に～ざし、愛に基礎を置いて
コロ2:7 キリストのうちに～ざし
Ⅰテモ6:10 金銭を愛することが…悪の～
黙5:5 ダビデの～が勝利したので
22:16 わたしはダビデの～、また子孫

ねうち（値打ち）
箴31:10 彼女の～は真珠よりもはるかに
ヨハ1:27 履き物のひもを解く～も
使13:25 履き物のひもを解く～も
ねがい（願い）
Ⅱサム23:5 神は、私の救いと～を
Ⅱ歴33:19 その～が聞き入れられたこと
エズ8:23 神は私たちの～を聞き入れて
ヨブ6:8 ああ、私の～がかなえられ
詩10:17 貧しい者たちの～を 聞いて
20:5 あなたの～のすべてを
28:2 私の～の声を聞いてください
28:6 主は私の～の声を聞かれた
37:4 主はあなたの心の～をかなえて
140:8 悪者の～をかなえさせず
145:16 生けるものすべての～を
145:19 また主を恐れる者の～をかなえ
イザ19:22 立ち返れば、…～を聞き入れ
エレ42:2 私たちの～を受け入れてください
ルカ1:13 あなたの～が聞き入れられた
ロマ9:16 人の～や努力によるのではなく
10:1 私の心の～、彼らのために
ねがう（願う）
士13:8 マノアは主に～って言った
Ⅰサム1:20 この子を主にお～いしたのだ
Ⅰ列3:5 あなたに何を与えようか。～え
Ⅱ歴1:7 あなたに何を与えようか。～え
詩27:4 一つのことを私は主に～った
箴30:7 二つのことをあなたにお～い
マタ13:17 切に～ったのに、見られず
26:53 わたしが父にお～いして
27:58 イエスのからだの下げ渡しを～い
ルカ10:24 見たいと～ったのに
17:22 一日でも見たいと～っても
23:52 イエスのからだの下げ渡しを～い
ヨハ14:16 そしてわたしが父にお～いすると
エペ3:20 ～うところ…をはるかに超えて
Ⅰヨハ5:14 みこころにしたがって～うなら
ねがえり（寝返り）
ヨブ7:4 私は夜明けまで～を打ち続ける
ねこそぎ（根こそぎ）
箴15:25 主は高ぶる者の家を～にし
ねじまがる（ねじ曲がる）
エレ17:9 人の心は何よりも～がっている
ねずみ
Ⅰサム6:4 五つの金の腫物…五つの金の～
ねたみ
民5:14 夫に～の心が起こり、妻に対して
11:29 私のためを思って、～を起こし
25:13 神の～を自分のものとし
申4:24 主は焼き尽くす火、～の神
5:9 神、主であるわたしは、～の神
6:15 あなたの神、主は～の神
32:21 神でないもので…～を引き起こし
ヨシ24:19 主は聖なる神、～の神
詩37:1 不正を行う者に～を起こすな
79:5 いつまで あなたの～は
箴14:30 ～は骨をむしばむ
雅8:6 ～はよみのように激しいからです
イザ11:13 エフライムの～は去り
59:17 ～を外套として身をおおわれた
エゼ5:13 主であるわたしが、～をもって
8:3 ～を引き起こす「～」という像
39:25 わが聖なる名への、～による
ゼパ3:8 全地は、わたしの～の火で
マタ27:18 彼らが～からイエスを引き渡した
マコ15:10 ～からイエスを引き渡したことを
ロマ11:11 イスラエルに～を起こさせました
Ⅰコリ3:3 あなたがたの間には～や争いが
10:22 主の～を引き起こすつもり
ピリ1:15 ～や争いからキリストを宣べ伝え
ねたむ
創26:14 ペリシテ人は彼を～んだ
37:11 兄たちは彼を～んだが、父は
詩73:3 誇り高ぶる者を～んだからだ
106:16 モーセとアロンを～んだとき
ヨエ2:18 主はご自分の地を～むほど愛し
ナホ1:2 主は～んで復讐する神
ゼカ8:2 シオンを～むほど激しく愛し
使7:9 族長たちはヨセフを～んで
Ⅰコリ13:4 愛は…人を～みません
ヤコ4:5 御霊を、～むほどに慕っておられ
ねつ（熱）
マタ8:14 彼の姑が～を出して寝込んでいる
マコ1:30 シモンの姑が～を出して横に
ルカ4:38 シモンの姑がひどい～で
ヨハ4:52 昨日の第七の時に～がひきました
ねつい（熱意）
Ⅱコリ7:7 私に対する～を知らされて
ねっしん（熱心）
Ⅱ列10:16 主に対する私の～さを見なさい
19:31 万軍の主の～がこれを成し遂げる
詩69:9 家を思う～が 私を食い尽くし
イザ9:7 万軍の主の～がこれを成し遂げる
37:32 万軍の主の～がこれを成し遂げる
63:15 あなたの～と力あるわざは
ヨハ2:17 あなたの家を思う～が私を
使21:20 みな律法に～な人たちです
22:3 神に対して～な者でした
ロマ10:2 神に対して～である

Ⅱコリ7:12 私たちに対するあなたがたの～
8:16 同じ～を、神はテトスの心にも
9:2 ～は多くの人を奮い立たせました
11:2 あなたがたのことを～に思って
ガラ1:14 先祖の伝承に人一倍～でした
ピリ3:6 ～については教会を迫害したほど
ヘブ6:11 同じ～さを示して、最後まで

ねどこ（寝床）
イザ28:20 ～は身を伸ばすには短すぎ
マタ9:6 ～を担ぎ、家に帰りなさい
ルカ5:19 瓦をはがし、そこから彼の～を

ネフィリム
創6:4 その後も、～が地にいた

ねむり（眠り）
創2:21 深い～を人に下された
Ⅰサム26:12 主が彼らを深い～に陥れられた
詩13:3 私が死の～につかないように
127:2 愛する者に～を与えてくださる
箴3:24 休むとき、～は心地よい
イザ29:10 主は…深い～の霊を注ぎ
エレ51:39 永遠の～について
使7:60 こう言って、彼は～についた
ロマ13:11 ～からさめるべき時刻が

ねむる（眠る）
詩3:5 私は身を横たえて～り
121:4 まどろむことも…～ることもない
箴24:33 少し～り、少しまどろみ
伝5:12 働く者は…心地よく～る
雅5:2 ～っていましたが、心は目覚めて
ダニ12:2 ちりの大地の中に～っている者
マタ8:24 ところがイエスは～っておられた
9:24 死んだのではなく、～っている
26:40 彼らが～っているのを見
マコ4:38 枕をして～っておられた
5:39 ～っているのです
13:36 ～っているのを見ることがない
14:37 彼らが～っているのを見て
14:40 弟子たちは～っていた
ルカ8:23 イエスは～り始められた
22:45 悲しみの果てに～り込んでいた
ヨハ11:11 ラザロは～ってしまいました
Ⅰコリ15:6 すでに～った人も何人かいます
Ⅰテサ4:13 ～っている人たちについては
5:6 ～っていないで、目を覚まし

ねらう（狙う）
Ⅰサム22:23 私のいのちを～う者は
ヨブ10:16 あなたは獅子のように私を～い
詩56:6 私のいのちを～って
ロマ11:3 彼らは私のいのちを～っています
ガラ2:4 私たちが持っている自由を～って

ねる（寝る）
Ⅱサム13:11 妹よ、おいで。私と～よう
Ⅰ列18:27 ～ているのかもしれないから

ねる（練る）
詩105:19 主のことばは彼を～った
119:140 みことばは よく～られていて
イザ48:10 見よ。わたしはあなたを～ったが

ねんだいき（年代記）
エス6:1 記録の書、～を持って来るように

ねんちょう（年長）
創43:33 ～者は～の席に、年下の者は年下

ねんど（粘土）
ヨブ10:9 あなたは私を～のようにして
13:12 あなたがたの弁明は～の盾だ
33:6 私もまた～で形造られた
イザ29:16 陶器師を～と同じに見なして
45:9 ～が自分を形造る者に
64:8 私たちは～で、あなたは私たちの
エレ18:6 ～が陶器師の手の中にあるように
エゼ4:1 あなたは～の板を一枚取り
ダニ2:33 足は一部が鉄、一部が～でした

ねんぱい（年配）
Ⅰテモ5:1 ～の男の人を叱ってはいけません

の

の（野）
雅7:11 ～に出て行って、村で夜を過ごし

のうち（農地）
伝5:9 ～が耕されるようにする王がいる

のうふ（農夫）
創9:20 ノアは～となり、ぶどう畑を作り
イザ28:24 ～は種を蒔くために、いつも
マタ21:33 それを～たちに貸して旅に出た
マコ12:1 それを～たちに貸して旅に出た
ルカ20:16 主人はやって来て～たちを殺し
ヨハ15:1 わたしの父は～です

のうりょく（能力）
レビ27:8 祭司は誓願をする者の～に応じて
Ⅰサム2:9 自分の～によっては勝てないから
ゼカ4:6 権力によらず、～によらず
マタ25:15 彼はそれぞれその～に応じて

のがれのまち（逃れの町）
民35:6 六つの～がなければならない
35:11 自分たちのために～とし
ヨシ20:2 告げておいた、～を定めよ

のがれば（逃れ場）
箴14:32 正しい人は自分の死の中にも～が
エレ16:19 私の砦、苦難の日の私の～よ

のがれる（逃れる）
出2:15 モーセはファラオのもとから～れ
申19:5 これらの町の一つに～れて生きる
伝7:26 神に良しとされる者は女から～れ
エレ6:1 エルサレムの中から～れ出よ
44:14 ユダの残りの者には、～れる者も
エゼ33:21 エルサレムから～れた者が
オバ17 ～れの者がいるようになる
ヨナ1:3 タルシシュへ～れようとした
マタ10:23 別の町へ～げなさい
ルカ3:7 だれが、迫り来る怒りを～れる
ヘブ2:3 処罰を～れることができる

のけもの（のけ者）
詩69:8 私は自分の兄弟から ～にされ

のこす（残す）
Ⅱ列19:30 逃れの者、～された者は
エズ9:8 私たちに逃れの者を～し
イザ37:31 逃れの者、～された者は
エレ40:11 バビロンの王がユダに人を～した
エゼ9:8 私だけが～された。私はひれ伏し
マタ4:22 舟と父親を～してイエスに従った
ロマ11:5 選びによって～された者たち

のこり（残り）
Ⅱ列21:14 ゆずりの民の～の者を捨て去り
25:11 ～の群衆を捕らえ移した
イザ10:20 イスラエルの～の者、ヤコブの
37:4 ～の者のために祈りの声をあげて
46:3 すべての～の者よ
エレ6:9 イスラエルの～の者を…摘み取れ
23:3 わたしの群れの～の者を
31:7 イスラエルの～の者を
アモ5:15 ヨセフの～の者を
9:12 エドムの～の者と
ミカ2:12 イスラエルの～の者を
4:7 足を引きずる者を、～の者とし
5:8 ヤコブの～の者は異邦の民の中
7:18 ご自分のゆずりである～の者
ゼパ3:13 ～の者は不正を行わず
ゼカ8:6 この民の～の者の目には不思議に
8:12 民の～の者に…受け継がせる
ロマ9:27 ～の者だけが救われる

のこる（残る）
ヨシ13:1 非常にたくさん～っている
Ⅰ列19:10 ただ私だけが～りましたが
Ⅱ歴30:6 王たちの手を逃れて～った
ネヘ1:3 捕囚を生き～った者たちは
マコ1:20 彼らは、父…とともに舟に～して
Ⅰコリ13:13 いつまでも～るのは信仰と希望
黙11:13 ～った者たちは恐れを抱き

のしかかる
詩32:4 昼も夜も 御手が私の上に…～り

のせる（載せる）
出28:12 覚えられるように両肩に～せる

のぞく（除く）
詩51:7 ヒソプで私の罪を～いてください
伝11:10 あなたの心から苛立ちを～け
イザ33:24 そこに住む民の咎は～かれる
ミカ7:18 あなたは咎を～き
マタ23:24 ブヨはこして～くのに
ヘブ10:4 雄牛と雄やぎの血は罪を～くこと

のぞみ（望み）
エズ10:2 イスラエルには今なお～があり
エス7:3 私の～を聞き入れて、私の民族に
ヨブ5:16 こうして弱い者は～を抱き
14:7 木には～がある。たとえ切られて
14:19 人の～を絶ち滅ぼされます
17:15 どこに私の～があるのか
19:10 私の～を木のように根こそぎに
27:8 神を敬わない者に、どのような～
詩71:5 神である主よ あなたは私の～
146:5 その神 主に～を置く人
箴13:12 ～がかなうことは、いのちの木
13:19 ～がかなえられるのは心地よい
19:18 ～のあるうちに、自分の子を
29:20 愚かな者のほうが、まだ～がある
イザ26:8 私のたましいの～です。
エレ31:17 あなたの将来には～がある
哀3:18 主から受けた～は消え失せた
エゼ37:11 骨は干からび、～は消え失せ
ホセ2:15 アコルの谷を～の門とする
ゼカ9:12 ～を持つ捕らわれ人よ、砦に帰れ
マタ12:21 異邦人は彼の名に～をかける
ルカ24:21 解放する方だ、と～をかけて
使28:20 イスラエルの～のためです
ロマ4:18 彼は望み得ない時に～を抱いて
12:12 ～を抱いて喜び、苦難に耐え
15:12 異邦人はこの方に～を置く
Ⅰコリ9:10 耕す者が～を持って耕し
15:19 キリストに～を抱いているのなら
エペ1:12 キリストに～を置いていた私たち
1:18 神の召しにより与えられる～が
コロ1:5 天に蓄えられている～に基づく
1:23 聞いている福音の～から外れる
1:27 キリスト、栄光の～のことです
Ⅰテサ1:3 キリストに対する～に支えられた
2:19 私たちの～、喜び、誇りの冠
テト2:13 祝福に満ちた～、…大いなる神で
Ⅰペテ1:3 生ける～を持たせて
Ⅰヨハ3:3 キリストにこの～を置いている

のぞむ（望む）
ヨブ6:9 神が～むままに私を砕き
詩73:25 地では 私はだれをも～みません
135:6 主は～むところをことごとく
箴10:24 正しい人の～むことはかなえられ
伝8:3 王は自分の～むままを行うから
イザ5:7 公正を～まれ…正義を～まれた
42:21 主はご自分の義のために～まれた
46:10 わたしの～むことをすべて
58:2 神に近づくことを～んでいる
マラ3:1 ～んでいる契約の使者
マコ14:36 あなたがお～みになること
ロマ8:24 だれが～むでしょうか
エペ2:3 肉と心の～むことを行い
のど（喉）
民11:6 私たちの～はからからだ
ロマ3:13 彼らの～は開いた墓
ののしり；ののしる
出21:17 自分の父や母を～者は
Ｉｻﾑ25:14 ご主人様は彼らを～りました
Ⅱ列19:22 だれをそしり、だれを～ったのか
エレ25:18 嘲りと～の的とするためである
マタ5:11 人々があなたがたを～り
27:39 頭を振りながらイエスを～った
マコ15:29 頭を振りながらイエスを～って
使23:4 あなたは神の大祭司を～るのか
Ｉｺﾘ4:12 ～られては祝福し
Ｉﾍﾟﾃ4:14 キリストの名のために～られる
Ⅱﾍﾟﾃ2:10 栄光ある人たちを～しって
のばす（延ばす）
エゼ12:22 日は～ばされ、すべての幻は消え
のばす（伸ばす）
Ⅱｻﾑ22:17 主は、高い所から御手を～ばし
詩68:31 神に向かって 急いで手を～ばし
マタ12:13 「手を～ばしなさい」と言われた
のびる（伸びる）
エレ12:2 彼らは根を張り、～びて実を
のべつたえる（宣べ伝える）
マタ9:35 会堂で教え、御国の福音を～え
26:13 この福音が～えられるところでは
マコ1:7 ヨハネはこう～えた
6:12 人々が悔い改めるように～え
13:10 福音が、すべての民族に～えられ
ルカ3:3 悔い改めのバプテスマを～えた
4:43 神の国の福音を～えなければ
9:2 神の国を～え、病人を治すために
24:47 あらゆる国の人々に～えられる
使4:2 死者の中からの復活を～えている
5:42 キリストであると教え、～える
9:20 イエスのことを～え始めた
13:5 諸会堂で神のことばを～えた
16:10 彼らに福音を～えるために
28:31 はばかることなく…神の国を～え
ロマ10:14 ～える人がいなければ
10:15 どのようにして～えるのでしょう
15:20 福音を～えること
Ｉｺﾘ1:17 ことばの知恵によらずに～える
1:23 キリストを～えます
9:14 福音を～える者が、福音の働き
9:16 私が福音を～えても
Ⅱｺﾘ4:5 自分自身を～えているのではなく
Ｉﾃｻ2:9 福音をあなたがたに～えました
Ⅱﾃﾓ4:2 みことばを～えなさい
のべる（述べる）
Ｉ列22:14 そのまま～べよう
Ⅱ歴18:13 そのまま～べよう
のぼる（上る）
士13:20 主の使いは祭壇の炎の中を～って
Ｉｻﾑ28:13 神々しい方が地から～って来る
詩68:18 いと高き所に～り
139:8 私が天に～っても…あなたは
イザ14:13 私は天に～ろう
オバ4 鷲のように高く～っても
ミカ4:2 主の山、ヤコブの神の家に～ろう
ヨハ3:13 だれも天に～った者はいません
6:62 人の子がかつていたところに～る
20:17 まだ父のもとに～っていない
ロマ10:6 だれが天に～るのか
エペ4:9 「～った」ということは
黙11:12 彼らは雲に包まれて天に～った
のぼる（登る）
詩24:3 だれが 主の山に～り得るのか
のみ（蚤）
Ｉｻﾑ24:14 一匹の～の後でしょうか
のむ（呑む）
民16:30 ことごとく～み込み
詩35:25 われわれは彼を～み込んだ
イザ25:8 永久に死を～み込まれる
哀2:2 ヤコブの…住まいを 主は～み込み
ヨナ1:17 魚を備えて、ヨナを～み込ませた
Ｉｺﾘ15:54 死は勝利に～み込まれた
Ⅱｺﾘ5:4 いのちによって～み込まれるため
のむ（飲む）
創19:32 父にお酒を～ませ、一緒に寝て
24:14 水がめを傾けて、私に～ませて
29:10 ラバンの羊の群れに水を～ませた
レビ10:9 ぶどう酒や強い酒を～んでは
Ⅱｻﾑ23:15 井戸の水を～ませてくれたら
詩60:3 よろめかす酒を 私たちに～ませ
箴5:15 あなた自身の水溜めから水を～め

箴25:21 渇いているなら、水を～ませよ
雅5:1 食べよ。友たちよ、～め
イザ22:13 ～めよ。食べよ。どうせ明日は
51:17 よろめかす大杯を～み干した
エゼ12:18 恐る恐るあなたの水を～め
マタ10:42 一杯の冷たい水でも～ませる人は
11:18 食べもせず～みもしないでいると
24:38 人々は食べたり～んだり
27:34 イエスは…～もうとは
マコ9:41 あなたがたに一杯の水を～ませて
14:23 彼らはみなその杯から～んだ
ルカ1:15 ぶどう酒や強い酒を決して～まず
7:33 ぶどう酒も～まずにいると
12:29 何を～んだらよいかと、心配する
ヨハ4:7 わたしに水を～ませてください
4:14 わたしが与える水を～む人は
Ⅰコリ10:31 ～むにも…神の栄光を現すため
11:26 このパンを食べ、杯を～むたびに
12:13 みな一つの御霊を～んだのです
Ⅰテモ5:23 これからは水ばかり～まないで

のる（乗る）
申33:26 神はあなたを助けるため天に～り
詩18:10 主は ケルビムに～って飛び

のろい（呪い）
民22:17 私のためにこの民に～をかけて
23:8 神が～をかけない者に
申11:26 あなたがたの前に祝福と～を置く
27:13 ～のためにエバル山に
ヨシ8:34 祝福も～も読み上げた
Ⅱサム16:5 ～のことばを吐きながら出て来
詩109:17 彼が～を愛したので
箴3:33 悪しき者の家には、主の～がある
ゼカ5:3 これは全地の面に出て行く～だ
8:13 国々の間で～となったが
マラ2:2 あなたがたの中にこの～を送り
ルカ6:28 ～う者たちを祝福しなさい
ロマ3:14 口は、～と苦みに満ちている
ガラ3:10 ～のもとにあります
ヤコ3:10 賛美と～が出て来るのです

のろう（呪う）
創3:14 どんな野の生き物よりも～われる
4:11 今や、あなたは～われている
12:3 あなたを～う者を～う
49:7 ～われよ、彼らの激しい怒り
民22:6 あなたが～う者は～われる
ヨシ6:26 主の前に～われよ
Ⅰサム14:24 食物を食べる者は～われよ
Ⅰ列21:13 ナボテは神と王を～った
Ⅱ列2:24 主の名によって彼らを～った
ヨブ1:11 あなたを～うに違いありません
2:9 神を～って死になさい
3:1 自分の生まれた日を～った
伝10:20 王を～ってはならない
イザ65:20 ～われた者とされる
エレ17:5 人間に信頼する者は～われよ
20:14 私の生まれた日は、～われよ
48:10 おろそかにする者は、～われよ
Ⅰコリ12:3 「イエスは、～われよ」と言う
ガラ1:8 そのような者は～われるべきです
3:13 木にかけられた者は…～われて

は

は（歯）
出21:24 目には目を、～には～を
レビ24:20 目には目を、～には～を
申19:21 目には目を、～には～を
ヨブ16:9 私に向かって～をむき出される
箴25:19 悪い～やよろける足を頼みとする
雅4:2 ～は、洗い場から上って来た
哀2:16 口笛を吹き、～をむき出しにして
エゼ18:2 子どもの～が浮く

は（派）
使26:5 私たちの宗教の中で最も厳格な～

は（葉）
ヨブ13:25 吹き散らされた木の～を脅し
エゼ47:12 ～も枯れず、実も絶えることが
マコ11:8 ～の付いた枝を野から切って来て
11:13 ～のほかには何も
13:28 ～が出て来ると、夏が近いことが

はい（灰）
民19:9 きよい人がその雌牛の～を集め
イザ44:20 ～を食物とする者は、心が欺かれ

はいき（廃棄）
ヨハ10:35 聖書が～されることはあり得ない

はいきょ（廃墟）
申13:16 その町は永久に～となり
詩89:40 その要塞を～とされました
イザ23:13 宮殿をかすめて、そこを～とした
25:2 城壁のある都を～にされたので
34:10 そこは代々にわたって～となり
51:3 そのすべての～を慰めて
61:4 彼らは昔の～を建て直し
エレ25:11 この地はすべて～となり荒れ果て
エゼ6:6 町々は～となり、高き所は
21:27 ～をわたしはもたらす
ハガ1:4 この宮が～となっているのに
使15:16 その～を建て直し

はいじょ（排除）
ルカ6:22　人の子のゆえに～し、ののしり
はいしん（背信）
エレ2:19　あなたの～があなたを責める
3:6　～の女イスラエルが行ったことを
5:6　その～がすさまじいからだ
8:5　～者となり、いつまでも～を続け
14:7　まことに私たちの～は大きく
ホセ14:4　わたしは彼らの～を癒やし
はいする（拝する）
マタ28:9　その足を抱き、イエスを～した
はいびょう（肺病）
申28:22　主は～、熱病、高熱病、悪性熱病
はいぼく（敗北）
Ⅰコリ6:7　互いに訴え合うことが…～です
はいりょ（配慮）
Ⅰコリ12:25　各部分が…～し合うため
はいる（入る）
詩100:4　賛美しつつ その大庭に～れ
イザ26:20　部屋に～り、うしろの戸を閉じよ
マタ5:20　決して天の御国に～れません
7:13　狭い門から～りなさい
7:21　みな天の御国に～るのではなく
19:24　金持ちが神の国に～るよりは
マコ3:27　強い者の家に～って、家財を略奪
10:23　富を持つ者が神の国に～るのは
ルカ11:52　自分は～らず、～ろうとする人々
ヨハ3:5　神の国に～ることはできません
はうもの（這うもの）
創1:24　家畜や、～、地の獣を種類ごとに
はエ
伝10:1　死んだ～は、調香師の香油を
はえる（生える）
イザ53:2　主の前に、ひこばえのように～え
はか（墓）
詩5:9　彼らの喉は開いた～
イザ14:19　～の外に投げ捨てられる
エゼ32:23　その集団はその～の周りにいる
37:12　わたしはあなたがたの～を開き
マタ23:27　白く塗った～のようなものだ
27:60　～の入り口に大きな石を転がして
マコ6:29　遺体を引き取り、～に納めた
15:46　岩を掘って造った～に納めた
ルカ8:27　家に住まないで～場に住んでいた
11:44　人目につかない～のようで
11:47　預言者たちの～を建てている
24:1　香料を持って～に来た
ヨハ5:28　～の中にいる者がみな、子の声を
11:31　～に泣きに行くのだろうと思い
19:41　だれも葬られたことのない…～が
20:1　～にやって来て、～から石が
20:6　シモン・ペテロも来て、～に入り
ばか
民22:29　おまえが私を～にしたからだ
マタ5:22　『～者』と言う者は最高法院で
はかいしゃ（破壊者）
エレ22:7　武具を持つ～たちを取り分ける
はかせ（博士）
マタ2:1　東の方から～たちがエルサレムに
はかない
詩39:4　私がいかに～かを知る
はからい（計らい）
詩40:5　奇しいみわざと 私たちへの～は
ミカ4:12　彼らは…その御～に気づかない
はかり（秤）
ヨブ6:2　私の破滅が、ともに～にかけられ
箴11:1　欺きの～は主に忌み嫌われ
20:23　欺きの～は良くない
イザ40:12　もろもろの丘を～で
エゼ5:1　～を使って量り、その毛を分けよ
ホセ12:7　商人は手に欺きの～を持ち
ミカ6:11　不正な～と、欺きの重り石の袋
マコ4:24　自分が量るその～で
ルカ6:38　あなたがたが量るその～で
黙6:5　これに乗っている者は～を手に
はかりごと
ヨブ21:16　悪者の～は、私とは何の関係も
詩1:1　悪しき者の～に歩まず
33:10　主は 国々の～を破り
83:3　民に対して 悪賢い～をめぐらし
イザ30:1　彼らは～をめぐらすが、わたしに
エレ7:24　頑なで悪い心の～によって歩み
Ⅱコリ10:5　すべての～を取り押さえて
はかりざお（測り竿）
エゼ40:3　その手に麻のひもと～を
はかりしる（測り知る）
Ⅰサム2:3　そのみわざは～れません
ヨブ5:9　神は、～れない大いなることを
箴25:3　王の心は～れない
はかりづな（測り綱）
ゼカ2:1　その手には、一本の～があった
はかる
詩33:11　主の～られることは とこしえに
はかる（図る）
創6:5　その心に～ることがみな、いつも
はかる（測る）
エペ3:8　キリストの～り知れない富を
黙11:1　そこで礼拝している人々を～り
21:15　城壁を～るために金の測り竿

はかる（量る）
ヨブ6:2　ああ、私の苦悶の重さが〜られ
28:25　水を秤で〜られた
31:6　正しい秤で〜られればよい
箴16:2　主は人の霊の値打ちを〜られる
イザ40:12　だれが手のひらで水を〜り
エレ32:10　証人を立てて、秤で銀を〜った
ダニ5:27　〜られて、目方の足りないことが

はぎしり（歯ぎしり）
マタ24:51　しもべはそこで泣いて〜する
使7:54　ステパノに向かって〜していた

はぎとる（はぎ取る）
出3:22　、エジプト人から〜りなさい
12:36　彼らはエジプトから〜った
ヨブ19:9　神は私から栄光を〜り

はきもの（履き物）
創14:23　〜のひも一本さえ…何一つ
出3:5　あなたの〜を脱げ。あなたの
申25:9　近寄り、その足から〜を脱がせ
ヨシ5:15　あなたの足の〜を脱げ
ルツ4:7　一方が自分の〜を脱いで、それを
アモ2:6　〜一足のために貧しい者を売った
マコ1:7　その方の〜のひもを解く資格も
6:9　〜ははくように、しかし、下着は
ルカ3:16　その方の〜のひもを解く資格も
15:22　指輪をはめ、足に〜をはかせ
使7:33　あなたの〜を脱げ
13:25　その方の…〜のひもを解く値打ち

はく（吐く）
レビ18:25　その地はそこに住む者を〜き出す
ヨブ20:15　富を呑み込んでも…〜き出す
箴26:11　犬が自分の〜いた物に戻って来る
ヨナ2:10　ヨナを陸地に〜き出させた
Ⅱペテ2:22　犬は自分が〜いた物に戻る
黙3:16　わたしは口からあなたを〜き出す

はくがい（迫害）
エレ17:18　私を〜する者たちが恥を見て
マタ5:10　義のために〜されている者は幸い
10:23　人々があなたがたを〜するなら
13:21　みことばのために困難や〜が
マコ10:30　〜とともに、家、兄弟、姉妹
ルカ11:49　ある者たちを〜する
21:12　あなたがたに手をかけて〜し
ヨハ5:16　ユダヤ人たちは、イエスを〜し
15:20　人々がわたしを〜したのであれば
使7:52　先祖たちが〜しなかった預言者が
8:1　エルサレムの教会に対する…〜が
9:4　サウロ、なぜわたしを〜するのか
11:19　〜により散らされた人々は
22:4　この道を〜し、男でも女でも
22:7　サウロ、どうしてわたしを〜する
26:11　国外の町々にまで…〜して行き
ロマ12:14　〜する者たちを祝福しなさい
Ⅰコリ4:12　〜されては耐え忍び
Ⅱコリ4:9　〜されますが、見捨てられること
ガラ1:13　私は激しく神の教会を〜し
4:29　御霊によって生まれた者を〜した
6:12　十字架のゆえに…〜されないよう
ピリ3:6　その熱心については教会を〜した
Ⅱテサ1:4　あらゆる〜と苦難に耐えながら
Ⅱテモ3:12　敬虔に…と願う者は…〜を受け

はくがく（博学）
使26:24　〜がおまえを狂わせている

はくはつ（白髪）
申32:25　乳飲み子も〜の老人にも
ヨブ15:10　中には、〜の者も古老もいて
箴16:31　〜は栄えの冠。それは正義の
20:29　老人の輝きはその〜

はげあたま（はげ頭）
Ⅱ列2:23　上って来い、〜。上って来い

はげしい（激しい）
ヨブ6:3　私のことばは〜しかったのだ
詩119:139　私の〜思いは私を滅ぼし尽くす
雅8:6　ねたみはよみのように〜しいから

はげたか（禿鷹）
ルカ17:37　死体のあるところ…には〜が

はげまし（励まし）
使15:31　その〜のことばに喜んだ
エペ6:22　心に〜を受けるためです
ピリ2:1　キリストにあって〜があり
コロ2:2　この人たちが…心に〜を受け

はげます（励ます）
Ⅰテサ4:18　互いに〜まし合いなさい

はげむ（励む）
コロ4:12　あなたがたのために祈りに〜んで
テト3:8　良いわざに〜むことを心がける

はげわし（禿鷲）
レビ11:13　すなわち、〜、禿鷹、黒禿

はこ（箱）
出25:10　アカシヤ材の〜を作
37:1　アカシヤ材で…〜を作
民10:33　主の契約の〜は三日の道のりの
ヨシ6:11　主の〜は町の周りを回
士20:27　神の契約の〜はそこにあ
Ⅰサム4:3　シロから主の契約の〜
4:11　神の〜は奪われ、エリの二人
5:2　ペリシテ人は神の〜を取
6:13　目を上げると、神の〜が見え
6:19　主の〜の中を見たからであ
Ⅱサム6:2　神の〜を運び上げようとし

15:24 神の契約の～を担いでいた
Ⅱ列12:9 一つの～を取り、そのふたに穴を
Ⅰ歴13:3 私たちの神の～を私たちのもとに
16:1 人々は神の～を運び込んで
Ⅱ歴5:2 主の契約の～を運び上げるため
ヘブ9:4 契約の～があり、～の中には
黙11:19 神の契約の～が神殿の中に見えた

はこぶ（運ぶ）
エレ20:5 略奪してバビロンへ～ぶ

はこぶね（箱舟）
創6:14 ゴフェルの木で～を造りなさい
8:4 ～は…アララテの山地に
ルカ17:27 ノアが～に入るその日まで

はじ（恥）
Ⅱサム19:5 家来たち全員に…～をかかせ
ヨブ10:15 自分の～に飽き飽きし
詩22:5 彼らは～を見ませんでした
25:3 あなたを待ち望む者がだれも～を
31:1 私が決して～を見ないようにして
31:17 主よ 私が～を見ないようにして
40:15 自らの～に唖然としますように
109:29 ～を上着として身にまといます
箴17:2 しもべは、～知らずな子をも治め
イザ30:3 あなたがたの～となり
45:17 あなたがたは～を見ることも
49:23 待ち望む者は～を見ることがない
54:4 あなたは若いときの～を忘れ
61:7 あなたがたは～に代えて、二倍の
エレ2:26 イスラエルの家も～を見る
6:15 彼らは…～を見たか
8:12 彼らは…～を見たか
12:13 自分たちの収穫で～を見る
ホセ4:7 わたしは彼らの栄光を～に変える
10:6 エフライムは～を受け
ヨエ2:26 永遠に～を見ることがない
ハバ2:16 栄光ではなく～で満ちている
ルカ1:24 25 人々の間から私の～を取り除い
ロマ1:16 私は福音を～としません
Ⅱコリ4:2 ～となるような隠し事を捨て
Ⅱテモ1:12 それを～とは思っていません

はじいる（恥じ入る）
Ⅰコリ6:5 あなたがたを～らせるために
15:34 あなたがたを～らせるために
Ⅱコリ12:21 私を～らせるのでは

はしご
創28:12 神の使いたちが、その～を上り下

はしため
ルカ1:38 ご覧ください。私は主の～です

はじまり（始まり）
出12:2 この月をあなたがたの月の～とし
伝7:8 事の終わりは、その～にまさり
マタ24:8 これらは…産みの苦しみの～

はじめ（初め）
創1:1 ～に神が天と地を創造された
詩111:10 知恵の～ それは主を恐れること
箴1:7 主を恐れることは知識の～
4:7 知恵の～に、知恵を買え
8:23 ～に、大地の始まりの前に
9:10 主を恐れることは知恵の～
イザ41:4 主である…わたしは～であり
44:6 わたしは～であり…終わりである
マコ1:1 イエス・キリストの福音の～
ヨハ1:1 ～にことばがあった
黙2:8 ～であり終わりである方

はじめる（始める）
ピリ1:6 良い働きを～められた方は

はしら（柱）
創19:26 塩の～になってしまった
28:18 立てて石の～とし、～の頭に
出13:21 雲の～の中に…火の～の中にいて
13:22 この雲の～が、夜はこの火の～が
士16:26 神殿を支えている～にさわらせ
Ⅱサム18:18 王の谷に…一本の～を立てて
Ⅱ列10:26 バアルの神殿の石の～を運び出し
ネヘ9:12 昼は雲の～の中にあって…導き
エス5:14 高さ五十キュビトの～を立て
エレ50:15 その～は倒れ、その城壁は壊れる
ガラ2:9 ～として重んじられているヤコブ

はしる（走る）
詩16:4 ほかの神に～った者の痛みは
119:32 私はあなたの仰せの道を～ります
147:15 そのみことばは速やかに～る
ハバ2:2 読む者が急使として～るために
マタ28:8 弟子たちに知らせようと～って
ヨハ20:4 二人は一緒に～ったが
使20:24 ～るべき道のりを～り尽くし
Ⅰコリ9:24 競技場で～る人たちはみな～っ
ガラ2:2 ～っていること…今まで～って
5:7 あなたがたはよく～っていたのに
ピリ3:14 目標を目指して～っているのです
Ⅱテモ4:7 ～るべき道のりを～り終え
ヘブ12:1 競走を、忍耐をもって～り続け

はじる（恥じる）
Ⅱ歴32:21 アッシリアの王は～じて国へ帰り
エズ9:6 私の神よ。私は～じています
詩119:6 私は～じることがありません
イザ26:11 熱心を見て、～じますように
エゼ7:18 みな～じて顔を赤くし
マコ8:38 わたしのことばを～じるなら
ルカ9:26 わたしのことばを～じるなら

ルカ13:17 みな～じ入り
Ⅱテモ1:8 私が主の囚人であることを～じ
2:15 ～ことのない働き人として
Ⅰヨハ2:28 御前で～じることはありません

はずかしい（恥ずかしい）
創2:25 裸であったが、～とは
箴25:8 あなたに～思いをさせたとき
Ⅰコリ4:14 ～い思いをさせるためではなく
11:6 頭を剃ることが…～ことなら
14:35 女の人にとって～ことなのです

はずかしめ（辱め）
詩44:15 私の前には絶えず～があり
箴19:22 人の欲望は自らへの～
イザ9:1 ナフタリの地は～を受けたが
ヘブ11:26 キリストのゆえに受ける～を
13:13 イエスの～を身に負い

はずかしめる（辱める）
創34:2 これを捕らえ、これと寝て～めた
詩4:2 いつまで私の栄光を～め
34:5 彼らの顔は～められることがない
57:3 私を踏みつける者どもを～められ
エレ14:21 栄光の御座を～めないでください
50:2 ベルは～められ、メロダクは
使5:41 御名のために～められるに値する
ロマ1:24 互いに自分たちのからだを～めて

はせん（破船）
Ⅰテモ1:19 信仰の～にあいました

はた（旗）
民2:2 ～のもと、自分の一族の～じるし
10:14 まず初めにユダ族の宿営の～が
詩20:5 神の御名により ～を高く掲げ
60:4 あなたを恐れる者に ～を
雅2:4 あの方の～じるしは愛でした
6:4 ～を掲げた軍勢のように恐れられ
イザ5:26 主は遠く離れた国に～を揚げ
11:10 エッサイの根はもろもろの民の～
13:2 はげ山の上に～を掲げ
18:3 山々に～が揚がるときは見よ
31:9 首長たちも～を捨て、おののき
49:22 わたしの～を諸国の民に向かって
エレ4:6 シオンに向けて～を掲げ

はた（機）
ヨブ7:6 私の日々は～の杼よりも速く
イザ38:12 ～織りのように自分のいのちを

はだか（裸）
創2:25 ふたりとも～であったが
Ⅱサム6:20 家来の女奴隷の目の前で～に
ヨブ1:21 私は～で…出て来た。また～で
24:10 着る物もなく～で歩き
伝5:15 ～で、来たときの姿で戻って行く
イザ20:3 前兆として、三年間～になり
47:3 あなたの～はあらわにされ
58:7 ～の人を見てこれに着せ
エゼ16:39 あなたを丸～にしておく
マコ14:52 亜麻布を脱ぎ捨てて、～で逃げた
ヘブ4:13 神の目にはすべてが～であり

はたけ（畑）
レビ27:16 ～の一部を主に聖別する場合には
エレ32:7 アナトテにある～を買ってくれ
マタ13:44 天の御国は～に隠された宝の
ヨハ4:35 目を上げて～を見なさい
Ⅰコリ3:9 あなたがたは神の～、神の建物

はだし（裸足）
イザ20:3 三年間裸になり、～で歩いた

はたす（果たす）
創26:3 アブラハムに誓った誓いを～たす
申9:5 ヤコブになさった誓いを～たす
Ⅱ歴6:10 お告げになった約束を～たされた
13:11 神、主への務めを～たしているが
エレ33:14 …に語ったいつくしみの約束を～

はたらき（働き）
詩127:1 建てる者の～はむなしい
ルカ10:2 収穫は多いが、～手が少ない
ロマ4:5 ～がない人であっても、不敬虔な
Ⅰコリ3:13 それぞれの～は明らかになり
12:6 神が…すべての～をなさいます
ピリ2:30 彼はキリストの～のために
Ⅰテサ5:13 その～のゆえに、愛をもって
Ⅱテモ2:15 恥じることのない～人として
3:17 良い～にふさわしく…整えられ

はたらく（働く）
ネヘ4:6 民に～く気があったからである
箴16:26 苦労する者は食欲のために～く
21:25 その手が、～くことを拒むからだ
伝5:12 ～く者は…心地よく眠る
マタ20:1 ～者を雇うために朝早く出かけた
20:12 最後に来たこの者たちが～いた
マコ16:20 主は彼らとともに～き
ルカ5:5 夜通し～きましたが、何一つ
ヨハ5:17 父は今に至るまで～いておられ
6:27 永遠のいのち…のために～き
ロマ8:28 すべてのことがともに～いて益と
Ⅱコリ6:1 私たちは神とともに～く者として
Ⅰテサ4:11 自分の手で～くことを名誉と
Ⅱテサ3:10 ～きたくない者は食べるな

はち（鉢）
マタ26:23 手を～に浸した者がわたしを
黙16:1 七つの～から神の憤りを地に注い

はち（蜂）
申1:44 ～が襲うようにあなたがたを追い

イザ7:15　凝乳と～蜜を食べる
7:18　アッシリアの地にいるあの～に

ばつ（罰）
創42:21　われわれは弟のことで～を受けて
民16:47　神の～はすでに民のうちに
25:9　この主の～で死んだ者は
Ⅰ歴21:22　そうすれば民への主の～は終わる
詩106:30　仲立ちをしたので主の～は
エレ2:3　これを食らう者はだれでも～を
ホセ5:15　彼らが～を受け、わたしの顔を

はつおん（発音）
士12:6　正しく～できないと

ばっする（罰する）
申5:11　みだりに口にする者を～せずには
詩59:5　すべての国を～してください
89:32　むちをもって 彼らの咎を～する
イザ10:12　その高ぶる目の輝きを～せられる
13:11　世界をその悪のゆえに～し
24:21　地では地の王たちを～せられる
エレ9:25　割礼を受けている者を～する
21:14　その行いの実にしたがって～する
51:47　わたしはバビロンの彫像を～する
ホセ2:13　日々のゆえに、わたしは彼女を～
8:13　主は…その罪を～する
9:9　咎を心に留め、その罪を～する
アモ3:14　わたしはベテルの祭壇を～する

バッタ
民13:33　自分たちが～のように見えた
イザ40:22　地の住民は～のようだ

はつなり（初なり）
エレ24:2　～のいちじくの実のようであり

はつねつ（発熱）
使28:8　～と下痢で…床についていた

はつほ（初穂）
出34:26　土地から取れる～の最上のものを
レビ2:14　～による穀物のささげ物を
23:10　収穫の～の束を
民28:26　～の日、すなわち七週の祭りに
ロマ11:16　麦の～が聖なるものであれば
Ⅰコリ15:20　眠った者の～として死者の中
16:15　ステファナの一家はアカイアの～
ヤコ1:18　いわば被造物の～にするために

はつもの（初物）
申28:30　ぶどう畑を作っても、その～を
箴3:9　あなたのすべての収穫の～で

はて（果て）
詩2:8　地の～の～まで あなたの所有と
19:4　そのことばは世界の～まで届いた
イザ62:11　見よ、主は地の～に聞かせられた
使1:8　地の～まで、わたしの証人と

はと（鳩）
創8:8　～を彼のもとから放った
詩55:6　私に～のように翼があったなら
雅1:15　あなたの目は～
5:12　水の流れのそばの～のよう
ホセ7:11　エフライムは愚かな～のようで
マタ3:16　神の御霊が～のように…降って
ルカ3:22　聖霊が～のような形をして
ヨハ1:32　御霊が～のように天から降って

はな（花）
民17:8　～を咲かせて、アーモンドの実を
ヨブ14:2　～のように咲き出てはしおれ
雅2:12　地には～が咲き乱れ
イザ5:24　その～も、ちりのように舞い
35:1　サフランのように～を咲かせる
40:7　草はしおれ、～は散る
マタ6:28　野の～がどうして育つのか

はな（鼻）
詩18:15　あなたの～の荒い息吹によって
イザ2:22　人間に頼るな。～で息をする者に

はなし（話）
ヨブ18:2　いつ…その～にけりをつけるのか

はなす（離す）
Ⅱ列4:30　私は決してあなたを～しません
詩103:12　罪を私たちから遠く～される
ヘブ12:2　イエスから、目を～さないで

はなす（話す）
Ⅰサム3:9　主よ、お～しください
ヨブ12:8　地に～しかけよ
詩19:3　～しもせず 語りもせず その声
伝3:7　～すのに時がある
エゼ3:26　あなたは～せなくなり
ルカ24:15　～し合ったり論じ合ったりして

はなむこ（花婿）
出4:26　割礼のゆえに「血の～」と言った
詩19:5　～のように 太陽は部屋から出て
マタ9:15　～に付き添う友人たちは、～が
マコ2:19　～に付き添う友人たちは、～が
ルカ5:34　～が一緒にいるのに、～に
ヨハ3:29　～の声を聞いて大いに喜びます

はなよめ（花嫁）
雅4:9　私の心を奪った。私の妹、～よ
イザ61:10　～のように宝玉で飾ってくださる
エレ2:32　～が自分の飾り帯を忘れる
黙21:2　夫のために飾られた～のように
21:9　子羊の妻である～を見せましょう

はなれる（離れる）
レビ15:31　その汚れから～れさせなさい
士16:20　主が自分から～れられたことを
Ⅱサム1:23　死ぬときも…～れることはなく

Ⅱ列2:2　私は決してあなたから～れません
Ⅰ歴28:9　もし、あなたが神を～れるなら
エズ10:11　異国人の女たちから～れなさい
エス4:13　ユダヤ人から～れて王宮にいる
ヨブ21:14　私たちから～れよ。私たちは
22:17　「私たちから～れてくれ」と
詩22:1　遠く～れておられるのですか
34:14　悪を～れて 善を行い
イザ1:4　背を向けて～れ去った
エレ5:23　それで彼らは～れて行った。
マタ25:41　わたしから～れ、悪魔とその使い
マコ10:7　男は父と母を～れ
ルカ22:54　ペテロは遠く～れてついて行った
使14:15　このような空しいことから～れて
ロマ12:9　悪を憎み、善から～れないように
Ⅰコリ7:15　～れて行くなら、～れて
Ⅱコリ5:6　私たちは主から～れている
6:17　彼らから～れよ…主は言われる
ガラ1:6　急に～れて、ほかの福音に
2:12　異邦人から身を引き、～れて
コロ2:5　私は肉体においては～れていても
Ⅰテサ5:22　あらゆる形の悪から～れなさい

はねまわる（跳ね回る）

Ⅱサム6:14　主の前で力の限り～った

はは（母）

創3:20　生きるものすべての～だから
17:16　彼女は国々の～となり
出2:8　その子の～を呼んで来た
士5:7　イスラエルに～として立ったとき
Ⅰサム2:19　～は彼のために小さな上着を
Ⅰ列3:27　彼女がその子の～親である
Ⅱ歴15:16　アサ王は、～マアカがアシェラの
箴10:1　愚かな子は～の悲しみとなる
イザ66:13　～に慰められる者のように
マタ12:48　わたしの～とはだれでしょうか
12:50　わたしの兄弟、姉妹、～なのです
19:5　男は父と～を離れ
マコ3:33　わたしの～、わたしの兄弟とは
7:10　『あなたの父と～を敬え』
ヨハ19:27　ご覧なさい。あなたの～です
ガラ4:26　自由の女であり、私たちの～です
Ⅰテモ5:2　年配の女の人には～親に対する
Ⅱテモ1:5　～ユニケのうちに宿ったもの

はばかる

使28:31　少しも～ことなく…宣べ伝え

パピルス

出2:3　～のかごを取り、それに
イザ18:2　～の船を水に浮かべて

はぶく（省く）

エレ26:2　残らず語れ。一言も～くな

バプテスマ

マタ3:6　ヨルダン川で彼から～を受けて
3:11　私は…～を水で授けていますが
21:25　ヨハネの～は、どこから来たもの
28:19　父、子、聖霊…彼らに～を授け
マコ1:4　導く悔い改めの～を宣べ伝えた
10:38　わたしが受ける～を受けること
11:30　ヨハネの～は、天から来たのです
16:16　信じて～を受ける者は救われます
ルカ3:3　悔い改めの～を宣べ伝えた
3:16　私は水で…～を授けています
7:29　彼から～を受けて、神が正しい
12:50　わたしには受けるべき～があり
20:4　ヨハネの～は、天から来た
ヨハ1:26　私は水で～を授けていますが
3:23　アイノンで～を授けていた
4:1　イエスが…～を授けている
使1:5　ヨハネは水で～を授けましたが
8:12　信じて、男も女も～を受けた
8:38　ピリポが宦官に～を授けた
9:18　彼は立ち上がって～を受け
16:15　家族の者たちが～を受けたとき
22:16　その方の名を呼んで～を受け
ロマ6:3　キリスト・イエスにつく～を
Ⅰコリ1:13　あなたがたは…～を受けた
1:17　～を授けるためではなく
10:2　…モーセにつく～を受け
12:13　一つの御霊によって～を受けて
15:29　死者のために～を受ける人たちは
ガラ3:27　キリストにつく～を受けた
エペ4:5　信仰は一つ、～は一つです
コロ2:12　～において…キリストとともに
Ⅰペテ3:21　救う～の型なのです。～は肉の

はめつ（破滅）

ヨブ6:30　私の口は～を見極められない
箴16:18　高慢は～に先立ち、高ぶった霊は
エゼ32:9　あなたの～の知らせをもたらす
アモ6:6　ヨセフの～のことで嘆き悲しむ

はもの（刃物）

創22:6　火と～を手に取った
22:10　～を取り、息子を屠ろうとした
詩52:2　まるで鋭い～のように

はやい（速い）

伝9:11　競走は足の～い人のものではなく

はやい（早い）

ヤコ1:19　聞くのに～く、語るのに遅く

ばら

雅2:1　私はシャロンの～、谷間のゆり

はら（腹）

創3:14　おまえは～這いで動き回り

詩37:1 悪を行う者に～を立てるな
37:8 ～を立てるな。それはただ悪への
箴24:19 悪を行う者に対して～を立てるな
マタ15:12 おことばを聞いて～を立てた
15:17 口に入る物はみな、～に入り
マコ7:19 ～に入り排泄されます
10:41 ヤコブとヨハネに～を立て始めた
Iコリ6:13 食物は～のためにあり、～は

はらいおとす（払い落とす）
マタ10:14 足のちりを～としなさい

パラダイス
ルカ23:43 今日、わたしとともに～にいます
IIコリ12:4 彼は～に引き上げられて

はり（針）
ルカ18:25 らくだが～の穴を通るほうが
黙9:10 サソリのような尾と～を持って

はり（梁）
マタ7:3 自分の目にある～には
ルカ6:41 ～には、なぜ気がつかない

はりつけ
エズ6:11 その者をその上に～にしなければ

はる（張る）
詩104:2 天を幕のように～られます

バルサム
I歴14:15 ～樹の茂みの上で行進の音が

はれもの（腫れもの）
出9:9 うみの出る～となる

はれる（腫れる）
申8:4 あなたの足は～れなかった

はれる（晴れる）
マタ16:2 『夕焼けだから～れる』と言い

ハレルヤ
詩146:1 ～。わがたましいよ 主を
黙19:4 「アーメン。～。」

パン
創18:6 ～菓子を作りなさい
出16:4 天から～を降らせる
民21:5 ～もなく、水もない。われわれは
申8:3 人は～だけで生きるのではなく
I列22:27 わずかな～と、わずかな水だけ
II歴18:26 わずかな～と、わずかな水だけ
詩105:40 天からの～で彼らを満ち足らせた
箴17:1 乾いた～が一切れあって
22:9 自分の～を貧しい者に与える
31:27 怠惰の～を食べない
伝11:1 あなたの～を水の上に投げよ
イザ3:1 すべての頼みの～、すべての
44:15 これを燃やして～を焼く
エレ37:21 ～が絶える…～屋街から毎日～
哀4:4 幼子たちが～を求めても
エゼ4:17 こうして～と水が乏しくなり
ホセ7:8 エフライムは…焼けていない～だ
マタ4:3 石が～になるように命じなさい
4:4 人は～だけで生きるのではなく
14:17 五つの～と二匹の魚しか
15:26 子どもたちの～を取り上げて
15:27 主人の食卓から落ちる～屑は
15:34 ～はいくつありますか
26:26 ～を取り、神をほめたたえて
マコ6:38 ～はいくつありますか
6:43 ～切れを十二のかごいっぱいに
7:27 子どもたちの～を取り上げて
8:4 どこから～を手に入れて
8:5 ～はいくつありますか
8:19 五つの～を裂いたとき、～切れを
14:22 ～を取り、神をほめたたえて
ルカ4:3 石に、～になるように命じなさい
9:13 五つの～と二匹の魚しか
9:17 余った～切れを集めると
11:5 友よ、～を三つ貸してくれないか
22:19 ～を取り、感謝の祈りをささげ
24:30 イエスは～を取って神をほめ
ヨハ6:9 大麦の～五つと、魚二匹を
6:12 余った～切れを集めなさい
6:32 天からの～を与えた
6:35 わたしがいのちの～です
13:26 わたしが～切れを浸して与える者
21:13 イエスは来て～を取り
使20:7 私たちは～を裂くために集まった
Iコリ10:16 私たちが裂く～は、キリストの

はんえい（繁栄）
創41:16 神がファラオの～を知らせて
ヨシ1:8 あなたは自分がすることで～し
詩37:11 豊かな～を自らの喜びとする
112:3 ～と富はその家にあり
イザ66:12 わたしは川のように～を彼女に

はんぎゃく（反逆）
ヨシ22:16 祭壇を築いて、今日、主に～した
ネヘ2:19 王に～しようとしているのか
イザ36:5 だれに拠り頼んで…私に～して
エレ29:32 彼が主への～をそそのかしたから
エゼ17:12 さあ、～の家に言え

はんキリスト（反キリスト）
Iヨハ2:18 ～が来ると…聞いて
IIヨハ7 惑わす者であり、～です

ばんぐんのしゅ（万軍の主）
IIサム7:26 『～はイスラエルを治める神』と
詩24:10 ～ この方こそ栄光の王
46:7 ～はわれらとともにおられる
84:1 ～よ あなたの住まいは なんと

イザ1:9　～が私たちに 生き残りの者を
8:13　～、主を聖なる者とせよ
エレ51:19　その御名は～

はんけつ（判決）
イザ11:4　公正をもって…～を下す
ヨエ3:14　～の谷には、群衆また群衆
ミカ4:3　遠く離れた強い国々に～を下す
使16:37　有罪～を受けていないのに公衆の

はんこう（反抗）
エズ4:15　この町が～的な町で
イザ31:6　～を強めているその方のもとに

はんざい（犯罪）
使25:18　予測していたような～についての

ばんざい（万歳）
Ⅰサム10:24　大声で…「王様～」と言った
Ⅰ列1:34　『ソロモン王、～』と叫べ
マコ15:18「ユダヤ人の王様、～」と叫んで

ばんさん（晩餐）
Ⅰコリ11:20　集まっても、主の～を食べる

ばんしょう（万象）
創2:1　天と地とその～が完成した
Ⅱペテ3:10　天の～は焼けて崩れ去り

はんすう（反芻）
レビ11:3　～するもの。それは食べてもよい
申14:6　ひづめが分かれ…～するものは

パンだね（パン種）
出12:15　～を取り除かなければならない
レビ2:11　～を入れて作ってはならない。～
マタ13:33　天の御国は～に似ています
16:6　…の～に…用心しなさい
マコ8:15　パリサイ人の～とヘロデの～には
ルカ12:1　パリサイ人の～、すなわち偽善
13:21　それは～に似ています
Ⅰコリ5:6　わずかな～が、こねた粉全体を
ガラ5:9　わずかな～が、こねた粉全体を

はんだん（判断）
Ⅰサム25:33　あなたの～がほめたたえられる
Ⅰ列3:9　善悪を～してあなたの民をさばく
ルカ12:57 どうして自分で～しないのですか
Ⅰコリ2:14　御霊によって～する

はんてん（斑点）
エレ13:23　豹がその～を、変えることが

ばんにん（番人）
創4:9　私は弟の～なのでしょうか

はんぶん（半分）
Ⅰ列10:7　その～も知らされていなかった
マコ6:23　私の国の～でも与えよう

はんりょ（伴侶）
マラ2:14　彼女はあなたの～であり

ひ

ひ（火）
創19:24　硫黄と～を…ソドムとゴモラの
出13:22　夜はこの～の柱が、民の前から
レビ9:24 ～が主の前から出て来て、祭壇の
申4:12　主は～の中からあなたがたに
4:24　主は焼き尽くす～、ねたみの神
5:4　主はあの山で、～の中から
ヨシ8:19　ただちに町に～を放った
士1:8　剣の刃で討って町に～を放った
Ⅰ列19:12　～の中にも主はおられなかった
Ⅱ列2:11　～の戦車と～の馬が現れ
16:3　自分の子どもに～の中を通らせる
Ⅱ歴7:1　天から～が下って来て
詩66:12　私たちは ～の中 水の中を通り
箴26:20　薪がなければ～が消えるように
イザ43:2　～の中を歩いても、…焼かれず
66:24　うじ虫は死なず、その～も消えず
エレ20:9　燃えさかる～のようになり
23:29　わたしのことばは～のよう
哀1:13　私の骨の中に～を送り込まれた
ダニ3:25 ～の中を縄を解かれて歩いている
マタ3:10　切り倒されて、～に投げ込まれ
3:11　聖霊と～で…バプテスマを授け
25:41　用意された永遠の～に入れ
マコ14:54 一緒に座って、～に当たっていた
ルカ3:16　聖霊と～で…バプテスマを授け
9:54　私たちが天から～を下して
12:49　地上に～を投げ込むために
使28:5　パウロはその生き物を～の中に
Ⅰコリ3:13　その日は～とともに現れ
3:15　～の中をくぐるようにして
ヘブ12:29　私たちの神は焼き尽くす～
ヤコ3:6　舌は～です。不義の世界です
ユダ7　永遠の～の刑罰を受けて
黙21:8　～と硫黄の燃える池の中にある

ひ（日）
ヨシ10:14　このような～は、前にも後にも
ヨブ15:23　闇の～が間近に用意されている
詩90:12　自分の～を数えることを
113:3　～の昇るところから沈むところ
118:24　これは主が設けられた～
伝1:9　～の下には新しいものは一つも
11:7　～を見ることは目に快い
エゼ30:3　その～は近い。主の～は近い
ゼパ1:14　主の大いなる～は近い
ゼカ14:7　これはただ一つの～であり
マラ3:2　この方の来られる～に耐えられ

4:5　主の大いなる恐るべき～が来る前
マコ13:32　その～、その時がいつなのかは
ヨハ8:56　わたしの～を見るようになること
Ⅱコリ1:13 14　私たちの主イエスの～には
6:2　救いの～に、あなたを助ける
ピリ1:6　キリスト・イエスの～が来るまで
ヘブ10:25　その～が近づいていることが
Ⅱペテ3:10　主の～は盗人のように

ひ（緋）
イザ1:18　あなたがたの罪が～のように赤く
マタ27:28 脱がせて、～色のマントを着せた

ひ（非）
Ⅱサム14:25　彼には～の打ちどころがなかっ

ひ（杼）
ヨブ7:6　私の日々は機の～よりも速く

び（美）
エゼ27:3　おまえは、「私は～の極みだ」と

ひいき
レビ19:15　弱い者を～したり強い者に

ひうちいし（火打石）
エゼ3:9　～よりも硬いダイヤモンドのよう

ひえる（冷える）
マタ24:12　多くの人の愛が～えます

ひかえる（控える）
箴3:27　それを～えてはならない
13:24　むちを～える者は自分の子を憎む
17:27　ことばを～える人は知識を持つ者

ひがし（東）
詩103:12　～が西から遠く離れているように
マタ8:11　多くの人が～からも西からも来て
ルカ13:29　人々が～からも西からも…来て

ひからびる（干からびる）
エゼ37:4　～びた骨よ、主のことばを聞け

ひかり（光）
創1:3　神は仰せられた。「～、あれ。」
出10:23　住んでいる所に～があった
Ⅱサム23:4　朝の～、雲一つない朝の～
ヨブ22:28　あなたの道の上には～が輝く
24:16　昼間は閉じこもっていて～を
詩27:1　主は私の～ 私の救い
37:6　主は あなたの義を～のように
43:3　どうか あなたの～とまことを
49:19　そこでは永久に～を見ることは
97:11　～は 正しい者のために蒔かれて
119:105　みことばは …私の道の～です
119:130　みことばの戸が開くと ～が差し
139:12　暗闇も～も同じことです
箴4:18　あけぼのの～のようだ
13:9　正しい人の～は輝き
伝2:13　～が闇にまさっているように
11:7　～は心地よく、…目に快い
イザ2:5　さあ、私たちも主の～のうちを
5:20　彼らは闇を～、～を闇とし
42:6　民の契約として、国々の～とする
45:7　～を造り出し、闇を創造し
49:6　わたしはあなたを国々の～とし
58:8　あなたの～が暁のように輝き出て
60:1　まことに、あなたの～が来る
60:3　国々はあなたの～のうちを歩み
ミカ7:8　主が私の～だ
マタ4:16　民は 大きな～を見る
5:14　あなたがたは世の～です
17:2　衣は～のように白くなった
ルカ2:32　異邦人を照らす啓示の～
16:8　～の子らよりも賢いのである
ヨハ1:5　～は闇の中に輝いている
3:19　人々が～よりも闇を愛したこと
8:12　わたしは世の～です
9:5　わたしが世の～です
12:35　～があるうちに歩きなさい
使9:3　天からの～が彼の周りを照らした
13:47　わたしはあなたを異邦人の～とし
22:6　天からのまばゆい～が私の周りを
26:13　王様、真昼に私は天からの～を
26:18　目を開いて、闇から～に
ロマ13:12　～の武具を身に着けようでは
Ⅱコリ4:4　福音の～を、輝かせないように
4:6　闇の中から～が輝き出よ
6:14　～と闇に何の交わりがある
エペ5:8　～となりました。～の子ども
Ⅰテサ5:5　～の子ども、昼の子どもなのです
ヘブ10:32　～に照らされた後で
ヤコ1:17　～を造られた父から下って来る
Ⅰヨハ1:5　神は～であり、神には
1:7　～の中におられるように、～の中
2:8　まことの～がすでに輝いている
黙22:5　ともしびの～も太陽の～も

ひかるもの（光る物）
創1:15　天の大空で～となり、地の上を

ひかれていく（引かれて行く）
使8:32　屠り場に～く羊のように

ひきあげる（引き上げる）
詩30:1　あなたは私を～げ 私の敵が
エレ38:13 彼らはエレミヤを綱で穴から～げ
ルカ1:52　低い者を高く～げられました
Ⅱコリ12:2　第三の天にまで～げられました

ひきあわせる（引き合わせる）
創47:2　連れて来て、ファラオに～わせた

ひきさく（引き裂く）
Ⅰサム15:28　イスラエル王国を～いて

ヨエ2:13 あなたがたの心を〜け

ひきだす（引き出す）
出2:10 水の中から、私がこの子を〜した

ひきつれる（引き連れる）
創14:14 訓練された者三百十八人〜れて

ひきとめる（引き止める）
Ⅱ列4:8 彼を食事に〜めた
ヨブ9:12 だれがそれを〜められるだろうか

ひきぬく（引き抜く）
Ⅰ列14:15 良い地の面からイスラエルを〜き
エレ12:14 彼らを〜き…ユダの家も〜く

ひきはなす（引き離す）
マタ19:6 神が結び合わせたものを…〜し
ロマ8:35 だれが…キリストの愛から〜す
8:39 神の愛から、私たちを〜すことは
9:3 私自身がキリストから〜されて

ひきまわす（引き回す）
ヨブ16:12 神は私を〜された

ひきもどす（引き戻す）
ヨブ33:30 人のたましいを滅びの穴から〜し

ひきよせる（引き寄せる）
雅1:4 私を〜せてください

ひきわたす（引き渡す）
ホセ11:8 〜すことができるだろうか
マタ20:18 律法学者たちに〜されます
26:2 十字架につけられるために〜され
26:16 ユダはイエスを〜す機会を
27:2 連れ出し、総督ピラトに〜した
マコ10:33 〜されます…異邦人に〜します
13:9 あなたがたを地方法院に〜します
14:11 どうすればイエスをうまく〜せる
15:1 連れ出し、ピラトに〜した
ルカ18:32 人の子は異邦人に〜され
22:4 どのようにしてイエスを…〜す
Ⅰコリ5:5 サタンに〜したのです

ひく（引く）
Ⅱ列17:23 アッシリアに〜いて行かれた

ひくい（低い）
ダニ4:17 人間の中の最も〜者を

ひくくする（低くする）
創16:9 彼女のもとで身を〜くしなさい
出10:3 わたしの前に身を〜くするのを
イザ2:11 人間の高ぶりの目は〜くされ
マタ18:4 子どものように自分を〜くする人
23:12 高くする者は〜く…〜くする者は
ルカ18:14 高くする者は〜く…〜くする者は
ピリ2:8 自らを〜くして、死にまで

ひげ
Ⅱサム20:9 右手でアマサの〜をつかんだ

ひこばえ
イザ53:2 彼は主の前に、〜のように生え

ひざ（膝）
Ⅰ列19:18 みな、バアルに〜をかがめず
イザ45:23 すべての〜はわたしに向かって
ロマ14:11 すべての〜は、わたしに向かって
ピリ2:10 すべてが〜をかがめ

ひざまずく
創43:28 彼らは〜いて彼を拝した
Ⅰ列8:54 〜いて、天に向かって両手を伸べ
エズ9:5 衣と上着を引き裂いたまま、〜き
詩95:6 主の御前に〜こう
ダニ6:10 日に三度〜き…神の前に祈って

ひさん（悲惨）
民11:15 これ以上、私を〜な目にあわせ

ひぞうぶつ（被造物）
ロマ1:20 創造されたときから〜を通して
8:21 〜自体も、滅びの束縛から解放
8:22 〜のすべては、今に至るまで

ひそか
詩31:20 御顔の前に〜にかくまい
箴27:5 〜に愛するより良い
マタ1:19 〜に離縁しようと思った
2:7 ヘロデは博士たちを〜に呼んで
ルカ9:10 ベツサイダという町へ〜に退かれ

ヒソプ
出12:22 〜の束を一つ取って、鉢の中の血
詩51:7 〜で私の罪を除いてください
ヨハ19:29 ぶどう酒を含んだ海綿を〜の枝に

ひたい（額）
エゼ3:8 〜を、彼らの〜に合わせて
9:4 人々の〜に、しるしをつけよ
黙13:16 〜に刻印を受けさせた

ひたす（浸す）
ヨハ13:26 パン切れを〜して与える者が

ひだり（左）
士20:16 七百人の精鋭が〜利きであった
マタ6:3 〜の手に知られないように

ひっかかる（引っ掛かる）
Ⅱサム18:10 アブサロムが樫の木に〜かって

ひつぎ（棺）
創50:26 エジプトでミイラにし、〜に納め

ひつじ（羊）
創22:7 全焼のささげ物にする〜は
出12:5 〜は、傷のない一歳の雄
民14:33 四十年の間〜を飼う者となり
27:17 会衆を、羊飼いのいない〜の群れ
士6:37 〜の毛を打ち場に置きます
Ⅰサム16:19 〜とともにいるあなたの息子
Ⅱサム7:8 〜の番をしていた牧場から取り

24:17 この～の群れがいったい何をした
Ⅰ列22:17 羊飼いのいない～の群れのように
Ⅰ歴21:17 この～の群れがいったい何をした
Ⅱ歴18:16 羊飼いのいない～の群れのように
詩44:11 私たちを 餌食となる～のように
44:22 屠られる～と見なされています
49:14 彼らは ～のようによみに
74:1 神よ…御怒りを…牧場の～に
77:20 ご自分の民を ～の群れのように
78:52 神は…民を～の群れのように
79:13 私たちは…牧場の～です
95:7 私たちは その牧場の民…～
100:3 私たちは…その牧場の～
107:41 ～の群れのように そこに置かれ
119:176 滅びる～のようにさまよって
雅1:7 どこで～を飼っておられる
イザ1:18 赤くても、～の毛のようになる
53:6 私たちは…～のようにさまよい
53:7 屠り場に引かれて行く～のように
エレ12:3 どうか…屠られる～のように
50:6 わたしの民は、迷った～の群れ
エゼ34:4 弱った～を強めず、病気のものを
34:31 わたしの～、わたしの牧場の～で
36:38 例祭の…エルサレムの～の群れ
マタ7:15 彼らは～の衣を着て…来るが
9:36 羊飼いのいない～の群れのように
10:6 イスラエルの家の失われた～たち
12:11 ～を一匹持っていて、もしその～
25:32 羊飼いが～をやぎからより分ける
26:31 すると、～の群れは散らされる
マコ14:27 すると、～は散らされる
ルカ15:4 だれかが～を百匹持っていて
ヨハ10:15 ～たちのために…いのちを捨て
10:27 ～たちはわたしの声を聞き分け
21:16 わたしの～を牧しなさい
使8:32 屠り場に引かれて行く～のように
ロマ8:36 屠られる～と見なされています
ヘブ13:20 永遠の契約の血による～の大牧者
Ⅰペテ2:25 ～のようにさまよっていた

ひつじかい（羊飼い）
創48:15 ずっと私の～であられた神よ
民27:17 ～のいない羊の群れのように
詩23:1 主は私の～。私は乏しいことが
イザ40:11 主は～のように、その群れを飼い
ゼカ10:2 ～がいないので苦しむ
13:7 ～を打て。すると、羊の群れは
マタ9:36 ～のいない羊の群れのように
26:31 わたしは～を打つ
マコ6:34 ～のいない羊の群れのよう
14:27 わたしは～を打つ
ルカ2:8 ～たちが野宿をしながら
2:20 ～たちは…神をあがめ

ひっせき（筆跡）
出32:16 その～は神の～で、その板に

ひづめ
レビ11:3 ～が分かれ…～が割れている
申14:6 ～が分かれ、完全に二つに割れて

ひつよう（必要）
エズ7:20 神の宮のために～なもので
マタ6:32 これらのものすべてが～である
ルカ10:42 しかし、～なことは一つだけです
11:8 起き上がり、～なものを何でも
使4:35 その金が、～に応じてそれぞれに
ロマ12:13 聖徒たちの～をともに満たし
ピリ4:16 あなたがたは私の～のために
4:19 あなたがたの～をすべて満たして

ひてい（否定）
マタ26:70 ペテロは皆の前で～し
マコ14:68 ペテロはそれを～して
ヨハ18:25 ペテロは～して、…と言った
Ⅰテモ5:8 その人は信仰を～している
テト1:16 行いでは～しています
Ⅱペテ2:1 主さえも～し、自分たちの身に
Ⅰヨハ2:22 ～する者…御父と御子を～する者

ひでり（日照り）
詩32:4 骨の髄さえ 夏の～で乾ききった
ハガ1:11 わたしはまた、～を呼び寄せた

ひと（人）
創1:26 さあ、～をわれわれのかたちと
2:7 主は…大地のちりで～を形造り
ヨブ4:17 ～は神の前に正しくあり得ようか
5:7 ～は労苦のために生まれる
7:17 ～とは何ものなのでしょう
15:14 どういう～が清くあり得るのか
詩144:3 主よ ～とは何ものなのでしょう
イザ40:6 ～はみな草のよう。その栄えは
マコ8:37 ～はいったい何を差し出せば
ヨハ1:14 ことばは～となって、私たちの間
ロマ5:12 ～によって罪が世界に入り
12:13 努めて～をもてなしなさい
エペ2:15 新しい一人の～に造り上げて
ヘブ2:6 ～とは何ものなのでしょう

ひといき（一息）
詩90:9 自分の齢を ～のように終わらせ

ひどけい（日時計）
Ⅱ列20:11 アハズの～に落ちた～の影を
イザ38:8 アハズの～に落ちた…～に落ちた

ひところし（人殺し）
Ⅰ列21:19 あなたは～をしたうえに、奪い
マコ15:7 暴動で～をした暴徒たちとともに

ルカ23:19 都に起こった暴動と～のかどで
ヨハ8:44 悪魔は初めから～で
使3:14 ～の男を赦免するように要求し
ひとしくする（等しくする）
ヨハ5:18 ご自分を神と～しくされたからで
ひとしずく（一しずく）
イザ40:15 見よ。国々は手桶の～
ひとつ（一つ）
ルカ10:42 しかし、必要なことは～だけです
エペ4:13 信仰と知識において～となり
ひとのこ（人の子）
詩8:4 ～とは…何ものなのでしょう
箴8:31 主の地、この世界で楽しみ、～ら
エゼ2:1 ～よ、自分の足で立て
3:17 ～よ。わたしはあなたを
30:21 ～よ、わたしは…ファラオの
ダニ7:13 ～のような方が 天の雲とともに
マタ8:20 ～には枕するところもありません
9:6 ～が地上で罪を赦す権威を持って
10:23 ～が来るときまでに…巡り終える
12:8 ～は安息日の主です
12:32 ～に逆らうことばを口にする者
13:37 良い種を蒔く人は～です
16:27 ～は、やがて父の栄光を帯びて
17:22 ～は、人々の手に渡されようと
24:27 ～の到来は、稲妻が東から出て
24:30 ～のしるしが天に現れます
25:31 ～は、その栄光を帯びてすべての
26:2 ～は十字架につけられるために
26:24 ～は…去って行きます
マコ2:10 ～が地上で罪を赦す権威を
9:31 ～は人々の手に引き渡され
14:21 ～は…去って行きます
ルカ6:5 ～は安息日の主です
9:22 ～は多くの苦しみを受け
9:44 ～は、人々の手に渡されようと
21:36 ～の前に立つことができるように
22:69 ～は力ある神の右の座に着きます
ヨハ3:13 天から下って来た者、～は別です
3:14 ～も上げられなければなりません
使7:56 ～が神の右に立っておられるのが
黙1:13 燭台の真ん中に、～のような方が
14:14 その雲の上に～のような方が
ひとみ（瞳）
申32:10 ご自分の～のように守られた
詩17:8 ～のように私を守り
箴7:2 私の教えを、自分の～のように
ゼカ2:8 わたしの～に触れる者
ひとり
創2:18 人が～でいるのは良くない
伝6:9 欲望の～歩きにまさる
ひとりご（ひとり子；ひとりの子）
創22:2 あなたが愛している～イサクを
ルカ7:12 ある母親の～が
ヨハ1:14 父のみもとから来られた～として
3:16 その～をお与えになったほどに
3:18 神の～の名を信じなかったから
ヘブ11:17 自分のただ～を献げようとした
Ⅰヨハ4:9 神はその～を世に遣わし
ひとりむすこ（一人息子）
ルカ7:12 ある母親の～が
ひな
創15:9 山鳩と、鳩の～を持って来なさい
マタ23:37 めんどりが～を翼の下に集める
ひながた（ひな型）
ロマ5:14 アダムは来たるべき方の～です
ひなん（非難）
ネヘ5:7 代表者たちを～して言った
使11:2 割礼を受けている者たち…～して
ガラ2:11 彼に～すべきことがあったので
ピリ3:6 ～されるところがない者でした
Ⅰテモ3:2 ～されるところがなく
ひばな（火花）
ヨブ5:7 ～が上に向かって飛ぶように
ひび（日々）
Ⅰコリ15:31 私は～死んでいるのです
ひふ（皮膚）
エレ13:23 クシュ人がその～を、豹が
ひみつ（秘密）
詩44:21 神こそ 心の～を知っておられる
箴11:13 人を中傷して回る者は～を漏らす
20:19 人を中傷して回る者は～を漏らす
ダニ2:18 この～について天の神にあわれみ
2:28 しかし天に～を明らかにする
2:47 主、また～を明らかにする方
Ⅰコリ14:25 心の～があらわにされます
Ⅱテサ2:7 不法の～はすでに働いて…～で
ひめごと（秘めごと）
詩90:8 私たちの～を 御顔の光の中に
ひめる（秘める）
黙17:5 額には、意味の～められた名
ひも
ヨシ2:18 窓に、この赤い～を結び付けて
伝12:6 ついに銀の～は切れ、金の器は
マコ1:7 その方の履き物の～を解く資格も
ひゃくにんたいちょう（百人隊長）
マタ8:5 一人の～がみもとに来て懇願し
27:54 ～や一緒にイエスを見張っていた
マコ15:39 イエスの正面に立っていた～は
ルカ7:2 ～に重んじられていた…しもべ

23:47 ～はこの出来事を見て、神を

ひゆ（比喩）
ガラ4:24 ここには～的な意味があります

ひよう（費用）
Ⅱサム24:24 ～もかけずに、私の神、主に
Ⅰ歴21:24 ～もかけずに全焼のささげ物を
エズ6:4 その～は王家から支払われる
ルカ14:28 ～を計算しない人が

ひょう（豹）
イザ11:6 ～は子やぎとともに伏し
エレ13:23 ～がその斑点を、変えることが
ダニ7:6 ～のような別の獣が現れた

ひょう（雹）
出9:18 わたしは…激しい～を降らせる
ヨシ10:11 ～の石で死んだ者のほうが
詩148:8 火よ ～よ 雪よ 煙よ

ひょうか（評価）
箴21:2 しかし、主は人の心を～される
24:12 人の心を～する方は、それを
Ⅱコリ12:6 私を過大に～するといけない

びょうき（病気）
出15:26 エジプトで下したような～は
申7:15 あらゆる～をあなたから取り除き
Ⅰ列15:23 年をとってから、両足とも～に
Ⅱ列8:8 私のこの～が治るかどうか
20:1 そのころ、ヒゼキヤは～になって
Ⅱ歴16:12 その～の中でさえ…主を求めず
伝5:17 多くの苛立ち、～
マコ3:10 ～に悩む人たちがみな、イエスに
5:29 ～が癒やされたことをからだに
ルカ6:18 また～を治してもらうために来て
7:2 しもべが、～で死にかけていた
ヨハ11:3 あなたが愛しておられる者が～
ピリ2:26 自分が～になったことが
ヤコ5:14 あなたがたのうちに～の人が

びょうにん（病人）
マタ9:12 医者を必要とするのは…～です
ルカ5:31 医者を必要とするのは…～です
ヨハ5:3 その中には、～、目の見えない人
使5:15 ついには、～を大通りへ運び出し
Ⅰコリ11:30 弱い者や～が多く

ひょうばん（評判）
マコ1:28 イエスの～はすぐに…広まった
ルカ4:14 その～が周辺一帯に広まった

ひらく（開く）
創3:5 食べるそのとき、目が～かれて
3:7 ふたりの目は～かれ、自分たちが
民22:28 主がろばの口を～かれたので
Ⅱ列6:17 主がその若者の目を～かれたので
ヨブ33:16 神はその人たちの耳を～き
詩51:15 主よ 私の唇を～いてください
イザ22:22 彼が～くと…閉じると、～く者は
60:11 あなたの門はいつも～かれ
マタ3:16 天が～け、神の御霊が鳩のように
13:35 私は口を～いて、たとえ話を
27:52 墓が～いて、眠りについていた
ルカ4:17 巻物を～いて、こう書いてある
24:31 彼らの目が～かれ、イエスだと
24:45 悟らせるために彼らの心を～いて
使14:27 信仰の門を～いてくださったこと
16:14 主は彼女の心を～いて
26:18 彼らの目を～いて、闇から光に
Ⅰコリ16:9 門が私のために広く～かれて
Ⅱコリ2:12 主は私のために門を～いて
黙3:8 わたしは…あなたの前に～いて

ひりょう（肥料）
ルカ13:8 木の周りを掘って、～をやって

ひる（昼）
創1:5 神は光を～と名づけ
詩19:2 ～は～へ話を伝え 夜は夜へ
42:8 ～には 主が恵みを下さり 夜には
74:16 ～はあなたのもの 夜もあなたの

ひるがえす（翻す）
Ⅰ列18:37 彼らの心を～してくださったこと

ひれふす（ひれ伏す）
創33:6 子どもたちが進み出て、～した
民14:5 会衆の集会全体の前で～した
16:4 モーセはこれを聞いて～した
16:22 二人は～して言った
16:45 二人は～した
申9:18 四十日四十夜、主の前に～して
Ⅰ歴16:29 聖なる装いをして、主に～せ
29:20 王の前に身をかがめて～した
エス3:2 ～そうともしなかった
詩5:7 聖なる宮に向かって～します
22:27 あなたの御前に～しますように
29:2 聖なる装いをして主に～せ
95:6 来たれ。～し 膝をかがめよう
エゼ3:23 それで私は～した
ルカ4:7 もしあなたが私の前に～すなら
ヘブ1:6 神のすべての御使いよ、彼に～せ
黙3:9 あなたの足もとに…～させ

ひろい（広い）
詩18:19 主は私を～いところに導き出し
31:8 私の足を～いところに立たせて
119:32 私の心を～くしてくださるから
マタ7:13 滅びに至る門は…その道は～く

ひろう（拾う）
ルツ2:7 落ち穂を～い集めさせてください

ひろうえん（披露宴）
マタ22:2　結婚の～を催した王にたとえる
22:8　～の用意はできているが
ひろげる（広げる）
Ⅱ列19:14　それを主の前に～げた
ヨブ9:8　神はただひとりで天を延べ～げ
イザ54:2　あなたの天幕の場所を～げ
エゼ16:8　衣の裾をあなたの上に～げ
ひろば（広場）
ルカ7:32　～に座り、互いに呼びかけながら
20:46　～であいさつされること
使17:17　～では…毎日論じ合った
ひろま（広間）
ルカ22:12　席が整っている二階の大～を
ひろまる（広まる；広める）
使5:28　自分たちの教えを～めてしまった
6:7　神のことばはますます～まって
19:20　主のことばは力強く～まり
びん（瓶）
エレ19:1　行って、土の焼き物の～を買い
びんぼう（貧乏）
箴13:18　～と恥は訓戒をなおざりにする者

ふ

ふあん（不安）
申28:65　主はそこで、あなたの心～にし
詩38:18　自分の罪で～なのです
箴12:25　心の～は人を落ち込ませ
ふいちょう（吹聴）
箴20:6　多くの人は自分の親切を～する
ふういん（封印）
雅8:6　～のように…～のように
マタ27:66　石に～をし、墓の番をした
黙5:1　七つの～で封じられていた
6:1　子羊が七つの～の一つを解くのを
8:1　子羊が第七の～を解いたとき
ふうじる（封じる）
ヨブ14:17　私の背きを袋の中に～じ込め
詩63:11　偽りを言う者の口が～じられる
イザ29:11　～じられた書物のことばのように
ダニ12:4　秘めておき、この書を～じて
12:9　終わりの時まで…～じられ
黙10:4　七つの雷が語ったことは～じて
22:10　この書の預言のことばを～じては
ふえ（笛）
創4:21　彼は竪琴と～を奏でるすべての
ヨブ30:31　私の～は泣き悲しむ者の声
マタ11:17　～を吹いてあげたのに
ルカ7:32　～を吹いてあげたのに
Ⅰコリ14:7　～や竪琴など、いのちのない
ふえる（増える）
創1:22　～えよ…地の上に～えよ
35:11　生めよ。～えよ
出1:7　～えて非常に強くなった
使16:5　人数も日ごとに～えていった
ふかい（深い；深み）
Ⅰコリ2:10　神の～みさえも探られるから
黙2:24　「サタンの～み」を知らない
ふかのう（不可能）
創11:6　～なことは何もない
18:14　主にとって～なことが
ルカ1:37　神にとって～なことは
ふぎ（不義）
Ⅱサム7:14　彼が～を行ったときは
ヨブ32:3　彼らがヨブを～に定めながら
40:8　わたしを～に定めるのか
詩37:33　彼を～に定めない
66:18　～を 私が心のうちに見出すなら
106:43　自分たちの～の中におぼれた
箴4:17　～のパンを食べ、暴虐の酒を飲む
12:2　悪を企む者は～に定められる
イザ50:9　だれが私を～に定めるのか
エレ22:13　～によって自分の家を建て
エゼ36:33　すべての～からきよめる日に
ホセ14:2　すべての～を赦し、良きものを
ロマ1:18　～によって真理を阻んでいる人々
Ⅰヨハ5:17　～はすべて罪ですが
ぶき（武器）
伝9:18　知恵は～にまさり、一人の罪人は
Ⅱコリ6:7　左右の手にある義の～によって
10:4　戦いの～は肉のものではなく
詩45:8　あなたの～はみな 没薬 アロエ
箴25:20　寒い日に～を脱ぐようなもの
27:26　子羊はあなたに～を着させ
マコ5:15　～を着て、正気に返って座って
ルカ8:35　悪霊の去った男が～を着て
ふく（吹く）
創2:7　その鼻にいのちの息を～き込まれ
民10:5　また、短く～き鳴らすと
雅4:16　北風よ…南風よ、～きなさい
ゼガ7:14　すべての国々に彼らを～き散らし
ぶぐ（武具）
エレ21:4　手にしている～の向きを変え
ルカ11:22　彼が頼みにしていた～を奪い
エペ6:11　神のすべての～を身に着けなさい
ふくいん（福音）
マタ4:23　会堂で教え、御国の～を宣べ伝え
24:14　～は全世界に宣べ伝えられて

26:13 この〜が宣べ伝えられるところ
マコ1:1 イエス・キリストの〜のはじめ
1:14 神の〜を宣べ伝えて言われた
13:10 〜が…宣べ伝えられなければ
14:9 〜が宣べ伝えられるところでは
16:15 すべての…者に〜を宣べ伝え
ルカ4:43 神の国の〜を宣べ伝えなければ
7:22 貧しい者たちに〜が伝えられて
16:16 神の国の〜が宣べ伝えられ
使14:7 そこで〜の宣教を続けた
20:24 神の恵みの〜を証しする任務を
ロマ1:1 神の〜のために選び出され
1:16 私は〜を恥としません。〜は
2:16 私の〜によれば、神のさばきは
16:25 私の〜…イエス・キリストを
Ⅰコリ15:1 〜を…その〜を受け入れ
Ⅱコリ9:13 キリストの〜の告白に対して
10:14 キリストの〜を携えて行った
ガラ1:6 ほかの〜に移って行くことに
1:11 私が宣べ伝えた〜は
2:7 割礼を受けていない者への〜を
エペ1:13 真理のことば…救いの〜を
6:15 平和の〜の備えをはきなさい
ピリ1:5 〜を伝えることにともに携わって
1:27 キリストの〜にふさわしく生活し
4:15 〜を伝え始めたころ、私が
コロ1:23 〜の望みから外れることなく
Ⅰテサ1:5 私たちの〜は、ことばだけでなく
Ⅰテモ1:11 祝福に満ちた神の、栄光の〜
Ⅱテモ1:8 〜のために私と苦しみをともに
Ⅰペテ4:6 死んだ人々にも…〜が宣べ伝え
黙14:6 永遠の〜を携えていた

ふくしゅう（復讐）
創4:15 カインを殺す者は七倍の〜を受け
レビ19:18 あなたは〜してはならない
民35:12 この町々は、〜する者から
申32:35 〜と報復はわたしのもの
士15:7 私は必ずおまえたちに〜する
16:28 ペリシテ人に〜したいのです
Ⅱ列9:7 主のしもべたちの血の〜をする
エス8:13 敵に〜するこの日に備えるため
詩94:1 〜の神 主よ 〜の神よ
箴6:34 〜するとき、容赦をしない
イザ34:8 それは主の〜の日であり
63:4 〜の日がわたしの心のうちにあり
エレ5:9 わたしが〜しないだろうか
15:15 私のために〜してください
20:10 われわれは彼に勝って、〜できる
50:15 これこそ主の〜だ。彼女に〜せよ
ヨエ3:21 わたしは彼らの血の〜をし
ミカ5:15 聞き従わなかった国々に〜する
ナホ1:2 主はご自分に逆らう者に〜し
ロマ12:19 自分で〜してはいけません
ヘブ10:30 〜はわたしのもの

ふくじゅう（服従）
Ⅱ歴30:8 主に〜しなさい
ダニ7:27 主権は彼らに仕え、〜する
ルカ10:17 悪霊どもでさえ私たちに〜します
Ⅰコリ9:27 からだを打ちたたいて〜させ
Ⅱコリ10:5 キリストに〜させます
ヘブ13:17 言うことを聞き、また〜しなさい

ふくす（服す）
テト3:1 支配者たちと権威者たちに〜し

ふくへい（伏兵）
Ⅱ歴20:22 主は〜を設けて…襲わせた

ふくろ（袋）
Ⅰサム25:29 いのちの〜にしまわれています
ヨブ14:17 私の背きを〜の中に封じ込め
マタ10:10 〜も二枚目の下着も履き物も杖も

ふけいけん（不敬虔）
詩43:1 〜な民の言い分を退けてください
イザ32:6 愚か者は…〜なことを行って
ロマ5:6 〜な者たちのために死んで

ふけつ（不潔）
エペ4:19 あらゆる〜な行いを貪るように

ふける
Ⅰペテ4:3 律法に反する偶像礼拝などに〜り

ふこう（不幸）
詩10:8 彼の目は〜な人をひそかに狙って

ふさ（房）
マタ9:20 その衣の〜に触れた
14:36 衣の〜にでもさわらせてやって

ふさい（負債）
Ⅰサム22:2 困窮している者、〜のある者
Ⅱ列4:7 油を売り…〜を払いなさい
ネヘ5:10 その〜を帳消しにしよう
10:31 あらゆる〜を免除する
箴22:26 〜の保証人となってはならない
マタ18:24 一万タラントの〜のある者が
18:27 彼を赦し、〜を免除してやった

ふさぐ
ダニ6:22 獅子の口を〜いでくださったので
マコ4:7 茨が伸びて〜いでしまったので
4:19 みことばを〜ぐので
ルカ8:14 思い煩いや、富や、快楽で〜がれ
ロマ3:19 すべての口が〜がれて

ふさわしい
詩33:1 賛美は 直ぐな人たちに〜しい
マタ10:37 わたしに〜しい者ではありません
Ⅰコリ11:27 〜しくない仕方でパンを食べ

テト2:3 神に仕えている者に～しく
ヘブ3:3 栄光を受けるに～しいとされ
11:38 この世は彼らに～しくありません
黙3:4 彼らがそれに～しい者たちだから
4:11 誉れと力を受けるに～しい方
5:2 封印を解くのに～しい者はだれか
5:9 封印を解くのに～しい方です

ぶじ（無事）
Ⅱサム18:29 若者アブサロムは～か
使23:24 パウロを乗せて～に

ふしおがむ（伏し拝む）
創42:6 顔を地に付けて彼を～んだ
出24:1 遠く離れて～め
詩66:4 全地はあなたを～みます
86:9 あなたの御前に来て ～み

ふしぎ（不思議）
出3:20 あらゆる～を行い、エジプトを
7:9 おまえたちの～を行え
士13:18 わたしの名は～という
ヨブ42:3 あまりにも～なことを
詩118:23 私たちの目には～なことだ
136:4 大いなる～を行われる方に
139:6 あまりにも～ あまりにも高くて
箴30:18 私にとって～なことが三つある
イザ9:6 ～な助言者、力ある神、永遠の父
ヨハ4:48 しるしと～を見ないかぎり
使2:19 わたしは上は天に～を、下は地に

ふじゅうじゅん（不従順）
ルカ1:17 ～な者たちを義人の思いに
ロマ5:19 一人の人の～によって多くの人が
10:21 ～で反抗する民に対して
エペ2:2 ～の子らの中に今も働いている霊
テト3:3 ～で、迷っていた者であり
ヘブ4:11 あの～の悪い例に倣って落伍

ぶじょく（侮辱）
詩109:29 私を告発する者たちが～を被り
イザ50:6 ～されても、唾をかけられても
エゼ35:12 ～したのをすべて聞いている
ルカ11:45 私たちまで～することになります
Ⅱコリ12:10 ～…困難を喜んでいます

ふしん（不審）
Ⅰペテ4:4 放蕩に走らないので～に思い

ふしん（不信）
Ⅰ歴10:13 ～の罪のゆえに死んだ
エズ9:2 代表者たちがこの～の罪の張本人

ふじん（夫人）
Ⅱヨハ1 選ばれたあなたの～の子どもたち

ふしんこう（不信仰）
マタ13:58 彼らの～のゆえに
17:17 ああ、～な曲がった時代だ
マコ6:6 イエスは彼らの～に驚かれた
9:24 ～な私をお助けください
ルカ9:41 ああ、～な曲がった時代だ
ロマ11:20 彼らは～によって折られました
黙21:8 臆病な者、～な者、忌まわしい者

ふしんじつ（不信実；不真実）
ヨブ21:34 あなたがたの応答は、～以外の
ロマ3:3 ～な者がいたなら、その～は

ふしんじゃ（不信者）
Ⅱコリ6:14 ～と、つり合わないくびきを

ふす（伏す）
Ⅰ列17:21 彼は三度その子の上に身を～せて

ふせい（不正）
出18:21 ～の利を憎む誠実な人たちを
ヨブ18:21 これが～を働く者の住まい
34:32 私が～をしたのでしたら
詩7:3 もしも 私の手に～があるのなら
58:2 実に おまえたちは心で～を働き
71:4 ～を行う者や残虐な者の手から
82:2 ～をもってさばき 悪しき者たち
箴29:27 ～を行う者は正しい人に
イザ57:17 彼の～な利得の咎のために
エゼ9:9 流血で満ち、都も～で満ちている
ゼパ3:5 しかし、～を働く者は恥を
ルカ16:8 ～な管理人が賢く行動したのを
16:11 ～の富に忠実でなければ
Ⅰコリ6:7 ～な行いを甘んじて受けない
Ⅱコリ7:2 だれにも～をしたことがなく
12:13 この～のことは赦してください
黙22:11 ～を行う者にはますます～を

ふそ（父祖）
Ⅰ歴5:25 彼らは～の神の信頼を裏切り
使3:13 私たちの～たちの神は

ぶぞく（部族）
創12:3 すべての～は、あなたによって
士21:6 一つの～が切り捨てられた
詩122:4 多くの～ 主の～が上って来る
エレ31:1 イスラエルのすべての～の神と
黙7:4 あらゆる～の者が印を押されて

ふそん（不遜）
ヨブ16:11 神は私を～な者に引き渡し

ふだ（札）
ルカ23:38 「…ユダヤ人の王」と書いた～

ぶた（豚）
レビ11:7 ～。これはひづめが分かれていて
箴11:22 ～の鼻にある金の輪
マタ8:31 ～の群れの中に送ってください
マコ5:12 ～に入れるように、～の中に
ルカ8:32 たくさんの～の群れが飼われて
15:15 畑に送って、～の世話をさせた

Ⅱﾍﾟﾃ2:22　～は身を洗って、また泥の中を

ぶたい（部隊）
Ⅱ歴25:9　イスラエルの～に与えた

ふたご（双子）
創25:24　すると見よ、～が胎内にいた
38:27　なんと、～がその胎内にいた

ふたごころ（二心）
詩12:2　へつらいの唇と ～で話します
119:113　私は ～のある人たちを憎み

ふたり（二人）
伝4:9　～は一人よりも…～の労苦には

ふたん（負担）
Ⅱｺﾘ12:13　あなたがたに～をかけなかった
Ⅱﾃｻ3:8　だれにも～をかけないように

ふち（淵）
詩42:7　～が～を呼び起こし
130:1　深い～から…呼び求めます

ふちゅうじつ（不忠実）
ルカ12:46 ～な者たちと同じ報いを与えます

ふっかつ（復活）
マタ22:23 ～はないと言っているサドカイ人
マコ12:18 ～はないと言っているサドカイ人
ルカ14:14　義人の～のときに
20:27　～…を否定しているサドカイ人
使1:22　イエスの～の証人とならなければ
2:31　キリストの～について
4:2　死者の中からの～を宣べ伝えて
23:6　死者の～という望みのことで
24:15　正しい者も正しくない者も～する
26:23　死者の中から最初に～し
ロマ6:5　キリストの～とも同じようになる
Ⅰｺﾘ15:12　死者の～はないと言う人たちが
15:13　もし死者の～がないとしたら
Ⅱﾃﾓ2:18　～はすでに起こったと言って
黙20:6　この第一の～にあずかる者は幸い

ふっこう（復興）
詩126:1　主がシオンを～してくださった

ふで（筆）
ヨブ19:24　鉄の～と鉛によって
詩45:1　私の舌は巧みな書記の～
エレ8:8　書記たちの偽りの～が、それを
17:1　ユダの罪は、鉄の～と金剛石の
エゼ9:2　腰には書記の～入れを付けて

ぶどう
民13:23　～が一房ついた枝を切り取り
Ⅰ列4:25　それぞれ自分の～の木の下や
詩80:8　エジプトから ～の木を引き抜き
80:14　この～の木を顧みてください
128:3　たわわに実る～の木のようだ
イザ63:3　わたしはひとりで～踏みをした
エレ31:29　父が酸い～を食べると
エゼ18:2　父が酸い～を食べると
19:10　あなたの～園の～の木のようだ
ホセ9:10　イスラエルを、荒野の～のように
10:1　イスラエルは生い茂る～の木
ヨエ1:7　わたしの～の木を荒れすたらせ
アモ9:13　～を踏む者が種蒔く者に追いつく
ミカ4:4　それぞれ自分の～の木の下や
マタ26:29 ～の実からできた物を飲むことは
マコ14:25 ～の実からできた物を飲むことは
ヨハ15:1　わたしはまことの～の木
黙14:19　鎌を投げて、地の～を刈り集め

ぶどうえん（ぶどう園）
マタ20:1　～で働く者を雇うために朝早く
21:28　今日、～に行って働いてくれ
21:33　彼は～を造って垣根を巡らし
マコ12:1　～を造った。垣根を巡らし
ルカ20:9　ある人が～を造り、それを農夫
Ⅰｺﾘ9:7　自分で～を造りながら、その実を

ぶどうしゅ（ぶどう酒）
レビ10:9　～や強い酒を飲んではならない
民6:3　～や…～の酢を飲んではならない
士13:4　～や強い酒を飲んではならない
エス1:10　王は～で心が陽気になり
箴23:30　～をいつまでも飲み続ける者
伝2:3　からだは～で元気づけよう
雅1:2　あなたの愛は、～にまさって
イザ5:11　夜が更けるまで、～に身を委ねる
24:11　街には、～はなく、哀れな叫び声
エレ35:6　～を飲みません…永久に～を
エゼ44:21　内庭に入るとき、～を飲んでは
ダニ5:4　彼らは～を飲み…木、石の神々
ホセ4:11　～、新しい～は良識を失わせる
ハバ2:5　実に～は裏切るもの
ゼカ9:17　新しい～は若い女たちを栄えさせ
マタ9:17　新しい～を古い皮袋に入れたりは
27:34　イエスに、苦みを混ぜた～を
マコ2:22　新しい～を古い皮袋に入れたり
ルカ5:37　新しい～を古い皮袋に入れたり
ヨハ2:9　～になっていたその水を味見した
使2:13　彼らは新しい～に酔っているのだ
エペ5:18　また、～に酔ってはいけません
Ⅰﾃﾓ5:23　少量の～を用いなさい

ぶどうばたけ（ぶどう畑）
創9:20　ノアは農夫となり、～を作り始め
申20:6　～を作って…初物を味わって
22:9　～に二種類の種を蒔いては
Ⅰ列21:1　イズレエルに～を持っていた
雅2:15　～を荒らす…～は花盛りですから
イザ27:2　麗しい～について歌え

- エレ12:10　多くの牧者が、わが～を荒らし

ふところ
- 箴6:27　人が火を～にかき込んだら
- ルカ16:22　アブラハムの～に連れて行かれた

ふなちん（船賃）
- ヨナ1:3　～を払ってそれに乗り込み

ふにん（不妊）
- 創11:30　サライは～の女で…子が
- 29:31　ラケルは～の女であった
- 士13:2　彼の妻は～で、子を産んだことが
- イザ54:1　子を産まない～の女よ、喜び歌え
- ルカ1:7　エリサベツが～だったからである
- ガラ4:27　子を産まない～の女よ、喜び歌え

ふね（船；舟）
- 詩107:23　～に乗って海に出る者…大海で
- 箴30:19　海の真ん中にある～の道
- エゼ30:9　使者たちが～で出て行き
- マタ4:22　～と父親を残してイエスに従った
- ルカ8:22　弟子たちと一緒に～に乗り
- ヨハ6:21　喜んで～に迎えた。すると、～は
- 使13:4　そこからキプロスに向けて～出し
- 18:18　シリアへ向けて～で出発した
- 27:1　私たちが～でイタリアへ行く

ふへい（不平）
- 出16:2　荒野でモーセとアロンに…～を
- 16:8　～は…主に対してなのだ
- 17:3　それで民はモーセに～を言った
- 民11:1　民は主に対して…激しく～を
- 14:2　モーセとアロンに～を言った
- 14:27　わたしに～を言い続けるのか
- 16:11　彼に対して～を言うのか
- 16:41　モーセとアロンに向かって～を
- 申1:27　そして天幕の中で～を言った
- ヨシ9:18　族長たちに向かって～を言った
- 詩106:25　自分たちの天幕の中で～を言い
- Ⅰコリ10:10　ある人たちがしたように、～を
- ピリ2:14　すべてのことを、～を言わずに

ふほう（不法）
- Ⅱサム22:49　～を行う者から私を救い出して
- 詩36:4　彼は寝床で～を謀り　良くない道
- ミカ2:1　～を謀り、寝床の上で悪を行う者
- マタ7:23　～を行う者たち、わたしから離れ
- ルカ22:37　彼は～な者たちとともに数えられ
- Ⅱテサ2:3　～の者、すなわち滅びの子が
- 2:8　その時になると、～の者が現れ
- テト2:14　すべての～から贖い出し

ふまん（不満）
- Ⅰサム22:2　負債のある者、～のある者たち

ふみば（踏み場）
- 士6:11　ぶどうの～で小麦を打っていた
- 黙14:19　神の憤りの大きな～に投げ入れた

ふむ（踏む）
- 申11:24　足の裏で～む場所は、ことごとく
- ヨブ9:8　神は…海の大波を～みつけられる
- 20:19　弱い者を～みにじって見捨て
- 詩12:5　苦しむ人が～みにじられ
- 44:5　向かい立つ者どもを～みつけます
- 56:1　人が私を～みつけ　一日中戦って
- 91:13　獅子とコブラを～みつけ
- 箴1:15　彼らの通り道に、足を～み入れて
- アモ1:3　ギルアデを～みにじったからだ
- ミカ7:19　私たちの咎を～みつけて
- ハバ3:15　あなたは馬で海を…～みつけられ
- マラ4:3　悪者どもを～みつける
- ロマ16:20　足の下でサタンを～み砕いて

ふやす（増やす）
- 申7:13　あなたを祝福し、あなたを～やす
- 詩115:14　主があなたがたを～やして
- イザ9:3　あなたはその国民を～やし

ふゆ（冬）
- 創8:22　夏と～、昼と夜がやむことはない
- 雅2:11　ご覧、～は去り、雨も過ぎて
- 使27:12　～を過ごすのに適していなかった
- Ⅰコリ16:6　～を越すことになる
- Ⅱテモ4:21　何とかして～になる前に来て
- テト3:12　そこで～を過ごすことにして

ふゆかい（不愉快）
- ヨナ4:1　このことはヨナを非常に～にした

ブヨ
- 出8:16　ちりはエジプトの全土で～となる
- マタ23:24　～はこして除くのに、らくだは

ふりかえる（振り返る）
- 創19:17　うしろを～ってはいけない
- 19:26　彼の妻は、～ったので、塩の柱に

ふる（降る）
- イザ45:8　雲よ、義を～らせよ。地よ、開け

ふるい
- イザ30:28　それは国々を破滅の～にかけ
- ルカ22:31　サタンがあなたがたを…～に

ふるい（古い）
- マタ9:16　真新しい布切れで～衣に継ぎを
- マコ2:21　真新しい布切れで～衣に継ぎを
- Ⅱコリ3:14　～契約が朗読されるときには

ふるいたつ（奮い立つ）
- Ⅰサム4:9　～て。男らしくふるまえ
- 30:6　自分の神、主によって～った
- Ⅱ歴15:8　アサは、これら…を聞いて～
- 36:22　主は…キュロスの霊を～たせた
- 詩35:23　～ってください。目を覚まして
- イザ42:13　戦士のように激しく～

ハガ1:14　残りの者すべての霊を～たせた
Ⅱｺﾘ9:2　熱心は多くの人を～たせました
Ⅱﾍﾟﾃ1:13　あなたがたを～たせることを

ふるう
アモ9:9　ふるいにかける。～っても

ふるえ（震え；震える）
詩4:4　～えわななけ。罪を犯すな
イザ14:16　～えさせ、王国を～え上がらせ
32:11　安逸を貪る女たちよ、～えよ
33:14　神を敬わない者たちを～がとらえ
64:2　国々はあなたの御前で～えます
エレ10:10　その御怒りに地は～え
エゼ7:17　どの膝も～える
アモ8:8　地はこのために～えないだろうか
マコ16:8　そこから逃げ去った。～え上がり

ふるわす（震わせる）
イザ13:13 それゆえ、わたしは天を～わせる

ふれまわる（ふれ回る）
マコ1:45　彼は出て行って～り、この出来事

ふれる（触れる）
創3:3　それに～れてもいけない
ヨブ5:19　わざわいはあなたに～れない
詩105:15　油注がれた者たちに～れるな
エレ1:9　御手を伸ばし、私の口に～れられ
ゼカ2:8　～れる者は…わたしの瞳に～れ
マタ8:15　手に～れられた。すると熱がひき
9:21　この方の衣に～れさえすれば
20:34　イエスは…彼らの目に～れられた
マコ5:28　あの方の衣にでも～れれば
Ⅰｺﾘ7:1　男が女に～れないのは良いことだ
Ⅱｺﾘ6:17　汚れたものに～れてはならない
Ⅰﾖﾊ5:18　悪い者はその人に～れることが

ぶん（分）
Ⅱ列2:9　あなたの霊のうちから、二倍の～
マタ21:34　主人は自分の～を受け取ろうと

ふんがい（憤慨）
マタ26:8　弟子たちはこれを見て、～して
マコ14:4　何人かの者が～して互いに言った

ぶんかつ（分割）
Ⅰｺﾘ1:13　キリストが～されたのですか

ふんさい（粉砕）
民33:52　～し、彼らの鋳像をすべて～し

ぶんしょ（文書）
ダニ7:10　さばきが始まり…～が開かれた

ふんとう（奮闘）
コロ1:29　労苦しながら～しています

ぶんとり（分捕り）
民31:32　奪った戦利品を除く～物は
士5:19　彼らが銀の～品を取ることは

ぶんぱ（分派）
Ⅰｺﾘ11:19　～が生じるのもやむを得ません
テト3:10　～を作る者は、一、二度訓戒し

ぶんれつ（分裂）
ダニ2:41　それは～した国のことです
マタ12:25　～して争えば荒れすたれ
マコ3:24　もし国が内部で～したら
ルカ12:51　むしろ～です
ヨハ10:19 ユダヤ人たちの間に再び～が生じ
ロマ16:17 ～とつまずきをもたらす者たちを
Ⅰｺﾘ11:18　～があると聞いています
12:25　からだの中に～がなく

へ

へいあん（平安）
民6:26　あなたに～を与えられますように
Ⅰ列2:33　主から～があるように
Ⅰ歴12:18 ～があるように…～があるように
詩30:6　私は～のうちに言った
119:165　みおしえを愛する者には …～が
箴3:2　長い日々と、いのちと～の年月が
3:17　その通り道はみな～である
雅8:10　～をもたらす者のようになり
イザ38:17　苦しみは ～のためでした
48:18　あなたの～は川のように
48:22　「悪しき者には～がない。」主は
55:12　あなたがたは…～のうちに導かれ
57:19　～あれ。…～あれ
エレ6:14　～がないのに、『～だ、～だ』と
8:11　～がないのに、「～だ、～だ」と
14:19　私たちが～を待ち望んでも
29:7　あなたがたは～を得ることになる
38:4　～ではなくわざわいを求めている
エゼ7:25　彼らは～を求めるが、それはない
13:10　～がないのに「～」と言って
13:16　～がないのに～の幻を見ていた
ルカ10:5　この家に～があるように
ヨハ14:27　～を残します…～を与えます
16:33　わたしにあって～を得るためです
20:19　～があなたがたにあるように
20:21　～があなたがたにあるように
Ⅱｺﾘ1:2　恵みと～があなたがたに
ピリ4:7　すべての理解を超えた神の～が

へいえい（兵営）
使21:34　パウロを～に…命じた

へいえき（兵役）
Ⅰｺﾘ9:7　自分の費用で～に服す人が

へいおん（平穏）
イザ32:17　義がとこしえの～と安心を

へいし（兵士）
マタ28:12　～たちに多額の金を与えて
ルカ3:14　～たちもヨハネに尋ねた
7:8　私自身の下にも～たちがいて
ヨハ19:23　～たちはイエスを十字架につける
Ⅱテモ2:3　イエスの立派な～として

へいち（平地）
Ⅰ列20:23　私たちが～で彼らと戦うなら
エゼ37:2　その～には非常に多くの骨が

へいわ（平和）
レビ26:6　わたしはその地に～を与える
Ⅱ列20:19　自分が生きている間は～と安定が
Ⅰ歴22:9　イスラエルに～と平穏を与える
詩35:20　彼らは～を語らず 地の平穏な
35:27　ご自分のしもべの～を喜ばれる方
37:37　～の人には未来がある
85:10　義と～は口づけします
120:7　私が ～を一と語りかければ
122:6　エルサレムの～のために祈れ
イザ9:7　主権は増し加わり、その～は
26:12　あなたは…～を備えて
32:17　義が～をつくり出し
39:8　自分が生きている間は～と安定が
52:7　～を告げ知らせ、幸いな良い
54:10　わたしの～の契約は動かない
60:17　～をあなたの管理者とし
エゼ34:25　わたしは彼らと～の契約を結び
37:26　わたしは彼らと～の契約を結ぶ
ミカ3:5　『～があるように』と叫ぶが
5:5　～は次のようにして来る
ナホ1:15　～を告げ知らせる人の足が山々の
ハガ2:9　この場所にわたしは～を与える
ゼカ6:13　二人の間には、～の計画がある
9:10　彼は諸国の民に～を告げ
マタ5:9　～をつくる者は幸いです
10:34　～をもたらすためだ、と思っては
マコ9:50　互いに～に過ごしなさい
ルカ1:79　私たちの足を～の道に導く
2:14　地の上で、～が みこころに
12:51　地上に～をもたらすために来た
使10:36　～の福音を宣べ伝えられました
ロマ5:1　神との～を持っています
12:18　すべての人と～を保ちなさい
14:19　～に役立つことと…霊的成長に
16:20　～の神は、速やかに
エペ2:14　キリストこそ私たちの～です
2:15　一人の人に造り上げて～を実現し
2:17　遠くにいたあなたがたに～を
ピリ4:9　～の神があなたがたとともにいて
コロ1:20　十字架の血によって～をもたらし
3:15　キリストの～が、あなたがたの心
ヘブ13:20　死者の中から導き出された～の神
Ⅰペテ3:11　～を求め、それを追え
黙6:4　地から～を奪い取ることが許され

ベール
創24:65　リベカは～を手に取って
雅4:1　あなたの目は、～の向こうの鳩

へつらい；へつらう
ヨブ32:22　私は～うことを知らないし
詩12:2　～いの唇と 二心で話します
18:44　異国の人々は 私に～います
箴28:23　舌で～う者よりも恵みを得る
29:5　隣人に～う者は

へび（蛇）
創3:1　～は…野の生き物のうちで
出4:3　地に投げ…ると…～になった
7:10　投げた。すると…～になった
民21:6　～を送られた。～は民に
21:8　燃える～を作り…旗ざおの上に
箴23:32　これが～のようにかみつき
伝10:11　～使いに何の益にもならない
イザ27:1　逃げ惑う～…～レビヤタンを罰し
65:25　～はちりを食べ物とし
マタ23:33　～よ、まむしの子孫よ
マコ16:18　～をつかみ、たとえ毒を飲んでも
ルカ10:19　～やサソリを踏みつけ
ヨハ3:14　モーセが荒野で～を上げたように
Ⅱコリ11:3　～が悪巧みによってエバを欺いた

へや（部屋）
Ⅱ列4:10　屋上に壁のある小さな～を作り
マタ6:6　家の奥の自分の～に入りなさい

へりくだり
箴22:4　～と、主を恐れることの報いは

へりくだる
レビ26:41　彼らの無割礼の心が～るなら
Ⅰ列21:29　アハブがわたしの前に～っている
Ⅱ列22:19　主の前に～り、…を引き裂いて
Ⅱ歴7:14　わたしの民が、自ら～り
12:6　首長たちと王は～り
30:11　ゼブルンの一部の人々は、～って
32:26　その心の高ぶりを捨てて～り
34:27　～り、わたしの前に～って
ヨブ22:29　～っている者は救われる
箴16:19　～って、貧しい者とともにいる
イザ57:15　～った人と…～った人たちの霊を
ダニ4:37　高ぶって歩む者を～らせることの
ミカ6:8　～って、あなたの神とともに歩む
ゼパ3:12　～った、貧しい民を残す

ピリ2:3　～って、互いに人を自分より
ヤコ4:10　主の御前で～りなさい
Ⅰペテ5:6　神の力強い御手の下に～りなさい

べんかい（弁解）
創44:16　何と言って～することができる
ヨハ15:22　罪について～の余地はありません
ロマ1:20　彼らに～の余地はありません

へんけん（偏見）
ヤコ3:17　～がなく、偽善もありません

べんご（弁護）
イザ51:22　ご自分の民を～する…主は
使24:1　テルティロという～士と一緒に

へんじ（返事）
箴18:13　よく聞かないで～をする者は

へんそう（変装）
ヨシ9:4　策略をめぐらし、～をした
Ⅰ列14:2　～し…シロへ行ってくれ
Ⅱ歴18:29　私は～して戦いに行きます
35:22　かえって彼と戦おうとして～し
Ⅱコリ11:13　キリストの使徒に～している
11:14　サタンでさえ光の御使いに～し

べんめい（弁明）
ルカ12:11　何をどう～しようか…と心配し
使22:1　私の～を聞いてください
Ⅰコリ9:3　私は次のように～します
ピリ1:7　福音を～し立証しているときも

ほ

ほう（法）
イザ33:22　主は私たちに～を定める方

ほうい（包囲）
申20:12　戦おうとするなら…～しなさい
イザ1:8　あたかも…～された町のように
エレ52:5　ゼデキヤ王の第十一年まで～され

ぼうきゃく（忘却）
詩88:12　あなたの義が～の地で

ぼうぎゃく（暴虐）
ヨブ16:17　私の手には～がなく
19:7　私が「～だ」と叫んでも
詩7:16　その～は自分の脳天に下ります
73:6　～の衣が彼らをおおっている
箴16:29　～を行う者は自分の隣人を惑わし
エレ22:17　虐げと～を行うことにだけ向け
ハバ1:3　暴行と～が私のそばにあり
マラ2:16　～がその者の衣をおおう

ほうけん（奉献）
出29:24　～物として主の前で揺り動かす
Ⅰ列8:63　イスラエルの人々は主の宮を～し
エズ6:17　この神の宮の～式のために
ネヘ12:27　エルサレムの城壁の～式に際して
ダニ3:2　王が建てた像の～式に出席させる

ぼうげん（暴言）
詩27:12　私に向かい立ち ～を吐いている

ぼうこう（暴行）
士19:25　夜通し朝まで～を加え

ほうこく（報告）
ルカ16:2　会計の～を出しなさい

ほうさく（豊作）
創41:29　エジプト全土に七年間の大～が

ほうし（奉仕）
民3:7　幕屋の～をしなければならない
申18:7　神、主の御名によって～する
ヨハ16:2　自分は神に～していると思う時が
使6:4　祈りと、みことばの～に専念し
12:25　～を果たしたバルナバとサウロは
21:19　自分の～を通して神が異邦人の間
26:16　あなたを～者、また証人に任命
ロマ12:7　～であれば～し、教える人で
15:25　今は、聖徒たちに～するために
Ⅰコリ7:35　ひたすら主に～できるように
9:13　宮に～している者が…食べ
16:15　聖徒たちのために熱心に～して
Ⅱコリ8:4　聖徒たちを支える～の恵みに
9:12　この～の務めは、聖徒たちの欠乏
エペ4:12　聖徒たちを整えて～の働きをさせ
ピリ2:22　福音のために～してきました
コロ4:7　忠実な～者…同労のしもべ

ほうしゅう（報酬）
創30:28　あなたの～をはっきりと申し出て
31:7　私を欺き、私の～を何度も変えた
イザ1:23　みな賄賂を愛し、～を追い求める
40:10　その～は主の御前にある
エレ22:13　隣人をただで働かせて～も払わず
エゼ16:34　～を支払い、あなたには…～を
ロマ6:23　罪の～は死です
Ⅰコリ3:8　自分の～を受けるのです
Ⅱコリ11:7　自分を低くして、～を受けずに
Ⅰテモ5:18　働く者が～を受けるのは当然

ほうせき（宝石）
ヨブ28:10　あらゆる～を目にする
雅4:9　首飾りのただ一つの～で
ゼカ9:16　王冠の～がその地できらめく

ほうとう（放蕩）
ルカ15:13　～して、財産を湯水のように
Ⅰペテ4:4　度を越した同じ～に走らないので

ぼうとく（冒瀆）
エゼ20:27　わたしを～している
マタ9:3　「この人は神を～している」と

マタ12:31 御霊に対する～は赦されません
26:65 この男は神を～した
マコ3:29 聖霊を～する者は…永遠に
14:64 神を～することばを聞いたのだ
ルカ5:21 神への～を口にするこの人は
ヨハ10:33 ～のためだ。あなたは人間で
Ⅰテモ1:13 私は以前には、神を～する者
黙13:1 その頭には神を～する様々な名が
13:6 天に住む者たちを～した
16:9 神の御名を～した
16:11 天の神を～し、自分の行いを

ほうのうぶつ（奉納物）
出35:5 主への～を受け取りなさい
Ⅱ歴31:12 ～と十分の一の聖なるささげ物

ぼうばく（茫漠）
創1:2 地は～として何もなく
エレ4:23 見よ、～として何もなく

ほうひ（包皮）
エレ4:4 割礼を受け、心の～を取り除け

ぼうふう（暴風）
エレ23:19 荒れ狂う～が 悪者の頭上で
ヨナ1:4 激しい～が海に起こった
1:12 この激しい～は、私のせいで
使27:14 ユーラクロンという～が陸から
27:18 ～に激しく翻弄されていたので

ほうふく（報復）
詩28:4 その仕打ちに～してください
99:8 彼らの悪しきわざには～される方
イザ59:18 敵に～し…島々にも報～をされる
エレ16:18 咎と罪に対し二倍の～をする
哀3:64 手のわざに応じて、彼らに～し
ホセ4:9 その行いのゆえに彼らに～する
9:7 刑罰の日が来た。～の日が来た
ヨエ3:4 ～しようと…わたしに～しようと
黙19:2 血の～を彼女にされた

ぼうへき（防壁）
Ⅰサム25:16 私たちのために～となって

ほうむる（葬る）
創23:19 マクペラの畑地…に…～った
35:29 エサウとヤコブが彼を～った
47:29 私をエジプトの地には～らないで
申34:6 モアブの地の谷に～られたが
マタ8:21 まず行って父を～ることを
ルカ9:59 まず行って、父を～ることを
ロマ6:4 キリストとともに～られたのです
Ⅰコリ15:4 ～られたこと、また、聖書に
コロ2:12 キリストとともに～られ

ほうもつ（宝物）
ヨシ6:19 それらは主の～倉に入れよ
Ⅱ列20:13 ～倉にあるすべての物を彼らに
イザ39:2 ～倉にあるすべての物を彼らに
エレ15:13 あなたの財宝、あなたの～を
ハガ2:7 すべての国々の～がもたらされ
マラ3:10 十分の一をことごとく、～倉に

ほうりだす（放り出す）
マタ8:12 御国の子らは外の暗闇に～され
ルカ20:15 ぶどう園の外に～して、殺して

ほえる（吼える）
ホセ11:10 主は…～える。…主が～えると
アモ1:2 主はシオンから～え
3:4 獅子が森の中で～えるだろうか

ほお（頬）
Ⅰ列22:24 ミカヤの～を殴りつけて言った
雅1:10 飾り輪のあるあなたの～は美しい
イザ50:6 ひげを抜く者に～を任せ
哀3:30 自分を打つ者には～を向け
マタ5:39 右の～を打つ者には左の～も向け

ぼくし（牧師）
エペ4:11 ある人たちを～また教師として

ぼくしゃ（牧者）
詩80:1 イスラエルの～よ 聞いて
イザ44:28 わたしの～。わたしの望むことを
56:11 彼らは～なのに、悟ることがない
63:11 ご自分の群れの～たちとともに
エレ2:8 ～たちもわたしに背き
3:15 わたしの心にかなう～たちを
10:21 ～たちは愚かで、主を求め
17:16 私は、あなたに従う～になる
23:1 滅ぼし散らしている～たち
25:34 ～たちよ、泣き叫べ
51:23 あなたによって～も群れも砕き
エゼ34:2 ～たちに…預言して、～で
34:5 彼らは～がいないので散らされ
34:7 ～たちよ、主のことばを聞け
34:23 一人の～…ダビデを起こす
37:24 彼ら全体のただ一人の～となる
アモ1:1 テコア出身の～…アモスのことば
ゼカ11:16 一人の～をこの地に起こす
ヨハ10:2 門から入るのは羊たちの～です
10:11 わたしは良い～です。良い～は
ヘブ13:20 永遠の契約の血による羊の大～
Ⅰペテ5:4 大～が現れるときに

ぼくする（牧する）
Ⅱサム5:2 わたしの民イスラエルを～し
詩78:72 彼は 全き心で彼らを～し
エレ23:4 牧者たちを立てて、彼らを～させ
ミカ7:14 あなたのゆずりの群れを～して
ヨハ21:16 わたしの羊を～しなさい
使20:28 神の教会を～させるために
Ⅰペテ5:2 神の羊の群れを～しなさい

黙2:27 彼は鉄の杖で彼らを～する
7:17 彼らを～し、いのちの水の泉に
12:5 すべての国々の民を～することに
19:15 鉄の杖で彼らを～するのは

ほこり（誇り；誇る）
ヨブ41:34 ～り高い獣すべての王である
詩5:5 ～り高ぶる者たちは 御目の前に
10:3 悪しき者は自分自身の欲望を～り
34:2 私のたましいは主を～る
44:8 神にあって 私たちは…～ります
箴27:1 明日のことを～るな
エレ9:24 ～る者は、ただ、これを～れ
ロマ2:23 律法を～りとするあなたは
3:27 それでは、私たちの～りはどこに
11:18 ～ってはいけません。たとえ～る
Iコリ1:31 ～る者は主を～れ
3:21 だれも人間を～ってはいけません
13:3 私のからだを引き渡して～ことに
IIコリ7:14 テトスの前で～ったことも真実と
8:24 私たちが～りとしている理由
10:17 ～る者は主を～れ
11:10 この～りが封じられることは
11:21 私もあえて～りましょう
11:30 私は自分の弱さのことを～ります
ガラ6:14 十字架以外に～りとするものが
エペ2:9 だれも～ることのないためです
ヤコ1:9 自分が高められることを～りと

ホサナ
マタ21:15 「ダビデの子に～」と叫んでいる
マコ11:9 ～。祝福あれ、主の御名によって

ほし（星）
創1:16 神は…また～も造られた
15:5 ～を数えられるなら数えなさい
22:17 空の～、海辺の砂のように大いに
民24:17 ヤコブから一つの～が進み出る
申1:10 あなたがたは…空の～のように
10:22 あなたを空の～のように多くされ
28:62 空の～のように多かったが
士5:20 天から…～が下って来て戦った
I歴27:23 イスラエルを天の～のように
ネヘ4:21 夜明けから～が現れるまで
9:23 子孫を空の～のように増やし
詩147:4 主は～の数を数え そのすべてに
ダニ12:3 世々限りなく、～のようになる
マタ2:2 その方の～が昇るのを見たので
ヘブ11:12 天の～のように…砂のように
黙1:16 右手に七つの～を持ち、口から
8:10 天から…大きな～が落ちて来て

ほしい（欲しい）
ヨシ7:21 ～しくなり、それらを取りました
ミカ2:2 畑を～しがって、これをかすめ
黙18:14 おまえの心が～がる果物は

ほしゅう（捕囚）
エズ2:1 ～の民で、その～の身から解かれ
イザ20:4 エジプトの捕虜とクシュの～の民
エレ15:2 ～に定められた者は～に
24:5 ～の民を、この良いいちじくの
エゼ12:4 ～に行く人々のように、彼らの

ほしょう（保証）
創44:32 あの子の～人となっているから
ヨブ16:19 私の～人が、高い所に
イザ38:14 私の～人となってください
IIコリ1:22 ～として御霊を私たちの心に
5:5 ～として御霊を下さいました
エペ1:14 聖霊は…御国を受け継ぐ…～です

ほっする（欲する）
詩39:11 シミが食うように人の～するもの
106:15 主は彼らにその～ものを与え
箴1:22 いつまで嘲ることを～するのか
ロマ7:7 隣人のものを～してはならない
13:9 隣人のものを～してはならない

ほどく
ルカ19:30 それを～いて、連れて来なさい
ヨハ11:44 ～いてやって、帰らせなさい

ほどこし（施し；施す）
詩37:21 正しい人は情け深く 人に～す
箴19:17 貧しい者に～しをするのは
28:27 貧しい者に～す者は
ルカ11:41 内にあるものを～しに用いなさい
Iテモ6:18 惜しみなく～し、喜んで分け与え

ほね（骨）
民9:12 その～は折ってはならない
II列13:21 エリシャの～に触れるやいなや
ヨブ19:20 私は、～が皮と肉にくっつき
30:17 夜は私から～をえぐり取り
詩22:17 私は 自分の～をみな数えること
34:20 主は彼の～をことごとく守り
エレ8:1 ～を、墓から取り出し
エゼ37:1 そこには～が満ちていた
37:7 ～と～とが互いにつながった
ヨハ19:36 彼の～は、一つも折られることは

ほのお（炎）
雅8:6 その～は火の～、すさまじい～
イザ10:17 その聖なる方は～となる
IIテサ1:7 主イエスが、燃える～の中に

ほばしら（帆柱）
箴23:34 ～のてっぺんで寝ている人のよう

ほはば'（歩幅）
ヨブ18:7 彼の力強い～は狭められ

ほふりば（屠り場）
イザ53:7　〜に引かれて行く羊のように
エレ11:19　〜に引かれて行く…子羊のよう
屠る（ほふる）
申15:21　いけにえとして〜ってはならない
詩44:22　〜られる羊と見なされています
使11:7　さあ、〜って食べなさい
ロマ8:36　〜られる羊と見なされています
Iコリ5:7　キリストは、すでに〜られた
黙13:8　〜られた子羊のいのちの書に
ほほえむ
箴31:25　〜みながら後の日を待つ
ほまれ（誉れ）
ヨブ40:10　さあ、〜と気高さで身を飾り
詩48:10　御名と同じく　あなたの〜は
87:3　〜あることが語られている
イザ62:7　エルサレムを…〜れとするまで
マタ21:16　あなたは〜を打ち立てられました
ロマ2:7　栄光と〜と朽ちないものを求める
Iテモ6:16　〜と永遠の支配がありますように
ほむべき
I歴16:36　〜かな、イスラエルの神、主
ヨブ1:21　主の御名は〜かな
マコ14:61　〜方の子キリストなのか
ルカ1:68　〜かな、イスラエルの神、主
ほめうた（ほめ歌）
出15:2　主は私の力、また、〜
ヨブ35:10　夜、〜を下さる方は
詩47:6　〜を歌え。神に〜を…〜を歌え
75:9　ヤコブの神に　〜を歌います
81:2　〜を歌い　タンバリンを…鳴らせ
118:14　主は私の力　また〜
イザ12:2　ヤハ、主は私の力、私の〜
ほめうたう（ほめ歌う）
詩61:8　御名を　とこしえまでも〜い
147:12　エルサレムよ　主を〜え
イザ12:5　主を〜え。主はすばらしいことを
ロマ15:9　あなたの御名を〜います
ほめたたえる
創24:27　主が〜えられますように
士5:2　主を〜えよ
I列8:33　御名を〜え
8:56　主が〜えられますように
I歴16:7　このように主に〜をささげさせた
29:13　栄えに満ちた御名を〜えます
II歴7:3　主を〜えた
20:26　そこで主を〜えた
ネヘ9:5　あなたがたの神、主を〜えよ
詩7:17　私は主を〜えます
34:1　私はあらゆるときに　主を〜える
66:8　国々の民よ　私たちの神を〜えよ
71:22　私もまた　琴であなたを〜えます
113:1　主の御名を〜えよ
148:2　主を〜えよ…主を〜えよ
150:6　息のあるものはみな　主を〜えよ
雅1:4　あなたの愛を…〜えます
イザ38:18　よみはあなたを〜えず
ダニ2:19　ダニエルは天の神を〜えた
マタ11:25　父よ、あなたを〜えます
14:19　天を見上げて神を〜え
ルカ1:64　神を〜えた
2:28　幼子を腕に抱き、神を〜えて
10:21　父よ、あなたを〜えます
24:53　いつも宮にいて神を〜えていた
使11:18　…と言って、神を〜えた
ロマ15:9　異邦人の間であなたを〜えます
Iコリ10:16　私たちが神を〜賛美の杯は
ほめる
詩34:3　私とともに主を〜めよ
箴12:8　賢明さによって〜められるが
27:2　ほかの者にあなたを〜めさせよ
ルカ16:8　賢く行動したのを〜めた
ロマ15:11　すべての異邦人よ、主を〜めよ
IIコリ6:8　また、〜められたりそしられたり
ほらあな（洞穴）
創19:30　彼と二人の娘は〜の中に住んだ
23:19　マクペラの畑地の〜に
25:9　マクペラの〜に葬った
49:29　エフロンの畑地にある〜に
50:13　マクペラの畑地の〜に葬った
Iサム13:6　〜や、奥まったところ…に隠れた
I列18:4　五十人ずつ〜の中にかくまい
19:9　彼はそこにある〜に入り
ほりょ（捕虜）
創14:14　自分の親類の者が〜になったこと
申21:11　〜の中に姿の美しい女を見て
詩68:18　〜を引き連れていと高き所に上り
ルカ21:24　〜となって、あらゆる国の人々の
エペ4:8　彼は…〜を連れて行き、人々に
ほる（掘る）
創26:22　イサクは…井戸を〜った
箴26:27　穴を〜る者は、自分が…陥り
伝10:8　穴を〜る者は自らそこに落ち
イザ51:1　〜り出された穴に目を留めよ
マタ25:18　穴を〜り、主人の金を隠した
ルカ16:3　土を〜る力はないし
ほる（彫る）
出28:11　〜る宝石細工を施して…彫り
ゼカ3:9　見よ、わたしはそれに文字を〜る

ほろび（滅び）
民24:20 しかし、その終わりは～に至る
詩16:10 ～をお見せにならないからです
35:8 ～が彼を襲い…～の中に
57:1 私は ～が過ぎ去るまで
箴18:7 愚かな者の口は自らの～を招き
イザ38:17 ～の穴から引き離されました
エレ48:16 モアブの～びは近づいた
ヨハ17:12 …～の子が滅びました
使2:27 ～をお見せにならないからです。
13:35 ～をお見せになりません。』
Ⅱテサ2:3 不法の者、すなわち～の子が
ほろびる（滅びる）
レビ26:38 あなたがたは国々の間で～び
申4:26 たちまち～び失せる
8:19 あなたがたは必ず～びる
ヨシ23:16 この良い地から速やかに～び失せ
士5:31 主よ、あなたの敵がみな～び
ヨブ20:7 自分の糞のようにすっかり～び
詩37:20 しかし 悪しき者は～びる
73:27 遠く離れている者は～びます
102:26 これらのものは～びます
119:176 ～びる羊のようにさまよって
箴28:28 彼らが～びると、正しい人が増え
イザ5:6 これを～びるままにしておく
哀3:22 実に、私たちは～び失せなかった
ヨナ1:14 私たちが～びることのないように
3:9 私たちは～びないですむ
マタ18:14 小さい者たちの一人が～びること
26:52 剣を取る者はみな剣で～びます
ルカ13:3 悔い改めないなら…～びます
Ⅱコリ4:3 それは、～び行く人々に対して
ヘブ1:11 これらのものは～びます
ほろぼす（滅ぼす）
民16:21 彼らをたちどころに～ぼし尽くす
Ⅱ列8:19 ユダを～ぼすことを望まれ
詩59:13 ～ぼし尽くし…～ぼし尽くして
101:8 悪しき者を ことごとく～ぼし
箴1:32 愚かな者の安心は自分を～ぼす
14:11 悪しき者の家は～ぼし尽くされ
イザ10:7 ～ぼすこと…国々を絶ち～ぼす
エレ50:40 近隣の町々を～ぼしたように
哀1:15 主は…若い男たちを～ぼされた
エゼ9:8 残りの者たちを…～ぼされる
ホセ4:6 民は知識がないので～ぼされる
Ⅰコリ5:5 その肉が～ぼされるように
Ⅱテモ1:10 キリストは死を～ぼし、福音に
ヘブ2:14 悪魔をご自分の死によって～ぼし
Ⅱペテ2:12 ～ぼされることになります

ぼろぼろ
エレ13:7 その帯は～になって、何の役にも
ぼん（盆）
マコ6:25 ヨハネの首を～に載せて
ほんしん（本心）
箴7:10 ～を隠したある女が彼を迎えた
ほんとう（本当）
テト1:13 この証言は～です

ま

まいそう（埋葬）
マコ14:8 ～に備えて…香油を塗って
まいにち（毎日）
使17:11 そのとおりかどうか、～聖書を
17:17 そこに居合わせた人たちと～論じ
まえ（前）
イザ41:22 ～の事は何であったのかを告げよ
ロマ11:2 神は、～から知っていたご自分の
まかす（任す）
マタ24:47 全財産を～せるようになります
ルカ16:11 まことの富を～せるでしょうか
ヨハ2:24 自分をお～せにならなかった
Ⅱテモ1:12 その方は私がお～せしたものを
まがる（曲がる）
ヨブ9:20 神は私を～がった者とされる
箴2:15 その進む道は～がり
まきば（牧場）
詩23:2 主は私を緑の～に伏させ
エレ50:19 イスラエルをその～に帰らせる
まきもの（巻物）
詩40:7 ～の書に私のことが書いてあり
イザ34:4 天は～のように巻かれる
エレ36:2 あなたは～を取り…書き記せ
36:23 ～をすべて暖炉の火で焼き尽くし
36:32 エレミヤは、もう一つの～を取り
エゼ2:9 その中に一つの～があった
ゼカ5:1 なんと、一つの～が飛んでいた
ヘブ10:7 ～の書にわたしのことが書いて
黙1:11 あなたが見たことを～に記して
5:1 右の手に～を見た
6:14 天は、～が巻かれるように消えて
10:2 手には開かれた小さな～を持って
10:9 「私にその小さな～を下さい」と
まく（蒔く）
創26:12 種を～き、その年に百倍の収穫を
47:23 これをその土地に～きなさい
詩107:37 畑に種を～き ぶどう畑を作り
126:5 涙とともに種を～く者は

箴22:8　不正を～く者はわざわいを刈り
伝11:4　風を警戒して…種を～かない
イザ32:20　すべての水のほとりに種を～き
エレ4:3　茨の中に種を～くな
12:13　小麦を～いても、茨を刈り取り
31:27　人の種と家畜の種を～く
ホセ8:7　風を～いて、つむじ風を刈り取る
ミカ6:15　種を～いても、刈ることがなく
マタ13:27　畑には良い麦を～かれたのでは
25:26　私が～かなかったところから
ルカ12:24　種～きもせず、刈り入れもせず
ヨハ4:37　一人が種を～き、ほかの者が刈り
Ⅰコリ9:11　御霊のものを～いたのなら
15:36　～くものは、死ななければ
Ⅱコリ9:6　わずかだけ～く者はわずかだけ
ガラ6:7　人は種を～けば、刈り取りもする

まく（幕）

出26:1　幕屋を十枚の～で…～は
マコ15:38　神殿の～が上から下まで真っ二つ
ルカ23:45　神殿の～が真ん中から裂けた

まくや（幕屋）

出25:9　～と～のすべての備品は
26:30　山で示された定めのとおりに～を
40:2　あなたは会見の天幕である～を
詩15:1　だれが　あなたの～に宿る
19:4　太陽のために～を設けられた
マタ17:4　私がここに～を三つ造ります
マコ9:5　～を三つ造りましょう
ルカ9:33　～を三つ造りましょう
使7:44　荒野にあかしの～がありました
Ⅱコリ5:1　地上の住まいである～が壊れても
ヘブ8:5　モーセが～を設営しようとした
Ⅱペテ1:14　この～を間もなく脱ぎ捨てること
黙15:5　あかしの～である神殿が開かれた
21:3　見よ、神の～が人々とともにある

まくら（枕）

創28:11　石を取って～にし…横になった
マタ8:20　人の子には～するところも

まげる（曲げる）

ヨブ8:3　神がさばきを～げられるだろうか
34:12　全能者はさばきを～げない
伝1:15　～げられたものを、まっすぐには
7:13　神が～げたものを　だれが
イザ59:8　彼らは…自分の通り道を～げ
エレ3:21　彼らが自分たちの道を～げ
23:36　私たちの神のことばを～げる
ミカ3:9　あらゆる正しいことを～げている
Ⅱコリ4:2　神のことばを～げず、真理を

まご（孫）

箴17:6　～たちは老人の冠

まごころ（真心）

Ⅰ列3:6　真実と正義と～をもって
使2:46　喜びと～をもって食事をともにし
エペ6:5　～から地上の主人に従いなさい

まこと

詩57:10　あなたの～は雲にまで及ぶから
85:11　～は地から生え出で　義は天から
117:2　主の～はとこしえまで　ハレルヤ
ヨハ15:1　わたしは～のぶどうの木

まさる

伝3:19　人は獣に～っているのか。～って
マタ5:20　パリサイ人の義に～って
12:42　ここにソロモンに～るものが
Ⅰコリ12:31　はるかに～る道を示しましょう

ましくわわる（増し加わる）

イザ9:7　その主権は～わり、その平和は
ロマ5:20　～わる…罪の～わるところに

まじない

レビ19:26　～をしてはならない
Ⅱ列21:6　～をし、霊媒や口寄せをし
イザ3:3　巧みに～をかける者を

まじゅつ（魔術）

黙18:23　おまえの～によって…惑わされ

まじりけ（混じり気）

詩12:6　主のことばは　～のないことば

まじわり（交わり；交わる）

出29:28　イスラエルの子らからの～の
レビ3:1　ささげ物が～のいけにえの場合
7:11　主に献げられる～のいけにえ
ヨブ15:8　神との親しい～の愛にあずかり
詩106:35　かえって　異邦の民と～わり
箴22:24　怒りっぽい者と～わるな
24:21　そうしない者たちと～わっては
エレ23:18　だれが、主との親しい～に加わり
使2:42　～わりを持ち、パンを裂き、祈り
Ⅰコリ1:9　主イエス・キリストとの～わりに
6:17　主と～わる者は、主と一つの霊に
10:20　悪霊と～わる者になって
Ⅱコリ13:13　恵み、神の愛、聖霊の～わりが
ガラ2:9　～わりのしるしとして右手を
ピリ2:1　愛の慰めがあり、御霊の～わりが
Ⅰヨハ1:3　私たちと～わりを持つようになる

ます（増す）

エズ9:6　咎は～し、私たちの頭より高く
詩71:21　あなたが私の偉大さを～し

まずしい（貧しい；貧しさ）

出23:11　～しい人々が食べ、その残りを
30:15　～しい人もそれより少なく
レビ19:10　～しい人と寄留者のために残して
23:22　～しい人と寄留者のために

申15:7　～しい者であるとき、その～しい
15:11　～しい人が国のうちから絶える
Ⅱｻﾑ12:3　～しい人は、自分で買ってきて
Ⅱ列25:12　～民の一部を残し、ぶどうを作る
ヨブ24:4　～しい者たちを道から押しのける
詩9:12　～しい者の叫びをお忘れに
10:17　主よ あなたは～しい者たちの
22:26　どうか～人々が食べて満ち足り
25:9　～しい者…～しい者にご自分の
34:2　～しい者はそれを聞いて喜ぶ
37:14　苦しむ人 ～しい人を打ち倒し
40:17　私は苦しむ者 ～しい者です
69:32　心の～しい者たちよ 見て喜べ
76:9　地の…～しい者たちを救うために
107:41　～しい者を困窮から高く上げ
147:6　主は心の～しい者を支え
149:4　～しい者たちを救いをもって
箴10:15　～者の恐れは自らの貧困
14:31　～しい者をあわれむ者は造り主を
19:1　～しくても誠実に歩む者は
19:7　～しい者は自分のすべての兄弟
22:2　富む者と～しい者が出会う
24:34　付きまとう者のように～しさが
28:19　…を追い求める者は～しさに
31:20　～しい人に手を差し伸べる
イザ3:14　～しい者からかすめた物が
14:30　～しい者は安らかに伏す
40:20　～しい者は、奉納物として
61:1　～しい人に良い知らせを伝える
ダニ4:27　～しい者をあわれんであなたの咎
アモ2:6　一足のために～しい者を売った
5:11　あなたがたは～しい者を踏みつけ
マタ5:3　心の～しい者は幸いです
11:5　～しい者たちに福音が伝えられて
19:21　財産を売り払って～しい人たちに
26:11　～しい人々はいつもあなたがたと
マコ10:21　すべて売り払い、～しい人たちに
ルカ4:18　～しい人に良い知らせを伝える
6:20　～しい人たちは幸いです
14:13　～しい人たち、からだの不自由な
18:22　売り払い、～しい人たちに分けて
19:8　財産の半分を～しい人たちに施し
ヨハ12:5　～しい人々に施さなかったのか
12:8　～しい人々は…あなたがたと
Ⅱｺﾘ6:10　～しいようでも…人を富ませ
8:2　極度の～しさは、苦しみによる
8:9　キリストの～しさによって富む者
ガラ2:10　～しい人たちのことを心に留める
ヤコ2:5　～しい人たちを選んで信仰に富む
黙2:9　苦難と～しさを知っている
3:17　～しくて、盲目で、裸であること

まぜもの（混ぜ物）

Ⅱｺﾘ2:17　神のことばに～をして売ったり

まち（町）

申19:2　その地に、三つの～を取り分け
ヨシ6:3　～の周りを回れ。～の周囲を
箴11:10　～は、正しい人の繁栄に小躍りし
イザ1:26　正義の～、忠実な都と呼ばれる
マタ5:14　山の上にある～は隠れることが
マコ1:33　～中の人が戸口に集まって来た
ルカ19:19　おまえも五つの～を治めなさい
使17:16　～が偶像でいっぱいなのを見て

まちがう（間違う）

出9:27　今度は私が～っていた
Ⅰｻﾑ26:21　私が～っていた。わが子ダビデよ

まちのぞむ（待ち望む）

ヨブ13:15　神が私を殺しても、私は神を～み
詩25:3　あなたを～む者がだれも恥を見ず
25:5　私は あなたを一日中～みます
27:14　～め 主を。雄々しくあれ…～め
33:18　主の恵みを～む者に
33:22　私たちがあなたを～むときに
37:34　主を～め。主の道を守れ
39:7　主よ 今 私は何を～みましょう
40:1　私は切に 主を～んだ
42:5　神を～め。私はなおも神をほめ
43:5　神を～め。私はなおも神をほめ
62:1　黙って ただ神を～む。私の救い
71:14　しかし私は 絶えずあなたを～み
104:27　みな あなたを～んでいます
119:74　私がみことばを～んでいるから
119:81　あなたのみことばを～んでいます
119:166　私はあなたの救いを～んでいます
130:5　主を～みます…～みます
箴20:22　主を～め。主があなたを救われる
イザ8:17　私は主を～む。ヤコブの家
26:8　私たちはあなたを～みます
30:18　幸いなことよ、主を～む…者は
40:31　主を～む者は新しく力を得
42:4　島々もそのおしえを～む
49:23　わたしを～む者は恥を見ることが
59:11　公正を～むが…救いを～む
60:9　まことに、島々はわたしを～み
64:4　～む者のために、このように
エレ14:22　私たちはあなたを～みます
哀3:26　主の救いを …～むのは良い
ホセ12:6　絶えずあなたの神を～め
ミカ7:7　私の救いの神を～む
マコ15:43　自らも神の国を～んでいた
ルカ2:25　慰められるのを～んでいた

ルカ3:15 人々はキリストを～んでいたので
23:51 神の国を～んでいた彼は
ロマ8:19 子どもたちが現れるのを～んで
8:23 からだが贖われることを～み
Ⅰコリ1:7 キリストの現れを～むように
ガラ5:5 信仰により、御霊によって～んで
ピリ3:20 救い主…を、私たちは～んで
Ⅰテサ1:10 御子が天から来られるのを～む
テト2:13 キリストの、栄光ある現れを～む
ヘブ11:10 基礎の上に建てられた都を～んで
Ⅱペテ3:12 神の日が来るのを～み

まちぶせ（待ち伏せ）
ヨシ8:9 彼らは～の場所へ行き

まつ（待つ）
ヨブ3:21 死を～つが、死はやって来ない
詩37:7 静まり 耐え忍んで主を～て
130:6 ～つのにまさって…～ちます
箴31:25 ほほえみながら後の日を～つ
イザ30:18 恵みを与えようとして～ち
エレ20:10 つまずくのを～ちかまえています
ダニ12:12 幸いなことよ。忍んで～ち
ゼパ3:8 わたしを～て…立つ日を～て
マタ18:29 もう少し～ってください
ルカ8:40 みなイエスを～ちわびていた
12:36 その帰りを～っている人たち
Ⅰコリ11:33 互いに～ち合わせなさい

まつえい（末裔）
ヨブ5:25 自分の～が、地の青草のように

まっすぐ（真っ直ぐ）
ヨブ4:7 どこに、～なのに絶たれた者が
箴3:6 主があなたの進む道を～にされる
14:2 ～歩む者は主を恐れ
14:12 人の目には～に見えるが
伝7:13 だれが～にできるだろうか
7:29 神は人を～な者に造られたが

まっせき（末席）
ルカ14:9 恥をかいて、～に着くことになり

まったき（全き）
創6:9 彼の世代の中にあって～人で
17:1 わたしの前に歩み、～者であれ
申18:13 主のもとで～者でなければ
Ⅱ列20:3 真実と～心をもって…歩み
Ⅰ歴28:9 ～心と喜びの気持ちをもって
29:19 わが子ソロモンに～心を与え
Ⅱ歴15:17 アサの心は生涯、～ものであった
詩18:25 ～者には～方
19:13 解き放たれて～者となるでしょう
37:37 ～人に目を留め 直ぐな人を
119:80 おきてのうちに…～ものと
119:96 どんな～ものにも 終わりが

まっとうする（全うする）
ガラ5:14 という一つのことばで～うされる
Ⅰヨハ2:5 神の愛が確かに～うされている
4:12 神の愛が私たちのうちに～うされ

まつり（祭り）
出23:14 年に三度、わたしのために～を
Ⅰ列8:65 私たちの神、主の前で～を行った
アモ5:21 わたしはあなたがたの～を憎み
8:10 あなたがたの～を喪に変え
マタ26:5 ～の間はやめておこう。民の間に
27:15 総督は～のたびに、群衆のため
マコ15:6 ～のたびに、人々の願う囚人一人

まと（的）
士20:16 ～を外すことがなかった

まど（窓）
Ⅱ列7:2 主が天に～を作られたとしても
ダニ6:10 …の方角に～が開いていた
マラ3:10 わたしが…天の～を開き
Ⅱコリ11:33 私は～からかごで城壁伝いに

まとう
詩30:11 喜びを～わせてくださいました
哀3:44 あなたは雲を身に～い

まどろむ
詩121:3 守る方は ～むこともない
箴6:10 少し眠り、少し～み
イザ5:27 だれ一人、～まず、眠らず

まどわし（惑わし；惑わす）
創3:13 蛇が私を～わしたのです。それで
Ⅰ列22:20 アハブを～わして攻め上らせ
Ⅱ歴18:21 きっとあなたは～わすことが
ヨブ31:9 もし、私の心が女に～わされ
箴1:10 罪人たちがあなたを～わしても
エレ20:7 あなたが私を～わしたので
哀2:14 ～わすことばの幻を見た
マタ24:5 多くの人を～わします
27:63 人を～わすあの男が
マコ4:19 富の～わし…いろいろな欲望
13:5 人に～わされないように気をつけ
ルカ21:8 ～わされないように気をつけ
23:2 この者はわが民を～わし
ヨハ7:12 違う。群衆を～わしているのだ
ガラ3:1 だれがあなたがたを～わした
コロ2:4 あなたがたを～わすことのない
テト1:10 人を～わす者が多くいます
ヘブ3:13 ～わされて頑なにならないように
Ⅱヨハ7 人を～わす者たち…反キリスト
黙2:20 しもべたちを教えて～わし
12:9 全世界を～わす者が地に
18:23 おまえの魔術に…～わされ

マナ
出16:31　それを～と名づけた
16:35　四十年の間～を食べた
民11:6　何もなく…この～を見るだけだ
ヨシ5:12　～は…翌日からやみ
詩78:24　彼らの上に…～を降らせ
ヨハ6:31　先祖は、荒野で～を食べました
黙2:17　勝利を得る者には…～を与える
まなぶ（学ぶ）
申31:12　彼らがこれを聞いて～び
詩119:7　あなたの義のさばきを～ぶとき
119:71　あなたのおきてを～びました
イザ26:9　世界の住民は義を～びます
マタ9:13　どういう意味か、行って～び
11:29　くびきを負って、わたしから～び
ピリ4:9　あなたがたが私から～んだこと
Ⅰテサ4:1　私たちから～び
Ⅱテモ3:7　いつも～んでいるのに
ヘブ5:8　様々な苦しみによって従順を～び
黙14:3　この歌を～ぶことができなかった
まぬがれる（免れる）
ヨブ21:30　悪人がわざわいの日を～れ
伝8:8　この戦いから～れる者はいない
まねく（招く）
ゼパ1:7　～いた者たちを聖別されたからだ
マタ22:14　～かれる人は多いが、選ばれる人
ヨハ2:2　弟子たちも、その婚礼に～かれて
黙19:9　子羊の婚宴に～かれている者たち
まぼろし（幻）
創15:1　主のことばが～のうちにアブラム
民12:6　～の中でその人にわたし自身を
Ⅰサム3:1　～も示されなかった
ヨブ4:13　夜の～で思いが乱れ、深い眠りが
7:14　～によって私をおびえさせます
箴29:18　～がなければ、民は好き勝手に
イザ1:1　アモツの子イザヤの～
22:1　～の谷についての宣告
29:11　すべての～が、封じられた書物の
エレ14:14　偽りの～と、空しい占いと
23:16　自分の心の～を語っている
哀2:9　主からの～を見出さなかった
エゼ1:1　天が開け、私は神々しい～を見た
7:26　預言者に～を求めるようになる
11:24　～のうちに、私をカルデアにいる
12:22　すべての～は消え失せる
13:7　見ているのはむなしい～
40:2　神々しい～のうちに私は
ダニ1:17　すべての～と夢を解くことが
7:2　私が夜、～を見ていると
10:7　この～は、私ダニエル一人だけが
ホセ12:10　わたしが多くの～を示し
ヨエ2:28　老人は夢を見、青年は～を見る
オバ1　オバデヤの～。神である主は
ハバ2:2　～を板の上に書き記して
ゼカ13:4　預言する～を恥じる
ルカ24:23　御使いたちの～を見た
使2:17　青年は～を見、老人は夢を見る
9:10　主が～の中で…と言われた
11:5　夢心地になり、～を見ました
16:9　その夜、パウロは～を見た
18:9　ある夜、主は～によってパウロに
26:19　私は天からの～に背かず
Ⅱコリ12:1　主の～と啓示の話に入りましょう
まむし
イザ11:8　乳離れした子は、～の巣に手を
マタ3:7　～の子孫たち
12:34　～の子孫たち、おまえたち悪い者
ルカ3:7　～の子孫たち。だれが、迫り来る
使28:3　～が這い出して来て、彼の手に
ロマ3:13　彼らの唇の下には～の毒がある
まもる（守る）
創17:9　わたしの契約を～らなければ
出12:17　種なしパンの祭りを～りなさい
31:16　この安息を～り、永遠の契約とし
民6:24　あなたを～られますように
36:7　相続地を堅く～らなければ
申4:6　これを～り行いなさい
5:32　主が命じられたとおりに～り行い
17:19　掟を～り行うことを学ぶため
28:58　すべてのことばを～り行わず
ヨシ22:5　その命令を～り、主にすがり
24:17　主は…私たちを～って
Ⅰサム2:9　主は敬虔な者たちの足を～られ
30:23　主が私たちを～り、私たちを
Ⅰ列2:43　命じた命令を～らなかったのか
Ⅱ列17:13　わたしの命令と掟を～れ
19:34　わたしはこの都を～って…救う
20:6　ダビデのためにこの都を～る
Ⅱ歴34:21　先祖が主のことばを～らず
ヨブ29:2　神が私を～ってくださった日々の
詩16:1　神よ 私をお～りください
25:10　主の契約とさとしを～る者には
32:7　あなたは苦しみから私を～り
64:1　私のいのちを～ってください
91:11　すべての道で あなたを～られる
97:10　敬虔な者たちのたましいを～り
119:4　それらを堅く～るように
119:34　心を尽くしてそれを～るために
119:55　あなたのみおしえを～ります
121:7　わざわいからあなたを～り

詩140:4　主よ 悪しき者の手から私を～り
145:20　主を愛する者は主が～られます
箴21:23　自分の口と舌を～る者は
29:18　みおしえを～る者は幸いである
イザ31:5　エルサレムを～る
37:35　この都を～って、これを救う
マタ19:17　戒めを～りなさい
19:20　それらすべてを～ってきました
28:20　すべてのことを～るように教え
ヨハ17:11　御名によって…お～りください
ロマ2:27　無割礼でも律法を～る人が
ガラ4:10　日、月、季節、年を～っています
ピリ4:7　心と思いを…～ってくれます
Ⅰテモ6:20　委ねられたものを～りなさい
Ⅱテモ4:7　信仰を～り通しました
ヤコ1:27　汚れに染まらないよう…～る
Ⅰペテ1:5　神の御力によって～られており
ユダ1　キリストによって～られている
24　つまずかないように～る
黙2:26　最後までわたしのわざを～る者
3:10　わたしのことばを～った

まやかし
イザ28:15　われわれは、～を避け所とし

まよい（迷い；迷う）
民15:22　あなたがたが～い出て、主が
Ⅱ歴33:9　エルサレムの住民を～わせて
ヨブ6:24　どのように～い出たのか、私に
12:16　～わす者も神のものだ
詩95:10　彼らは心の～った民だ
119:67　苦しみにあう前には私は～い出て
イザ3:12　あなたの案内人たちは～わす者
9:16　この民を導く者は～わす者となり
エレ42:20　あなたがたは…～い出て
ホセ4:12　姦淫の霊が彼らを～わせ
ヘブ3:10　彼らは常に心が～っている
ヤコ5:19　真理から～い出た者がいて

まよなか（真夜中）
士16:3　～まで寝ていたが、～に起き
使16:25　～ごろ、パウロとシラスは

まり
イザ22:18　あなたを～のように丸めて

まわしもの（回し者）
創42:30　あの国を探る～のように扱い

まわる（回る）
出13:18　葦の海に向かう荒野の道に～らせ

まんぞく（満足）
ヨシ22:30　ことばを聞いて、それに～した
Ⅱサム3:36　すべて、民を～させた
箴12:11　自分の畑を耕す者は食に～するが
伝1:8　目は見て～することがなく
2:24　自分の労苦に～を見出すこと
イザ53:11　激しい苦しみ…を見て、～する
エゼ7:19　彼らの欲望を～させることも
ルカ3:14　自分の給料で～しなさい
ヨハ14:8　そうすれば～します
ピリ4:11　どんな境遇にあっても～すること
Ⅰテモ6:8　衣食があれば、それで～すべき

み

み（実）
詩1:3　時が来ると～を結び その葉は
箴1:31　彼らは自分の行いの～を食らい
11:30　正しい人の結ぶ～はいのちの木
エレ21:14　その行いの～にしたがって罰する
ホセ10:1　～が増えるにしたがって
ハバ3:17　オリーブの木も～がなく
マタ7:16　彼らを～によって見分ける
12:33　木の良し悪しはその～によって
21:43　神の国の～を結ぶ民に与えられ
マコ4:20　…百倍の～を結ぶ人たちのこと
4:28　地はひとりでに～をならせ
11:14　～を食べることがないように
ルカ1:42　あなたの胎の～も祝福されて
3:9　良い～を結ばない木はすべて
6:43　良い木が悪い～を結ぶことはなく
8:15　忍耐して～を結びます
ヨハ12:24　死ぬなら、豊かな～を結びます
15:5　その人は多くの～を結びます
ロマ1:13　いくらかの～を得ようと
15:28　彼らにこの～を確かに渡してから
Ⅰコリ9:1　主にあって私の働きの～
Ⅱコリ9:10　あなたがたの義の～を増し加えて
ガラ5:22　御霊の～は、愛、喜び、平安
ピリ1:11　義の～に満たされて
コロ1:10　良いわざのうちに～を結び
テト3:14　～を結ばない者にならないように
ヘブ12:11　義という平安の～を結ばせます
黙22:2　十二の～をならせるいのちの木が

み（身）
申32:37　彼らが～を避けた岩はどこにある
箴30:5　神は、ご自分に～を避ける者の盾
イザ57:13　わたしに～を寄せる者は、地を
エゼ14:6　すべての偶像から～を翻せ
ピリ3:13　前のものに向かって～を伸ばし

み（箕）
ルカ3:17　手に～を持って、ご自分の脱穀場

みいだす（見出す）
ネへ8:14　次のように書かれているのを～し

ヨブ33:24 わたしは身代金を～した
箴8:35 わたしを～す者はいのちを～し
マタ7:14 それを～す者はわずかです

ミイラ
創50:2 父を～にするように命じたので

みえ（見栄）
マコ12:40 ～を張って長く祈ります

みえる（見える）
イザ43:8 目があっても～えない民、耳が
59:10 ～えない人のように壁を手さぐり
マタ23:28 外側は人に正しく～えても
マコ10:51 目が～えるようにしてください
ルカ18:42 ～えるようになれ。あなたの信仰
ヨハ9:25 私は盲目であった…今は～える
ロマ1:20 神の、目に～えない性質
Ⅰヨハ2:11 闇が目を～えなくしたからです

みおしえ
申1:5 ～の確認を行うことにした
17:18 この～を巻物に書き写し
31:9 モーセはこの～を書き記し
31:11 ～を読んで聞かせなければ
31:26 ～の書を取り、あなたがたの
ヨシ1:8 この～の書をあなたの口から
8:34 ～の書に記されているとおりに
ネヘ9:13 まことの～、良き掟と命令を
ミカ4:2 それは、シオンから～が
マラ2:6 彼の口には真理の～があり

みおも（身重）
マタ24:19 ～の女たちと乳飲み子を持つ

みかた（味方）
詩56:9 私は知っています。神が～である
124:1 主が私たちの～でなかったなら
ロマ8:31 神が私たちの～であるなら

みぎ（右）
創48:17 父が～手をエフライムの頭に
ヨブ40:14 あなたの～の手は自分を救う
マタ6:3 ～の手がしていることを左の手に
20:21 御国で、一人はあなたの～に
マコ16:19 天に上げられ、神の～の座に
使2:33 神の～に上げられたイエスが
7:55 神の～に立っておられるイエスを

みきわめ（見極め；見極める）
ヨブ11:7 神の深さを～められるだろうか
詩119:100 私は老人たちよりも～ができます

みくに（御国）
マタ3:2 悔い改めなさい。天の～が
4:23 会堂で教え、～の福音を宣べ伝え
5:3 天の～はその人たちのものだから
6:10 ～が来ますように
8:11 天の～で…一緒に食卓に着きます
10:7 『天の～が近づいた』と宣べ伝え
18:3 決して天の～に入れません
19:14 天の～はこのような者たちのもの
25:34 備えられていた～を受け継ぎ
26:29 ～で…飲むその日まで
ルカ12:31 あなたがたは～を求めなさい
エペ5:5 ～を受け継ぐことができません
ヘブ12:28 揺り動かされない～を受ける
Ⅱﾍﾟﾃ1:11 永遠の～に入る恵みを、豊かに

みこ（御子）
ガラ1:16 ～を私のうちに啓示することを
4:4 神はご自分の～を…遣わされ
コロ1:13 愛する～のご支配の中に移して
ヘブ1:2 ～にあって私たちに語られました
3:6 キリストは、～として神の家を
Ⅰﾖﾊ1:3 ～イエス・キリストとの交わり
2:23 ～を否定する者は御父を持たず
4:15 イエスが神の～であると告白する
5:12 ～を持つ者はいのちを持っており

みこころ
創25:22 そして、主の～を求めに
Ⅱｻﾑ11:27 主の～を損なった
Ⅰ列3:10 これは主の～にかなった
詩40:8 ～を行うことを喜びとします
115:12 主は私たちを～に留め
イザ53:10 病を負わせることは…～であった
マタ6:10 ～が天で行われるように、地でも
12:50 だれでも…父の～を行うなら
18:14 父の～ではありません
26:42 あなたの～がなりますように
マコ3:35 だれでも神の～を行う人…が
ルカ7:30 自分たちに対する神の～を拒み
22:42 ～なら、この杯をわたしから
ヨハ4:34 わたしを遣わされた方の～を行い
5:30 わたしを遣わされた方の～を
6:38 わたしを遣わされた方の～を行う
使21:14 主の～がなりますように
ロマ1:10 神の～によって、今度こそついに
2:18 ～を知り、律法から教えられて
12:2 神の～は何か
Ⅰｺﾘ10:5 彼らの大部分は神の～にかなわず
Ⅱｺﾘ8:5 期待以上に、神の～にしたがって
ガラ1:4 神の～にしたがったのです
エペ5:17 主の～が何であるかを悟りなさい
ピリ2:13 ～のままに…志を立てさせ
コロ4:12 神の～のすべてを確信し
Ⅰﾃｻ4:3 神の～は…聖なる者となること
ヘブ10:7 神よ、あなたの～を行うために
ヤコ4:15 主の～であれば、私たちは生きて
Ⅰﾍﾟﾃ2:15 神の～だからです

Ⅰﾍﾟﾃ3:17 神の～であるなら
4:2 神の～に生きるようになるため
Ⅰﾖﾊ2:17 神の～を行う者は永遠に生き続け
黙4:11 ～のゆえに、それらは存在し
17:17 神は～が実現するように

みごもる（身ごもる）
創4:1 彼女は～ってカインを産み
出21:22 争っていて、～った女に
イザ7:14 見よ、処女が～っている
マタ1:18 聖霊によって～っていることが
黙12:2 女は～っていて、子を産む痛みと

みざ（御座）
イザ6:1 高く上げられた～に着いて

みじかい（短い）
ヨブ20:5 悪しき者の喜びは～く
イザ50:2 わたしの手が～くて贖うことが

みじめ
ルツ2:15 彼女に～な思いをさせては
ヨブ16:2 みな、人を～にする慰め手だ
ロマ7:24 私は本当に～な人間です

みず（水）
創2:6 豊かな～が地から湧き上がり
出17:1 そこには民の飲み～がなかった
民20:2 会衆のための～がなかった
申8:15 硬い岩からあなたのために～を
23:11 夕暮れ近くになったら～を浴び
Ⅰ列18:34 四つのかめに～を満たし
Ⅱ列2:14 外套を取って～を打ち
詩69:1 ～が喉にまで入って来ました
105:41 岩を開かれると ～がほとばしり
箴25:25 疲れたたましいへの冷たい～
イザ12:3 あなたがたは喜びながら～を汲む
33:16 彼の～は確保される
43:2 あなたが～の中を過ぎるときも
55:1 ～を求めて出て来るがよい
エレ9:1 ああ、私の頭が～であり
14:3 ～は見つからず、空の器のまま
17:8 ～のほとりに植えられた木
エゼ36:25 きよい～をあなたがたの上に
47:1 ～が神殿の敷居の下から東の方へ
47:9 この～が入ると、そこの～が良く
ハバ2:14 ～が海をおおうように、地は
マタ3:11 バプテスマを～で授けていますが
10:42 一杯の冷たい～でも飲ませる人は
27:24 ～を取り、群衆の目の前で手を
マコ9:41 一杯の～を飲ませてくれる人は
ルカ3:16 ～であなたがたにバプテスマを
11:24 ～のない地をさまよって
16:24 ラザロが指先を～に浸して私の舌
ヨハ1:26 ～でバプテスマを授けていますが
2:7 ～がめを～でいっぱいにしなさい
3:5 ～と御霊によって生まれなければ
4:7 わたしに～を飲ませてください
4:14 わたしが与える～は、その人の内
5:7 ～がかき回されたとき
7:38 生ける～の川が流れ出るように
使8:36 見てください。～があります
10:47 ～でバプテスマを受けるのを
Ⅰｺﾘ3:6 私が植えて、アポロが～を注ぎ
Ⅰﾖﾊ5:6 ～によるだけではなく、～と血に
黙22:17 いのちの～が欲しい者は、ただで

みずうみ（湖）
マタ8:24 すると見よ。～は大荒れとなり
マコ6:48 夜明けが近づいたころ、～の上を
ルカ8:33 ～へなだれ込み、おぼれて死んだ
ヨハ6:19 イエスが～の上を歩いて舟に

みずがめ（水がめ）
マコ14:13 ～を運んでいる人に出会います
ルカ22:10 ～を運んでいる人に会います
ヨハ2:6 石の～が六つ置いてあった
4:28 彼女は、自分の～を置いたまま

みすごす（見過ごす）
使17:30 無知の時代を～しておられました

みずため（水溜め）
箴5:15 あなた自身の～から水を飲め
エレ2:13 溜めることのできない、壊れた～

みすてる（見捨てる）
申31:8 主は…あなたを～てない
ヨシ1:5 見放さず、あなたを～てない
ヨブ20:19 彼が弱い者を踏みにじって～て
詩9:10 あなたはお～てになりません
22:1 どうして私をお～てになった
27:9 ～てないでください。私の…神よ
27:10 私の父 私の母が私を～てるとき
37:25 正しい人が～てられることを
37:28 敬虔な人をお～てにならない
71:11 神は彼を～てたのだ。追いかけて
94:14 民を お～てになりません
119:8 どうか 私を～てないでください
イザ54:7 少しの間、あなたを～てた
エゼ8:12 主はこの地を～てられた
9:9 主はこの地を～てられた
ホセ11:8 どうして あなたを～てることが
マタ26:56 イエスを～てて逃げてしまった
27:46 どうしてわたしをお～てになった
マコ14:50 イエスを～てて逃げてしまった
15:34 どうしてわたしをお～てになった
Ⅱｺﾘ4:9 ～てられることはありません

みせかけ（見せかけ）
ピリ1:18 ～であれ、真実であれ

みせもの（見せ物）
士16:25 サムソンを…〜にしよう
ナホ3:6 愚弄し、おまえを〜にする
Ⅰコリ4:9 私たちは…〜になりました
みせる（見せる）
マタ6:1 〜せるために人前で善行をしない
8:4 行って自分を祭司に〜せなさい
ヨハ14:8 私たちに父を〜せてください
みたす（満たす）
Ⅱ列24:4 咎のない者の血で〜たした
イザ27:6 世界の面を実で〜たす
55:2 腹を〜たさないもののために
58:11 焼けつく土地でも食欲を〜たし
ハバ2:14 主の栄光を知ることで〜たされる
ルカ1:15 胎にいるときから聖霊に〜たされ
1:41 エリサベツは聖霊に〜たされた
使2:4 すると皆が聖霊に〜たされ
ロマ13:8 律法の要求を〜たしているのです
エペ1:23 すべてのもので〜たす方が
5:18 御霊に〜たされなさい
みだす（乱す）
ヨブ14:1 心〜されることで満ちています
みたま（御霊）
詩139:7 あなたの〜から離れて
マタ4:1 〜に導かれて荒野に上って
10:20 話すのは…あなたがたの父の〜
ルカ4:1 そして〜によって荒野に導かれ
ヨハ3:6 〜によって生まれた者は霊です
3:34 神が〜を限りなくお与えになる
6:63 いのちを与えるのは〜です
使5:9 心を合わせて主の〜を試みたのか
20:22 私は今、〜に縛られてエルサレム
ロマ2:29 〜による心の割礼こそ割礼だから
8:2 イエスにあるいのちの〜の律法が
8:4 〜に従って歩む私たちのうちに
8:5 〜に従う者は〜に属することを
8:6 〜の思いはいのちと平安です
8:14 〜に導かれる人は…神の子ども
15:19 〜の力によって…成し遂げて
Ⅰコリ2:10 私たちに〜によって啓示して
2:13 〜のことばによって〜のことを
3:1 〜に属する人に対するようには
3:16 〜が自分のうちに住んでおられる
12:1 〜の賜物については
12:13 一つの〜によってバプテスマを
15:44 〜のからだもあるのです
Ⅱコリ1:22 保証として〜を私たちの心に与え
3:3 神の〜によって…書き記された
3:6 文字は殺し、〜は生かすからです
3:17 主は〜です。そして、主の〜が
ガラ3:2 あなたがたが〜を受けたのは
4:6 〜を、私たちの心に遣わされ
6:1 〜の人であるあなたがたは
6:8 〜に蒔く者は、〜から永遠の
エペ5:18 〜に満たされなさい
ピリ3:3 神の〜によって礼拝し
Ⅰテサ5:19 〜を消してはいけません
ヘブ9:14 とこしえの〜によって神に
ヤコ4:5 私たちのうちに住まわせた〜を
Ⅰヨハ3:24 〜によって分かります
5:8 〜と水と血です。この三つは
黙2:7 〜が諸教会に告げることを
3:1 神の七つの〜と七つの星を持つ方
4:5 神の七つの〜である
22:17 〜と花嫁が言う
みだら（淫ら）
マタ5:32 〜な行い以外の理由で自分の妻を
マコ7:21 悪い考え…〜な行い、盗み、殺人
Ⅰコリ5:1 あなたがたの間には〜な行いが
6:9 〜な行いをする者、偶像を拝む者
みだれる（乱れる）
出32:25 民が〜れていて、アロンが彼らを
ヨブ3:26 憩いもなく、心は〜れている
みち（道）
Ⅰサム9:8 私たちの行く〜を教えてくださる
Ⅱサム22:22 私は主の〜を守り
22:31 神、その〜は完全
Ⅰ列2:3 主の〜に歩みなさい
3:14 わたしの〜に歩むなら、あなたの
16:26 ヤロブアムのすべての〜に歩み
Ⅱ歴28:2 イスラエルの王たちの〜に歩み
ヨブ8:13 神を忘れる者の〜はこのようだ
19:8 神は私の〜をふさいで通らせず
21:14 あなたの〜を知りたくない
23:10 私の行く〜を知っておられる
24:23 神の目は彼らの〜の上に注がれる
28:23 神は知恵の〜をご存じであり
31:4 私の〜をご覧にならないだろうか
詩1:6 正しい者の〜は主が知っておられ
5:8 私の前に あなたの〜をまっすぐ
17:5 あなたの〜を堅く守り
18:21 私は主の〜を守り 私の神に
18:30 神 その〜は完全。主のことばは
18:42 〜の泥のように 除き去りました
25:9 貧しい者にご自分の〜をお教えに
37:5 あなたの〜を主にゆだねよ
37:23 主はその人の〜を喜ばれる
37:34 主を待ち望め。主の〜を守れ
67:2 あなたの〜が地の上で
77:13 神よ あなたの〜は聖です

詩95:10　彼らはわたしの～を知らない
101:6　全き～を歩む者
119:1　幸いなことよ 全き～を行く人々
119:9　自分の～を 清く保つことが
119:35　あなたの仰せの～を踏み行かせて
119:105　私の足のともしび 私の～の光
143:8　行くべき～を知らせてください
箴4:18　正しい人の進む～は
5:21　人の～は主の御目の前にあり
7:27　その女の家はよみへの～
8:20　わたしは義の～を歩む
10:29　主の～は、誠実な人には砦
14:12　その終わりが死となる～がある
15:19　怠け者の～は茨の生け垣のよう
15:24　賢明な者はいのちの～を上って
16:25　その終わりが死となる～がある
18:16　贈り物はその人のために～を開き
20:24　どうして自分の～を悟ることが
22:6　若者をその行く～にふさわしく
イザ2:3　主はご自分の～を私たちに教えて
30:21　これが～だ。これに歩め
40:3　主の～を用意せよ。荒れ地で
40:14　英知の～を知らせたのか
40:27　私の～は主に隠れ、私の訴えは
43:16　海の中に～を
45:13　彼の～をことごとく平らにする
53:6　自分勝手な～に向かって行った
55:9　わたしの～は、あなたがたの～
57:14　わたしの民の～から、つまずきを
59:8　彼らは平和の～を知らず
エレ5:4　主の～も、自分の神のさばきも
6:16　幸いの～はどれであるかを尋ね
10:23　人間の～はその人によるのでは
哀3:40　自分たちの～を尋ね調べて
ミカ4:2　主はご自分の～を私たちに
ナホ1:3　主は、その～がつむじ風と嵐の中
マラ3:1　彼は、わたしの前に～を備える
マタ2:12　別の～から自分の国に帰って
3:3　主の～を用意せよ。主の…～を
7:13　滅びに至る門は大きく、その～は
11:10　あなたの前にあなたの～を備える
13:4　種がいくつか～端に落ちた
22:16　真理に基づいて神の～を教え
マコ1:2　彼はあなたの～を備える
1:3　主の～を用意せよ。主の…～を
4:4　ある種が～端に落ちた
10:46　目の見えない物乞いが、～端に
12:14　真理に基づいて神の～を教えて
ルカ3:4　主の～を用意せよ。主の…～を
7:27　あなたの前にあなたの～を備える
20:21　真理に基づいて神の～を教えて
ヨハ14:6　わたしが～であり、真理であり
使9:2　この～の者であれば男でも女でも
16:17　救いの～をあなたがたに宣べ伝え
18:26　神の～をもっと正確に説明した
19:23　この～のことで、大変な騒ぎが
22:4　この～を迫害し、男でも女でも
24:14　彼らが分派と呼んでいるこの～に
ロマ3:16　彼らの～には破壊と悲惨がある
11:33　神の～はなんと極めがたいこと
ヘブ9:8　聖所への～がまだ明らかに
10:20　この新しい生ける～を開いて
Ⅱﾍﾟﾃ2:21　義の～を知っていながら
黙15:3　あなたの～は正しく真実です
16:12　日の昇る方から来る王たちの～を

みちあふれる（満ちあふれる）

ロマ15:29　キリストの祝福に～れて行くこと
Ⅱｺﾘ8:2　彼らの～れる喜びと極度の貧しさ

みちから（御力）

詩21:13　大いなる～を…ほめ歌います

みちすじ（道筋）

ハバ3:6　しかし、その～は永遠だ

みちたりる（満ち足りる）

申14:29　やもめが来て食べ、～りるで
詩22:26　どうか 貧しい人々が食べて～り
63:5　私のたましいは～りています
65:4　宮の聖なるもので～ります
90:14　あなたの恵みで私たちを～らせて
107:9　主は 渇いたたましいを～らせ
132:15　その貧しい者をパンで～らせる
エレ31:14　民は、わたしの恵みに～りる
ミカ6:14　あなたは食べても～りず
ルカ1:53　飢えた者を良いもので～らせ
Ⅰｺﾘ4:8　あなたがたは、もう～りています
Ⅱｺﾘ9:8　いつもすべてのことに～りて
ピリ4:12　～りることにも飢えることにも

みちのり（道のり）

使20:24　自分の走るべき～を走り尽くし

みちびき（導き）

箴1:5　分別のある者は～きを得る

みちびく（導く）

創24:27　主は…～いてくださいました
出13:11　あなたをカナン人の地に～き
民24:8　エジプトから～き出された神に
申32:12　ただ主だけでこれを～き
詩5:8　義によって私を～いてください
25:5　あなたの真理に私を～き 教えて
48:14　神は 死を越えて私たちを～かれ
61:2　高い岩の上に 私を～い
67:4　地の国民を～かれるからで

78:14 昼は雲で彼らを～かれた
107:7 彼らをまっすぐな道に～き
136:16 荒野で御民を～かれた方に
イザ40:11 乳を飲ませる羊を優しく～く
48:17 歩むべき道にあなたを～く
58:11 主は絶えずあなたを～いて
63:14 あなたはご自分の民を～き
エレ31:9 平らな道に～く
エゼ20:14 彼らを～き出すのを見ていた国々
マタ4:1 御霊に～かれて荒野に上って
ヨハ16:13 すべての真理に～いて
ロマ5:2 この恵みに～き入れられました
8:14 神の御霊に～かれる人はみな
ガラ5:18 御霊によって～かれているなら

みちる（満ちる）
創1:22 生めよ。増えよ。海の水に～ちよ
1:28 生めよ。増えよ。地に～ちよ
15:16 アモリ人の咎が…～ちること
出40:35 主の栄光が幕屋に～ちていたから
民14:21 主の栄光が全地に～ちている以上
Ⅰ列8:11 主の栄光が主の宮に～ちたから
Ⅱ歴5:14 主の栄光が神の宮に～ちたから
イザ6:3 その栄光は全地に～ちる
エレ23:24 天にも地にも、わたしは～ちて
エゼ44:4 主の栄光が主の宮に～ちていた
マタ12:34 心に～ちていることを口が話す
マコ1:15 時が～ち、神の国が近づいた
ヨハ3:29 私もその喜びに～ちあふれて
ロマ11:25 異邦人の～ちる時が来るまで
エペ1:10 時が～ちて計画が実行に移され
3:19 神の～ちあふれる豊かさにまで
コロ1:19 ご自分の～ち～ちたものをすべて
2:9 神の～ち～ちたご性質が形を

みつ（蜜）
出3:8 広く良い地、乳と～の流れる地に
16:31 その味は～を入れた薄焼きパン
申32:13 主は岩からの～と 硬い岩からの
士14:8 獅子のからだに…～があった
Ⅰサム14:29 この～を少し口にしたので
詩19:10 ～よりも ～蜂の巣…よりも甘い
81:16 わたしは岩から滴る～で
119:103 ～よりも私の口に甘いのです
雅4:11 舌の裏には～と乳がある
エゼ3:3 口の中で～のように甘かった
黙10:10 口には～のように甘かったが

みつかい（御使い）
詩8:5 あなたは 人を～より わずかに

みつかる（見つかる）
エレ15:16 あなたのみことばが～つかった
ルカ15:24 いなくなっていたのに～つかった

みつぎ（貢ぎ；貢ぎ物）
エズ4:13 彼らは～…税金を納めなくなり
7:24 ～…税金を課してはならない
詩72:10 タルシシュと島々の王たちは～を

みつける（見つける）
申32:10 荒涼とした荒れ地で彼を～つけ
Ⅱ歴34:15 主の宮で律法の書を～つけました
箴18:22 妻を～つける者は幸せを～つけ
雅3:4 恋い慕う方を～つけました
ルカ15:9 なくしたドラクマ銀貨を～つけ
ヨハ9:35 彼を～つけ出して言われた

みつりん（密林）
エレ12:5 どうしてヨルダンの～で過ごせる

みとめる（認める）
Ⅱ歴26:5 神を～めることを教えたゼカリヤ
詩32:2 主が咎をお～めにならず …人は
106:31 永遠に 彼の義と～められた
エレ3:13 あなたはあなたの咎を～めよ
ダニ11:39 彼が～める者には栄誉を増し加え
マタ10:32 人々の前でわたしを～めるなら
ルカ7:29 神が正しいことを～めました
12:8 人々の前でわたしを～めるなら
ヨハ13:35 弟子であることを…～めるように
使24:14 閣下の前で…～めます
ロマ5:13 罪は罪として～められないのです
7:16 良いものと～めていることになり

みどりご
イザ9:6 ひとりの～が…生まれる
ルカ2:16 飼葉桶に寝ている～を捜し当てた

みなしご
申10:18 ～や、やもめのためにさばきを
ヨブ6:27 ～をくじで分け合い
22:9 やもめを手ぶらで去らせ、～たち
24:9 ～は乳房から引き離され
29:12 身寄りのない～を助け出した
詩10:14 ～は あなたがお助けになります
マラ3:5 やもめや～を苦しめる者

みなと（港）
詩107:30 主は彼らをその望む～に導かれた

みなみ（南）
イザ43:6 ～に向かっては『引き止めるな』

みなもと（源）
創7:11 大いなる淵の～がことごとく裂け
ヘブ5:9 永遠の救いの～となり

みならう（見習う）
エレ10:2 諸国の道を～うな。天のしるしに
Ⅲヨハ11 悪を～わないで、善を～いなさい

みぬく（見抜く）
詩138:6 高ぶる者を 遠くから～かれます

みのがす（見逃す）
Ｉサム15:25　どうか今、私の罪を～して
みのしろきん（身代金）
ヨブ33:24　わたしは～を見出した
36:18　～が多いからといって
詩49:7　自分の～を神に払うことは
イザ43:3　エジプトをあなたの～とし
みのり（実り）
詩107:37　ぶどう畑を作り　豊かな～を得る
みはり（見張り；見張る）
創31:49　主が私とあなたの間の～をされ
士1:24　～の者たちは、その町から
Ⅱサム18:25　～が王に大声で告げると、王は
ネヘ4:9　彼らに備えて昼も夜も～を置いた
ヨブ7:12　あなたが私の上に～を置かれる
7:20　人を～るあなたに、私は何が
詩141:3　主よ　私の口に～を置き
箴4:23　何を～るよりも、あなたの心を
15:3　悪人と善人を～っている
イザ62:6　あなたの城壁の上に～番を置いた
エレ1:12　ことばを実現しようと～っている
6:17　あなたがたの上に～を立て
31:6　エフライムの山で、～る者たちが
エゼ3:17　イスラエルの家の～とした
33:6　～が、剣の来るのを見ながら
ホセ9:8　エフライムの～は、私の神と
ハバ2:1　私は…砦にしかと立って～り
マタ27:36　そこでイエスを～っていた
みぶん（身分）
ガラ4:5　子としての～を受けるためでした
みまもる（見守る）
詩40:11　私を～るようにしてください
41:2　主は彼を～り　彼を生かし
箴22:12　主の目は知識を～り
31:27　家の者の様子をよく～り
イザ27:3　夜も昼もこれを～る
49:8　わたしはあなたを～り、あなたを
みみ（耳）
創35:4　～につけていた耳輪をヤコブに
出21:6　きりで彼の～を刺し通す
32:2　～にある金の耳輪を外して
レビ19:14　～の聞こえない人を軽んじては
Ｉサム9:15　サムエルの～を開いて告げて
ヨブ42:5　あなたのことを～で聞いて
詩34:15　主の～は　彼らの叫びに傾けられ
40:6　私の～を開いてくださいました
55:1　切なる願いに　～を閉ざさないで
94:9　～を植えつけた方が　聞かない
135:17　～があっても聞こえず
箴2:2　あなたの～を知恵に傾け
イザ29:18　～の聞こえない人が
42:18　～の聞こえない者たちよ、聞け
50:5　神である主は私の～を開いて
59:1　～が遠くて聞こえないのではない
エレ5:21　～があっても聞くことがない
19:3　そのことを聞く者は、両～が鳴る
エゼ12:2　聞く～があるのに聞こうとしない
ダニ9:18　～を傾けて聞いてください
マタ13:9　～のある者は聞きなさい
26:51　剣を抜き…その～を切り落とした
マコ4:9　聞く～のある者は聞きなさい
4:23　聞く～があるなら、聞きなさい
7:32　～が聞こえず口のきけない人を
7:37　～の聞こえない人たちを聞こえる
14:47　剣を抜いて…～を切り落とした
ルカ10:16　あなたがたに～を傾ける者は
14:35　聞く～のある者は聞きなさい
22:50　右の～を切り落とした
ヨハ18:10　右の～を切り落とした
Ｉコリ2:9　～が聞いたことのないもの
12:16　～が「私は目ではないから…」と
Ⅱテモ4:3　～に心地よい話を聞こうと
黙2:29　～のある者は、御霊が諸教会に
みみずく
詩102:6　私はまるで荒野の～
みや（宮）
Ⅱ列25:9　主の～と王宮とエルサレムの
Ｉ歴22:5　主のために建てる～は、壮大な
Ⅱ歴5:14　主の栄光が神の～に満ちたから
22:12　神の～に六年間、身を隠していた
24:4　主の～を新しくすることを志し
29:18　主の～をすべてきよめました
エズ3:11　主の～の礎が据えられたので
6:15　～はダレイオス王の治世の第六年
ネヘ13:11　どうして神の～が見捨てられて
詩29:9　～では　すべてのものが「栄光」
48:9　神よ　私たちはあなたの～の中で
65:4　～の聖なるもので満ち足ります
79:1　あなたの聖なる～を汚し
イザ6:4　基は揺らぎ、～は煙で満たされた
エレ7:4　これは主の～、主の～、主の～だ
26:9　この～がシロのようになり
52:13　主の～と王宮とエルサレムの
ヨエ3:18　泉が主の～から湧き出て
ハバ2:20　主は、その聖なる～におられる
ハガ1:4　この～が廃墟となっているのに
1:9　廃墟となったわたしの～のためだ
マタ12:6　ここに～よりも大いなるものが
21:12　イエスは～に入って、その中で
24:1　イエスに向かって～の建物を

マコ11:15　イエスは～に入り、その中で
ルカ2:46　～で教師たちの真ん中に座って
18:10　二人の人が祈るために～に上って
19:45　イエスは～に入って、商売人たち
ヨハ2:14　～の中で、牛や羊や鳩を売って
10:22　エルサレムで～きよめの祭りが
使24:6　～さえも汚そうとしましたので
Ⅰコリ3:16　あなたがたは…神の～であり
6:19　神から受けた聖霊の～であり
エペ2:21　主にある聖なる～となります

みやこ（都）
Ⅱ列25:4　～は破られ、戦士たちはみな夜の
詩46:4　豊かな流れは 神の～を喜ばせる
48:1　主の聖なる山 私たちの神の～で
哀1:1　ああ…人で満ちていた～が
ダニ9:19　あなたの～と民には、あなたの名
ゼカ8:3　エルサレムは、真実の～と呼ばれ
ヘブ11:10　～を待ち望んでいた…～の設計者
黙3:12　神の～…新しいエルサレム
18:16　わざわいだ、大きな～よ
21:2　聖なる～、新しいエルサレムが
21:15　～とその門と城壁を測るために

みる（見る）
創13:14　北、南、東、西を～渡しなさい
15:5　さあ、天を～上げなさい。星を
16:4　女主人を軽く～るようになった
出24:10　彼らはイスラエルの神を～た
申26:15　聖なる住まいの天から～下ろして
Ⅰサム6:19　主の箱の中を～たからである
12:24　あなたがたに…よく～なさい
16:7　人は…を～るが、主は心を～る
ヨブ19:26　私は私の肉から神を～る
36:25　すべての人がこれを～、人が遠く
イザ5:12　御手のわざを～もしない
29:15　だれが私たちを～ているだろう
40:9　～よ、あなたがたの神を
44:18　目はふさがれていて～ることも
53:10　末長く子孫を～ることができ
63:5　～回しても、助ける者は…なく
マタ5:8　その人たちは神を～るからです
5:28　情欲を抱いて女を～る者は
11:4　自分たちが～たり聞いたりして
13:14　～るには～るが、決して知ること
18:10　父の御顔をいつも～ているから
マコ4:12　～るには～るが知ることはなく
14:62　天の雲とともに来るのを～る
ルカ3:6　すべての者が神の救いを～る
7:22　～たり聞いたりしたことを
9:38　息子を～てやってください
18:9　ほかの人々を～下している人たち
ヨハ8:51　決して死を～ることがありません
16:16　しばらくすると、わたしを～ます
17:24　わたしの栄光を、彼らが～るため
20:25　私は、その手に釘の跡を～て
使1:11　どうして天を～上げて立っている
4:20　自分たちが～たことや聞いたこと
9:27　ダマスコへ行く途中で主を～た
Ⅰコリ1:28　～下されている者…無に等しい
13:12　鏡にぼんやり映るものを～て
ヤコ1:25　完全な律法を一心に～つめて
Ⅰヨハ1:1　自分の目で～たもの…～つめ
3:2　キリストをありのままに～るから
黙1:7　～よ、その方は雲とともに来られ

ミルトス
イザ55:13　おどろの代わりに～が生える
ゼカ1:8　谷底にある～の木の間に立って

みわける（見分ける）
ルカ12:56　地と空の様子を～けることを
ロマ12:2　何が…完全であるのかを～ける
ピリ1:10　大切なことを～けることが
ヘブ5:14　善と悪を～ける感覚を
Ⅰヨハ4:6　真理の霊と偽りの霊を～けます

む

むえき（無益）
マタ12:36　～なことばについて、さばきの日
Ⅱコリ12:1　誇っても～ですが、主の幻と啓示

むかえる（迎える）
ルカ8:40　群衆は喜んで～えた
9:11　イエスは彼らを喜んで～え
15:27　無事な姿でお～えしたので
19:6　喜んでイエスを～えた
ヨハ6:21　イエスを喜んで舟に～えた
14:3　あなたがたをわたしのもとに～え
使28:30　訪ねて来る人たちをみな～えて

むかち（無価値）
ロマ1:28　神は彼らを～な思いに引き渡され

むぎ（麦）
エレ23:28　～は藁と何の関わりがあるだろう
マタ12:1　イエスは安息日に～畑を通られた
13:25　～の中に毒～を蒔いて立ち去った
13:29　毒～を抜き集めるうちに～も
ルカ3:17　～を集めて倉に納められます
6:1　安息日に、イエスが～畑を
ヨハ12:24　一粒の～は、地に落ちて

むきをかえる（向きを変える）
マタ18:3　～えて子どもたちのように

むくい（報い）
創15:1　あなたへの～は非常に大きい
42:22　今、彼の血の～を受けているのだ
ヨブ21:19　その人自身が～を受けて
34:11　神は、人の行いに応じて～をし
詩19:11　それを守れば 大きな～があり
58:11　まことに 正しい人には～がある
91:8　悪者への～を見るだけである
伝4:9　二人の労苦には、良い～がある
イザ49:4　私の～は私の神とともにある
エゼ23:49　あなたがたの淫らな行いの～は
マタ5:12　天において…～は大きい
5:46　何の～があるでしょうか
10:41　預言者の受ける～を受けます
マコ9:41　決して～を失うことがありません
ルカ6:35　あなたがたの受ける～は多く
23:41　自分のしたことの～を受けている
Ⅰｺﾘ9:18　私にどんな～があるのでしょう
コロ3:24　主から～として御国を受け継ぐ
Ⅱﾖﾊ8　豊かな～を受けられるように

むくいる（報いる）
創44:4　悪をもって善に～いるのか
出32:34　わたしが～いる日に、わたしは
Ⅱ歴6:23　義をもって～いて
ヨブ33:26 神はその人の義に～いてくださる
詩35:12　彼らは悪をもって善に～い
62:12　その行いに応じて人に～いられ
箴20:22　「悪に～いてやろう」と言っては
イザ65:6　必ず～る。わたしは彼ら…に～る
エレ25:14　その手のわざに応じて～いる
50:29　その行いに応じてこれに～い
ホセ12:2　行いに応じて彼に～いる
マタ6:6　あなたの父が、あなたに～いて
ロマ2:6　その人の行いに応じて～られます
Ⅱﾃﾓ4:14　行いに応じて、主が彼に～いられ

むける（向ける）
Ⅰｻﾑ7:3　心を主に～け、主にのみ仕え
Ⅰ歴29:18　あなたに～けさせてください
エズ6:22　王の心を彼らに～けて
マタ5:39　右の頬を打つ者には左の頬も～け

むこ（婿）
Ⅰｻﾑ18:26　王の～になることは

むこう（無効）
ロマ3:31　信仰によって律法を～にする
ガラ3:17　律法が～にし、その約束を破棄

むざい（無罪）
創44:10　奴隷とし、ほかの者は～としよう

むさぼる（貪る）
箴1:19　不正な利得を～る者の道はみな
エレ6:13　高い者まで、みな利得を～り
8:10　高い者まで、みな利得を～り
使20:33　人の金銀や衣服を～ったことは
エペ5:5　淫らな者、汚れた者、～る者は
Ⅰﾃｻ2:5　～りの口実を設けたりしたことは

むし（虫）
詩22:6　しかし 私は～けらです
イザ41:14　恐れるな。～けらのヤコブ
ヨナ4:7　神は一匹の～を備えられた。～が
マタ6:19　そこでは～やさびで傷物になり
使12:23　彼は～に食われて、息絶えた

むし（無視）
箴4:15　それを～せよ。そこを通るな

むじひ（無慈悲）
ロマ1:31　不誠実で、情け知らずで、～です

むずかしい（難しい）
詩139:17　御思いを知るのは なんと～こと
ダニ2:11　お求めになっている…～ことです

むすこ（息子）
マタ13:55　この人は大工の～ではないか
21:28　ある人に～が二人いた
21:37　私の～なら敬ってくれるだろう
22:2　～のために、結婚の披露宴を催し
マコ9:17　霊につかれた私の～を
12:6　私の～なら敬ってくれるだろう
ルカ9:38　～を見て…私の一人～です
12:53　父は～に、～は父に対立し
ヨハ4:47　～を癒やし…～が死にかかって
9:20　私たちの～で、盲目で生まれた
19:26　母に「…あなたの～です」と

むすぶ（結ぶ）
創2:24　男は父と母を離れ…妻と～ばれ
箴6:21　いつも心に～び、首に～び付けよ
マタ19:5　父と母を離れ、その妻と～ばれ
19:6　神が～び合わせたものを
マコ10:9　神が～び合わせたものを
ロマ7:4　神のために実を～ぶようになる
Ⅰｺﾘ7:27　あなたが妻と～ばれているなら
コロ2:19　かしらにしっかり～びつくことを
ヘブ4:2　信仰によって～びつけられ

むすめ（娘）
創20:12　父の～です。でも、私の母の～で
Ⅱ列5:2　一人の若い～を捕らえて来ていた
エス2:7　引き取って自分の～としていた
詩144:12　～らが 宮殿にふさわしく
イザ3:17　シオンの～たちの頭の頂を
哀2:11　私の民の～の破滅のために
ゼカ9:9　～エルサレムよ、喜び叫べ
マタ9:18　私の～が今、死にました
21:5　～シオンに言え
25:1　花婿を迎えに出る、十人の～に

マコ5:23 私の小さい～が死にかけています
7:29 悪霊はあなたの～から出て行き
ルカ8:42 十二歳ぐらいの一人～がいて
使7:21 捨てられたのをファラオの～が
ヘブ11:24 ファラオの～の息子と呼ばれる

むだ（無駄）
ヨブ11:3 あなたの～話は、人を黙らせる
マタ26:8 何のために、こんな～なことを
マコ14:4 何のために、香油をこんなに～に
Ⅰコリ15:58 労苦が主にあって～でないことを

むち
ヨブ5:21 舌の～で打たれるときも
箴13:24 ～を控える者は自分の子を憎む者
22:15 懲らしめの～がこれを…遠ざける
26:3 馬には～。ろばにはくつわ
イザ10:5 わたしの怒りの～
10:26 万軍の主が彼に～を振り上げる
マタ20:19 嘲り、～で打ち、十字架につける
27:26 ～で打ってから、十字架につける
ルカ12:47 しもべは、～でひどく打たれます
18:33 人の子を～で打ってから殺します
ヨハ2:15 細縄で～を作って、羊も牛もみな
19:1 イエスを捕らえて～で打った
使22:24 ～で打って取り調べるように
Ⅰコリ4:21 ～を持って行くことですか
Ⅱコリ11:24 四十に一つ足りない～を受けた

むち（無知）
使17:30 ～の時代を見過ごしておられ

むなしい（空しい）
詩60:11 人による救いは～しいからです
62:9 低い者はただ～しく 高い者も偽り
94:11 人の思い計ることが いかに～しい
127:1 建てる者の働きは～しい
箴30:8 ～ことと偽りのことばを
伝2:21 これもまた～しく、大いに悪しき
イザ1:13 ～しいささげ物を携えて来るな
55:11 ～しく帰って来ることはない
エレ2:5 ～しいものに従って行き
10:15 それは～しいもの、物笑いの種だ
エゼ13:6 彼らは～しい幻を見
使14:15 このような～しいことから離れて
ロマ1:21 かえってその思いは～しくなり
Ⅰコリ9:15 誇りを～ものにすることは
15:14 私たちの宣教は…～ものと
ピリ2:7 ご自分を～しくして、しもべの姿

むね（胸）
出28:30 アロンの～の上にあるようにする

むねあて（胸当て）
出28:15 さばきの～を意匠を凝らして作る
エペ6:14 胸には正義の～を着け
Ⅰテサ5:8 信仰と愛の～を着け

むほう（無法）
詩17:4 ～者が行く道を避けました

むほん（謀反）
Ⅱサム15:12 この～は強く、アブサロムに
Ⅰ列16:9 ジムリが彼に～を企てた
Ⅱ列11:14 「～だ、～だ」と叫んだ
Ⅱ歴23:13 「～だ、～だ」と叫んだ
イザ8:12 ～と呼ぶことを …～と呼ぶな
アモ7:10 あなたに～を企てています

むら（村）
マコ8:26 ～には入って行かないように

むらがる（群がる）
創1:20 水には生き物が～がれ
レビ11:41 地に～がるものはすべて忌むべき

むり（無理）
ルカ14:23 ～にでも人々を連れて来て

むれ（群れ）
創30:41 強い～にさかりがついたときに
詩7:7 国民の～をあなたの周りに集め
68:10 あなたの～はその地に住みました
エレ23:2 ～を散らし…顧みなかった
アモ7:15 ～の世話をしていたところから
ルカ12:32 小さな～よ、恐れることは
Ⅰペテ5:2 神の羊の～を牧しなさい

め

め（芽）
民17:5 わたしが選ぶ人の杖は～を出す
エゼ17:24 枯れ木に～を出させることを知る

め（目）
創4:4 アベルとそのささげ物に～を留め
22:13 アブラハムが～を上げて見ると
出21:24 ～には～を、歯には歯を
レビ24:20 骨折には骨折を、～には～を
民10:31 私たちにとっては～なのですから
申11:12 主が絶えずその上に～をとどめて
12:8 それぞれが自分の～にかなうこと
19:21 ～には～を、歯には歯を
29:4 悟る心と見る～と聞く耳を与え
士17:6 自分の～に良いと見えることを
21:25 自分の～に良いと見えることを
Ⅰサム12:3 自分の～をくらましただろうか
Ⅱサム22:42 彼らが主に～を留めても、救う者
Ⅰ列8:29 夜も昼も御～を開き
15:11 主の～にかなうことを行った
Ⅱ列6:17 主がその若者の～を開かれたので
6:18 民を打って～をくらませて

Ⅱ列9:30 ～の縁を塗り、髪を結い直して
Ⅰ歴19:13 御～にかなうことをされるのだ
Ⅱ歴6:20 昼も夜も御～を開き
16:9 主はその御～をもって全地を
20:12 あなたに～を注ぐのみです
24:2 主の～にかなうことを行った
ヨブ28:10 あらゆる宝石を～にする
30:20 私に～を留めてくださいません
42:5 今、私の～があなたを見ました
詩6:7 私の～は苦悶で衰え
11:4 その～は見通し そのまぶたは
32:8 あなたに～を留め 助言を与え
33:13 主は 天から～を注ぎ 人の子らを
33:18 主の～は主を恐れる者に注がれる
37:37 全き人に～を留め 直ぐな人を
84:9 油注がれた者の顔に ～を留めて
102:19 天から地の上に～を注がれました
106:44 主は彼らの苦しみに～を留められ
115:5 ～があっても見えない
119:18 私の～を開いてください
121:1 私は山に向かって～を上げる
123:1 あなたに向かって 私は～を上げ
135:16 ～があっても見えない
139:16 あなたの～は胎児の私を見られ
145:15 すべての～はあなたを待ち望んで
箴15:3 主の～はどこにもあり
22:12 主の～は知識を見守り
伝6:9 ～が見ることは
イザ1:15 あなたがたから～をそらす
6:10 耳を遠くし、その～を固く閉ざせ
17:7 自分を造った方に～を留め
22:11 これを造った方には～もくれず
29:10 あなたがたの～を閉ざし
32:3 見る者の～は固く閉じることが
33:17 あなたの～は麗しい王を見
37:17 主よ。御～を開いてご覧ください
42:7 見えない～を開き、囚人を牢獄
49:18 ～を上げて、あたりを見回せ
56:10 神の見張り人は～が見えず
64:4 ～で見たこともありません
エレ5:21 ～があっても見ることがなく
9:1 私の～が涙の泉であったなら
ダニ9:18 ～を開いて…ご覧ください
アモ9:8 神である主の～が、罪深い王国に
ハバ1:13 あなたの～は、悪を見るには
ゼカ12:4 馬を打ってその～を見えなくする
マタ5:29 右の～があなたをつまずかせる
5:38 ～には～を、歯には歯を
6:22 あなたの～が健やかなら
7:3 兄弟の～にあるちりは見えるのに
9:29 イエスは彼らの～にさわって
18:9 ～があなたをつまずかせるなら
24:42 ですから、～を覚ましていなさい
25:13 ですから、～を覚ましていなさい
26:38 一緒に～を覚ましていなさい
26:41 ～を覚まして祈っていなさい
マコ9:47 ～が…つまずかせるなら
13:33 気をつけて、～を覚まして
14:34 ここにいて、～を覚まして
ルカ1:48 卑しいはしために ～を留めて
10:23 見ているものを見る～は幸いです
11:34 からだの明かりは～です
12:37 ～を覚ましているのを
21:36 いつも～を覚まして祈って
24:31 ～が開かれ、イエスだと分かった
ヨハ4:35 ～を上げて畑を見なさい
9:39 ～者が見えるようになり、見える
Ⅰコリ2:9 ～が見たことのないもの
16:13 ～を覚ましていなさい
ガラ4:15 自分の～をえぐり出して私に
コロ4:2 祈りつつ、～を覚ましていなさい
ヘブ4:13 神の～にはすべてが裸であり
Ⅰペテ3:12 主の～は正しい人たちの上にあり
黙16:15 ～を覚まして衣を着ている者は

めい（命）

民9:18 主の～により…旅立ち
20:24 わたしの～に逆らったからである
22:18 私は私の神、主の～を破ることは

めい（銘）

マタ22:20 これはだれの肖像と～ですか

めいじる（命じる）

創2:16 神である主は人に～じられた
6:22 すべて神が～じられたとおりにし
18:19 家族に～じて、彼らが主の道を
28:1 彼を祝福し、そして彼に～じた
出7:2 あなたはわたしの～じることを
39:32 主がモーセに～じられたとおりに
レビ8:36 モーセを通して～じられたこと
25:21 わたしの祝福を～じ、三年分の
民20:8 岩に～じれば、岩は水を出す
申3:28 ヨシュアに～じ、彼を力づけ
4:13 それを行うように～じられた
33:4 みおしえはモーセが私たちに～じ
ヨシ1:9 あなたに～じたではないか
11:15 主が…モーセに～じられたとおり
Ⅱ歴2:1 宮殿を建てることを～じた
詩33:9 主が～じられると それは立つ
148:5 主が～じて それらは創造された
エレ1:7 あなたに～じる…ことを語れ
11:4 わたしが…～じるように

26:2　あなたに語れと～じたことばを
哀3:37　主が～じられたのでなければ
ダニ6:26　私はここに～じる。私の支配する
マタ28:20　～じておいた、すべてのことを
マコ5:43　厳しくお～じになり
9:9　話してはならない、と～じられた
ルカ4:10　御使いたちに～じて…守られる
8:25　お～じになると、風や水までが
8:56　だれにも話さないように～じられ
ヨハ15:14　わたしが～じることを行うなら
使5:28　教えてはならないと厳しく～じて
19:13　イエスによって…～じる
Ⅰコリ7:10　結婚した人たちに～じます
7:17　すべての教会に…～じています
Ⅰテモ6:17　富んでいる人たちに～じなさい

めいせい（名声）
箴22:1　～は多くの富より望ましく
伝7:1　～は良い香油にまさり

めいやく（盟約）
創26:28　あなたと～を結びたいのです
ヨシ9:6　私たちと～を結んでください
9:16　～を結んでから三日たったとき
Ⅰ列15:19 あなたの間にも～を結びましょう
詩83:5　あなたに逆らって ～を結んで

めいよ（名誉）
Ⅱ歴1:11　財も、～も…願わず

めいれい（命令）
レビ27:34　モーセに命じられた～である
Ⅰサム21:8　王の～があまりに急だったので
Ⅰ列2:3　主の掟と～と定めとさとしを
エズ6:8　ユダヤ人の長老たちに…～を下す
9:14　あなたの～を破って、忌み嫌う
箴4:4　私の～を守って生きよ
13:13　～を尊ぶ者は報われる
伝8:2　私は言う。王の～を守れ
12:13　神を恐れよ。神の～を守れ
Ⅰコリ14:37　主の～であることを認めなさい
Ⅰヨハ2:7　古い～です。その古い～とは
5:3　神の～を守ること、それが
Ⅱヨハ5　新しい～として…書くのでは

めうし（雌牛）
創15:9　三歳の～と、三歳の雌やぎと
民19:2　赤い～をあなたのところに引いて

めかくし（目隠し）
ルカ22:64　～をして、「当ててみろ…」と

めぐすり（目薬）
黙3:18　目に塗る～を買いなさい

めくばせ（目くばせ）
箴6:13　～をし、足で合図し、指でさす

めぐみ（恵み）
創24:12　アブラハムに～を施してください
32:10　すべての～とまことを受けるに
39:21　彼に～を施し、監獄の長の心に
出34:7　～を千代まで保ち、咎と背きと
申5:10　命令を守る者には、～を千代に
Ⅰサム20:14　主の～を私に施して
Ⅱサム7:15　しかしわたしの～は、わたしが
15:25　主の～をいただくことができれば
22:26　あなたは、～深い者には～深く
22:51　とこしえに～を施されます
Ⅰ列20:31 イスラエルの家の王たちは～深い
Ⅰ歴16:34　その～はとこしえまで
Ⅱ歴7:3　その～はとこしえまで
エズ7:28　高官…の前で私に～みを得させて
詩17:7　あなたの…～をお示しください
18:25　あなたは ～深い者には～深く
25:6　あなたのあわれみと～を
25:7　あなたの～によって 私を覚えて
26:3　あなたの～は 私の目の前にあり
36:7　神よ あなたの～はなんと尊い
40:10　あなたの～とあなたのまことを
52:1　神の～はいつもある
63:3　あなたの～は いのちにもまさる
69:16　いつくしみ深い …～のゆえに
77:8　主の～は …尽き果てたのか
85:1　あなたはご自分の地に～を施し
85:10　～とまことは ともに会い
89:2　御～は とこしえに打ち立てられ
92:2　朝に あなたの～を 夜ごとに
100:5　その～はとこしえまで
103:17　しかし 主の～は とこしえから
107:43　主の数々の～を見極めよ
118:1　その～はとこしえまで
119:88　あなたの～によって 私を生かし
136:1　主の～はとこしえまで
箴3:34　へりくだった者には～を与えられ
8:35　主から～をいただくが
11:27　熱心に善を求める者は～を
18:22　主から～をいただく
伝10:12　口にすることばは～み深く
イザ60:10　～をもって…あわれむからだ
61:2　主の～の年
63:7　私は主の～を語り告げる
エレ9:24　地に～と公正と正義を行う者
31:2　生き残った民は 荒野で～を
哀3:22　主の～を
ダニ1:9　ダニエルが…～とあわれみを受け
ゼカ4:7　～あれ。これに～あれ
12:10　～と嘆願の霊を注ぐ

ルカ1:30 あなたは神から～を受けたのです
2:40 神の～がその上にあった
4:19 主の～の年を告げるために
4:22 その口から出て来る～のことばに
ヨハ1:14 この方は～とまことに満ちて
使4:33 大きな～が彼ら全員の上にあった
7:46 ダビデは神の前に～をいただき
13:43 神の～にとどまるように説得した
14:3 その～のことばを証しされた
14:26 神の～にゆだねられて送り出され
15:40 主の～にゆだねられて出発した
ロマ1:5 私たちは～と使徒の務めを受け
3:24 神の～により…価なしに義と
4:4 働く者にとっては、報酬は～に
4:16 事が～によるようになるためです
5:2 この～に導き入れられました
5:15 神の～と…イエス・キリストの
5:20 罪の増し加わるところに、～も
6:1 ～が増し加わるために、私たちは
Ⅰｺﾘ2:12 ～として与えてくださったものを
15:10 神の～によって、私は今の私に
Ⅱｺﾘ1:15 ～を二度得られるようにと
4:15 ～がますます多くの人々に及んで
6:1 神の～を無駄に受けないように
6:2 ～の時に、わたしはあなたに答え
8:9 キリストの～を知っています
12:9 わたしの～はあなたに十分である
13:13 主イエス・キリストの～、神の愛
ガラ1:6 キリストの～によって自分たちを
5:4 キリストから離れ、～から落ちて
エペ1:6 ～の栄光が、ほめたたえられる
1:7 これは神の豊かな～によること
2:7 この限りなく豊かな～を
Ⅱﾃｻ2:16 ～によって与えてくださった方
Ⅰﾃﾓ1:14 主の～は、キリスト・イエスに
テト2:11 救いをもたらす神の～が現れた
3:7 ～によって義と認められ
ピレ25 ～が、あなたがたの霊とともに
ヘブ4:16 大胆に～の御座に近づこうでは
13:9 ～によって心を強くするのは
ヤコ4:6 神は、さらに豊かな～を与えて
Ⅰﾍﾟﾃ4:10 神の様々な～の良い管理者として
5:5 神は…へりくだった者には～を
5:10 あらゆる～に満ちた神、すなわち
Ⅱﾍﾟﾃ3:18 キリストの～と知識において成長
ユダ4 私たちの神の～を放縦に変え

めぐむ（恵む）
出33:19 ～もうと思う者を～み
民6:25 主が…あなたを～まれますよう
Ⅱ列13:23 彼らを～み、あわれみ、顧みて
Ⅱ歴2:13 判断力に～まれた熟練工、職人の
ロマ8:32 すべてのものを、私たちに～んで

めざめ（目覚め）
詩73:20 ～の夢のように 主よ あなたが

めし（召し）
Ⅰｺﾘ1:26 自分たちの～のことを考えて
エペ1:18 神の～により与えられる望みが
ヘブ11:8 出て行くようにと～を受けたとき
Ⅱﾍﾟﾃ1:10 自分たちの～と選びを確かな

めしあがる（召し上がる）
ルカ24:43 イエスはそれを取って…～った

めじし（雌獅子）
民23:24 それは～のように起き上がり

めしつかい（召使い）
マタ26:71 別の～の女が彼を見て

めす（召す）
民1:16 会衆から～し出された者
イザ42:6 主は、義をもってあなたを～し
49:1 主は、生まれる前から私を～し
ロマ8:30 定めた人たちを…～し、～した
Ⅰｺﾘ1:24 ～された者たちにとっては
7:15 平和を得させようと…～された
7:20 ～されたときの状態にとどまって
7:24 ～されたときのままの状態で
ガラ1:6 自分たちを～してくださった方
5:13 自由を与えられるために～された
ヘブ5:4 神に～されて受けるのです
ユダ1 守られている、～された方々へ

めつぶし（目つぶし）
創19:11 ～をくらったので、彼らは戸口を

めとる
マラ2:11 異国の神の娘を～った
ルカ20:35 ～ることも嫁ぐこともありません

めのみえない（目の見えない）
申28:29 ～人が暗闇で手さぐりするように
Ⅱｻﾑ5:8 足の萎えた者ともや～者ども
ヨブ29:15 私は～人の目となり、足の萎えた
詩146:8 主は～者たちの目を開け
イザ29:18 ～人の目が、暗黒と闇から物を見
35:5 そのとき、～者の目は開かれ
42:16 わたしは～人に、知らない道を
42:19 主のしもべほど～者が、だれか
哀4:14 ～人のように街頭をさまよい
マタ9:27 ～二人の人が、「ダビデの子よ
11:5 ～者たちが見、足の不自由な者
15:30 足の不自由な人たち、～人たち
20:30 道端に座っていた～二人の人が
マコ8:22 すると人々が～人を連れて来て
10:51 すると、その～人は言った
ルカ4:18 ～人には目の開かれることを告げ

7:21　～多くの人たちを見えるように
14:13　足の不自由な人たち、～人たちを
18:35　一人の～人が道端に座り、物乞い
ヨハ9:1　生まれたときから～人をご覧に
10:21　～人の目を開けることを、悪霊が
ロマ2:19 20 ～人の案内人、闇の中にいる者

めんじょ（免除）
申15:1　七年の終わりごとに、負債の～を
31:10　～の年の定めの時、仮庵の祭りに
マタ18:27　彼を赦し、負債を～してやった
18:32　負債をすべて～してやったのだ

めんどう（面倒）
ルカ11:7　～をかけないでほしい。もう戸を

めんどり
マタ23:37 ～がひなを翼の下に集めるように
ルカ13:34 ～がひなを翼の下に集めるように

も

も（喪）
伝7:2　～中の家に行くほうがよい
ダニ10:2　三週間の～に服していた
アモ8:10　ひとり子を失ったときの～のよう

もうきん（猛禽）
エレ12:9　一羽の斑の～なのか

もうしひらき（申し開き）
マタ12:36　さばきの日に～をしなければ
ロマ14:12 自分について、神に～をすること

もうじん（盲人）
マタ15:14　彼らは～を案内する～です
ルカ6:39　～が～を案内できるでしょうか

もうもく（盲目）
申16:19　賄賂は知恵のある人を～にし
マラ1:8　～の動物を献げるが
ヨハ9:20　～で生まれたことは知っています
9:25　私は～であったのに、今は見える
9:39　見える者が～となるためです
Ⅱペテ1:9　これらを備えていない人は～です
黙3:17　貧しくて、～で、裸である

もえる（燃える）
申4:11　山は～え上がって火が中天に達し
詩39:3　火が～え上がった
ルカ24:32　私たちの心は内で～えていた
ロマ12:11　霊に～え、主に仕えなさい
Ⅰコリ7:9　欲情に～えるより、結婚するほう
Ⅱテモ1:6　神の賜物を、再び～え立たせて

もくげきしゃ（目撃者）
ルカ1:1　初めからの～で、みことばに仕え
Ⅱペテ1:16　キリストの威光の～として伝えた

もくひょう（目標）
ピリ3:14　～を目指して走っているのです

もけい（模型）
ヘブ9:24　本物の～にすぎない、人の手で

もちいる（用いる）
Ⅰコリ9:18　自分の権利を～いない

もちこたえる（持ちこたえる）
ヨブ8:15　すがりついても、それは～えない

もちさる（持ち去る）
Ⅱ歴36:7　主の宮の器をバビロンに～り

もつ（持つ）
Ⅰコリ13:3　たとえ私が～っている物のすべて
Ⅱコリ6:10　何も～っていないようでも

もつやく（没薬）
詩45:8　～ アロエ シナモンの香りを放ち
雅5:13　唇はゆりの花。～の液を滴らせる
マタ2:11　黄金、乳香、～を贈り物として

もてなし；もてなす
民22:17　私はあなたを手厚く～します
マタ8:15　彼女は起きてイエスを～した
マコ1:31　熱がひいた。彼女は人々を～した
ルカ4:39　立ち上がって彼らを～し始めた
10:40　～しのために心が落ち着かず
ロマ12:13　努めて人を～しなさい
テト1:8　人をよく～し、善を愛し
Ⅰペテ4:9　互いに～し合いなさい

もとい（基）
詩18:7　山々の～も震え 揺れた
18:15　地の～があらわにされた
24:2　主が 海に地の～を据え
102:25　あなたは はるか昔に地の～を
104:5　地をその～の上に据えられました
箴3:19　主は知恵をもって地の～を定め
イザ40:21 悟っていなかったのか。地の～の
54:11　サファイアであなたの～を定める
ハガ2:18　主の神殿の～が据えられた日から
マタ13:35　世界の～が据えられたときから

もどす（戻す）
詩80:19　私たちを元に～し 御顔を照り

もとどおり（元どおり）
詩14:7　主が御民を～にされるとき
53:6　神が御民を～にされるとき
85:1　ヤコブを～にされます
エレ31:23　わたしが彼らを～にするとき
ゼパ2:7　彼らを～にされるからだ
3:20　わたしがあなたがたを～にする
マタ12:13 彼が手を伸ばすと、手は～になり

もとめる（求める）
出11:2　銀の飾りや金の飾りを～める
12:35　金の飾り、そして衣服を～めた

出18:15　民は神のみこころを～めて
申10:12　主が、あなたに～めておられる
11:12　主が～められる地で
12:30　彼らの神々を～めることのない
Ｉ歴28:9　もし、あなたが神を～めるなら
Ⅱ歴9:12　彼女が～めたものは何でも
14:4　彼らの父祖の神、主を～めさせ
16:12　彼は主を～めず、医者を～めた
19:3　心を定めて神を～めてこられ
26:5　生きていた間、彼は神を～めた
31:21　彼は神を～め、心を尽くして行い
詩2:8　わたしに～めよ。わたしは国々を
9:10　主よ　あなたを～める者を
14:2　悟る者　神を～める者がいるか
53:2　悟る者　神を～める者がいるか
63:1　私はあなたを切に～めます
69:32　神を～める者たちよ　あなたがた
119:2　心を尽くして主を～める人々
イザ1:12　だれが…あなたがたに～めた
7:11　神、主に、しるしを～めよ
9:13　万軍の主を～めない
26:9　内なる霊はあなたを切に～めます
31:1　目を向けず、主を～めない
55:6　主を～めよ、お会いできる間に
エレ45:5　大きなことを～めるのか
50:5　彼らはシオンを～め、その道に
哀3:25　主を～めるたましいに
エゼ7:25　彼らは平安を～めるが、それは
ダニ9:3　祈りと哀願をもって主を～た
ホセ10:12　今が主を～める時だ。ついに主は
アモ5:4　わたしを～めて生きよ
5:14　善を～めよ。悪を～めるな
ミカ6:8　主があなたに何を～めておられる
ゼカ10:1　主に雨を～めよ、後の雨の時に
マタ6:8　あなたがたが～める前から
6:33　まず神の国と神の義を～めなさい
7:7　～めなさい。そうすれば
ルカ11:9　～めなさい。そうすれば
11:29　しるしを～めますが
12:31　御国を～めなさい。そうすれば
12:48　…者はみな、多くを～められ
ヨハ4:23　礼拝する者として～めておられる
5:30　遣わされた方のみこころを～める
8:50　自分の栄光を～めません
14:13　わたしの名によって～めることは
15:7　何でも欲しいものを～めなさい
16:24　～めなさい。そうすれば受けます
使15:17　主を～めるようになるためだ
17:27　神を～めさせるためです
ロマ3:11　神を～める者はいない
Ｉコリ12:31　すぐれた賜物を熱心に～め
14:12　御霊の賜物を熱心に～めている
14:39　預言することを熱心に～めなさい
Ⅱコリ12:14　～めているのは…物ではなく
コロ3:1　上にあるものを～めなさい
Ｉテモ6:11　愛と忍耐と柔和を追い～めなさい
ヤコ1:5　与えてくださる神に～めなさい
4:2　あなたがたが～めないからです
Ｉヨハ3:22　～めるものを…神からいただく
5:16　神に～めなさい。そうすれば

もどる（戻る）
創50:14　ヨセフ…エジプトに～った
伝5:15　裸で、来たときの姿で～って行く
ホセ2:7　私は初めの夫のところに～ろう
ルカ17:18　神をあがめるために～って来た
ヨハ14:18　わたしは…～って来ます

ものうい
伝1:8　すべてのことは～く、人は語る

ものごい（物乞い）
マコ10:46　バルティマイという…～が
ルカ16:3　～をするのは恥ずかしい
18:35　道端に座り、～をしていた
ヨハ9:8　これは座って～をしていた人

ものわらい（物笑い）
申28:37　あらゆる民の間で…～の種
Ｉ列9:7　すべての民の間で～の種となり
詩44:14　私たちを国々の間で～の種とし
エゼ23:32　～と嘲りがたっぷり入った杯を

もほん（模範）
ヨハ13:15　あなたがたに～を示したのです
Ｉテサ1:7　すべての信者の～になったのです
Ⅱテサ3:9　身をもって～を示すためでした
Ｉテモ4:12　…において信者の～となりなさい
テト2:7　良いわざの～となりなさい
Ｉペテ2:21　あなたがたに～を残された
5:3　むしろ群れの～となりなさい

もみがら（籾殻）
ヨブ21:18　つむじ風が吹き散らす～のよう
詩1:4　まさしく　風が吹き飛ばす～だ
35:5　彼らを風の前の～のようにし
イザ17:13　山の上で風に吹かれる～のように
29:5　吹き飛ぶ～のようになる
41:15　丘を～のようにする
ダニ2:35　夏の脱穀場の～のようになり
ホセ13:3　打ち場から吹き散らされる～

もも
創32:25　ヤコブの～の関節は…外れた
32:31　その～のために足を引きずって

もらう
マタ20:10　もっと多く～えるだろうと思った

もりふくろう（森ふくろう）
レビ11:18　白ふくろう、～、野雁

もん（門）
創19:1　ソドムの～のところに座っていた
出12:7　羊を食べる家々の二本の～柱と
ネヘ2:13　その～は火で焼き尽くされていた
詩24:7　～よ おまえたちの頭を上げよ
ホセ2:15　アコルの谷を望みの～とする
ルカ13:24　狭い～から入るように努めなさい
ヨハ10:7　わたしは羊たちの～です
10:9　わたしは～です。だれでも
使14:27　異邦人に信仰の～を開いて
Ⅰｺﾘ16:9　実り多い働きをもたらす～が
コロ4:3　みことばのために～を開いて
ヘブ13:12　～の外で苦しみを受けられました
黙3:8　だれも閉じることができない～を
4:1　開かれた～が天にあった
21:25　都の～は一日中、決して

もんえい（門衛）
Ⅰ歴15:24　エヒヤは箱を守る～であった

もんく（文句）
ヨハ6:41　イエスについて小声で～を言い

もんじ（文字）
ロマ2:29　～ではなく、御霊による心の割礼
Ⅱｺﾘ3:6　～は殺し、御霊は生かすからです

もんばん（門番）
ヨハ10:3　～は牧者のために門を開き

や

や（矢）
Ⅰｻﾑ20:20　三本の～をそのあたりに放ちます
Ⅱ列13:17　主の勝利の～、アラムに対する
ヨブ6:4　全能者の～が私に刺さり
詩7:13　その～を燃える火～とされます
18:14　主は…～を放って 彼らを散らし
38:2　あなたの～が私に突き刺さり
45:5　あなたの～は鋭い
127:5　幸いなことよ ～筒をその～で
箴7:23　最後は～が彼の肝を射抜く
イザ5:28　その～は研ぎ澄まされ
エゼ5:16　わたしが飢饉という悪しき～を

やぎ
マタ25:32　羊飼いが羊を～からより分ける

やきいん（焼き印）
ガラ6:17　この身にイエスの～を帯びている

やきもの（焼き物）
エレ19:1　行って、土の～の瓶を買い

やく（焼く）
ヨシ11:11　彼はハツォルを火で～いた
ヨブ1:16　羊と若い者たちを～き滅ぼし
エレ36:23　巻物を…暖炉の火で～き尽くした
46:19　～かれて住む者もいなくなる
52:13　エルサレムのすべての家を～き
哀2:3　ヤコブを～かれた
マタ13:6　～けて、根がないために枯れて
13:30　毒麦を集めて～くために束にし
使19:19　書物を…皆の前で～き捨てた
Ⅰｺﾘ3:15　だれかの建てた建物が～ければ

やく（役）
ヨブ34:9　それは人の～に立たない
35:3　何があなたの～に立つのでしょう
マタ25:30　～に立たないしもべは外の暗闇に
Ⅰｺﾘ13:3　愛がなければ、何の～にも
Ⅱﾃﾓ4:11　私の務めのために～に立つ
Ⅱﾍﾟﾃ1:8　あなたがたが～に立たない者

やくそく（約束）
申1:11　～されたとおり…祝福して
19:8　父祖たちに与えると～した地を
Ⅱｻﾑ7:28　良いことを～してくださいました
Ⅰ列5:12　主は～どおり、ソロモンに知恵を
8:56　～どおり、ご自分の民イスラエル
Ⅱ歴1:9　あなたの～を堅く守ってください
6:10　主の～どおり…王座に就いた
詩77:8　～のことばは 永久に絶えたのか
ルカ22:5　彼らは…ユダに金を与える～を
24:49　父が～されたものをあなたがたに
使1:4　わたしから聞いた父の～を
2:39　この～は、あなたがたに
7:5　所有地として与えることを～され
7:17　～の時が近づくにしたがい
13:32　神が父祖たちに～された福音を
13:34　ダビデへの確かで真実な～を
26:6　父祖たちに与えられた～に望みを
ロマ1:2　聖書にあらかじめ～されたもので
4:13　世界の相続人となるという～が
4:16　こうして、～がすべての子孫に
4:21　神には～したことを実行する力が
9:8　～の子どもが子孫と認められる
15:8　父祖たちに与えられた～を確証
Ⅱｺﾘ1:20　神の～はことごとく、この方に
7:1　このような～を与えられている
ガラ3:14　信仰によって～の御霊を受ける
3:21　律法は神の～に反するのでしょう
4:23　自由の女の子は～によって生まれ
4:28　イサクのように～の子どもです
エペ3:6　ともに～にあずかる者になる
テト1:2　永遠の昔から～してくださった

ヘブ4:1　神の安息に入るための～がまだ
6:12　信仰と忍耐によって～のものを
8:6　よりすぐれた～に基づいて制定
9:15　～された永遠の資産を受け継ぐ
10:36　～のものを手に入れるために
11:11　～してくださった方を真実な方と
11:39　～されたものを手に入れることは
ヤコ1:12　神を愛する者たちに～された
Ⅱﾍﾟﾃ1:4　大いなる～が私たちに与えられて
2:19　その人たちに自由を～しながら
3:4　彼の来臨の～はどこにあるのか
3:9　～したことを遅らせているのでは

やくにん（役人）
ヨハ4:46　王室の～がいて、その息子が病気

やぐら
詩18:2　わが盾 わが救いの角 わが～
箴18:10　主の名は堅固な～。正しい人は

やけど（火傷）
詩38:7　私の腰は～でおおい尽くされ

やさい（野菜）
箴15:17　～を食べて愛し合うのは
ダニ1:12　私たちに～を与えて食べさせ
ロマ14:2　弱い人は～しか食べません

やさしい（優しい；優しさ）
詩45:2　あなたの唇からは～しさが流れ出
ホセ2:14　～しく彼女に語ろう
Ⅱｺﾘ10:1　キリストの柔和さと～しさを
Ⅱﾃﾓ2:24　むしろ、すべての人に～しくし
ヘブ5:2　無知で迷っている人々に～く接す

やしき（屋敷）
ルカ11:21　武装して自分の～を守っている

やしなう（養う）
創45:11　私が父上をそこで～いましょう
47:12　ヨセフは…食物を与えて～った
Ⅰ列17:9　やもめに命じて…～うように
箴10:21　正しい人の唇は多くの人を～い
30:8　定められた分の食物で…～って
イザ58:14　ゆずりの地であなたを～う
エゼ34:8　自分自身を～って…羊を～って
黙12:6　千二百六十日の間…彼女を～う
12:14　蛇の前から逃れて～われるため

やしん（野心）
Ⅰ列1:5　アドニヤは…～を抱き

やすみ（休み）
Ⅱ歴6:41　あなたの～所にお入りください
エレ50:6　～場も忘れた
ダニ12:13　終わりまで歩み、～に入れ
ルカ11:24　さまよって～場を探します
ヘブ4:9　安息日の～は、神の民のために

やすむ（休む）
創8:9　鳩は、その足を～める場所を
18:4　この木の下でお～みください
出23:12　七日目には…～み
レビ26:34　地は～む…地はその安息を享受
ヨブ11:18　あなたは…安らかに～む
伝2:23　その心は夜も～まらない
マタ11:28　わたしがあなたがたを～ませて
マコ14:41　まだ眠って～んでいるのですか
ルカ12:19　さあ～め。食べて、飲んで
ヘブ4:4　すべてのわざを終えて～まれた

やすらか（安らか）
士18:7　そこの住民が～に住んでいて
詩4:8　～に 私を住まわせて
73:12　彼らはいつまでも～で 富を増し
122:6　あなたを愛する人々が～らかで

やすらぎ（安らぎ）
ヨブ3:26　～もなく、休みもなく
エレ6:16　たましいに～を見出せ
ゼパ3:17　その愛によってあなたに～を与え
Ⅱｺﾘ7:5　私たちの身には全く～がなく

やすらぐ（安らぐ）
Ⅰｺﾘ16:18　あなたがたの心を～らがせて
黙14:13　労苦から解き放たれて～らぐこと

やといにん（雇い人）
ルカ15:19　～の一人にしてください

やとう（雇う）
申23:4　ベオルの子バラムを～って
Ⅱ歴24:12　鉄と青銅の職人を～った

やどや（宿屋）
ルカ2:7　～には彼らのいる場所がなかった
10:34　家畜に乗せて～に連れて行って

やどる（宿る）
詩15:1　だれが あなたの幕屋に～る
91:1　その人は 全能者の陰に～る

やなぎ（柳）
レビ23:40　また川辺の～を取り、七日間

やね（屋根）
マコ2:4　～をはがし、穴を開けて
ルカ4:9　神殿の～の端に立たせて

やぶ（藪）
創22:13　一匹の雄羊が角を～に引っかけて

やぶる（破る）
創17:14　わたしの契約を～ったからである
申26:13　私はあなたの命令を一つも～らず
ヨシ23:16　あなたがたの神、主の契約を～り
士2:20　命じたわたしの契約を～り
Ⅱ列18:12　聞き従わず、その契約を～り
Ⅱ歴24:20　なぜ主の命令を～り、繁栄を
エズ9:14　あなたの命令を～って

詩119:126　あなたのみおしえを～りました
エレ33:20　夜と結んだわたしの契約を～る
34:18　契約を～った者たちを、彼らが

やぶれ（破れ）
ネヘ6:1　～口が残っていないことが
詩106:23　御前の～に立たなかったなら
エゼ22:30　石垣を築き、～口に立つ者を
マタ9:16　～がもっとひどくなるからです

やま（山）
申1:6　あなたがたはこの～に十分長く
2:3　長い間この～の周りを移動して
Ⅰ列20:23　彼らの神々は～の神です
詩24:3　だれが 主の～に登り得るのか
36:6　あなたの義は 高くそびえる～
46:2　～々が揺れ 海のただ中に移る
68:15　神々しい～ バシャンの～よ
121:1　私は～に向かって目を上げる
イザ30:29　主の～、イスラエルの岩に行く
エゼ20:40　わたしの聖なる～、イスラエルの
ダニ2:35　像を打った石は大きな～となって
オバ16　わたしの聖なる～で飲んだように
ミカ1:4　～々は主の足もとに溶け去り
4:1　主の家の～は、～々のかしら
ゼカ8:3　万軍の主の～は、聖なる～と
マタ4:8　イエスを…高い～に連れて行き
5:1　イエスは～に登られた
17:1　連れて、高い～に登られた
マコ3:13　さて、イエスが～に登り
6:46　祈るために～に向かわれた
11:23　この～に向かい
13:14　ユダヤにいる人たちは～へ逃げ
ルカ9:28　祈るために～に登られた
ヨハ6:15　再びただ一人で～に退かれた
Ⅰコリ13:2　たとえ～を動かすほどの…信仰を
ヘブ12:22　シオンの～、生ける神の都である

やまい（病）
Ⅱ歴21:18　主は不治の内臓の～で彼を打たれ
詩41:3　主が ～の床で彼を支えられます
イザ53:4　まことに、彼は私たちの～を負い
ホセ5:13　エフライムは自分の～を見た
マタ4:23　あらゆる～…を癒やされた
8:17　彼は…私たちの～を負った
ルカ4:40　様々な～で弱っている者を
13:12　あなたは～から解放されました

やまばと（山鳩）
創15:9　～と、鳩のひなを持って来なさい
レビ1:14　～、または家鳩のひなの中から
雅2:12　～の声が…国中に聞こえる
ルカ2:24　～一つがい…家鳩のひな二羽

やみ（闇）
出10:21　～にさわれるほどにせよ
ヨブ10:21　私が～と死の陰の地に行って
詩107:10　～と死の陰に座す者 苦しみの鉄の
112:4　光は～の中に輝き昇る
139:12　あなたにとっては ～も暗くなく
伝11:8　～の日も多くあることを忘れては
エレ13:16　まだ主が～を送らないうちに
ヨエ2:2　それは～と暗～の日
マタ4:16　～の中に住んでいた民は
27:45　十二時から午後三時まで～が全地
マコ15:33　～が全地をおおい、午後三時まで
Ⅰペテ2:9　～の中から…光の中に召して

やむ
マコ4:39　風は～み、すっかり凪になった

やむ（病む）
箴13:12　期待が長引くと、心は～む
雅2:5　私は愛に～んでいるからです
5:8　私は愛に～んでいる、と
イザ1:5　頭は残すところなく～み
哀1:13　終日、～んでいる女とされた

やめる
創2:2　第七日に…わざを～られた
Ⅰサム7:8　主に叫ぶのを～めないでください
12:23　祈るのを～め、主の前に罪ある者
ヨブ3:17　悪しき者は荒れ狂うのを～め
詩46:9　地の果てまでも戦いを～めさせる

やもめ
申14:29　孤児や、～が来て食べ
24:17　～の衣服を質に取ってはならない
ヨブ22:9　あなたは～を手ぶらで去らせ
29:13　～の心を私は喜ばせた
詩109:9　妻は～となりますように
箴15:25　主は…～の地境を決める
イザ1:17　～を弁護せよ
10:2　こうして、～は彼らの餌食となり
47:9　子を失うことと、～になること
エレ49:11　～たちは、わたしに
哀1:1　彼女は～のようになった
マコ12:40　また、～たちの家を食い尽くし
12:42　そこに一人の貧しい～が来て
ルカ4:25　イスラエルに多くの～がいました
7:12　その母親は～で、その町の人々が
21:2　貧しい～が、そこにレプタ銅貨を
使6:1　～たちが、毎日の配給において
Ⅰテモ5:3　～の中の本当の～を大事に

ヤモリ
箴30:28　～は手で捕まえられるが

やり（槍）
イザ2:4　剣を鋤に、その～を鎌に打ち直す

ヨエ3:10　あなたがたの鎌を～に打ち直せ
ヨハ19:34　イエスの脇腹を～で突き刺した

やわらか（柔らか）
マタ11:8　～らかな衣を…～らかな衣を着た

やわらぐ（和らぐ）
ヨブ5:23　野の獣があなたと～らぐからだ

ゆ

ゆうえき（有益）
Ⅰテモ4:8　肉体の鍛錬も少しは～ですが

ゆうかい（誘拐）
申24:7　～し…～した者は死ななければ

ゆうかげ（夕影）
詩102:11　私の日は 伸びていく～のよう

ゆうがた（夕方）
マタ8:16　～になると、人々は悪霊に
マコ1:32　～になり日が沈むと、人々は病人
14:17　～になって、イエスは十二人と

ゆうき（勇気）
Ⅱ歴19:11　～を出して実行しなさい
ヨハ16:33　～を出しなさい。わたしはすでに
使23:11　～を出しなさい。あなたは
28:15　神に感謝し、～づけられた

ゆうぐれ（夕暮れ）
ゼカ14:7　昼も夜もない。～時に光がある

ゆうし（勇士）
士11:1　ギルアデ人エフタは～であったが
Ⅰサム17:51　自分たちの～が死んだのを見て
Ⅱサム1:25　～たちは戦いのさなかに倒れた
23:8　ダビデの～たちの名は次のとおり
ヨブ16:14　～のように私に襲いかかられる
伝9:11　戦いは～のものではない
ゼパ3:17　神、主は…救いの～だ

ゆうじょ（遊女）
創38:15　顔をおおっていたので～だと思い
ヨシ6:17　～ラハブと、その家にともにいる
士16:1　そこで～を見つけて
箴7:10　～の装いをして…女が彼を迎えた
29:3　～と交わる者は、財産を滅ぼす
ヘブ11:31　信仰によって、～ラハブは
ヤコ2:25　～ラハブも、使者たちを招き入れ

ゆうじん（友人）
箴18:24　兄弟以上に親密な～もいる

ゆうだち（夕立）
ミカ5:7　青草に降り注ぐ～のようだ

ゆうやけ（夕焼け）
マタ16:2　夕方に…『～だから晴れる』

ゆうれい（幽霊）
マコ6:49　～だと思い、叫び声をあげた

ゆうわく（誘惑）
マタ26:41　～に陥らないように、目を覚まし
マコ14:38　～に陥らないように、目を覚まし
Ⅰコリ7:5　サタンが…～しないように
Ⅰテサ3:5　～する者があなたがたを～して
ヤコ1:13　神に～されていると言っては
Ⅱペテ2:9　敬虔な者たちを～から救い出し

ゆき（雪）
Ⅱサム23:20　ある～の日に、洞穴の中に降り
ヨブ9:30　たとえ私が～の水で身を洗っても
詩51:7　私は～よりも白くなります
147:16　主は羊毛のように～を降らせ
箴25:13　刈り入れ時の冷たい～のよう
26:1　夏の～、刈り入れ時の雨のように
31:21　家の者のために～を恐れることは
イザ1:18　～のように白くなる
エレ18:14　レバノンの～は、野の岩から
哀4:7　その聖別された者たちは～よりも
マタ28:3　衣は～のように白かった

ゆきめぐる（行き巡る）
ゼカ1:10　地を～るために主が遣わされた者

ゆさぶる（揺さぶる）
詩29:8　主の声は 荒野を～さぶり

ゆずり
申4:20　主は…～の民とされた
Ⅰ列21:3　私の先祖の～の地をあなたに譲る
Ⅰ歴16:18　あなたがたへの～の地として
詩2:8　国々をあなたへの～として与える
16:6　すばらしい 私への～の地です
エレ12:7　わたしの～の地を見放し
50:11　わたしの～の地を略奪する者たち
哀5:2　私たちの～の地は他国人の手に

ゆする
ミカ2:2　人とその相続地を～り取る

ゆたか（豊か）
創13:2　アブラムは…非常に～に持って
詩36:8　彼らは あなたの家の～さに
72:7　～な平和がありますように
イザ66:11　その～な乳房から吸って喜びを
ヨハ1:16　満ち満ちた～さの中から
ロマ2:4　その～ないつくしみと忍耐と寛容
Ⅰコリ1:5　キリストにあって～な者とされ
4:8　すでに～になっています
Ⅱコリ9:11　あらゆる点で～になって
9:12　この奉仕の務めは…～になる
エペ3:16　御父が、その栄光の～さに
ピリ4:19　ご自分の～さにしたがって
Ⅰテサ3:12　愛を、主が～にし、あふれさせ

ゆだねる（委ねる）
Ⅰｻﾑ1:28　この子は一生涯、主に～ねられた
詩31:5　私の霊をあなたの御手に～ねます
37:5　あなたの道を主に～ねよ
55:22　あなたの重荷を主に～ねよ
箴16:3　あなたのわざを主に～ねよ
ルカ23:46　わたしの霊を…御手に～ねます
ヨハ5:22　すべてのさばきを子に～ねられ
使20:32　神とその恵みのみことばに～ね
ロマ3:2　神のことばを～ねられました
Ⅰｺﾘ9:17　私に務めとして～ねられている
Ⅱｺﾘ5:19　和解のことばを…～ねられ
Ⅰﾃﾓ6:20　～ねられたものを守りなさい
Ⅱﾃﾓ2:2　信頼できる人たちに～ねなさい
Ⅰﾍﾟﾃ4:19　創造者に自分のたましいを～ね
ゆび（指）
出8:19　「これは神の～です」と言った
31:18　神の～で書き記された石の板を
申9:10　神の～で書き記された石の板二枚
詩8:3　あなたの～のわざである…天
ダニ5:5　そのとき、人間の手の～が現れ
マタ23:4　自分は～一本貸そうともしません
ルカ11:20　神の～によって悪霊どもを
11:46　荷物に～一本触れようとはしない
ゆびわ（指輪）
エス3:10　王は自分の手から～を外して
エレ22:24　右手の～の印ではあるが
ルカ15:22　手に～をはめ、足に履き物を
ゆみ（弓）
創21:20　荒野に住んで、～を射る者と
49:23　～を射る者は激しく彼を攻め
詩44:6　私の～に 私は頼りません
46:9　～をへし折り 槍を断ち切り
ホセ1:5　イスラエルの～を折る
ゆめ（夢）
創28:12　～を見た。見よ、一つのはしごが
31:24　神は夜、～でアラム人ラバンに
37:5　ヨセフは～を見て…兄たちに
37:19　見ろ。あの～見る者がやって来た
40:5　二人とも同じ夜に…～を見た
41:8　ファラオは彼らに～のことを話し
42:9　彼らについて見た～を思い出して
民12:6　～の中でその人と語る
士7:13　～を見た…大麦のパンの塊が
Ⅰ列3:5　主は夜の～のうちにソロモンに
伝5:7　～が多く、ことばの多いところに
イザ29:8　渇いている者が～の中で飲み
エレ23:28　～を見た預言者は～を語るがよい
ダニ1:17　幻と～を解くことができた
2:1　～を見た…そのために心が騒ぎ
ヨエ2:28　老人は～を見、青年は幻を見る
マタ27:19　私は…～でたいへん苦しい目に
ゆり
雅2:1　私はシャロンのばら、谷間の～
2:16　～の花の間で群れを飼っています
ゆりうごかす（揺り動かす）
ハガ2:6　わたしは天と地、海と陸を～かす
ヘブ12:26　地だけではなく 天も～かす
ゆるがす（揺るがす）
使2:25　～るがされることはありません
ゆるぐ（揺るぐ）
詩16:8　～るがされることがありません
17:5　私の足は～ぎませんでした
21:7　恵みにあって～るぎません
46:5　その都は～るがない
57:7　神よ 私の心は～るぎません
108:1　神よ 私の心は～るぎません
ゆるし（許す）
Ⅰｺﾘ6:12　すべてのことが私には～されて
ゆるし（赦し；赦す）
創50:17　背きと罪を～してやりなさい
出32:32　罪を～してくださるなら
34:7　咎と背きと罪を～す
34:9　どうか私たちの咎と罪を～し
レビ4:20　宥めを行う。そして彼らは～され
19:22　彼はその犯した罪を～される
民14:18　咎と背きを～す
14:19　恵みによって～してください
15:25　宥めを行うなら、彼らは～される
30:8　そして主は彼女を～される
申21:8　御民イスラエルをお～しください
29:20　主は…～そうとはされない
ヨシ24:19　背きや罪を～さないからである
Ⅰｻﾑ25:28　はしための背きをお～し
Ⅰ列8:30　聞いて、お～しください
8:39　～し、また、かなえてください
Ⅱ列5:18　主が次のことについて…お～し
Ⅱ歴6:21　聞いて、お～しください
7:14　罪を～し、彼らの地を癒やす
30:18　主よ、彼らをお～しください
エス5:8　王様が…私の願いを～し
ヨブ7:21　背きを～さず、私の咎を
詩25:11　私の咎をお～しください
25:18　私のすべての罪を～してください
32:1　背きを～され 罪をおおわれた人
78:38　の咎を～して 滅ぼされなかった
79:9　私たちの罪をお～しください
103:3　主は あなたのすべての咎を～し
130:4　あなたが～してくださるゆえに
イザ2:9　彼らを～さないでください

イザ6:7　見よ…あなたの罪も～された
55:7　豊かに～してくださるから
エレ5:1　わたしはエルサレムを～そう
5:7　どうして…～すことができる
31:34　わたしが彼らの不義を～し
33:8　わたしに背いたすべての咎を～す
36:3　咎と罪を～すことができる
50:20　わたしが残す者を…～すからだ
哀3:42　あなたは～してくださいません
ダニ9:9　あわれみと～しは、私たちの神
マタ6:12　私たちの負い目をお～しください
6:15　人を～さないなら
9:2　子よ…あなたの罪は～された
12:31　御霊に対する冒瀆は～されません
18:35　自分の兄弟を心から～さないなら
マコ2:5　子よ、あなたの罪は～された
2:7　だれが罪を～すことができる
3:28　どんな罪も～していただけます
11:25　～しなさい。そうすれば
ルカ6:37　～しなさい…～されます
11:4　私たちの罪をお～しください
12:10　聖霊を冒瀆する者は～されません
17:3　悔い改めるなら、～しなさい
23:34　父よ、彼らをお～しください
ヨハ20:23　罪を～すなら…～されます
使2:38　それぞれ罪を～していただくため
8:22　心に抱いた思いが～されるかも
10:43　その名によって罪の～しが受け
13:38　罪の～しが宣べ伝えられている
26:18　信仰によって、彼らが罪の～しを
ロマ4:7　不法を～され、罪をおおわれた人
Ⅱｺﾘ2:7　その人を～し、慰めてあげなさい
エペ4:32　神も、キリストにおいて…～し
コロ1:14　贖い、すなわち罪の～しを得て
2:13　私たちのすべての背きを～し
ヘブ9:22　罪の～しはありません
Ⅰﾖﾊ1:9　その罪を～し、私たちをすべての
2:12　あなたがたの罪が～されたから

ゆるむ

詩18:36　私のくるぶしは～みません

ゆれうごく（揺れ動く）

マタ27:51　地が～き、岩が裂け
使4:31　集まっていた場所が～き

よ

よ（世）

マタ13:40　～の終わりにもそのように
ヨハ8:23　あなたがたはこの～の者ですが
9:39　さばきのためにこの～に来ました
12:19　～はこぞってあの人の後について
16:33　～にあっては苦難があります
17:14　わたしがこの～のものでない
17:21　～が信じるようになるためです
ヘブ11:38　～は彼らにふさわしくありません
Ⅰﾖﾊ2:15　～も～にあるものも、愛しては
3:13　～があなたがたを憎んでも
4:5　彼らはこの～の者です

よ（夜）

Ⅱ歴1:7　その～、神はソロモンに現れて
ルカ5:5　～通し働きましたが、何一つ
使20:7　人々と語り合い、～中まで語り

よあけ（夜明け）

詩119:147　私は～前に起きて 叫び求めます
130:6　夜回りが～を待つのにまさって

よい（良い）

士17:6　自分の目に～いと見えることを
21:25　自分の目に～いと見えることを
Ⅰ列22:8　私について～いことは預言せず
22:13　王に対して～いことを述べて
詩92:1　主に感謝することは ～いことです
103:2　主が～くしてくださったことを
116:12　主が私に～くしてくださった
マタ7:11　自分の子どもたちには～いものを
12:35　～い人は～い倉から～い物を
13:8　別の種は～い地に落ちて実を結び
13:48　～いものは入れ物に入れ
25:21　よくやった。～い忠実なしもべだ
マコ4:8　また、別の種は～い地に落ちた
10:18　～い方は神おひとりのほか
ルカ11:13　自分の子どもたちには～いものを
ヨハ1:46　ナザレから何か～いものが出
ロマ14:16　あなたがたが～いとしていること
ヤコ4:17　～いことを知っていなが

よいしらせ（良い知らせ）

イザ40:9　エルサレムに～を伝える者
41:27　エルサレムに…～を伝える者
52:7　～を伝える人の足
61:1　貧しい人に～を伝えるた
ナホ1:15　見よ。～を伝える人の足
ルカ4:18　貧しい人に～を伝えるた
ヘブ4:2　私たちにも～が伝えられてい

よいどれ（酔いどれ）

詩69:12　私は～の歌になりまし
イザ19:14　～が吐きながらよろめくよう
28:1　エフライムの～が誇りとする

よう（酔う）

創9:21　彼はぶどう酒を飲んで～
Ⅱｻﾑ11:13　ダビデは彼を～わせ

13:28　アムノンが～って上機嫌になった
伝10:17　～うためではなく力をつけるため
イザ29:9　～うが、ぶどう酒のせいではない
使2:15　～っているのではありません

ようい（用意）
Ⅰ歴22:14　主の宮のために…～した
ネヘ8:10　何も～できなかった人には
イザ40:3　主の道を～せよ
マタ25:10　～ができていた娘たちは彼と一緒
26:17　過越の食事を…どこに～を
マコ1:3　主の道を～せよ。主の通られる道
ルカ3:4　主の道を～せよ。主の通られる道
12:47　主人の思いを知りながら～もせず
ヨハ14:3　あなたがたに場所を～したら

よういくがかり（養育係）
Ⅰｺﾘ4:15　キリストにある～が一万人いても
ガラ3:24　キリストに導く～となりました

ようきゅう（要求）
ロマ8:4　律法の～が満たされるため

ようご（擁護）
エレ30:13　あなたの訴えを～する者もなく

ようじん（用心）
マタ7:15　偽預言者たちに～しなさい
16:6　パン種に…～しなさい
24:44　あなたがたも～していなさい

ようひし（羊皮紙）
Ⅱﾃﾓ4:13　また書物、特に～の物を

ようもう（羊毛）
箴31:13　～や亜麻を手に入れ

よく（欲）
エペ2:3　自分の肉の～のままに生き、肉と
ヤコ1:14　それぞれ自分の～に引かれ
Ⅰﾖﾊ2:16　すなわち、肉の～、目の～

よくぼう（欲望）
詩78:29　～を満たすままにされた
106:14　彼らは荒野で激しい～にかられ
ロマ7:8　あらゆる～を引き起こしました
ヤコ4:1　からだの中で戦う～から出て来る

よげん（預言）
民11:25　とどまると、彼らは～した
Ⅰｻﾑ10:5　～をしながら高き所から
Ⅰ列22:8　良いことは～せず
Ⅰ歴25:1　シンバルに合わせて～する者
Ⅱ歴18:7　私について良いことは～せず
イザ30:10　だましごとを～せよ
エレ11:21　主の名によって～するな
14:14　わたしの名によって偽りを～して
19:14　主が～のために遣わしたトフェト
23:13　彼らはバアルによって～し
23:21　彼らは～している
23:32　偽りの夢を～する者たちの敵と
25:30　このすべてのことばを～して言え
26:18　ユダの王ヒゼキヤの時代に～して
29:9　偽りをあなたがたに～している
32:3　なぜ、あなたはこのように～して
エゼ4:7　これに向かって～せよ
11:4　彼らに向かって～せよ…～せよ
13:2　自分の心のままに～する者どもに
21:2　イスラエルの地に向かって～せよ
36:1　イスラエルの山々に～せよ
37:4　これらの骨に～せよ
38:14　人の子よ、～してゴグに言え
ヨエ2:28　あなたがたの息子や娘は～し
アモ2:12　預言者には『～するな』と命じた
7:12　その地で～するがよい
7:15　わたしの民イスラエルに～せよ
マタ7:22　あなたの名によって～し
ルカ1:67　聖霊に満たされて～した
使2:17　あなたがたの息子や娘は～し
19:6　異言を語ったり、～したりした
ロマ12:6　～であれば…信仰に応じて～し
Ⅰｺﾘ12:10　ある人には～、ある人には霊を
13:2　たとえ私が～の賜物を持ち
13:9　～するのも一部分であり
14:5　あなたがたが～することです
14:32　～する者たちの霊は～する者たち
Ⅱﾍﾟﾃ1:19　さらに確かな～のみことばを
ユダ14　エノクも、彼らについてこう～し
黙10:11　王たちについて～しなければ
22:7　この書の～のことばを守る者は

よけんしゃ（予見者）
Ⅰｻﾑ9:9　昔は～と呼ばれていたからである
イザ30:10　彼らは～に『見るな』と言い

よげんしゃ（預言者）
創20:7　あの人は～で、あなたのために
出7:1　あなたの兄アロンがあなたの～と
民11:29　主の民がみな、～となり
12:6　あなたがたの間に～がいるなら
申13:1　～または夢見る者が現れ
18:15　私のような一人の～をあなたの
34:10　モーセのような～は、もう再び
士6:8　主は一人の～をイスラエルの子ら
Ⅰｻﾑ3:20　サムエルが主の～として
10:11　サウルも～の一人なのか
19:24　サウルも～の一人なのか
Ⅰ列13:11　一人の年老いた～がベテルに
22:7　主の～が、ほかにいないのですか
Ⅱ列5:8　イスラエルに～がいることを知る
24:2　～たちによって告げられたことば
Ⅱ歴18:6　主の～が、ほかにいないのですか

Ⅱ歴20:20　主の～たちを信じ、勝利を得よ
28:9　主の～で、その名をオデデという
36:12　主のことばを告げた～エレミヤ
ネヘ9:30　あなたの～たちを通して
詩74:9　もはや～もいません。いつまで
イザ9:15　その尾とは偽りを教える～
エレ5:13　～たちは風になり…みことばは
5:31　～は偽りの預言をし、祭司は
7:25　わたしのしもべであるすべての～
8:10　～から祭司に至るまで、みな偽り
27:9　あなたがたの～、占い師
哀2:14　あなたの～たちは、あなたに
4:13　これはその～たちの罪、祭司たち
エゼ2:5　自分たちのうちに～がいることを
14:9　もし～が惑わされてことばを語る
33:33　自分たちの間に一人の～がいた
ホセ9:7　～は愚か者、霊の人は気のふれた
12:13　主は一人の～によって
アモ7:14　～ではなかったし、～の仲間でも
ゼパ3:4　～たちは、ふしだらで裏切る者
マラ4:5　～エリヤをあなたがたに遣わす
マタ10:41　～を～だから…受け入れる人は
13:57　～が敬われないのは、自分の郷里
21:4　～を通して語られたことが成就
21:11　ナザレから出た～イエスだ
23:37　～たちを殺し、自分に遣わされた
マコ6:4　～が敬われないのは、自分の郷里
8:28　～の一人だと言う人たちもいます
11:32　ヨハネは確かに～だと思っていた
ルカ4:24　～はだれも、自分の郷里では
7:16　偉大な～が私たちのうちに現れた
9:19　昔の～の一人が生き返ったのだと
10:24　多くの～や王たちは…見たいと
13:34　～たちを殺し、自分に遣わされた
20:6　ヨハネは～だと確信している
24:44　モーセの律法と～たちの書と詩篇
ヨハ1:21　では、あの～ですか
4:19　あなたは～だとお見受けします
7:40　この方は、確かにあの～だ
使7:37　私のような一人の～を
13:15　律法と～たちの書の朗読があった
ロマ11:3　彼らはあなたの～たちを殺し
Ⅰコリ12:28　第一に使徒たち、第二に～たち
14:37　自分を～、あるいは御霊の人と
エペ4:11　ある人たちを～、ある人たちを
テト1:12　彼ら自身の～が言いました
Ⅰペテ1:10　恵みを預言した～たちも、熱心に
Ⅱペテ2:1　御民の中には偽～も出ました
黙10:7　ご自分のしもべである～たちに

よこしま
Ⅰサム30:22　意地の悪い、～な者たちがみな
箴16:27　～な者は悪を企む
エゼ11:2　この都で～なことを謀り

よこたえる（横たえる）
詩4:8　平安のうちに私は身を～え

よごれ（汚れ）
イザ4:4　シオンの娘たちの～れを洗い

よごれる（汚れる）
ゼカ3:3　ヨシュアは～れた服を着て

よし（良し）
レビ10:19　主の目に～とされただろうか
ネヘ2:6　王はこれを～しとして、私を
伝7:26　神に～とされる者は女から逃れる

よすみ（四隅）
イザ11:12　追い散らされた者を 地の～から

よそおい（装い）
詩29:2　聖なる～をして主にひれ伏せ
96:9　聖なる～をして主にひれ伏せ

よそおう（装う）
マタ6:29　花の一つほどにも～っていません
6:30　神はこのように～ってくださる
ルカ12:28　神はこのように～ってくださる

よそもの（よそ者）
創19:9　こいつは～のくせに

よち（予知）
使2:23　神が定めた計画と神の～によって

よつぎ（世継ぎ）
エレ49:1　イスラエルには…～がいないのか

よびな（呼び名）
箴10:7　正しい人の～は祝福となり

よぶ（呼ぶ）
創4:26　人々は主の名を～ことを始めた
12:8　主の御名を～び求めた
13:4　そこで主の御名を～び求めた
出3:4　「モーセ、モーセ」と～びか
19:20　主がモーセを山の頂に～ばれた
士16:28　サムソンは主を～び求めて言っ
Ⅰサム3:6　主はもう一度、サムエルを～ば
ヨブ13:22　～んでください。私が答えま
14:15　あなたがお～びになれば、お答
詩20:7　私たちの神 主の御名を～び求め
50:4　天を また地を～び集められ
53:4　神を～ばな
55:16　神を～ぶと 主は私を救っ
80:18　私たちは…御名を～び求めま
99:6　サムエルは御名を～ぶ者たちの
102:2　私が～ぶときに すぐに…答え
116:2　生きているかぎり主を～び求め
119:145　私は心を尽くして～び求めま

120:1　主を～び求めると 主は私に答えて
130:1　深い淵から…～び求めます
145:18　主を～び求める者すべてに 主は
箴8:1　知恵は～びかけないだろうか
雅5:6　あの方を～んでも、あの方は
イザ41:9　地の隅々から～び出して言った
41:25　日の昇るところから…名を～ぶ
45:4　わたしは…あなたの名で～ぶ
50:4　朝ごとに私を～び覚まし
64:7　あなたの御名を～ぶ者はなく
65:24　彼らが～ばないうちに、わたしは
エレ3:19　あなたがわたしを父と～び
33:3　わたしを～べ。そうすれば
35:17　わたしが彼らに～びかけたのに
エゼ11:17　国々からあなたがたを～び寄せ
ヨエ2:32　主の御名を～び求める者は みな
マタ2:15　エジプトからわたしの子を～び
10:1　イエスは十二弟子を～んで
マコ3:13　ご自分が望む者たちを～び寄せ
6:7　十二人を～び、二人ずつ遣わし
10:49　あなたを～んでおられる
15:35　ほら、エリヤを～んでいる
ルカ1:32　いと高き方の子と～ばれます
9:1　イエスは十二人を～び集めて
15:6　友だちや近所の人たちを～び集め
ヨハ10:3　それぞれ名を～んで連れ出します
使2:21　主の御名を～び求める者は
11:26　キリスト者と～ばれるように
28:17　おもだった人たちを～び集めた
ロマ10:12　ご自分を～び求めるすべての人に
10:14　どのようにして～び求める
Ⅱﾃﾓ2:22　きよい心で主を～び求める人

ヨベル

レビ25:11　五十年目はあなたがたの～の年

よまわり（夜回り）

イザ21:11　～よ、今は夜の何時か

よみ

詩9:17　悪しき者は ～に帰って行く
16:10　私のたましいを～に捨て置かず
49:14　～がその住む所となる
139:8　私が～に床を設けても そこに
箴5:5　その足取りは～をつかみ取る
15:11　～と滅びの淵は主の前にある
イザ5:14　それゆえ、～は喉を広げ
14:9　～は、下界で おまえが来るのを
28:15　死と契約を結び、～と同盟を
57:9　～にまでも下らせた
エゼ32:21　～の中から彼について語る
ホセ13:14　～よ、おまえの針はどこにある
ハバ2:5　彼は～のように喉を広げ
ルカ16:23　～で苦しみながら目を上げると
使2:27　私のたましいを～に捨て置かず
黙6:8　～がそれに従っていた
20:14　死と～は火の池に投げ込まれた

よみがえる；よみがえり

マタ14:2　彼が死人の中から～ったのだ
16:21　三日目に～らなければならない
17:9　人の子が死人の中から～るまでは
20:19　人の子は三日目に～ります
26:32　～った後、あなたがたより先に
27:64　『死人の中から～った』と
28:6　～られたのです
マコ6:14　ヨハネが死人の中から～ったのだ
8:31　三日後に～らなければならない
9:9　人の子が死人の中から～る時まで
14:28　～った後、あなたがたより先に
16:6　あの方は～られました
ルカ9:7　ヨハネが死人の中から～ったのだ
24:6　ここにはおられません。～られた
24:34　本当に主は～って、シモンに姿を
ヨハ2:19　わたしは、三日でそれを～らせる
5:21　父が死人を～らせ、いのちを与え
5:29　善を行った者は～っていのちを
6:39　終わりの日に～らせることです
11:23　あなたの兄弟は～ります
11:25　わたしは～りです。いのちです
使2:32　このイエスを、神は～らせました
3:15　神はこのイエスを…～らせました
10:40　神はこの方を三日目に～らせ
13:30　神はイエスを死者の中から～らせ
26:8　神が死者を～らせるということを
Ⅰｺﾘ6:14　神は主を～らせましたが
15:4　三日目に～られたこと
Ⅱｺﾘ4:14　主イエスを～らせた方が
エペ1:20　キリストを死者の中から～らせ
2:6　ともに～らせ、ともに天上に
コロ3:1　キリストとともに～らされた
Ⅱﾃﾓ2:8　死者の中から～った方です
ヘブ11:19　神には人を死者の中から～らせる
11:35　死んだ身内の者たちを～らせて
Ⅰﾍﾟﾃ1:3　キリストが死者の中から～られた
1:21　キリストを死者の中から～らせて

よむ（読む）

申17:19　一生の間これを～まなければ
31:11　みおしえを～んで聞かせなければ
詩33:15　わざのすべてを～み取る方
139:2　遠くから私の思いを～み取られ
イザ34:16　主の書物を調べて～め
エレ36:6　断食の日に主の宮で民の耳に～み
ダニ5:7　この文字を～んでその意味を私に

ダニ5:17　私は、その文字を王のために～み
ハバ2:2　これを～む者が急使として走る
マタ21:42　次のようにあるのを～んだことが
マコ12:10　次の聖書のことばを～んだことが
12:26　～んだことがないのですか
使8:28　預言者イザヤの書を～んでいた
Ⅱコリ3:2　すべての人に…～まれています

よりかかる（寄りかかる）
イザ48:2　イスラエルの神に～っている

よりたのむ（拠り頼む）
Ⅱ列18:19　おまえは何に～んでいるのか
18:21　傷んだ葦の杖、エジプトに～んで
Ⅱ歴14:11　私たちはあなたに～み、御名に
16:7　神、主に～みませんでした
ヨブ18:14　～んでいる天幕から引き抜かれ
39:11　あなたはそれに～むだろうか
詩13:5　私はあなたの恵みに～みます
33:21　私たちは聖なる御名に～む
49:6　彼らは 自分の財産に～み
55:23　しかし 私はあなたに～みます
箴3:5　心を尽くして主に～め
11:28　自分の富に～む者は倒れ
16:20　主に～む者は幸いである
22:19　主に～むことができるように
25:19　苦難の日に、裏切り者に～むのは
28:25　主に～む人は豊かにされる
イザ31:1　非常に強いといって騎兵に～み
36:4　おまえは何に～んでいるのか
42:17　彫像に～み、鋳像に向かって
47:10　あなたは自分の悪に～み
エレ13:25　わたしを忘れ、偽りに～んだため
29:31　あなたがたを偽りに～ませた
48:7　作ったものと 財宝に～んだので
ホセ10:13　自分の勇士の数に～んだからだ

よりどころ（拠り所）
詩11:3　～が壊されたら 正しい者に何が
伝9:4　しかし、人には～がある

よりわける（より分ける）
レビ20:25　汚れた鳥ときよい鳥を～け
エゼ20:38　わたしに背く反逆者を～ける
マタ25:32　羊をやぎから～けるように彼らを

よる（夜）
創1:5　闇を～と名づけられた
詩19:2　～は～へ知識を示す
42:8　～には 主の歌が私とともに
ヨハ3:2　～、イエスのもとに来て言った
9:4　だれも働くことができない～が
11:10　しかし、～歩けばつまずきます
13:30　出て行った。時は～であった
黙21:25　そこには～がないからである

よろい
Ⅰサム17:38　自分の～かぶとを着けさせた
イザ59:17　主は義を～のように着て

よろける
ヨブ12:25　酔いどれのように～けさせる
詩37:31　彼の歩みは～けることがない
38:16　私の足が～けるとき
121:3　主は あなたの足を～けさせず

よろこび（喜び）
民10:10　～の日…の例祭と新月の日に
Ⅱサム22:20　主が私を～とされたからです
Ⅰ歴29:3　私の神の宮に対する～として
Ⅱ歴20:27　～のうちにエルサレムに凱旋した
エス8:15　スサの都は～の声にあふれた
9:19　～と祝宴の祝日とし
ヨブ20:5　悪しき者の～は短く
22:3　それが全能者の～となるだろうか
22:26　あなたは全能者を自分の～とし
27:10　全能者を自分の～とするだろうか
詩1:2　主のおしえを～とし 昼も夜も
4:7　あなたは～を私の心に下さいます
30:11　～をまとわせてくださいました
37:4　主を自らの～とせよ
40:8　みこころを行うことを～とします
43:4　私の最も～とする神のみもとに
45:7　神は ～の油を あなたに注がれた
47:1　～の声をもって 神に大声で叫べ
65:12　もろもろの丘も～をまとって
119:24　あなたのさとしこそ 私の～
119:77　あなたのみおしえは 私の～です
箴2:10　知識がたましいに～となるからだ
16:13　正しい唇は王たちの～
イザ11:3　主を恐れることを～とし
14:7　全地は…～の歌声をあげる
16:10　～と楽しみは…取り去られる
55:12　あなたがたは～をもって出て行き
60:15　永遠の誇り、代々の～に変える
61:3　嘆きの代わりに～の油を
62:4　わたしの～は彼女にある
エレ7:34　楽しみの声と～の声、花婿の声と
エゼ24:16　一打ちで、あなたの目の～を取り
ホセ6:6　わたしが～とするのは真実の愛
ヨエ1:12　～が人の子らから消え去った
ルカ1:14　その子はあなたにとって…～と
2:10　民全体に与えられる、大きな～を
19:37　～のあまりに大声で神を賛美し
ヨハ3:29　私もその～に満ちあふれています
15:11　わたしの～があなたがたのうちに
16:20　あなたがたの悲しみは～に変わり
17:13　わたしの～が…満ちあふれる

使8:8 その町には、大きな〜があった
15:3 兄弟たちに大きな〜をもたらした
ロマ14:17 聖霊による義と平和と〜だから
15:13 信仰によるすべての〜と平安で
Ⅱｺﾘ1:24 あなたがたの〜のために協力し
7:13 この慰めの上にテトスの〜が
ピリ1:25 信仰の前進と〜のために
ピレ7 あなたの愛によって多くの〜と
ヤコ1:2 この上もない〜と思いなさい
Ⅰﾍﾟﾃ1:8 栄えに満ちた〜に躍っています
Ⅰﾖﾊ1:4 私たちの〜が満ちあふれるため

よろこぶ（喜ぶ）

レビ23:40 あなたがたの神、主の前で〜び
民14:8 もし主が私たちを〜んでおられる
申16:11 主の前で…〜び楽しみなさい
24:5 妻を〜ばせなければならない
28:47 主に〜んで心の底から仕えようと
28:63 あなたがたを増やすことを〜ばれ
30:9 あなたを栄えさせて〜ばれる
Ⅰｻﾑ6:13 彼らはそれを見て〜んだ
15:22 〜ばれるだろうか
18:5 サウルの家来たちにも〜ばれた
Ⅰ列10:9 主はあなたを〜び、イスラエルの
Ⅰ歴16:10 慕い求める者たちの心よ、〜べ
29:9 進んで献げたことを〜んだ
29:22 大いに〜んで、主の前で食べたり
ネヘ8:10 主を〜ぶことは、あなたがたの力
ヨブ6:10 容赦ない激痛の中でも…〜ぶ
29:13 やもめの心を私は〜ばせた
34:9 神に〜ばれようとしても
詩5:4 あなたは悪を〜ぶ神ではなく
5:11 あなたに身を避ける者がみな〜び
9:2 私はあなたを〜び 誇ります
19:8 主の戒めは…人の心を〜ばせ
32:11 正しい者たち 主を〜び 楽しめ
33:1 正しい者たち 主を〜び歌え
35:9 私のたましいは 主にあって〜び
35:15 私がつまずくと彼らは〜んで
37:23 主はその人の道を〜ばれる
40:6 お〜びにはなりませんでした
40:9 会衆の中で義を〜び知らせます
40:16 あなたにあって楽しみ 〜びます
46:4 豊かな流れは 神の都を〜ばせる
51:12 仕えることを〜ぶ霊で 私を支え
51:16 あなたはいけにえを〜ばれず
51:19 全焼のささげ物を〜ばれます
66:1 全地よ 神に向かって〜び叫べ
68:4 御名は主。その御前で〜び躍れ
85:6 民が あなたにあって〜ぶために
92:4 御手のわざを 私は〜び歌います
94:19 私のたましいを〜ばせてください
95:1 さあ 主に向かって 〜び歌おう
98:8 山々も こぞって〜び歌え
100:2 〜び歌いつつ御前に来たれ
112:1 主を恐れ その仰せを大いに〜ぶ
126:5 〜び叫びながら刈り取る
箴5:18 あなたの…妻と〜び楽しめ
8:30 わたしは毎日〜び、いつも御前で
11:20 道を歩む者は主に〜ばれる
15:13 〜んでいる心は、顔色を良くする
15:30 目の光は心を〜ばせ
16:7 主が人の行いを〜ぶとき
17:22 〜んでいる心は健康を良くし
28:12 正しい人が〜ぶと、大いなる栄え
29:2 正しい人が増えると、民は〜び
29:6 正しい人は声をあげて〜び歌う
伝5:4 愚かな者は〜ばれない
イザ1:11 子羊、雄やぎの血も〜ばない
9:3 彼らは、刈り入れ時に〜ぶように
12:3 あなたがたは〜びながら水を汲む
12:6 大声をあげて〜び歌え
26:19 覚めよ、〜び歌え。土のちりの中
35:1 砂漠は〜び、荒れ地は〜び躍り
35:6 口のきけない者の舌は〜び歌う
41:16 あなたは主にあって〜び
44:23 天よ、〜び歌え
52:8 声を張り上げ、ともに〜び歌って
60:5 心は震えて、〜ぶ
62:5 あなたの神はあなたを〜ぶ
65:14 心の底から〜び歌う
66:10 エルサレムとともに〜べ
エレ11:15 そのときには〜び躍るがよい
哀2:17 あなたのことで敵を〜ばせ
エゼ18:23 悪しき者の死を〜ぶだろうか
33:11 悪しき者の死を〜ばない
ヨエ2:23 神、主にあって、楽しみ〜べ
ミカ6:7 主は…の油を〜ばれるだろうか
7:18 神は、恵みを〜ばれるからです
ハバ3:18 しかし、私は主にあって〜び躍り
ゼパ3:14 イスラエルよ、〜び叫べ
ハガ1:8 わたしはそれを〜び、栄光を現す
ゼカ2:10 娘シオンよ、〜び歌え。楽しめ
9:9 娘シオンよ、大いに〜べ
マラ1:10 わたしはあなたがたを〜ばない
マタ2:10 その星を見て、彼らは…〜んだ
3:17 愛する子。わたしはこれを〜ぶ
5:12 〜びなさい。大いに〜びなさい
17:5 愛する子。わたしはこれを〜ぶ
18:13 九十九匹の羊以上に…〜びます
マコ1:11 愛する子。わたしはあなたを〜ぶ

ルカ3:22 愛する子。わたしはあなたを〜ぶ
6:23 躍り上がって〜びなさい
10:20 服従することを〜ぶのではなく
12:32 父は、〜んであなたがたに御国を
13:17 すべての輝かしいみわざを〜んだ
15:5 〜んで羊を肩に担ぎ
ヨハ8:29 わたしは、その方が〜ばれること
8:56 大いに〜んでいました
14:28 あなたがたは〜ぶはずです
使16:34 全家族とともに心から〜んだ
ロマ5:2 神の栄光にあずかる望みを〜んで
5:11 私たちは神を〜んでいます
7:22 神の律法を〜んでいますが
8:8 神を〜ばせることができません
12:15 〜んでいる者たちとともに〜び
15:1 自分を〜ばせるべきでは
15:10 異邦人よ、主の民とともに〜べ
Ⅰコリ7:30 〜んでいる人は〜んでいないか
7:32 どうすれば主に〜ばれるかと
10:33 すべての人を〜ばせようと努めて
13:6 不正を〜ばずに、真理を〜びます
Ⅱコリ5:9 願うのは、主に〜ばれることです
8:12 〜んでする思いがあるなら
9:7 神は、〜んで与える人を愛して
12:10 苦悩、迫害、困難を〜んでいます
エペ5:10 何が主に〜ばれることなのかを
ピリ1:18 これからも〜ぶでしょう
2:17 私は〜びます
3:1 兄弟たち、主にあって〜びなさい
4:4 いつも主にあって〜びなさい
コロ1:10 あらゆる点で主に〜ばれ
Ⅰテサ2:4 人を〜ばせるのではなく
2:15 神に〜ばれることをせず
5:16 いつも〜んでいなさい
Ⅱテサ2:12 真理を信じないで、不義を〜んで
Ⅱテモ2:4 兵を募った人を〜ばせようと
ヘブ10:6 ささげ物を…お〜びには
11:6 神に〜ばれることはできません
13:16 いけにえを、神は〜ばれるのです
Ⅰヨハ3:22 神に〜ばれることを行っている

よろめく
申32:35 それは彼らの足が〜くときのため
Ⅰ列18:21 どっちつかずに〜いているのか
詩26:1 〜くことなく 主に信頼して
107:27 彼らは酔った人のように〜き

よわい（弱い；弱さ）
Ⅰサム2:8 主は、〜い者をちりから起こし
ヨブ5:16 こうして〜い者は望みを抱き
31:16 もし、私が〜い者たちの望みを退け
イザ11:4 正義をもって〜い者をさばき
アモ4:1 おまえたちは〜い者を虐げ
8:6 〜い者を金で買い、貧しい者を
使20:35 労苦して、〜い者を助けなければ
ロマ14:1 信仰の〜い人を受け入れなさい
15:1 力のない人たちの〜さを担うべき
Ⅰコリ1:25 神の〜さは人よりも強いからです
1:27 この世の〜い者を選ばれました
2:3 私は、〜く、恐れおののいて
4:10 私たちは〜いのですが
8:7 〜い良心が汚されてしまいます
8:11 〜い人は、あなたの知識によって
9:22 〜い人たちには、〜い者になり
Ⅱコリ11:29 だれかが〜く…私は〜く
11:30 自分の〜さのことを誇ります
12:10 私が〜いときにこそ、私は強い
13:4 〜さのゆえに十字架につけられ
ガラ4:13 私の肉体が〜かったためでした
Ⅰテサ5:14 小心な者を励まし、〜い者の世話
ヘブ4:15 私たちの〜さに同情できない方

よわい（齢）
詩39:4 私の終わり 私の〜がどれだけ

よわる（弱る）
詩41:1 〜っている者に心を配る人は
エレ8:18 私の心は〜り果てている

ら

らいめい（雷鳴）
Ⅱサム22:14 主は天から〜を響かせ
詩18:13 主は天に〜を響かせ
29:3 栄光の神は〜をとどろかせる
黙8:5 〜と声がとどろき、稲妻が

らいりん（来臨）
Ⅰコリ15:23 〜のときにキリストに属している
Ⅰテサ4:15 主の〜まで残っているなら
5:23 主イエス・キリストの〜のときに
Ⅱテサ2:1 私たちの主イエス・キリストの〜
Ⅱペテ1:16 主イエス・キリストの力と〜を
3:4 彼の〜の約束はどこにあるのか
Ⅰヨハ2:28 〜のときに御前で恥じることは

らくだ
創24:10 しもべは主人の〜の中から十頭を
マタ3:4 このヨハネは〜の毛の衣をまとい
19:24 〜が針の穴を通るほうが易しい
23:24 ブヨは…除くのに、〜は飲み
マコ10:25 〜が針の穴を通るほうが易しい
ルカ18:25 〜が針の穴を通るほうが易しい

らくたん（落胆）
ヨブ6:14 〜している者には、友からの友

Ⅱコリ4:1　～することがありません

ラッパ
民10:2　銀の～を二本作りなさい
詩98:6　～に合わせ角笛の調べにのせて
マタ6:2　自分の前で～を吹いては
Ⅰコリ14:8　～がはっきりしない音を出したら
15:52　～が鳴ると、死者は朽ちないもの
Ⅰテサ4:16　神の～の響きとともに、主ご自身

り

りえき（利益）
ヨブ35:3　どんな～があるのでしょうか
箴14:23　いかなる労苦にも～がある
伝5:9　国にとっての何にもまさる～は
Ⅰコリ10:33 自分の～ではなく多くの人々の～

りえん（離縁）
申24:1　～状を書いてその女の手に渡し
エレ3:8　～状を渡して追い出した
マタ5:32　自分の妻を～する者は
19:7　～状を渡して妻を～せよと命じた
マコ10:4　～状を書いて妻を～することを

りかい（理解）
ネヘ8:8　民は読まれたことを～した
ヨブ42:3　自分の～できないことを告げて
ヨハ20:9　聖書を、まだ～していなかった
Ⅱコリ1:13 14　ある程度～しているのです
エペ3:18　どれほどであるかを～する力を
Ⅱペテ3:16　その中には～しにくいところが

りくつ（理屈）
伝7:29　人は多くの～を探し求めた
マコ2:8　なぜ…そんな～を考えている

りくろ（陸路）
使20:13　パウロ自身は～をとるつもりで

りこん（離婚）
Ⅰコリ7:13　～してはいけません

りせい（理性）
ダニ4:36　私に～が戻り

りそく（利息）
レビ25:36 彼から～も利益も得てはならない
詩15:5　～をつけて金を貸すことはせず

りっしょう（立証）
マタ18:16　すべてのことが～されるように
使25:7　それを～することはできなかった

りっぱ（立派）
マタ15:28　女の方、あなたの信仰は～です

りっぽう（律法）
ヨシ8:31　モーセの～の書に記されている
Ⅱ列22:8　主の宮で～の書を見つけました
Ⅱ歴12:1　彼は主の～を捨て、彼とともに
23:18　モーセの～に記されているとおり
ネヘ8:1　～の書を持って来るように
エレ6:19　わたしの～を退けたからだ
31:33　わたしの～を彼らのただ中に置き
ダニ6:5　彼の神の～のことで見つけるしか
マタ5:17　わたしが～…を廃棄するために
11:13　預言者たちと～が預言したのは
14:4　自分のものにする…～にかなって
マコ6:18　自分のものにする…～にかなって
ルカ5:17　パリサイ人たちと～の教師たちが
10:25　ある～の専門家が立ち上がり
16:17　～の一画が落ちるよりも、天地が
24:44　モーセの～と預言者たちの書と
使13:15　～と預言者たちの書の朗読が
ロマ2:12　～の下にあって罪を犯した者は
4:15　～は御怒りを招くものです
7:22　内なる人としては、神の～を
10:4　～が目指すものはキリストです
Ⅰコリ9:21　～を持たない人たちには
ガラ3:2　～を行ったからですか。それとも
3:10　～の書に書いてあるすべてのこと
3:19　それでは、～とは何でしょうか
5:14　～全体は…という一つのことばで
6:2　キリストの～を成就することに
Ⅰテモ1:8　～は…適切に用いるなら
ヘブ7:19　～は何も全うしなかったのです
ヤコ1:25　自由をもたらす完全な～を
2:9　～によって違反者として責められ
4:11　～をさばくなら、～を行う者では
Ⅰヨハ3:4　罪とは～に違反することです

りっぽうがくしゃ（律法学者）
マタ8:19　そこに一人の～が来て言った
23:2　～たちやパリサイ人たちは
マコ3:22　エルサレムから下って来た～たち
9:14　弟子たちを囲んで、～たちが
12:38　～たちに気をつけなさい

りとく（利得）
詩119:36　不正な～に傾かないようにして
箴28:16　不正な～を憎む者は、齢を延ばす
エレ22:17　あなたの目と心は、自分の～に
エゼ22:13　見よ。おまえが得た不正な～と
ミカ4:13　彼らの不正な～を主のために
ハバ2:9　自分の家のために不正な～を貪り
Ⅰテモ6:5　敬虔を～の手段と考える者たちの

りゃくだつ（略奪）
創34:27　その町を～した。自分たちの妹が
詩44:10　思うままに～しました
ハバ2:8　おまえが多くの国々を～したので

りゆう（理由）
ヨブ1:9 ヨブは～もなく神を恐れている
ヨハ15:25 彼らは～もなくわたしを憎んだ
りゅう（竜）
黙12:3 見よ、炎のように赤い大きな～
20:2 ～、すなわち、悪魔でありサタン
りゅうけつ（流血）
イザ5:7 公正を望まれた。しかし見よ、～
エゼ7:23 この国は～のさばきに満ち
りょういき（領域）
Ⅱコリ10:16 ほかの人の～ですでになされた
りょうがえ（両替）
マタ21:12 ～人の台や、鳩を売る者たちの
マコ11:15 ～人の台や、鳩を売る者たちの
ヨハ2:14 座って～をしている者たちを見て
りょうし（漁師）
イザ19:8 ～たちは悲しみ、ナイル川で
マタ4:19 人間をとる～にしてあげよう
マコ1:16 彼らは～であった
りょうし（猟師）
創25:27 エサウは巧みな～、野の人で
りょうしき（良識）
箴15:32 叱責を聞き入れる者は～を得る
19:8 ～を得る者は自分自身を愛する者
ホセ7:11 愚かな鳩のようで、～がない
りょうしゅ（領主）
ルカ3:1 ヘロデがガリラヤの～
りょうしん（両親）
マタ10:21 子どもたちは～に逆らって立ち
ルカ2:41 イエスの～は、過越の祭りに毎年
ヨハ9:2 この人ですか。～ですか
9:18 目が見えるようになった人の～を
エペ6:1 主にあって自分の～に従いなさい
Ⅱテモ3:2 神を冒瀆し、～に従わず
りょうしん（良心）
Ⅱサム24:10 民を数えた後で、～のとがめを
使23:1 あくまでも健全な～にしたがって
24:16 責められることのない～を保つ
ロマ2:15 彼らの～も証ししていて
9:1 私の～も、聖霊によって私に対し
13:5 ～のためにも従うべきです
Ⅰコリ8:10 ～は弱いのに、偶像の神に献げた
Ⅰテモ1:5 きよい心と健全な～と偽りのない
1:19 健全な～を捨てて、信仰の破船に
Ⅱテモ1:3 きよい～をもって仕えている神に
ヘブ9:9 礼拝する人の～を完全にすること
Ⅰペテ2:19 神の御前における～のゆえに
3:16 健全な～をもって弁明しなさい
3:21 健全な～が神に対して行う誓約
りょうど（領土）
民20:21 その～を通らせることを拒んだ
申12:20 あなたの～を広くしてくださって
使7:45 異邦の民の～に
りょうりかんちょう（料理官長）
創40:16 ～は、解き明かしが良かったのを
りょてい（旅程）
民33:1 イスラエルの子らの～は
りんご
箴25:11 銀の彫り物にはめられた金の～
雅2:3 林の木々の中の～の木のようです
りんざいのパン（臨在のパン）
Ⅰサム21:6 主の前から取り下げられた、～
マタ12:4 食べてはならない、～を食べた

る

るつぼ
箴17:3 銀には～…人の心を試すのは主

れ

れい（霊）
創1:2 神の～がその水の面を動いていた
6:3 わたしの～は、人のうちに永久に
41:38 神の～が宿っているこのような人
出31:3 彼に…神の～を満たした
民11:17 あなたの上にある～から一部を
11:29 主が…ご自分の～を与えられる
24:2 すると、神の～が彼の上に臨んだ
27:18 神の～の宿っている人、ヌンの子
士3:10 主の～が彼の上に臨み
6:34 主の～がギデオンをおおったので
11:29 主の～がエフタの上に下ったとき
13:25 主の～は…彼を揺り動かし始めた
15:14 主の～が激しく彼の上に下り
Ⅰサム11:6 神の～がサウルの上に激しく
16:13 主の～がその日以来、ダビデの上
19:9 主の～がサウルに臨んだ
19:20 神の～がサウルの使者たちに臨み
Ⅰ列18:12 主の～はあなたを私の知らない
22:21 ひとりの～が進み出て、主の前に
22:24 主の～が私を離れ、おまえに
Ⅱ列2:15 エリヤの～がエリシャの上に
Ⅱ歴15:1 アザルヤに神の～が臨んだ
20:14 ときに、主の～が会衆の中で
24:20 神の～が…ゼカリヤをおおった
ネヘ9:20 ご自分の良き～を与え

ヨブ27:3　神の～が私の鼻にあるかぎり
32:8　人の中には～があり、全能者の息
33:4　神の～が私を造り、全能者の息が
詩34:18　～の砕かれた者を救われる
77:3　思いを潜めて 私の～は衰え果て
78:8　～が神に忠実でない世代と
142:3　私の～が私のうちで衰え果てた
143:10　あなたのいつくしみ深い～が
箴16:2　主は人の～の値打ちを量られる
18:14　人の～は病苦も忍ぶ。しかし
伝3:21　人の子らの～は上に昇り、獣の～
12:7　～はこれを与えた神に帰る
イザ4:4　主が、さばきの～と焼き尽くす～
11:2　その上に主の～がとどまる
32:15　いと高き所から私たちに～が
40:13　だれが主の～を推し量り
42:1　彼の上にわたしの～を授け
44:3　わたしの～をあなたの子孫に
66:2　貧しい者、～の砕かれた者
エゼ1:12　～が進ませるところに彼らは進み
1:20　～が進もうとするところに進み
8:3　～が私を地と天の間に持ち上げ
10:17　生きものの～が輪の中にあった
11:5　主の～が私に下り、私に言われた
36:27　わたしの～をあなたがたのうちに
37:14　あなたがたのうちにわたしの～を
ダニ4:8　彼には聖なる神の～があった
5:11　聖なる神の～の宿る人がいます
ヨエ2:28　すべての人にわたしの～を注ぐ
ハガ2:5　わたしの～はあなたがたの間に
ゼカ4:6　わたしの～によって
12:1　人の～をそのうちに造られた方
マタ12:18　彼の上にわたしの～を授け
26:41　～は燃えていても肉は弱いのです
27:50　大声で叫んで～を渡された。
マコ14:38　～は燃えていても肉は弱いのです
ルカ1:47　私の～は私の救い主である神を
4:18　主の～がわたしの上にある
4:36　汚れた～が出て行くとは
24:37　幽～を見ているのだと思った
使2:17　すべての人にわたしの～を注ぐ
ロマ1:4　聖なる～によれば、死者の中から
7:14　律法が～的なものであることを
ピリ4:17　あなたがたの～的な口座に加え
Ⅱテモ1:7　力と愛と慎みの～を与えて
ヘブ1:14　御使いはみな、奉仕する～で
ヤコ2:26　からだが～を欠いては
Ⅰヨハ4:2　キリストを告白する～はみな

れいかん（霊感）
Ⅱテモ3:16　聖書はすべて神の～によるもので

れいぎ（礼儀）
Ⅰコリ13:5　～に反することをせず

れいさい（例祭）
レビ23:2　わたしの～は次のとおりである

れいせい（冷静）
伝10:4　～でいれば、大きな罪は離れて

れいてき（霊的）
Ⅰコリ10:3　みな、同じ～な食べ物を食べ

れいはい（礼拝）
創22:5　私と息子はあそこに行き、～を
24:26　その人は、ひざまずき、主を～し
出4:31　聞き、ひざまずいて～した
12:27　すると民はひざまずいて～した
申26:10　主の前で～しなければならない
Ⅰサム1:3　万軍の主を～し、いけにえを
1:19　翌朝早く起きて、主の前で～をし
Ⅱサム12:20　主の家に入り、～をした
15:32　神を～する場所になっていた山の
Ⅱ列17:33　彼らは主を～しながら、同時に
Ⅱ歴20:18　主の前にひれ伏して、主を～した
ヨブ1:20　頭を剃り、地にひれ伏して～し
イザ27:13　聖なる山で主を～する
エレ7:2　主を～するために、これらの門に
ゼカ14:16　毎年、万軍の主である王を～し
マタ2:2　星…を見たので、～するために
2:11　幼子を見、ひれ伏して～した
4:10　あなたの神である主を～しなさい
14:33　弟子たちは…イエスを～した
ヨハ4:21　あなたがたが父を～する時が
4:24　御霊と真理によって～しなければ
9:38　…と言って、イエスを～した
12:20　祭りで～のために上って来た人々
ピリ3:3　神の御霊によって～し
ヘブ12:28　神に喜ばれる～をささげようでは
黙5:14　長老たちはひれ伏して～した
14:7　海と水の源を創造した方を～せよ
19:10　足もとにひれ伏して、～しようと
22:8　足もとにひれ伏して、～しようと

れいばい（霊媒）
Ⅰサム28:8　私のために～によって占い

れいふく（礼服）
マタ22:11　婚礼の～を着ていない人が

レギオン
マコ5:9　私の名は～です。私たちは大勢

れきし（歴史）
創5:1　これはアダムの～の記録である
6:9　これはノアの～である
10:1　セム、ハム、ヤフェテの～である

レビヤタン
イザ27:1　逃げ惑う蛇～を、曲がりくねる蛇

れんが
創11:3 彼らは石の代わりに～を
出5:7 ～を作るために…藁を与えては
イザ9:10 ～が落ちたから、切り石で

ろ

ろ（炉）
申4:20 鉄の～から、すなわちエジプト
詩12:6 土の～で七度試され 純化された
21:9 あなたは彼らを燃える～のように
箴27:21 銀にはるつぼ、金には～がある
イザ48:10 苦しみの～であなたを試した
ダニ3:6 火の燃える～に投げ込まれる
3:19 ～を普通より七倍熱くするように
マタ6:30 明日は～に投げ込まれる野の草
13:42 火の燃える～の中に投げ込みます
ルカ12:28 明日は～に投げ込まれる草さえ
ろう
詩22:14 心は ～のように 私のうちで溶け
ろう（牢）
Ⅱ列25:27 エホヤキンを～獄から呼び戻し
詩142:7 私のたましいを～獄から助け出し
伝4:14 そのような若者は、～獄から出て
エレ37:15 ヨナタンの家の～屋に入れた
マタ5:25 あなたは～に投げ込まれることに
14:3 ヨハネを捕らえて縛り、～に入れ
18:30 負債を返すまで～に放り込んだ
25:36 ～にいたときに訪ねてくれたから
マコ6:17 ヨハネを捕らえ、～につないで
ルカ3:20 ヨハネを～に閉じ込めた
使5:19 夜、主の使いが～の戸を開け
12:5 ペテロは～に閉じ込められていた
16:23 むちで打たせてから二人を～に
16:40 ～を出た二人はリディアの家に
Ⅱコリ11:23 ～に入れられたこともずっと多く
ヘブ10:34 ～につながれている人々と苦しみ
11:36 鎖につながれて～に入れられる
黙2:10 試すために…～に投げ込もうと
ろうく（労苦）
ヨブ5:7 人は～のために生まれる
10:3 人を虐げ、御手の～の実を蔑み
箴14:23 いかなる～にも利益がある
31:7 自分の～を思い出すことはない
伝1:3 日の下でどんなに～しても
2:22 ～と思い煩いは、人にとって
3:13 ～の中に幸せを見出すこと
4:4 あらゆる～とあらゆる仕事の成功
4:6 両手に～を満たして風を追うのに
4:8 一切の～には終わりがなく
5:15 自分の～によって得る
5:19 自分の～を喜ぶようにされた
6:7 人の～はみな、自分の口のため
10:15 愚かな者の～は、自分自身を
マタ20:12 一日の～と焼けるような暑さ
Ⅰコリ15:58 ～が主にあって無駄でないこと
Ⅰテサ2:9 私たちの～と辛苦を覚えている
黙2:2 あなたの～と忍耐を知っている
ろうじん（老人）
ヨシ23:2 私は年を重ねて～になった
ろうする（労する）
ハバ2:13 ただ火で焼かれるために～し
Ⅱコリ11:27 ～し苦しみ、たびたび眠らずに
ろうどう（労働）
出1:14 過酷なすべての～で
2:23 ～による彼らの叫びは神に届いた
ヤコ5:4 ～者への未払い賃金が、叫び声を
ろうどく（朗読）
ネヘ8:3 理解できる人たちの前で…～した
13:1 モーセの書が～され、その中に
使13:15 律法と預言者たちの書の～が
黙1:3 この預言のことばを～する者と
ろくろ
エレ18:3 彼は～で仕事をしているところ
ろば
民22:23 ～は、主の使いが抜き身の剣を
22:28 主が～の口を開かれたので、～は
ゼカ9:9 柔和な者で、～に乗って
マタ21:5 柔和な方で、～に乗って
マコ11:2 だれも乗ったことのない子～が
ルカ19:30 だれも乗ったことのない子～が
ヨハ12:15 王が来られる。～の子に乗って
Ⅱペテ2:16 口のきけない～が人間の声で話し
ろんしょう（論証）
使17:3 と説明し、また～した
ろんじる（論じる）
ヨブ13:3 神と～じ合うことを願う
イザ1:18 さあ、来たれ。～じ合おう
マコ9:33 何を～じ合っていたのですか
11:31 すると、彼らは～じ合った
使17:2 聖書に基づいて彼らと～じ合った
17:17 毎日～じ合った
18:4 パウロは安息日ごとに会堂で～じ
ろんそう（論争）
ヨブ13:19 だれか私と～する者がいるのか
イザ3:13 主は～するために立ち構え
ろんぱ（論破）
使18:28 力強くユダヤ人たちを～した

ろんぽう（論法）
ヨブ15:3　役に立たない～で論じるだろうか

わ

わ（輪）
エゼ1:16　ちょうど、～の中に～がある
10:10　一つの～がもう一つの～の中に
わ（和）
Ⅰ歴19:19　ダビデと～を講じ、彼に仕える
イザ27:5　わたしと～を結ぶがよい。～を
36:16　私と～を結び、私に降伏せよ
わいろ（賄賂）
出23:8　～を受け取ってはならない。～は
申16:19　～を取ってはならない。～は知恵
Ⅰｻﾑ8:3　利得を追い求め、～を受け取り
12:3　～を受け取って自分の目を
ヨブ15:34　～の天幕は火で焼き尽くされる
詩26:10　その右の手は～で満ちている
箴15:27　～を憎む者は生きながらえる
17:8　～は、その贈り主の目には宝石
イザ1:23　みな～を愛し、報酬を追い求める
アモ5:12　迫害する者、～を受け取る者
ミカ3:11　かしらたちは～を取ってさばき
7:3　役人もさばき人も～を求める
わかい（若い）
士6:15　私は父の家で一番～いのです
Ⅰｻﾑ17:33　おまえはまだ～いし、あれは～い
Ⅰ歴29:1　まだ～く力もない
Ⅱ歴34:3　まだ～いころに、彼は父祖ダビデ
詩25:7　私の～いころの罪や背きを
78:31　～い男たちを打ちのめした
78:46　作物を～いなごに…与えられた
119:9　どのようにして～い人は 自分の道
箴1:4　～い者に知識と思慮を得させる
伝11:9　～い男よ、～いうちに楽しめ
12:1　～い日に…創造者を覚えよ
イザ3:4　～い者たちを彼らの君主とし
62:5　～い男が～い女の夫となるように
エレ1:6　～くて、どう語ってよいか
マラ2:14　あなたの～いときの妻との証人で
ヨハ21:18　～いときには、自分で帯をして
使26:4　～いころからの生き方は
Ⅰﾃﾓ4:12　年が～いからといって、だれにも
テト2:6　～い人には…思慮深くあるように
わかい（和解）
マタ5:25　一緒に行く途中で早く～しなさい
ロマ5:10　神と～させていただいたのなら
5:11　～させていただいたのです
11:15　世界の～となるなら
Ⅰｺﾘ7:11　夫と～するか、どちらかに
Ⅱｺﾘ5:18　キリストによって…～させ
コロ1:20　御子のために万物を～させること
わかえだ（若枝）
イザ4:2　その日、主の～は麗しいものと
11:1　その根から～が出て実を結ぶ
エレ23:5　ダビデに一つの正しい～を起こす
33:15　ダビデのために義の～を
ゼカ3:8　わたしのしもべ、～を来させる
わかちあう（分かち合う）
ガラ6:6　すべての良いものを～いなさい
ヘブ13:16　～ことを忘れてはいけません
わかもの（若者）
箴22:6　～をその行く道にふさわしく
Ⅰﾖﾊ2:13　～たち。私があなたがたに
わかる（分かる）
Ⅱ列18:26　われわれはアラム語が～かります
マタ12:33　その実によって～かります
15:16　あなたがたも、まだ～からない
マコ8:17　まだ～からないのですか
使8:30　読んでいることが～かりますか
10:34　私は、はっきり～かりました
Ⅰﾖﾊ5:13　あなたがたに～からせるためです
わかれる（分かれる；別れる）
創13:11　こうして彼らは互いに～れた
出14:21　乾いた地とされた。水は～かれた
Ⅱ列2:8　すると、水が両側に～かれたので
エゼ37:22　再び二つの王国に～かれることは
ルカ9:61　家の者たちに～を告げることを
わき（脇）
ヨハ19:34　イエスの～腹を槍で突き刺した
わきまえ；わきまえる
詩50:22　さあ このことをよく～えよ
箴28:5　悪人はさばきを～えない
イザ29:16　「彼には～がない」と言える
Ⅰｺﾘ11:29　みからだを～えないで食べ
わけへだて（分け隔て）
ガラ2:6　神は人を～なさいません
わける（分ける）
創1:4　神は光と闇を～けられた
1:14　天の大空にあれ。昼と夜を～けよ
レビ10:10　汚れたものときよいものとを～け
11:47　食べてはならない生き物とが～け
エゼ42:20　聖なるものと俗なるものとを～け
マコ15:24　イエスの衣を～けた
ルカ12:13　遺産を私と～けるように
22:17　これを取り、互いの間で～けて
使4:35　必要に応じて…～け与えられた
Ⅰﾃﾓ6:18　惜しみなく施し、喜んで～け与え

わざ
創2:2 第七日に、なさっていた～を完成
申11:7 主がなさった偉大なみ～のすべて
士6:13 あの驚くべきみ～はみな、どこに
Ｉサム2:3 そのみ～は測り知れません
Ｉ歴16:9 そのすべての奇しいみ～を語れ
ヨブ37:14 神の奇しいみ～を、立ち止まって
詩19:1 大空は御手の～を告げ知らせる
28:5 御手の～をも悟らないので
64:9 神のみ～を告げ知らせ
102:25 天も あなたの御手の～です
103:7 そのみ～をイスラエルの子らに
104:24 主よ あなたのみ～はなんと多い
伝8:17 すべては神のみ～であることが
12:14 神は…すべての～をさばかれる
イザ66:18 彼らの～と思いを知っている
ハバ3:2 主よ、あなたのみ～を恐れて
ヨハ5:36 わたしが行っている～そのものが
9:3 この人に神の～が現れるためです
10:25 父の名によって行う～が
17:4 ～を成し遂げて、わたしは地上で
使9:36 多くの良い～と施しをしていた
テト3:5 義の～によってではなく
ヘブ1:10 天も、あなたの御手の～です
4:10 神がご自分の～を休まれたように

わざわい
創12:17 その宮廷を大きな～で打たれた
44:29 この子に～が降りかかるなら
出11:1 エジプトの上に、もう一つの～を
民21:29 モアブよ、おまえは～だ
ヨシ7:25 なぜ…私たちに～をもたらした
士9:23 ～の霊をアビメレクとシェケムの
Ｉ列18:17 イスラエルに～をもたらす者は
Ⅱ列14:10 なぜ、あえて～を引き起こし
Ⅱ歴25:19 なぜ、あえて～を引き起こし
エス7:7 王が彼に～を下す決心をした
詩10:6 代々にわたって ～にあわない
18:18 私の～の日に 彼らは
35:4 私に対して～を謀る者たちが退き
90:10 そのほとんどは 労苦と～です
91:10 ～は あなたに降りかからず
140:11 ～がすぐにも 暴虐を行う者を
箴12:21 悪しき者は～で満ちる
伝8:9 人が人を支配して、～をもたらす
イザ45:7 平和をつくり、～を創造する
エレ16:10 この大きな～を語られたのか
17:18 彼らの上に～の日を来たらせ
25:6 あなたがたに～を下さない
32:42 わたしがこの大きな～のすべてを
44:11 顔を向け、～を下し
ダニ9:14 主はその～を下そうと待ち構えて
アモ3:6 町に～が起こったら
オバ13 おまえは彼らの～の日に
ゼパ3:15 あなたはもう、～を恐れることは
マコ14:21 人の子を裏切るその人は～です
Ｉコリ9:16 福音を宣べ伝えないなら、私は～
黙8:13 ～だ、～だ、～が来る

わし（鷲）
ヨブ39:27 ～が高く上がり、その巣を高い
詩103:5 あなたの若さは ～のように
箴30:19 天にある～の道
イザ40:31 ～のように、翼を広げて上ること
エゼ10:14 第四の顔は～の顔であった

わずか
詩37:16 一人の正しい人が持つ～なものは
Ⅱコリ9:6 ～だけ蒔く者は～だけ刈り入れ

わずらう
マコ5:25 十二年の間、長血を～っている女

わずらわす（煩わす）
Ｉサム28:15 私を呼び出して、私を～わすのか
イザ7:13 私の神までも～わすのか
43:24 あなたの咎でわたしを～わせた
ミカ6:3 どのようにしてあなたを～わせた
ルカ8:49 先生を～わすことはありません

わすれる（忘れる）
創40:23 献酌官長は…～れてしまった
申4:31 主は…契約を～れないからである
6:12 主を～れないようにしなさい
8:11 主を～れることがないように
士3:7 彼らの神、主を～れて
Ｉサム12:9 自分たちの神、主を～れたので
ヨブ11:6 神は…あなたの咎を～れて
19:14 親しい友も私を～れた
詩10:11 神は～れているのだ。顔を隠して
31:12 私は人の心から～れられ
42:9 なぜ あなたは私をお～れに
44:17 しかし 私たちはあなたを～れず
44:24 苦しみと虐げをお～れになる
45:10 民と あなたの父の家を～れよ
74:19 永久に～れないでください
77:9 神は いつくしみを～れられた
106:13 彼らはすぐに みわざを～れ
119:16 あなたのみことばを～れません
137:5 私があなたを～れてしまうなら
箴2:17 自分の神との契約を～れている
3:1 わが子よ、私の教えを～れるな
31:7 飲んで自分の貧しさを～れ
イザ17:10 あなたが救いの神を～れ
44:21 わたしに～れられることがない
51:13 あなたを造った主を…～れ

65:11 わたしの聖なる山を～れる者
エレ2:32 花嫁が自分の飾り帯を～れる
13:25 わたしを～れ、偽りに拠り頼んだ
18:15 わたしの民はわたしを～れ
23:27 バアルのゆえにわたしの名を～れ
30:14 恋人たちはみな、あなたを～れ
50:6 行き巡り、休み場も～れた
哀5:20 私たちをお～れになるのですか
ホセ4:6 あなたの神のおしえを～れたので
マコ8:14 パンを持って来るのを～れ
ルカ12:6 雀の一羽でも、神の御前で～れ
ピリ3:13 うしろのものを～れ、前のものに
ヘブ6:10 あなたがたの働きや愛を～れたり

わたす（渡す）
創14:20 敵をあなたの手に～された方に
申2:33 主は彼を私たちの手に～された
3:2 その地を、あなたの手に～して
士16:23 われわれの手に～してくださった
Ⅱ列12:11 監督者たちの手に～された
Ⅱ歴13:16 神は彼らをユダの手に～された
イザ65:12 わたしはおまえたちを剣に～す
マタ11:27 すべてのことが…～されています
17:22 人々の手に～されようとして
26:45 人の子は罪人たちの手に～され
マコ13:12 兄弟は兄弟を、父は子を死に～し
14:41 人の子は罪人たちの手に～され
ロマ15:28 彼らにこの実を確かに～してから
Ⅰコリ11:23 主イエスは～される夜

わたる（渡る）
ヨシ3:17 民全員がヨルダン川を～り終えた
Ⅱサム19:18 王の家族を～らせるため
使16:9 マケドニアに～って来て

わな（罠）
出23:33 あなたにとって～となるから
申7:16 それがあなたへの～となるからだ
士2:3 あなたがたにとって～となる
8:27 その一族にとって～となった
Ⅰサム18:21 ミカルは彼にとって～となり
ヨブ22:10 そのため～があなたを取り巻き
詩38:12 いのちを求める者は ～を仕掛け
64:5 示し合わせて ひそかに～をかけ
69:22 彼らの前の食卓は～となり
124:7 仕掛けられた～から助け出された
箴18:7 その唇は自分のたましいの～と
22:25 自分が～にかからないために
エレ18:22 私の足もとに～を設けたからです
50:24 わたしがおまえに～をかけ
エゼ12:13 彼はわたしの～にかかる
13:18 わたしの民のたましいを～に
ルカ21:34 その日が～のように、突然
Ⅰテモ3:7 悪魔の～に陥らないように

わら（藁）
出5:7 自分で～を集めるようにさせよ
ヨブ21:18 風の前の～のようではないか
エレ23:28 麦は～と何の関わりがあるだろう
マラ4:1 すべて悪を行う者は～となる
Ⅰコリ3:12 宝石、木、草、～で家を建てると

わらい（笑い；笑う）
創17:17 アブラハムはひれ伏して、～った
18:12 サラは心の中で～って
21:6 神は私に～いを下さいました
Ⅱ歴36:16 預言者たちを～いものにしたので
ヨブ30:9 その～いぐさとなっている
詩2:4 御座に着いておられる方は～い
37:13 主は悪しき者を～われる
59:8 しかし主よ あなたは彼らを～い
箴1:26 災難にあうときに～い
14:13 ～うときにも心は痛み
伝2:2 ～いか。私は言う。それは狂気だ
7:3 悲しみは～いにまさる
ルカ6:21 あなたがたは～うようになるから

笑いもの
Ⅱ歴30:10 人々は彼らを～にして嘲った
ヨブ17:6 神は私を人々の～とされ
エレ20:7 私は一日中～となり
哀3:14 私は一日中、民全体の～

わりあて（割り当て；割り当てる）
申32:9 主は、測り縄で～地を定められた
ヨシ13:32 モーセが～てた相続地である
19:51 彼らは地の～を終えた
Ⅱサム20:1 ダビデのうちには…～地はない
Ⅰ列12:16 ダビデのうちには…どんな～地
詩16:5 主は私への～分 また杯
16:6 ～の地は定まりました
119:57 主は私への～です
哀3:24 主こそ、私への～です

わるい（悪い）
申13:5 その～い者を除き去りなさい
士19:23 どうか～いことはしないでくれ
20:3 このような～いことがどうして
マタ7:11 あなたがたは～い者であっても
12:45 自分よりも～い、七つのほかの霊
13:49 正しい者たちの中から～い者ども
15:19 ～い考え、殺人、姦淫
18:32 ～い家来だ…私に懇願したから
25:26 ～い、怠け者のしもべだ
27:23 どんな～いことをしたのか
マコ15:14 どんな～いことをしたのか
ルカ11:13 あなたがたは～い者であっても
11:26 自分よりも～い、七つのほかの霊

ルカ12:10　～く言う者はだれでも赦され
23:41　～いことを何もしていない
ヨハ7:7　その行いが～いことを証しして
17:15　～い者から守ってくださること
18:23　～いという証拠を示しなさい
使23:5　民の指導者を～く言っては
25:10　ユダヤ人たちに何も～いことを
Ⅰコリ5:13　あなたがたの中からその～い者を
エペ4:29　～いことばを、いっさい口から
Ⅰヨハ2:13　あなたがたが～い者に打ち勝った

わるがしこい（悪賢い）
ヨブ15:5　あなたが～い人の舌を選んでいる

わるだくみ（悪巧み）
ヨブ5:13　彼ら自身の～によって捕らえ
Ⅰコリ3:19　知恵のある者を…～によって

わるもの（悪者）
Ⅱ歴19:2　～を助け、主を憎む者を
ヨブ11:20　しかし、～どもの目は衰え果て
詩139:19　神よ どうか～を殺してください
イザ5:23　賄賂のために、～を正しいと
53:9　彼の墓は、～どもとともに
エレ12:1　なぜ、～の道が栄え、裏切りを

われめ（割れ目）
イザ2:21　岩の～や、巌の裂け目に入る

ハンディー・コンコルダンス
——聖書 新改訳 2017

2021年1月1日発行
2022年11月25日再刷

編　集　いのちのことば社出版部
印刷製本　日本ハイコム株式会社
発　行　いのちのことば社
〒164-0001 東京都中野区中野2-1-5
電話 03-5341-6923（編集）
03-5341-6920（営業）
FAX 03-5341-6921
e-mail:support@wlpm.or.jp
http://www.wlpm.or.jp/

ISBN978-4-264-04233-4